淀山湖镇村志

ANSHANG CUNZHI
安上村志

《安上村志》编委会

苏州大学出版社
Soochow University Press

淀山湖镇村志编纂委员会
（2013年4月）

名誉主任　徐敏中
主　　任　李　晖
副 主 任　张晓东　顾　剑　吕善新
委　　员　王　强　吴新兴　赵雪元　吴玉光　冯伟雄
　　　　　黄　珏　王文奎　张兴生　汤雪林　孙卫忠
　　　　　李　尧　周国平

淀山湖镇村志编纂委员会办公室
（2013年4月）

主　　任　吕善新
副 主 任　王　强　吴新兴　张品荣
成　　员　夏小棣　陈海萍

淀山湖镇村志编纂委员会
（2016年8月）

名誉主任　李　晖
主　　任　罗　敏
副 主 任　许顺娟　张晓东　王　强　张　俭　吕善新
委　　员　孙　倩　吴新兴　顾永元　顾金林　朱进荣
　　　　　顾德华　陆志斌　曹振华　程　赟　朱建华
　　　　　凌军芳　李　尧　顾宇峰　张卫青　柴彩根
　　　　　顾春花　凌云中

淀山湖镇村志编纂委员会办公室
（2016年8月）

主　　任　吕善新
副 主 任　孙　倩　吴新兴　张品荣
成　　员　夏小棣　陈海萍　王忠林

2012年1月19日，中共昆山市委书记管爱国（右二）在淀山湖镇党委书记徐敏中（左二）、镇长李晖（右一）陪同下，视察安上村经济发展状况。

2012年1月19日，中共昆山市委书记管爱国（左一）参观指导安上村"农村基层党风廉政成果展览室"。

调研指导

公众评判庭

2011年6月中共昆山市纪律检查委员会、昆山市监察局在安上村设立"安上村农村基层组织廉政建设展示厅、昆山市鹿城清风勤廉观览点"

2006年7月安上村打工楼二期配套服务用房拍租会现场

2006年10月昆山市村级重要事项决策听证现场观摩会

久保田收割机收割小麦

丰收在望

丰收喜悦

香馨佳园住宅北区

香馨佳园住宅南区

马安新村

顾家阁酒店

淀山湖镇淀兴路东段鸟瞰图

百姓戏台

八十五度(江苏)食品有限公司

昆山古鳌电子机械有限公司

安上村村民委员会

罗森伯格技术(昆山)有限公司

昆山市白玉兰家具有限公司

华伟纳精密工具(昆山)有限公司

中荣印刷(昆山)有限公司

昆山康达电子有限公司

昆山市淀山湖彩印厂高宝胶印机

社区卫生服务站(一)

社区卫生服务站(二)

图书阅览室

乒乓室

宝贝乐园

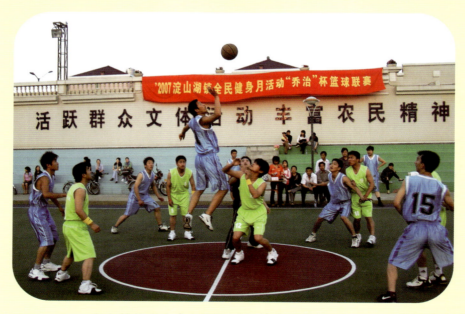

安上村篮球队参加"乔治"杯篮球联赛（2007年摄）

江苏省级荣誉

苏州市级荣誉

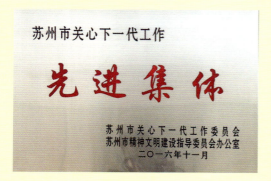

昆山市级荣誉

淀山湖镇级荣誉

安上村党总支、村民委员会成员合影（2013年3月）
左起：柳英、朱建华、孙卫忠、叶刚、蒋迅

安上村党总支、村民委员会成员合影（2015年5月）
左起：柳英、朱建华、张明、叶刚、蒋迅

安上村党总支、村民委员会成员合影（2016年8月）
左起：邵亚露、柳英、朱建华、蒋迅、杨晨军、陈斌

编纂《安上村志》退休老同志合影
左起：计俊林、姚炳根、胡三毛、叶木生、张全珍、张贵荣、林继红

《安上村志》编纂成员合影
左起：计俊林、周洪文、柴永寿、方玉英、邵亚露、柳英、朱建华、蒋迅、
杨晨军、陈斌、周爱兴、钱爱福、周金林、顾祥龙、林继红

《安上村志》评审会

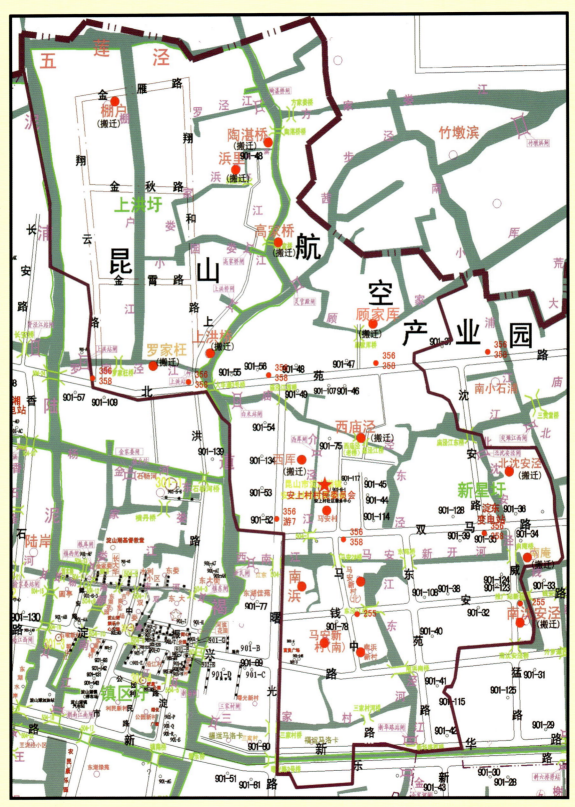

安上村域行政区域图

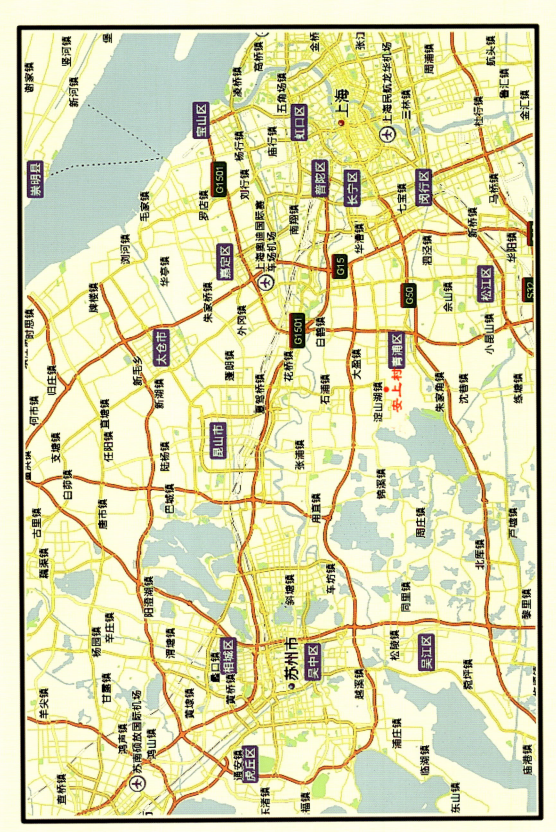

安上村在长江口区位置图

安上村域

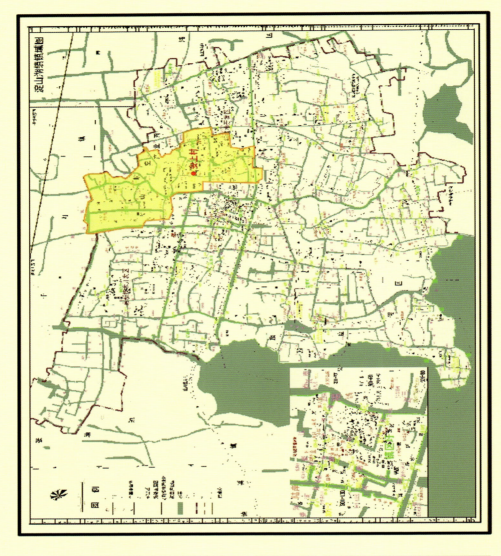

安上村在淀山湖镇位置图

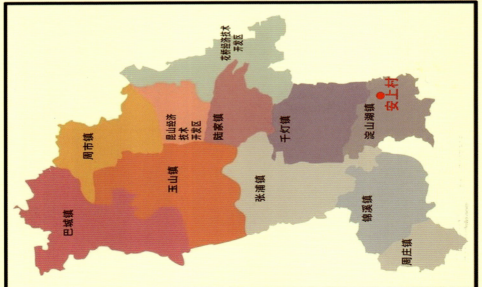

安上村在昆山市位置图

序

盛世修志,古今皆然。《安上村志》经过三年多编纂,终于面世,这是安上村民的一件大事。

安上村地处长江三角洲太湖流域淀泖地区,位于昆山市东南边缘,东邻双护村,南与杨湘泾村的三家村自然村接壤,西与淀山湖镇区相邻,北接千灯镇石浦街道陆桥村。2001年8月18日,行政村区域调整,撤销马安村、上洪村,新建安上村,隶属昆山市淀山湖镇。村域地理位置,东经121°1′34″~121°2′34″,北纬31°10′22″~31°11′28″。

安上村,历史悠久,文化灿烂,人杰地灵,人文荟萃。安上人有着强烈的爱国爱乡情怀,新中国建立后,在中国共产党的领导下,意气风发走上互助合作化道路。改革开放以来,大力发展二、三产业,加速发展各项社会事业,人民生活明显改善,加快了基本全面实现现代化的步伐,为盛世修志创造了良好的条件。

在淀山湖镇党委、政府领导下,安上村党总支、村民委员会重视下,成立村志编纂委员会,并设征编办公室,在昆山市地方志办公室和淀山湖镇村志办的关心指导下,数易其稿,得以编成《安上村志》。村志共14章52万字,以翔实的资料客观真实地记录村史,体现了时代风貌和地方特色,是一部树碑立传、继往开来的良志。它将对后代了解村史,更好地建设中国特色社会主义新农村起到帮助和激励作用。

编写村志,在淀山湖镇是一项没有先例的工作,由于编者知识水平有限、经验不足,疏漏和差错在所难免,望有识之士阅后不吝指正。

在此,向关心和支持编纂村志工作的所有人士表示衷心感谢,向参与编写的同志表示敬意。殷切希望《安上村志》能成为全体安上人的至爱,能起到"前有所稽,后有所鉴"的作用。相信安上人将以史为鉴,在实现中国梦的伟大感召下,充分发挥每个人的聪明才智,把安上村建设得更加美好。

中共淀山湖镇安上村党总支书记 朱建华
淀山湖镇安上村村民委员会主任 蒋迅
2016年12月

凡 例

一、本志以马克思列宁主义、毛泽东思想、邓小平理论、"三个代表"重要思想和科学发展观为指导原则,以辩证唯物主义和历史唯物主义的观点,实事求是地记述安上村的历史和现状。

二、以方志"存史、资政、教化"为目标,力求本志资料的真实、完整和科学。

三、本志纵贯古今,详今略古,立足当代,突出时代特点和地方特点,做到实事求是,详略得当。上限不一,下限一般为2012年,有的延伸至2016年。

四、横排门类,纵叙史实。章节间按需要设无题序,以概观其事物发展踪迹。述、记、志、传、图、表、录兼用,分章、节、目三级展开。大事记以编年体为主,辅以记事本末体。可参阅市(县)志、镇志的共性内容,略记;凡本村地方特色的个性内容,详记。

五、本村志记叙地域范围,以现行版图为限。凡属现境发生的人和事,则尽量采摘,力求完备,以显全貌。

六、人物坚持生不立传的原则,烈士以英名录入志;凡对本镇有较大贡献或有较大影响者,以事系人入志,部分知名人士列表入志。在革命年代对中国革命事业做过贡献的,专辟章节入志。

七、地名、政区及机构均用当时名称,必要时加注今名。在各篇中第一次出现时用全称,并以括号内注明简称,再次出现用简称。

八、中华人民共和国成立前,纪年以汉字书写,括注公元年份(阿拉伯数字);中华人民共和国成立后,以公元纪年,用阿拉伯数字书写。"中华人民共和国成立前、后"以1949年10月1日为界。

九、数据均以统计部门为主,统计部门缺项的,采用主管部门的数据。为方便村民阅读及资料查对,农业计量沿用习惯单位,其他计量单位,均采用不同时期统计部门使用的单位名称,必要时换算成现时法定计量单位。

十、村志资料来源于县、镇志书、村委档案、书刊、报纸、史料及走访口碑记录材料,经考证核实后选用,除必要外,不再注明出处。

目　录

概　述 ··· 1

大事记 ··· 4

第一章　建置区域 ··· 17

　　第一节　沿革 ··· 17

　　第二节　区划 ··· 18

　　第三节　地名由来 ·· 20

　　　　一、上洪村域自然村 ·· 20

　　　　二、马安村域自然村 ·· 21

　　　　三、村（大队） ··· 22

　　第四节　自然村落 ·· 22

　　　　一、南浜 ··· 22

　　　　二、南浜新村 ·· 25

　　　　三、马安 ··· 27

　　　　四、西厍 ··· 29

　　　　五、西庙泾 ··· 31

　　　　六、马安新村南区 ··· 33

　　　　七、马安新村北区 ··· 36

　　　　八、北沈安泾 ·· 38

　　　　九、南庵 ··· 40

　　　　十、南沈安泾 ·· 42

　　　　十一、顾家库 ·· 44

　　　　十二、罗家柱 ·· 46

　　　　十三、上洪桥 ·· 48

　　　　十四、高家桥 ·· 50

　　　　十五、浜里 ··· 52

　　　　十六、陶湛桥 ·· 54

　　　　十七、棚户 ··· 56

第二章 自然环境 ... 58

第一节 地貌 ... 58
第二节 土壤 ... 58
第三节 河流 ... 59
第四节 气候 ... 61
一、四季特征 ... 61
二、气象水文 ... 62
第五节 物候 ... 64
一、植物 ... 64
二、动物 ... 65
第六节 自然灾害 ... 65
一、水灾 ... 65
二、旱灾 ... 66
三、风灾 ... 66
四、其他灾害 ... 66

第三章 人口 ... 67

第一节 人口总量 ... 67
附1：1949年安上村域各自然村人口 ... 69
附2：2012年安上村家庭人员 ... 70
第二节 人口变化 ... 71
第三节 人口构成 ... 72
一、民族 ... 72
二、籍贯 ... 73
三、性别 ... 74
四、年龄 ... 75
五、文化程度 ... 77
六、职业 ... 78
七、姓氏 ... 78
第四节 人口控制（计划生育） ... 79
一、概况 ... 79
二、机构 ... 80
三、措施 ... 80
四、奖惩 ... 80
五、计划生育实施情况 ... 81

第四章　村庄建设

第一节　农房建设 ……………………………………………………………… 84
第二节　集体用房 ……………………………………………………………… 85
一、安上村富民合作社（打工楼） ……………………………………………… 85
二、集体标准厂房 ……………………………………………………………… 86
三、社区房屋 …………………………………………………………………… 86
四、安上村办公楼 ……………………………………………………………… 86
五、安上村公共服务中心房屋 ………………………………………………… 86
六、安上村百姓戏台 …………………………………………………………… 86
七、上洪村村民委员会办公楼 ………………………………………………… 87
八、昆山市淀山湖镇新华五金厂 ……………………………………………… 87
九、淀山湖镇上洪砂粉厂 ……………………………………………………… 87
十、上洪村长虹化工厂 ………………………………………………………… 87
十一、上洪村双代店 …………………………………………………………… 87
十二、上洪村小学 ……………………………………………………………… 87
十三、新民小学 ………………………………………………………………… 87
十四、知识青年住宿房 ………………………………………………………… 88
十五、地毯厂 …………………………………………………………………… 88
十六、马安村办公室 …………………………………………………………… 88
十七、印刷厂房 ………………………………………………………………… 88
第三节　基础设施建设 ………………………………………………………… 88
一、道路 ………………………………………………………………………… 88
二、桥梁 ………………………………………………………………………… 89
三、供电 ………………………………………………………………………… 90
四、供水 ………………………………………………………………………… 91
第四节　公共服务设施 ………………………………………………………… 91
一、公厕 ………………………………………………………………………… 91
二、停车场 ……………………………………………………………………… 92
三、垃圾中转站及垃圾桶 ……………………………………………………… 92
四、公共自行车 ………………………………………………………………… 92
五、公交车站点 ………………………………………………………………… 92
六、电话网络 …………………………………………………………………… 93
七、渡口 ………………………………………………………………………… 93
八、体育设施 …………………………………………………………………… 93
第五节　环境保护 ……………………………………………………………… 93
第六节　创建卫生村 …………………………………………………………… 94

第五章 农业

第一节 生产关系变革
一、土地改革 ································ 96
二、农业合作化运动 ···························· 96
三、人民公社化 ································ 97
四、家庭联产承包责任制 ························ 97

第二节 生产经营管理
一、耕地面积 ································ 99
二、耕作制度 ································ 102
三、"四固定" ································ 103
四、劳动管理 ································ 105
五、分配管理 ································ 107
六、作物栽培 ································ 110
七、肥料 ···································· 113
八、产量 ···································· 114
九、农具和农业机械 ···························· 117
十、农业科技 ································ 118
十一、病虫防治 ································ 119

第三节 农田水利
一、电灌站 ·································· 121
二、开挖河道 ································ 121
三、分级排水 ································ 121

第四节 多种经营
一、竹木 ···································· 122
二、禽畜 ···································· 122
三、种植 ···································· 123
四、水产 ···································· 123
五、运输 ···································· 125

第六章 工商

第一节 队办企业 ···························· 126

第二节 民营企业 ···························· 127
一、村民租地企业 ······························ 128
二、其他民营企业 ······························ 128
　　附1：淀山湖彩印厂简介 ······················ 128
　　附2：康达电子器材厂简介 ···················· 129

第三节　停办企业备忘录 …… 129
第四节　租地入驻企业 …… 130
附1：中荣印刷（昆山）有限公司数字化印刷技术介绍 …… 132
附2：华伟纳精密工具（昆山）有限公司简介 …… 134
附3：昆山市白玉兰家具有限公司简介 …… 135
第五节　房地产入驻企业 …… 136
第六节　商业 …… 136
一、富贵广场商业区 …… 136
二、个体商店、服务业 …… 136
附：顾家阁酒店简介 …… 138
三、关闭商店、服务业 …… 138

第七章　人民生活 …… 140
第一节　农民收入 …… 140
第二节　日常生活 …… 141
一、农民消费 …… 142
二、生活变化 …… 144
第三节　社会保障 …… 146
一、农保 …… 146
二、社保 …… 147
三、弱势群体人民的生活保障 …… 150
第四节　医疗保险 …… 151
一、农村合作医疗保险制度 …… 151
二、大病医疗救助制度 …… 152
三、农村医保转城镇医保 …… 153
四、大病风险基金 …… 154
第五节　土地补偿 …… 154
一、征地补偿 …… 154
二、土地流转补偿 …… 164
第六节　动迁安置 …… 166

第八章　文体卫生 …… 185
第一节　学校 …… 185
一、幼儿园 …… 185
二、小学 …… 186
三、初中 …… 187
第二节　文化体育 …… 189

一、文化娱乐	189
附：业余文艺团队人员名录	190
二、体育健身	190
附：业余体育团队成员名录	192
第三节　医疗	193
第四节　消灭血吸虫病	194
一、查螺灭螺	195
二、查病治病	195

第九章　古迹　197

第一节　古迹　197
　　　一、陶湛桥古村落　197
　　　二、祠堂　198
　　　三、坟堂屋　198
　　　四、庙宇　199
　　　五、石牌楼　200
　　　六、古坟墓　200

第二节　古桥名木　201
　　　一、古桥　201
　　　二、名木　203

第十章　村民忆事　204

第一节　村民公共记忆大事　204
　　　一、日军罪行　204
　　　二、罗家桩夜防队　204
　　　三、昆山解放　205
　　　四、土改运动　206
　　　五、抗美援朝　206
　　　六、农业合作化运动　207
　　　七、粮食统购统销　207
　　　八、高举"总路线、大跃进、人民公社""三面红旗"　209
　　　九、"农业学大寨"运动　209
　　　十、学习毛主席著作群众运动　210
　　　十一、知识青年上山下乡运动　210
　　　十二、农村社会主义教育运动　211
　　　十三、"文化大革命"运动　211
　　　十四、石桥面脱落出人命　212

第二节　民俗风情	212
一、传统节日	212
二、婚姻习俗	214
三、生活习俗	215
四、劣俗	216
五、社会新风尚	217
第三节　山歌	218
一、山歌好唱口难开	219
二、种秧歌	219
三、新老耘稻歌	219
四、长工苦	219
五、十只台子	220
六、九九歌	220
七、结识私情对滩渡	221
八、勿怕露水勿怕霜	221
第四节　方言俗语	221
一、方言	221
二、谚语	223
三、歇后语	225
第五节　称谓	226
一、直系亲属	226
二、非亲属	228
三、直旁亲系	229
第六节　农村作坊	230
一、纺纱织布	230
二、汤仁法豆腐制作	230
三、米酒作坊	231
第七节　传统文化	232
一、花鼓戏(草台戏、社戏)	232
二、丝竹班	232
三、茶文化	232

第十一章　文存辑录 … 233

第一节　乡邦文献	233
一、叶苗施计除恶僧	233
二、叶氏家族	235
第二节　文献辑录	239

安上村志

一、阳光听证	239
二、安上村在创建"苏州市廉洁文化建设示范点"考核会上的汇报	241

第三节　媒体报道 … 244
　　一、走进"阳光听证" … 244
　　二、听证制让决策更规范 … 245
　　三、"阳光"下共享和谐生活 … 246
　　四、强村富民的"安上样本" … 247
　　五、成长型贷款让企业茁壮成长 … 249
　　六、让食客满意是我们最大的快乐 … 250

第十二章　基层组织 … 253

第一节　基层党组织 … 253
　　一、组织沿革 … 253
　　　　附1：中共安上村[上洪村（大队）]支部委员会正副书记名录 … 256
　　　　附2：中共安上村[马安村（大队）]支部委员会正副书记名录 … 256
　　　　附3：中共安上村党支部（党总支）正副书记名录 … 257
　　二、先进性教育 … 258
　　三、党代表 … 259
　　四、党员名录 … 260

第二节　村政 … 263
　　一、庙泾小乡 … 263
　　二、高级社 … 263
　　三、人民公社五大队（营） … 264
　　四、大队管理委员会 … 264
　　五、革命委员会 … 265
　　六、村民委员会 … 265
　　七、行政领导更迭 … 266

第三节　经济合作社 … 270
　　一、安上村社区股份专业合作社 … 271
　　二、安上村农地股份专业合作社 … 271
　　三、安上村富民合作社 … 271
　　四、物业及绿化养护有限公司 … 271

第四节　民兵营 … 272
　　一、民兵建制 … 272
　　二、民兵训练 … 272
　　三、民兵活动 … 272

第五节　群众团体 … 273

一、农民组织 ··· 273
　　二、青年组织 ··· 273
　　三、妇女组织 ··· 274
　　四、其他组织 ··· 274
　　　　附1：已故老干部名单 ··· 275
　　　　附2：已故中共党员名单 ·· 276

第十三章　人物 ·· 278
　第一节　历史名人叶苗 ·· 278
　第二节　当代名人周其焕 ··· 279
　　　　附1：中国民航大学退休教授、"两航"起义人员周其焕的回忆 ·············· 281
　　　　附2：周其焕给淀山湖中心小学校长钟爱明的信 ····································· 282
　第三节　革命烈士 ·· 284
　　一、施凤章（1923—1943年） ··· 284
　　二、周五泉（1947—1981年） ··· 284
　第四节　残废军人陈友正 ··· 284
　第五节　当代军人 ·· 285
　第六节　村籍大学生 ··· 288
　第七节　在外工作人员 ·· 306
　第八节　"五匠"名录 ·· 308
　第九节　插队知识青年 ·· 313
　第十节　全家落户 ·· 317
　第十一节　高龄老人名录 ··· 318

第十四章　荣誉 ·· 321
　第一节　集体荣誉 ·· 321
　第二节　先进个人 ·· 324

索　引 ··· 328
《安上村志》修编人员名录 ·· 333
后　记 ··· 334

概 述

一

　　淀山湖镇安上村,位于镇政府驻地东北面。东与双护村接壤,西邻淀山湖镇区,南临杨湘泾村三家村自然村(今已搬迁),北接千灯镇石浦街道陆桥村,水陆交通十分便捷。南北长4.11公里,东西长1.16公里。总面积4.77平方公里。村域位置,东经121°1′34″~121°2′34″,北纬31°10′22″~31°11′28″。

　　安上村地处长江三角洲太湖流域淀泖地区,属亚热带湿润气候区。四季分明,日照充足,雨量充沛,无霜期长,气候温暖,年平均气温15.5℃,冬无寒冷,夏无酷暑,气候宜人。适宜种植水稻、三麦、油菜,是江南鱼米之乡。

　　原马安村有南浜、马安村、西庙泾、西厍、北沈安泾、南庵、南沈安泾7个自然村;原上洪村有顾家厍、罗家柱、上洪桥、高家桥、陶湛桥、浜里、棚户7个自然村。2001年8月,马安村、上洪村合并组建安上村。永义村的小港自然村拆迁到马安新村,户籍转入安上村。2012年,安上村有27个村民小组,共549户1810人,其中男868人,女942人,民族以汉族为主。

二

　　新中国成立后,安上村域村民翻身当家做主人,在党的领导下,走上互助合作道路,先从一家一户种田到成立十户左右的互助组。1954年10月,开展农业合作化运动,南浜自然村建立南浜初级农业合作社(以下简称"初级社"),马安村、西庙泾、西厍三个自然村成立庙泾初级社,北沈安泾、南庵、南沈安泾、升罗潭四个自然村成立沈安泾初级社,顾家厍自然村成立顾家厍初级社,上洪桥、罗家柱两个自然村成立上洪初级社,高家桥、浜里、陶湛桥、棚户四个自然村成立浜里初级社,共六个初级社。1956年,由初级社合并成立高级农业合作社(以下简称"高级社")。南浜、庙泾两个初级社并为新民高级社,沈安泾初级社成立新昇高级社,顾家厍、上洪初级社合并成立新华高级社,浜里初级社成立新农高级社,共4个高级社。1958年10月,成立淀东人民公社,高级社更名为大队,新民大队、新华大队、新农大队归淀东公社五营管辖,新昇大队归淀东公社六营管辖。1966年,社会主义教育运动结束,新昇大队3个生产队(新昇4队并入新星大队)与新民大队合并为新民大队,新农大队与新华大队合并为新华大队。1969年4月起,分别建立大队革命委员会。1980年1月,恢复大队管理委员会名称。1982年,因全县范围内同名大队较多,新民大队更名为马安大队,新华大队更名为上洪大队。1983年6月,撤社建乡,淀东人民公社改建淀东乡,大队为村,马安大队更名为马安村,上洪大队更名为上洪

村。2001年8月,淀山湖镇实施区域调整,撤上洪村、马安村,合并组建为安上村。

三

1973年,先后办起了新民地毯厂、新民印刷厂、新民挂历厂、新华五金厂、新华木器厂、上洪梳棉厂、长虹化工厂等大小企业,村级经济逐步壮大。随后,党支部、村委会带领村民,走出单一的农业生产之路,全面发展农业、工业、第三产业。

党的十一届三中全会后,改革开放的浪潮冲破了陈旧观念,在党的富民政策和邓小平理论的指引下,安上村域领导干部解放思想,转变观念,工作重心转移到经济建设上来。首先,千方百计发展村级经济,大力发展村办集体企业。1995年,集体企业实行改制,逐步转为私营企业(民营企业)。淀山湖彩印厂、昆山市生力印务包装公司、方氏家具有限公司、昆山申坤保险箱有限公司、昆山市佳明包装制品有限公司、珊瑚医疗附件厂等民营企业,似雨后春笋般蓬勃发展。村民的副业生产也有大发展,养鱼、养虾、养蟹、养鸡、养鸭、养鹅,全村有水产养殖专业户4户,家禽养殖专业户8户。安上村民凭借水陆交通便捷条件,30户村民搞水上运输,发展第三产业。有的村民买了载重量15吨的水泥船搞水上运输;有的为水泥厂运送水泥到青浦、上海等大小城市,供建筑工地使用;有的把青的玉米秆和水花生、草干送往上海奶牛棚;有的把摇绳机摇的粗细不等、规格不同的稻草绳,送往上海等地的工厂,作为包装产品之用。

20世纪90年代,镇政府大投入、大开发,加强小城镇基础设施建设,建筑公路,陆上交通四通八达。安上村部分村民抓住机遇,大搞陆上运输。全村有19户村民购置卡车、集装箱车等各种车辆,为企业单位运输原辅材料或工业产品,来往于南京、无锡、苏州、镇江、常州省内各市和上海、浙江、安徽等全国各地,大大增加了村民的经济收入。

四

新中国成立前,村民生活只能勉强维持生计。新中国成立后,村民生活逐步改善。

20世纪90年代,村民经济收入不断增长,生活质量明显提高,衣、食、住、行普遍改善,男女老少都能穿上崭新的衣服,尤其男女青年都能穿上高档、名牌、时尚的衣服;居住的条件变化更大,全村有92.3%的农户住上楼房。进入21世纪后,安上村先后有387户动迁,分别安置在香馨佳园、淀辉锦园、淀山湖花园。

2002年,全市推行农村养老保险制度,60岁以上男性和50岁以上女性老人,都能享受养老保险。2012年年末,全村共有729位老人领取养老金,其中农保有198人,社保有531人。除了老人享受养老金外,年满20岁以上的男女村民都可参加医疗保险,全村有1 736人参加医疗保险,解决了村民看病难的后顾之忧,减轻了村民医疗费用的支出。市镇两级建立大病风险基金,减轻特殊重病村民的经济负担,力求减少因病致贫的状况。

五

新中国成立后,安上村域文体活动活跃。20世纪50年代,新民高级社成立了业余文艺宣传队,白天干农活,利用晚上在西庙泾初小校内排练节目。一到春节,村民搭起露天戏台,由文艺宣传队表演锡剧、沪剧《双推磨》《借黄糠》《陆雅臣卖娘子》《九斤姑娘》等传统剧目,深受广大村民喜爱。20世纪60年代，苏州市知识青年插队到农村，壮大了业余宣传队伍。1965年，新华大队成立新华篮球队，多次参加公社或县的篮球比赛，多次获得荣誉。1968年9月，新华大队举办了迎国庆篮球比赛，历时三天，34个篮球队参赛，新华篮球队获得冠军，在公社乃至昆山县范围内颇有名气。改革开放后，安上村干部群众积极参与上级组织的群众体育活动，多次取得好成绩。

80年代，村民孙明荣因沪剧唱得特别好，曾多次参加昆山市、苏州市的戏曲演唱赛，荣获一等奖、二等奖、表演奖等荣誉称号。陈瑞琴是淀山湖镇文体站的文艺骨干，为创建"戏曲之乡"做出了贡献。

随着社会的不断进步，各项事业大踏步向前发展，安上村的文化教育和卫生事业大为改观，村民文化水平得到大幅度提高。2012年年末，全村有大学生439人，中专及高中生215人，初中生549人，小学生566人。

六

安上村有着悠久的人文历史，名人辈出。明朝义士叶苗，性格倜傥，勇于赴义，遇见不平之事，必挺身而出，主持正义。叶苗施计除恶僧、保护碛碥寺的故事在江南水乡广为流传。叶苗遗体安葬在北沈安泾自然村，墓碑为"叶义士苗之墓"。

当代名人周其焕，1949年11月，参加"两航起义"。1950年，在天津、北京两地参加民航工作。周其焕兢兢业业，为新中国民航事业的发展无私奉献，受到人们的尊敬。

革命烈士施凤章，1942年7月加入新四军，在一次日军偷袭阜宁县车义港事件中，为掩护新四军主力部队转移，壮烈牺牲。烈士周五泉应征入伍，在黑龙江珍宝岛自卫反击战中，因公殉职，年仅34岁。残废军人陈友正，参加过解放战争盐城战斗，不幸在战斗中负伤，休养后，先后在山东、黑龙江、江苏扬中等地工作。

七

新中国成立后，安上村基层组织变化很大。1956年8月，中共新民、新昇、新华、新农高级合作社党支部相继成立；1958年，人民公社成立后，各大队成立党支部；以后，随着撤社建乡、撤乡建镇、区域调整的变化，大队（村）党支部延续；2005年11月，成立中共安上村党总支委员会。安上村基层党组织在不同的历史阶段，发挥了党组织应有的战斗堡垒作用，带领广大村民在建设社会主义新农村道路上奔向小康。

改革开放后，安上村发生了巨大变化，多次获得江苏省、苏州市与昆山市的表彰。21世纪后，安上村先后荣获江苏省生态村、卫生村、文明和谐先进村等荣誉称号，获得苏州市先进党组织、精神文明先进村等荣誉称号，荣获昆山市精神文明建设先进村、先进基层党组织，以及环保、绿化、征兵、老人活动、残疾人保障等方面的奖励和表彰。

安上村党总支部、村民委员会领导班子成员在荣誉面前不骄不躁，继续带领全村村民建设社会主义新农村，团结一致、齐心协力为实现中国梦贡献力量。

大 事 记

明

据《淞南志》记载,有一位名叫叶苗的壮士,字秀实,机智勇烈,因讨伐强贼身卒,葬于北沈安泾。时人为了纪念他,建造了一座三观堂庙宇。

中华民国

民国二十年(1931年)

7月上旬,降雨129毫米,下旬又降276毫米,安上村域内遭受历史上大水灾。罗家枉自然村250亩、棚户自然村230亩低洼田,因受洪灾全部被淹,秋后颗粒无收。

民国二十七年(1938年)

2月14日,顾家库自然村,村民顾柏生和朱塔炳被日军无辜枪杀。

是年,西庙泾村民周阿小在田头被日军枪杀身亡。

民国三十二年(1943年)

8月,陶湛桥自然村19岁村民施凤章,投身革命事业,参加新四军。在抗日战争中为了掩护新四军主力部队转移,全排20多名战士壮烈牺牲于阜宁县车义港。施凤章牺牲时年仅20岁,1953年12月1日中央人民政府颁发了第2449号文件,被追认为革命烈士。

民国三十五年(1946年)

是年,西庙泾自然村最西侧观音堂庙,开办一所私塾小学复式班,学生来自西庙泾、西厍、马安村、南浜、小石浦(原白米大队)等自然村,有30名左右的学生,教师是黄家俊,学生家长都叫他黄先生。

中华人民共和国

1949年

5月13日,昆山解放,县长刘同温出示布告,宣布昆山县人民政府成立,杨湘泾5月17日解放。

7月,浜里自然村村民张其祥以优异的成绩考入南京水利学院,毕业后,辗转大江南北,参加过淮河治理工程,后任昆山水利局高级工程师,为昆山水利建设做出重大贡献,于2014年病故,终年84岁。

11月,马安村人周其焕参加著名的"两航"起义。

1950年

1月,安上村域上洪桥、顾家厍(小石浦)、浜里、西庙泾、南浜5个行政村属淀东区庙泾乡,北沈安泾属淀东区双护乡。

6月,朝鲜战争爆发,党中央发出了"抗美援朝,保家卫国"的号召,原新民大队7队计三林、8队叶阿桃、9队胡三毛三位青年应征入伍,参加志愿军,赴朝作战,于1954年复员回家。

是年,全面结束土地改革,农民有了自己的土地。

△ 西庙泾私塾初小学校转为公办小学,教师先后有卞影秋、严金霞、蒋仁达、刘耀东、刘耀南、顾叙奎、朱雪新、顾曼恒、方慧君等。该校是一所1~4年级的单班复式教学的初小学校。

1951年

是年,农村开展农业互助合作运动,以自然村为单位组织互助组,由8~9户人家组织起来共同耕种土地。上洪桥自然村在淀东乡最早成立互助组,组长陈春海。当时淀东乡只有两个互助组,另外一个是牛长泾自然村由王阿娥带领组织的互助组。

1952年

8月,中共淀东区委员会成立,顾明德、张全珍为庙泾乡首批发展的中国共产党党员。

9月,南庵小学创办。

1953年

是年,成立庙泾小乡,下辖12个联村,其中,安上村域有南浜、西庙泾、顾家厍、上洪桥、浜里5个联村。

1954年

3月,西庙泾自然村曹惠芳,被江苏省军区授予"江苏省军属代表先进个人"的荣誉称号。

5月18日起,连续降雨60天,水位超过警戒线3.4米。粮田受淹,干部群众全力投入排涝抗灾。当时西庙泾自然村地势较高,受涝面积较小。因此,去帮助邻近棚户自然村抗灾。村民周全根在摇船时不慎落水,经同船村民全力抢救,才保住了性命,这件事村民仍记忆犹新。

是年,全面开展农业合作化运动,安上村域内相继成立6个初级社。南浜自然村为南浜初级社;马安村、西庙泾、西库自然村为西庙泾初级社;北沈安泾、南庵、南沈安泾、升罗潭自然村为沈安泾初级社;顾家厍自然村为顾家厍初级社;上洪桥、罗家柱自然村为上洪初级社;高家桥、浜里、陶湛桥、棚户自然村为浜里初级社。

1955年

是年,淀东实行粮食"三定一奖"到户,即定产、定购、定销、超产奖励政策。

1956年

2月,新中国成立后,第一届党的基层组织在各高级社相继成立。新民高级农业合作社党支部,陈小弟任支部书记;新昇高级农业合作社党支部,谢金林任支部书记;新华高级农业合作社党支部,周宝林任支部书记;新农高级农业合作社党支部,张祥龙任支部书记。

3月,开展消灭血吸虫病运动,查钉螺、灭钉螺,并加强粪便管理,马桶粪便不准往河里倒,

对血吸虫病患者组织集体治疗。

是年,安上村域内6个初级社合并成立4个高级社。南浜、西庙泾两个初级社合并成立新民高级社;沈安泾初级社成立新昇高级社;顾家库、上洪桥两个初级社合并成立新华高级社;浜里初级社成立新农高级社。

1957年

4月,时任淀东乡文教助理顾明德,因言辞过激,被打成右派分子,后到金家庄村进行劳动改造,直至1965年得到平反,重新恢复干部职务。

1958年

9月,淀东公社开办昆山县第八中学(简称"八中"),安上村域周洪文、张国良、沈佰林、林继红、陈海元、李泉根、柳根龙、方新民等学生,为该校首届初中生。

是年,淀东公社在王泥泾自然村开办农业中学,实行半耕半读,安上村域内有计俊林、计火根、顾祥龙、姚生荣、沈佰荣、张一峰、童文元、童骏元为1960年首届毕业生。

△ 党中央发出高举"人民公社、大跃进、总路线""三面红旗"的号召,农村刮起了浮夸风,喊出水稻亩产超万斤的口号。说实话的大队干部挨批斗。

△ 每两个生产队合办一个食堂,吃饭不要钱。

1959年

是年,正值国家困难时期,加上各种自然灾害影响了农业生产,产量极低,粮食非常紧张,社员吃不饱肚子,很多人出现了浮肿病。

1960年

2月,由苏州专员公署组织苏州医学院师生、苏州专区人民医院、解放军0099部队医院等1100名医务人员分赴全县各公社查治血吸虫病人。

8月2~5日,受7号台风影响连降暴雨,干部群众投入抗洪救灾中。

1961年

1月1日,下午4时左右,新民大队第一生产队(南浜自然村)牛棚起火,五头耕牛全部被烧死,起火原因是饲养员烧水时火星外窜引起的,正值西北大风,火势特别凶猛,烧了近3个小时,到晚上7点才扑灭。第三生产队的饲养员高引林冲进火场抢救耕牛不幸身亡,年仅35岁。还有第一生产队饲养员方荣全也被严重烧伤。

5月,公社召开"三干"会议,传达县委"三干"会议精神,贯彻中共中央《农村人民公社工作条例(修正草案)》(即《农业六十条》),恢复农业"三包(包工、包本、包产)一奖(超产奖励)"制。

8月,遵照上级规定,生产队停办食堂,由每家每户自行烧饭,并按耕地面积的5%比例重划社员自留田,让村民自己种植蔬菜。

1962年

是年,深入贯彻落实中共中央关于《农村人民公社工作条例(修正草案)》(即《农业六十条》),核心是落实三级所有,队为基础,即集体生产资料(包括土地)为公社、大队、生产队三级所有,以生产队为基础,独立核算。极大地调动了广大群众生产劳动的积极性,产量提高,收入增加。一年进行夏秋两次分配,村民生活逐年得到改善。

1963 年

是年,原新民大队水稻、小麦、油菜的亩产量在全公社范围内属上游水平,负责抓农业生产的公社干部经常组织各大队干部到新民大队召开农业生产现场会。

1964 年

5月,原新民大队第三生产队队长陈三林荣获江苏省农业厅授予的"江苏省农业生产先进个人"称号。

9月,有部分苏州初高中毕业生响应党中央号召,插队到农村锻炼。至1970年,共有110名苏州学生到安上村域插队落户,其中原新民大队70名,原新华大队40名。

10月,在新民大队第一生产队南面的一座小庙里,办起了南浜民办小学,有30多名学生,是1~4年级的单班复式教学,民办教师计俊林。

1965 年

7月,社会主义教育工作队进驻淀东公社各大队,全面开展"社教"运动。当时新民大队"社教"工作队队长徐慕安,原新农大队工作队队长孙友芳,新华大队工作队队长朱文松。各生产队派一名工作队队员,实际上以清经济为主,并贯彻落实党中央"二十三条"农村工作政策。

10月,公社有了广播放大站,每家每户都装上了广播喇叭,可以收听新闻、戏曲和会议通知等,老百姓感到很开心。

1966 年

3月,"社教"运动结束,张奎林任新农、新华两个大队合并的新华大队党支部书记,叶木生任新昇、新民两个大队合并的新民大队党支部书记。

9月,各大队干部及群众收听中共中央《关于"无产阶级文化大革命"的决定》的广播。

10月,各大队组织"红卫兵""造反派",破除所谓旧思想、旧风俗、旧文化、旧习惯的"四旧",好多文物、古迹、字画都遭损毁。

1967 年

1月,"文化大革命"全面开展,"地富反坏右"分子遭到批斗。

5月,从城镇到农村,各行各业成立"战斗队"、揪斗"走资本主义道路的当权派",各级党组织处于瘫痪状态

6月9日,原淀东公社党委书记孙振明被造反派进行残酷的批斗,当时新民7队计宝根、8队叶阿桃,新华1队赵阿林等几人为了不让党委书记受到肉体上的摧残,冲进会议室,提出要文斗,不要武斗。当场被造反派抓起来,定为"保皇派"罪名,关押在公社里,白天在原杨湘镇老街的供销社门口挂牌示众,蒙受了不白之冤。

1968 年

3月,淀东公社革命委员会成立。干部的工作基本走上正轨,提出"抓革命、促生产"的口号,使农业生产逐步恢复正常。

9月,新华大队举办迎国庆大型篮球比赛,历时3天,在上洪桥、罗家柱两个篮球场展开比赛,比赛结果新华篮球队获冠军,上海青浦青山篮球队获亚军,青浦赵屯屯南篮球队获季军。

12月,新华大队第三生产队社员朱阿本家里失火,3间茅草屋全部被焚毁。家庭所有财产

被烧得精光,损失重大。各小队社员伸出援助之手,捐衣捐物。公社帮助重新建造了3间平瓦屋,朱阿本感激不尽。

1969年

2月,新民大队革命委员会成立,叶木生任革命委员会主任。

3月,新民大队办起了合作医疗站,由5队陆品根、7队计美英担任"赤脚医生",方便了群众治病。

4月,新华大队革命委员会成立,张奎林任革命委员会主任。

7月13日,晚上9时左右,新民大队第11生产队南庵自然村,在小队脱粒的大场上,因用电引起失火,已睡觉的村民听到噼里啪啦的声音被惊醒,都起来救火。由于13间副业棚都是稻草房,火势很旺,等扑灭大火后,副业棚已全部烧光,烧死母猪、生猪20多头,损失较大。

9月,淀东公社革命委员会整党建党领导小组同意重新组建新民大队、新华大队党的支部委员会,由张奎林任新华大队党支部书记,叶木生任新民大队党支部书记。

是年,新华大队浜里自然村建造了一所公办小学,一间标准教室,一间办公室,开设1~2年级复式班一个,老师是朱永明,从此结束了该自然村借用私人房子开办小学的历史。

△新华大队第7生产队入伍军人周五泉在参加珍宝岛自卫反击战中因公殉职,年仅34岁。

1970年

2月,新民大队建造了一所标准的小学,叫新民小学。4个标准的教室宽敞明亮,一个办公室、一个教师宿舍。当时召开社员大会就在学校的操场上。原来的南浜民办小学、西庙泾初小并到新校舍,办起了1~6年级的完全小校,校长顾曼恒。1980年顾曼恒调走,由计俊林任完小校长。1985年9月,计俊林调到双桥完小任校长,由柳根龙任新民完小校长。

1971年

4月,淀东公社团委重建,新民大队第四生产队顾祥龙担任公社团委委员。

1972年

2月,组织干部学习,深入批判林彪反党集团。

是年,叶木生任新民大队党支部书记,方木泉任党支部副书记,委员是陈海根、曹惠芳、费忠林、杨海东、姚炳根;张奎林任新华大队党支部书记,张贵荣任党支部副书记,委员是蒋云泉、冯阿梅、张进福、张全珍、赵水林。

1973年

10月,新民大队南浜自然村北面开挖了一条东西向中心河,全长约1 000米,西至道褐浦,东到南庵沈安泾江,以方便泄洪和农船的进出。

12月,在全公社范围内,各大队开展"批林批孔"和党的基本路线教育。

是年,新华大队由苏州插队知识青年沈国强牵头办起了全乡第一个村办五金厂,业务由沈国强等与苏州联络、合作,钱爱福任厂长兼会计。

1974年

12月,叶木生任新民大队党支部书记,陈海根、顾祥龙任新民大队党支部副书记。党支部委员:曹惠芳、姚炳根、费忠林、杨海东。

1975 年

4月,陈海根任新民大队党支部书记,党支部委员:顾祥龙、曹惠芳、姚炳根、费忠林、杨海东。

6月,正值夏收夏种大忙季节,在收割油菜后,连续降雨半个月,使油菜籽不能晒干,生产队把油菜籽分给每家每户,在灶头上炒干,结果还是无用。昆山县委书记徐彦同到淀东走访灾情,了解情况,对新华大队由于天灾原因,造成集体经济损失很大而感到痛心。他鼓励广大群众,提出了"夏熟损失秋熟补,农业损失副业补,确保年终收入不减少"的指导思想,为战胜灾害指明了方向。

是年,昆山开挖、拓宽娄江河,包括市河(现东大桥至西大桥),全长约20公里,又开太浦河等河道,各大队都安排身强力壮的男劳力去参加开河劳动。

1976 年

1月8日,周恩来总理逝世,社员群众万分悲痛,自发组织悼念活动。

9月1日,全公社高小毕业生激增,淀东中学容纳不下,每个片在小学中增设一个初中班,新民大队初中班有49名学生,教师由顾曼恒、计俊林、叶兴元、叶祥德及苏州插队知青关志苏、沈金奇担任。

7月6日,朱德委员长逝世,社员群众万分悲痛,自发组织悼念活动。

9月9日,毛泽东主席逝世,各大队都召开追悼大会,沉痛悼念伟大领袖毛泽东主席。

1977 年

9月,顾祥龙任新民大队党支部书记,张国良任副书记;赵水林任新华大队党支部书记,顾传德等任支部委员。

是年,新民大队第7生产队西庙泾自然村最西端,设立新民知青点,建造知识青年宿舍,宿舍对面造500平方米的厂房,办起了新民地毯厂,苏州知识青年40人当了织地毯工人。知青负责人是曹友福、华云妹,大队安排杨海东、伍阿二、计宝根、曹惠芳先后任地毯厂负责人。

△ 新民大队第7生产队上海全家落户的陈克办起了洗桶厂,设备很简单,在生产队养猪棚旁边造了一间房屋,屋内砌了一个灶头,锅子里烧了碱水,专门用来洗漆桶。由第7生产队轮流派社员用船到上海去装空的油漆桶回来,再把洗干净的桶运往上海,洗桶职工只有4~5人,都是50多岁的老农民。

1978 年

6月30日,新民大队首届49名村办初中毕业生到青浦中山公园拍摄毕业照。参加升学考试后,录取的初中生到淀东中学就读高中。

7月,新民小学教师计俊林被淀东公社"落实政策办公室"借用,对"文化大革命"中的假案、错案、冤案进行平反。

9月,全国恢复高考制度,新华大队第7生产队高中生朱光纪认真复习备考,并参加考试,被常熟师范专科学校录取,为安上村域内"文化大革命"结束恢复高考制度后的第一个大专生。

是年,新华大队以油菜籽总产量171 058斤的成绩,荣获苏州市油菜籽总产量第一名荣誉称号。

1979 年

6月30日,新民小学"戴帽子"初中第二届48名初中毕业生参加淀东中学的升学考试。

8月,苏州、昆山的插队知识青年全部返回城里,安排工作。

10月,深入贯彻落实党的十一届三中全会精神,全党工作重心转移到经济工作上。

是年,对新中国成立初在划分成分时,凡划到地主、富农成分的全部摘帽,享受同等公民的政治待遇。

1980 年

是年,在"文化大革命"中凡蒙受冤、假、错案的同志全部进行纠错平反。新民第7生产队计宝根、第8生产队叶阿桃,新华第1生产队赵阿林、第6生产队李正枝等得到了平反,恢复名誉,并补偿了误工费。

1981 年

2月,淀东公社在新民大队第9生产队举办土地普查专业队伍培训班,对62名技术员进行培训,摸清本地区土质状况,便于合理用肥,科学栽培。

1982 年

是年,贯彻落实党的十一届三中全会精神,工作重心转移到经济建设上来,新民大队开办了印刷厂,厂长赵根生。

△ 昆山县对全县重名的大队进行更名,新民大队更名为马安大队,新华大队更名为上洪大队。

1983 年

6月,撤社建乡,淀东人民公社改建淀东乡,村域中大队改称村,生产队改称村民组;马安大队更名为马安村,12个生产队更名为12个村民小组,上洪大队更名为上洪村,12个生产队更名为12个村民小组。

8月,周爱兴任马安村村主任,吴海奎任社长,沈佰林任会计,方玉英任妇女主任,陆洪元任民兵营长兼团支部书记;林继红任上洪村村主任,张元昌任社长,顾传德任副社长,朱瑞英任村会计,李惠菊任妇女主任,邓幸福任民兵营长兼团支部书记。

1984 年

4月,顾祥龙任马安村党支部书记,吴海奎、赵根生、周爱兴、沈佰林、方玉英为党支部委员;赵水林任上洪村党支部书记,林继红、顾传德、朱瑞英、邓幸福为党支部委员。

5月,吴海奎任马安村党支部书记,周爱兴、赵根生、沈佰林、方玉英为党支部委员。

7月,新民小学利用暑假期间,筑起围墙,保证学生人身安全。

11月,林继红任上洪村党支部书记,朱瑞英、邓幸福为党支部委员;张元昌任上洪村村主任。

1985 年

4月,吴海奎任马安村党支部书记,周爱兴、赵根生、沈佰林、方玉英为党支部委员;林继红任上洪村党支部书记,张元昌、朱瑞英、邓幸福为党支部委员。

是年,上洪村投资3万多元新建村办公楼和上洪双代店。

△ 上洪村投资 5 万多元,进行农村用电标准化改造,以适应联产承包到户后脱粒用电需要,将各村民小组大场的电力线路延伸至每家每户场地。

△ 淀东乡开办敬老院,新农大队老书记张祥龙担任首任院长,马安 8 组孤老王阿三、上洪 7 组孤老蔡秋泉住进了敬老院。

1986 年

4 月,上洪村会计朱瑞英调任淀东镇妇女主任,金荣泰任上洪村会计。

9 月,上洪村 3 组青年陈刚被光荣录取保定空军第三飞行基础学校,是昆山县招收的两名飞行员之一,是上洪村的光荣和大喜事。

是年,上洪村投资 2 万多元,购置 240 匹马力发电机组一台,国家电网停电时,自行发电,解决了长期停电社员照明用电问题,同时保证了农业生产脱粒用电的需要。

1987 年

9 月,吴海奎任马安村党支部书记,赵根生、周爱兴、沈佰林、方玉英为党支部委员;林继红任上洪村党支部书记,张元昌、杨会根为党支部委员。

是年,第二届村民委员会换届选举,周爱兴任马安村村主任,委员方玉英、陆洪元;张元昌任上洪村村主任,委员李惠菊、邓幸福。

1988 年

5 月 4 日,江苏省省政府批准淀东撤乡建镇。

是年,各村民小组响应昆山县关于油菜秸秆还田的号召,使土地疏松,并增加了有机肥料。

1989 年

是年,在冬春两季掀起兴修水利运动,加高圩岸,防止洪涝灾害,确保水稻等农作物的稳产高产。

△ 镇党委、政府为了增加农民收入,号召全镇各农户种桑养蚕,连续两年,到 1991 年结束。安上村域内 568 户村民,有 528 户种桑养蚕,桑树面积 283.63 亩,为村民增加了经济收入。

1990 年

2 月,21 组屈林元跨组在 16 组小北角圩头承包土地 42 亩,是全镇较早的种田大户之一。

3 月,全村百分之八十以上农户装上了电话,镇广播电视站为每家免费安装了有线电视,增加了收视频道,提高了收视质量。

9 月,张元昌任上洪村党支部书记,林继红、杨会根为党支部委员,李惠菊任上洪村代主任。

11 月,吴海奎任马安村党支部书记,周爱兴、赵根生、沈佰林、方玉英为党支部委员。第三届村民委员会换届选举,周爱兴任马安村村主任,委员方玉英、陆金龙;李惠菊任上洪村村主任,委员张雅珍、邓幸福。

1991 年

6 月,遭受洪涝灾害,全村干部群众全力以赴投入到抗洪救灾中去。

9 月,双桥完小校校长计俊林被借用到镇党校任专职教员。

12 月,袁永兴任上洪村党支部书记,杨会根、张国云为党支部委员。

1992 年

11 月,吴海奎任马安村党支部书记,周爱兴、赵根生、沈佰林、方玉英为党支部委员;袁永兴任上洪村党支部书记,杨会根、张国云为党支部委员。

是年,计俊林从镇党校调镇党委办公室任秘书。

1993 年

3 月,江苏省政府批准昆山市淀东镇更名为淀山湖镇。

是年,原永义村第 6、7 两个村民小组,因建高尔夫球场征用土地,从 1993 年 3 月起到 1994 年全部拆迁到马安村,2001 年归属马安村第 15 组,住宅小区为马安新村一区、二区。

△ 第四届村民委员会换届选举,周爱兴任马安村村主任,委员方玉英、陆金龙;李惠菊任上洪村村主任,委员张雅珍、邓幸福。

1994 年

6 月,周爱兴任马安村党支部书记,周洪文、赵根生、沈佰林、方玉英为党支部委员,沈佰林任马安村代主任。

是年,周杏根任上洪村党支部书记,张国云、王云林为党支部委员。

△ 淀山湖自来水厂第一期工程竣工,从此,上洪村村民都饮用上了安全卫生的自来水。

1995 年

1 月 15 日,马安新村南区村民柴建斌,不慎被自家养的小狗咬伤,一个月后狂犬病毒突发身亡,年仅 30 岁。

3 月,王云林任上洪村代主任。

9 月,淀山湖中心小学竣工落成,新民小学、上洪小学的学生都到中心小学读书。

是年,第五届村民委员会换届选举,沈佰林任马安村主任,委员方玉英、陆金龙、周洪文、陈永和;王云林任上洪村主任,委员张雅珍、陆永弟、张国云、张贵荣。

1996 年

3 月,王云林任上洪村党支部书记,陆永弟为上洪村代主任。

1997 年

1 月,陆金龙任马安村代主任。

4 月,大部分男女劳动力都进厂务工,土地转让给大农户承包。

6 月 30 日,香港回归祖国,全村干部群众收看"香港行政权交接仪式"现场直播电视新闻。

1998 年

5 月,赵水林担任上洪村党支部书记。

是年,根据昆山市委、市政府《关于稳定完善农村土地承包关系发放经营权证书的实施意见》的文件精神,认真做好各村民小组每家每户的确权发证工作。

△ 所有集体村办企业转制为私营个体企业,又叫民营企业。

1999 年

2 月,马安村第六届村民委员会换届选举,徐建波任主任,委员周洪文、陆金龙、方玉英、柳英;上洪村第六届村民委员会换届选举,张晓东任主任,委员计林弟、陆永弟、张贵荣、张雅珍。

6月，连降暴雨，河水猛涨，水位上涨到吴淞高程3.37米，超过警戒水位0.17米，到7月1日、2日又是2天暴雨，外河水位涨到吴淞高程4米，是有史记载以来的最高水位。全村干部群众投入到抗洪救灾之中。

是年，大学生孙卫忠进村，任村主任助理，为村首任大学生村官。

2000年

1月，张晓东任上洪村党支部书记，计林弟、张雅珍为党支部委员；徐建波任马安村党支部书记，周洪文、周建明为党支部委员。

6月，昆山市人事局、档案局授予马安村昆山市档案系统1998—1999年度先进集体荣誉称号。

12月，昆山市民政局授予马安村"昆山市村民自治模范村"荣誉称号。

是年，补选陆永弟为上洪村村主任，周洪文为马安村村主任。

△ 江苏省环保厅、农林厅授予马安村"江苏省百佳生态村"荣誉称号。

2001年

8月，上洪村与马安村合并为安上村。徐建波任安上村党支部书记，党支部委员张晓东、柳英。

9月22日，第七届村民委员会换届选举，张晓东任村主任，委员周建明、柳英。

10月，安上村第22组浜里自然村村民周宝宝家，三楼三底的楼房，因4岁的孙子周志成在楼上东房间玩打火机，火烧到了窗帘，后烧到了被子等物，火势越来越旺，邻居和镇消防队共同灭火，终于将火扑灭。火灾造成东房倒塌，房内物品烧毁。昆山人民保险公司赔付了房产理赔费，亲朋好友捐助8 000元左右，把倒塌的房屋重新造好。

2002年

8月，江苏省爱国卫生委员会授予安上村"江苏省卫生村"荣誉称号。

10月，全村建造垃圾中转站4个，村成立保洁队伍，沈佰林任保洁队长。村中每个小组各有一名保洁员，负责收集垃圾，打捞河中漂浮物，保证了村庄道路、河流的整洁，使村民有良好的居住环境。

是年，安上村荣获昆山市2002年度绿化造林"千佳村"称号。

2003年

1月，安上村医疗站更名为安上社区卫生服务站。

7月，中共苏州市委授予安上村"苏州市先进基层党组织"荣誉称号。

9月，昆山市老龄委授予安上村"昆山市文明老年活动室"荣誉称号。

是年，安上村荣获"全国九亿农民健康教育活动"苏州市先进村荣誉称号。

2004年

2月，昆山市精神文明建设委员会授予安上村"昆山市精神文明建设先进村"荣誉称号。

3月，昆山市委、市政府授予安上村"昆山市村民自治模范村"荣誉称号。

4月，张晓东任安上村党支部书记，党支部委员周剑明、柳英，周剑明任安上村代主任。

6月，安上村投资165.5万元建造标准厂房1幢1 600平方米，年租金收入23万余元，村级经济又增加了一笔新的收入。

安上村志

12月2日,第八届村民委员会换届选举,张明任村民委员会主任,委员孙卫忠、柳英。

2005年

2月,周剑明任安上村党支部书记。

3月,安上村在新农村建设中,各项重大建设工程项目采取"听证会"的办法,实行公开招标,得到镇政府和市政府的认同,并在各乡镇进行学习推广。3月31日,人民日报华东新闻版头条,刊登了题为《走进阳光听证》的报道,充分肯定了安上村这一创新做法。

6月,安上村富民合作社投资516.34万元,建造打工楼一幢100余间(包括配套房超市),2006年4月完工,为新昆山人打工上班提供租借住宿服务,年出租收入为入股股民增加年收益48万余元。

11月22日,改革基层党组织设置模式。中共淀山湖镇委员会发出"淀委发(2005)第55号"文件,具有一定规模的村组建党总支,安上村党总支成立。周剑明任安上村党总支书记,党支部委员朱建华、柴祖林、柳英、张明。

2006年

4月,昆山市司法局授予安上村"2003—2005年度安置帮教工作先进集体"荣誉称号。

2007年

3月,昆山市依法治市领导小组授予安上村"昆山市民主法制示范村"荣誉称号。

9月,昆山市门球协会授予安上村"昆山市第六届村级门球赛体育道德风尚奖"荣誉称号。

11月8日,第九届村民委员会换届选举,朱建华任安上村村主任,委员叶刚、柳英。

是年,张明任安上村党总支书记,党总支委员朱建华、孙卫忠、柳英。

2008年

5月,四川省汶川县大地震,村领导班子、全体党员及群众捐款20 620元,支援灾区人民抗震救灾重建家园。

11月,昆山市统计局、农普办授予安上村"全国第二次人口普查先进集体"荣誉称号。

12月,昆山市政府、市人武部授予安上村"昆山市征兵工作先进单位"荣誉称号。

是年,由镇政府投资177万元,村投资132万元,总投资309万元,建造安上村公共服务中心,总占地面积为1 688平方米,其中包括60平方米百姓戏台一座,长达50米的长廊2条,还有化妆室,公共厕所等设施。

2009年

2月,昆山市人事局、档案局授予安上村"昆山市二星级档案管理工作室"荣誉称号。

5月,昆山市精神文明建设委员会授予安上村"昆山市金乡邻"荣誉称号。

9月,江苏省环境保护委员会授予安上村"江苏省生态村"荣誉称号。

10月,昆山市老龄会授予安上村"昆山市老龄工作先进集体"荣誉称号。

11月,昆山市文联、广电局授予安上村"昆山市创建十佳农家书屋"先进单位。

12月,昆山市政府、环保局授予安上村"昆山市环保工作先进集体"荣誉称号。

是年,江苏省档案局授予安上村"江苏省档案工作管理二星级工作室"荣誉称号。

△ 由镇政府投资120多万元,对安上村马中路(北段)进行改造。

△ 建造草坪门球场,占地面积400平方米,当年投入使用。

△ 苏州市精神文明建设指导委员会授予安上村"2006—2008年度苏州市文明村"荣誉称号。

△ 苏州市计生协会授予安上村"苏州市计划生育协会示范协会"荣誉称号。

△ 为配合淀山湖镇"江苏省航空产业园区"的开发和建设,一年内安上村动迁了第18~27组10个村民小组,涉及229户,动迁房子5.1万平方米,安置新房7.2万平方米,增加住房2.1万平方米。安上村党总支、村委领导深入群众,充分发挥党员干部带头作用,同时兼顾群众的切身利益,得到广大村民的大力支持,使动迁工作在年内顺利完成。

2010年

2月,淀山湖镇党委、政府授予安上村"2009年度效能建设创新奖"荣誉称号。

7月,淀山湖镇党委授予安上村党总支"2009年度先进基层党组织"荣誉称号。

12月19日,第十届村民委员会换届选举,选举结果:村主任孙卫忠,委员叶刚、柳英。

是年,中共苏州市委、市政府授予安上村"苏州市建设社会主义新农村示范村"荣誉称号。

△ 张嘉炯到安上村报到,任书记助理,为大学生村官。

2011年

3月,昆山市关工委授予安上村"昆山市关心下一代工作五有五好示范单位"荣誉称号。

6月,中共昆山市纪律检查委员会、昆山市监察局命名安上村"农村基层党风廉政建设成果展览室"为"昆山市鹿城清风勤廉观览点"。

11月,昆山市综治办、关工委授予安上村"2008—2011年度昆山市零犯罪社区"荣誉称号。

12月,江苏省民政厅授予安上村"江苏省和谐社区建设示范村"荣誉称号。

是年,苏州市人民政府授予安上村"苏州市村务公开民主管理示范村"荣誉称号。

△ 苏州市人民政府、精神文明建设指导委员会授予安上村"2009—2012年度苏州市文明村"荣誉称号。

2012年

1月,昆山市委、市政府授予安上村"昆山市文明村"荣誉称号。

3月,昆山市关工委授予安上村"昆山市关心下一代工作先进单位"荣誉称号。

3月,孙卫忠任安上村党总支书记,朱建华为党总支副书记,委员叶刚、柳英。

6月,中共昆山市委授予安上村党总支"昆山市先进基层党组织"荣誉称号。

6月26日,《昆山日报》发表了《"阳光"下共享和谐生活》的报道,安上村村务公开活动召开听证会得到昆山市委、市政府的好评。

10月,昆山市委宣传部、文广局、文明办授予安上村"市文艺展演舞台表演一等奖"荣誉称号。

是年,苏州市文化广电新闻出版局授予安上村"2010—2011年度苏州市公共文化服务优秀村"荣誉称号。

2013年

10月10日,原大学生村官张嘉炯调入镇党委组织办工作;安上村劳动协管员蒋越辰调镇党委宣传办工作。

10月11日,杨晨军调入安上村工作,为大学生村官;邵亚露(女)为村劳动协管员。

11月,安上村门球队获昆山市第十八届门球赛亚军。

12月8日,第十一届村民委员会换届选举,叶刚任村主任,委员朱建华、柳英、蒋迅。

是年,安上村进行马中路南段改造工程,总投资102万元,有村镇两级投资,镇政府承担60%,村承担40%,改造后的马中路铺上沥青路面,两边还有休闲的健身设施等。

△ 安上村成立物业和绿化养护有限公司,增加了村的集体经济收入。

△ 根据镇党委、政府的要求,各村编纂《村志》,成立"安上村村志编纂委员会",孙卫忠任主任,副主任叶刚、朱建华,委员张嘉炯、蒋迅、柳英、方玉英、顾祥龙、姚炳根、周爱兴、张贵荣、计俊林、林继红。

△ 安上村门球队获青浦区白鹤镇门球邀请赛第五名。

2014年

8月2日凌晨,昆山台资企业中荣汽车配件有限公司轮胎硬件抛光车间发生粉尘爆炸特大伤亡事故,惊动了党中央。安上村根据市委领导指示精神,及时安排2～3名主要村干部,轮流分批赴常州出事伤者所住医院,面对面、人对人,认真细致地对口做好烧伤病人及家属的心理安抚工作,不间断反复耐心地做思想工作,长达一年之多,圆满完成了上级交代的任务。

2015年

5月,张明任安上村党总支书记,孙卫忠免去安上村党总支书记,调镇"三有办"工作。

6月,由中共苏州市委授予安上村"苏州市先锋村"荣誉称号。

2016年

9月,安上村党总支换届选举,朱建华任安上村党总支书记,蒋迅任安上村党总支副书记,柳英任安上村党总支委员。

12月18日,安上村第十二届村民委员会换届选举,蒋迅任村主任,柳英,杨晨军、陈斌任委员,邵亚露任兼职委员。

第一章 建置区域

安上村域位于昆山市东南边缘,淀山湖镇区东北面,村驻地离昆山市30公里、距镇区仅0.5公里左右。处于长江三角洲太湖流域淀泖地区。地势平坦,自然坡度很小,陆地高程(吴淞零点)在3.2米以下,大部分属平原半高田地区。

区域范围东与双护村接壤,西邻淀山湖镇区,南邻杨湘泾村三家村自然村,北靠千灯镇石浦街道陆桥村。全村总面积4.77平方公里,其中水域面积1.52平方公里。

安上村南北最长距离4 110米,东西距离为1 160米,属多边不规则的长方形状,轮廓似螺旋形。2004年,有南浜、马安村、西库、西庙泾、北沈安泾、南庵、南沈安泾、顾家库、罗家柱、上洪桥、高家桥、浜里、陶湛桥、棚户等14个自然村。截至2013年年底,动迁了11个自然村(其中顾家库江北暂未动迁),尚存南浜、西庙泾、马安3个自然村。

第一节 沿 革

民国三十年(1941年),安上村域属昆山县第六区杨湘泾镇。

1954年,顾家库、罗家柱、上洪桥、高家桥、陶湛桥、浜里、棚户、南浜、马安村、西库、西庙泾属淀东区庙泾乡,北沈安泾、南庵、南沈安泾属淀东区双护乡。

1958年,淀东区更名为淀东人民公社,原新民大队、新华大队、新农大队均属淀东公社五大队(五营)、新昇大队属淀东公社六大队(六营)。

1962年,安上村辖区内有新民、新昇、新华、新农4个大队,属淀东公社。

1966年,新民大队与新昇大队合并改称新民大队;新华大队与新农大队合并改称新华大队。

1983年6月,撤社改乡,淀东人民公社改建淀东乡,村域中大队改称村,生产队改称村民组;村、组隶属关系不变。

1988年6月,撤乡建淀东镇,村、组隶属关系不变。

1993年3月26日,淀东镇更名为淀山湖镇。村隶属淀山湖镇,组隶属关系不变。

2001年8月18日,经昆山市人民政府批准,实行行政村区域调整,淀山湖镇将所辖29个

行政村撤并为 11 个行政村。其中撤销上洪村、马安村,以该两村原区域设立安上村,下辖 27 个村民组,村隶属关系不变,组隶属安上村。

第二节 区 划

1949 年新中国成立后,安上村辖区内的南浜、马安村、西庙泾、西库、顾家库、罗家柱、上洪桥、高家桥、浜里、陶湛桥、棚户 11 个自然村为淀东区庙泾乡,北沈安泾、南庵、南沈安泾属淀东区双护乡。2001 年,自然村落坐落位置、所属村民小组,见表 1-2-1。

表 1-2-1　　　　　　　　　　2001 年安上村自然村落分布一览表

自然村村名	坐落位置	所属村民小组
南浜	坐落于原马安村最南面,是马安最大的一个自然村	安上 1、2、3、9 组
南浜新村	坐落于原马安村东南面,是南浜部分出宅户形成的自然村	安上 2、3 组部分村民
马安村	坐落于原马安村中心位置的自然村	安上 4 组
西库	坐落于原马安村中心位置偏西的自然村	安上 5、6 组
西庙泾	坐落于原马安村最北面的自然村	安上 7、8、14 组
马安新村一区二区	紧靠南浜自然村南面和东面,是原永义村 6 队 7 队动迁户形成的自然村,即新村小区	安上 15 组
马安新村(北区)	坐落于西庙泾自然村南,由 17 家拆迁户组成的新村小区	安上 5、6、14、16 组部分村民
北沈安泾	坐落于原马安村东片北面的自然村	安上 10、13 组
南庵	坐落于原马安村东片中间的自然村	安上 11 组
南沈安泾	坐落于原马安村东片南面的自然村	安上 12 组
顾家库	坐落于原上洪村东面的自然村	安上 16、17 组
罗家柱	坐落于原上洪村南面的自然村	安上 18、19、27 组
上洪桥	坐落于原上洪村中心位置的自然村	安上 20 组
高家桥	坐落于原上洪村北片南侧的自然村	安上 21 组
浜里	坐落于原上洪村北片高家桥西面的自然村	安上 22、23 组
陶湛桥	坐落于原上洪村北片浜里东北面的自然村	安上 24、26 组
棚户	坐落于原上洪村北片最西北角的自然村	安上 25 组

2001 年 8 月区域调整前,上洪村有 12 个村民小组,马安村有 14 个村民小组,还有一个是原永义村第 6、7 村民组,因建高尔夫球场,8 年前拆迁到南浜自然村旁的马安新村,区域调整后被列为马安村 15 组。并村后,共有 27 个村民小组。

表1-2-2　　　　　　　　2001年安上村各村民小组与自然村村名对应表

组别	并村前组别	自然村村名	组别	并村前组别	自然村村名
1	马安1组	南浜	15	马安15组（永义6队、7队）	小港
2	马安2组	南浜、南浜新村	16	上洪1组	顾家库（江北）
3	马安3组	南浜、南浜新村	17	上洪2组	顾家库（江南）
4	马安4组	马安村	18	上洪3组	罗家柱（江南）
5	马安5组	西库	19	上洪4组	罗家柱（江北）
6	马安6组	西库	20	上洪5组	上洪桥
7	马安7组	西庙泾（江南）	21	上洪6组	高家桥
8	马安8组	西庙泾（江北）	22	上洪7组	浜里河东
9	马安9组	南浜	23	上洪8组	浜里河西
10	马安10组	北沈安泾（江西）	24	上洪9组	陶湛桥（江东）
11	马安11组	南庵	25	上洪10组	棚户
12	马安12组	南沈安泾	26	上洪11组	陶湛桥（江西）
13	马安13组	北沈安泾（江东）	27	上洪12组	罗家柱（江南）
14	马安14组	西庙泾（江北）			

改革开放后，由于土地被大量征用，共有22个村民小组被动迁或部分动迁。分别安置在淀山湖镇淀辉锦园、香馨佳园、淀山湖花园3个小区。到2013年止，未动迁的只剩下南浜、马安村、西庙泾、顾家库江北自然村。动迁安置情况，见表1-2-3。

表1-2-3　　　　　　　　1993~2013年安上村域动迁安置情况表

自然村村名	所属村民小组	动迁安置情况
南浜	安上2、3组部分村民	1989年动迁到南浜新村
（永义）小港	安上15组	1993年2月动迁到马安新村一区二区
各自然村	安上5、6、14、16组部分村民	自1997年5月起陆续动迁到该区马安新村（北区）
南沈安泾	安上12组	2004年10月动迁至淀辉锦园
马安村	安上4组	2009年5月有一户村民陈引弟动迁至淀辉锦园
南庵	安上11组	2005年5月动迁至淀辉锦园
顾家库	安上16、17组	2007年3月17组全部　16组4户动迁至香馨佳园
棚户	安上25组	2008年3月动迁至香馨佳园
罗家柱	安上18、19、27组	2009年8月动迁至香馨佳园
上洪桥	安上20组	2009年9月动迁至香馨佳园

续表

自然村村名	所属村民小组	动迁安置情况
高家桥	安上21组	2009年9月动迁至香馨佳园
浜里	安上22、23组	2009年10月动迁至香馨佳园
陶湛桥	安上24、26组	2009年10月动迁至香馨佳园
西庙泾	安上8组	2010年2月8组有3户村民动迁至香馨佳园
北沈安泾	安上10、13组	2010年3月动迁至香馨佳园
西厍	安上5、6组	2011年4月动迁至淀山湖花园
南浜	安上1、2组	2013年2月1组全部2组8户动迁至淀山湖花园

第三节 地名由来

一、上洪村域自然村

1. 顾家厍自然村

虽有赵、周、费、计、汤、沈、王、陆、顾等姓氏人家组成,终因顾家人多,年代长久而依顾家取名为顾家厍。

2. 罗家枉自然村

据说早先有个姓罗的外地商人,在村东面的东桥河南开了一家典当铺。由于店主为人忠诚、勤奋又善于经商,生意很红火,至今旧址上还保留石驳岸、木桩等遗址,为了纪念该店的生意兴旺,所以将村子取名为罗家枉(旺)。

3. 上洪桥自然村

村上有一座小石桥名叫上洪桥,由此以桥命名为上洪桥村。

4. 高家桥自然村

村上有一座小桥,名叫高家桥,由此以桥命名为高家桥村。

5. 浜里自然村

很早之前,这个小村落前有一条自西向东的河道,后90度急转,穿过村庄通往陶湛桥小村后,向东流向道褐浦河,当时村庄河西有姓张人家居住,河东北面有4户姓张人家居住,南面是周家,河上有一座小竹桥连通江西江东,周家兄弟多,房子紧,为了增加宅基地和方便农船停靠,周家人在河道转弯处向里开挖了一条宽15米、长60~70米的东西向的浜斗,挖出的泥土用来填高宅基地造房子,周家宅基地比北面张家宅基地高1~2尺,自从有了这只小浜斗,村落起名为周家浜,有人认为周家人"门槛精",又叫尖家浜。新中国成立前夕,更名为浜里。

6. 陶湛桥自然村

村上有一座小桥叫陶湛桥,由此以桥命名为陶湛桥村。

7. 棚户自然村

棚户自然村坐落在安上村最西北角。20世纪初,有几户郭姓、金姓、吕姓人家先后从浙江绍兴迁居至此,落脚在百家荡河东。他们在长条圩、小圩、华圩一带开垦种田,条件相当艰苦,搭个简易草棚居住下来,地势极其低洼,并都是断头圩,无桥无路,靠绳索拉船来回摆渡出行。一直持续至20世纪60年代末,建电灌站,江上筑了渠道通水,人能在上面行走,摆脱了来回摆渡的日子。一个小村落十几户人家居住的全部是草棚,所以取名棚户村。2008年,拆迁到香馨佳园,村落消失。

二、马安村域自然村

1. 南浜自然村

顾名思义,南浜位于原马安村最南端,且有一只似直角形的浜斗。由南往北,分成江东、江西。江东南面是第3生产队,北面是第9生产队,江西南面是第2生产队,北面是第1生产队。4个生产队的村民同饮南浜浜斗里的河水(那时无自来水)。正是一只大浜斗的原因,取名为南浜。

2. 马安村自然村

马安自然村位于安上村中心,村庄由北向南呈竹节状。新中国成立前,马戏班演员多次到村演出,附近的村民络绎不绝赶往看表演。演员们的精彩表演得到村民的一致赞誉。有一次演出结束后,马戏班班主对全村村民表示衷心的感谢,更要感谢的是,备用马拴在村旁,不但非常安全,而且村民还给马喂青草。马戏班班主还说,在别的村庄演出,总是会丢失1~2匹马,心里觉得很可惜,只有这个村庄实在太好,马从来没有丢失过,你们这个村庄就叫"马安"村吧,如果同意的话,请鼓掌,话音刚落,全场发出了雷鸣般的掌声。村民们大声说好!好!从此,这个自然村就叫马安村。

3. 西庙泾自然村

西庙泾以东西方向分江南、江北,中间是西庙泾江。江北住户中段的河边,新中国成立前造了一座猛将庙。江南最西端,新中国成立前也造了一座庙宇,叫观音堂。因自然村的河南、河北均有一座庙,庙附近有两个村庄,东侧的村叫东庙泾,该村位于西侧,就叫西庙泾。

4. 西库自然村

西库自然村呈南北竹节状,村庄东边就是一条南北向的界泾江。西边都是耕田,不能挡住阳光,一到夏天的下午,西边火辣辣的阳光晒得人们实在太热,因为"库"与"晒"在当地方言中是同音字,为此就叫西库。

5. 沈安泾自然村

北沈安泾和南沈安泾这两个自然村,统称沈安泾。在很久以前,居住的人家不多。后因战乱,苏北大批农民背井离乡,外出逃难,后分别逃到北沈安泾和南沈安泾安居下来,开垦荒地,栽种粮油,日子也算过得去,没有想回老乡的念头。说来也巧,逃难的农民大多姓沈,且生活得蛮安定,就叫沈安泾。北面的村庄叫北沈安泾,南面的村庄叫南沈安泾。后来居住的人越来越多,姓氏也多起来,现今有叶、沈、顾、邵、徐、朱等姓氏。

6. 南庵自然村

南庵自然村位于淀山湖镇,在杨湘泾东2 000米处,北沈安泾和南沈安泾中间,最南端有

一座小庙,当时该自然村的农户都居住在小庙的北边,小庙又称庵堂,南庵由此得名。

三、村(大队)

1. 新民大队
1956年,南浜、马安、西庙泾、西库4个自然村成立高级社。新中国成立初期,人们的精神面貌焕然一新,故称新民高级社。1958年,淀东区成立淀东人民公社后,更名为大队,沿用高级社名称,命名为新民大队。

2. 新昇大队
1956年,北沈安泾、南庵、南沈安泾、升罗潭4个自然村成立新昇高级社。高级社以东方新昇的含义,取名为新昇高级社。1958年,沿用高级社名称,更名为新昇大队。

3. 新农大队
1956年,由浜里、陶湛桥、高家桥、棚户4个自然村成立高级社。高级社以新农民含意,取名为新农高级社。1958年,沿用高级社名称,更名为新农大队。

4. 新华大队
1956年,顾家库、罗家柱、上洪桥3个自然村成立高级社。高级社以新的中华民族含意,称新华高级社。1958年,沿用高级社名称,更名为新华大队。

1966年,社会主义教育运动后,新农大队与新华大队合并,称新华大队。

5. 马安大队(村)
原名新民大队。1982年,昆山县对每个公社、大队的名称进行调整,因为同名的大队实在太多,就用自然村命名。当时马安自然村正好处在新民大队的中心,就更名为马安大队,1983年撤社建乡,建淀东乡,改称马安村。

6. 上洪大队(村)
原名新华大队。1982年,因周边大队重名太多,以大队中心村上洪桥村命名,更名为上洪大队,1983年撤社建乡,建淀东乡,改称上洪村。

7. 安上村
2001年,按照昆山市政府的指示,全市的各乡镇进行区域调整,淀山湖镇29个行政村合并成11个。原上洪村与马安村合并,取马安村中的"安"、上洪村中的"上",更名为安上村。

第四节 自然村落

一、南浜

南浜位于安上村最南端,西南300米接富贵广场,往西1 000余米接镇政府办公楼。该村有4个村民小组,为1、2、3、9组。共有66户,总人数263人,其中男性124人,女性139人。全村有21个姓氏。其中胡姓8户,伍姓8户,方姓6户,童姓5户,吴姓5户,陈姓4户,孙姓4户,徐姓4户,姚姓3户,高姓3户,周姓2户,赵姓2户,张姓3户,叶姓2户,王姓1户,茹姓1

户,汤姓1户,杨姓1户,黄姓1户,符姓1户,沈姓1户,从外村迁入在此造房安家的有9户。

(1) 1队(组)方木泉曾任1队队长,在夜校时识了些字,生产队里称他为"方卿"。他善于调动村民的生产积极性,派工时,大家都心甘情愿接受他的安排。雨天,他将到镇上听到的评弹讲给村民听,大家听得津津有味,丰富了村民的业余文化生活。在他带领下,水稻的亩产量在全大队数一数二。他曾任新民大队贫协主席、大队长等职务。1992年4月因脑溢血病逝,村民们都无比悲痛。

(2) 2队(组)王阿大是南浜村新中国成立后第一任村长,后任2队队长、新民大队副大队长。他有苦干实干精神,干活带头,吃苦耐劳,任劳任怨,一心为集体,但缺乏领导经验,不善于调动社员的生产积极性。

(3) 3队(组)陈三林曾任3队队长,脚踏实地,带头苦干,不仅是一位实干家而且有管理经验,是一个名副其实的庄稼能手。他有一定的农业生产技术,适时播种,看苗施肥,防病治虫一环套一环,环环相扣,在全公社范围内属于优秀队长。1964年4月,被江苏省农业厅授予"江苏省农业生产先进个人"荣誉称号,到南京参加表彰大会。

(4) 9队(组)陈小弟先后担任过南浜初级社社长,1956年成立新民高级社,任党支部书记,高级社改大队后任新民大队党支部书记。当时他家庭经济较困难,上有老下有小。他克服家庭种种困难,艰苦朴素,以身作则,对大队工作认真负责,新民大队农业生产一直是先进,公社多次组织各大队干部到新民大队召开农业生产现场会。

全村以务农为主。改革开放后,土地全被征用,村民享受土地补偿款,部分村民办起了私营企业,开办木器厂,搞卡车运输,开展水产养殖,开办娱乐场所、小商店等。不断增加家庭收入,奔向小康生活。其中1组村民全部动迁,2组部分村民动迁,都安置淀山湖花园小区。9组、3组、2组大部分村民未动迁。南浜村南靠钱安路,东靠马中路,交通十分便捷。

沿革:民国三十年(1941年),属县第五区杨湘泾镇;新中国成立后,属淀东区杨湘乡;1950年1月,属淀东区庙泾乡;1956年8月,属杨湘乡杨湘中乡庙泾小乡新民高级社;1958年,属淀东社五营新民大队;1962年,属淀东公社新民大队;1983年5月,属淀东乡马安村;1988年6月,属淀东镇马安村;1993年3月,属淀山湖镇马安村;2001年8月,属淀山湖镇安上村。

南浜自然村落房屋坐落分布,详见附图。

南浜自然村落房屋坐落对照表

编号	姓名	编号	姓名	编号	姓名
1	胡德胜	20	方俏明	39	童福明
2	胡阿五	21	方俏良	40	方引妹
3	胡德华	22	童文元	41	陈三明
4	王阿明	23	方云根	42	陈永明
5	童瑞元	24	伍佰林	43	陈瑞忠
6	吴建东	25	伍俊良	44	汤武明
7	吴建伟	26	姚 大	45	童福元
8	吴二宝	27	杨雪弟	46	周祥明
9	吴海奎	28	伍俊兴	47	赵荣生
10	吴海清	29	陈桂平	48	张培基
11	童荣元	30	姚国平	49	赵四根
12	孙春元	31	胡海元	50	顾雨初△
13	姚生荣	32	张进兴	51	胡洪兴
14	方桃根	33	伍坤元	52	郭雪珍△
15	孙明荣	34	伍俊林	53	沈卫刚△
16	孙春林	35	胡洪林	54	徐红妹
17	茹方明	36	郁云泉	55	高阿大
18	孙炳荣	37	胡三毛	56	伍春荣
19	方云龙	38	张菊生	57	张仁秋△
				58	朱阿小△
				59	倪翠萍△
				60	黄雪弟
				61	符才林
				62	叶阿二
				63	高阿五
				64	姚月良
				65	张其林△
				66	陈兴元△
				67	徐汝发
				68	伍菊珍
				69	叶阿三
				70	徐建文
				71	徐建波
				72	高克荣
				73	周妙青
				74	张文学△
				75	沈月清
				△	非本村户

南浜自然村落房屋坐落分布图

二、南浜新村

南浜新村位于安上村最东南端,该新村的住户原在南浜老宅,因宅基地拥挤,由村民委员会、镇建管所同意出宅重建。因是南浜2组、3组部分村民出宅而建的楼房,所以称南浜新村,由东向西全长200米,南北宽60米。全新村有19户,71人,其中男性35人,女性36人。有9个姓氏,其中陈姓5户,赵姓5户,徐姓2户,高姓3户,茹姓1户,计姓1户,王姓2户。

(1) 2队(组)村民王兴华、徐汝发两人开展水产养殖,经过精心喂养管理,经济效益很好。在队长孙春林带头下,好几户村民吃苦耐劳,种植瓜果蔬菜,常年到淀山湖农贸市场销售,既保证了绿色食品市场供应,又增加了经济收入。

(2) 3队(组)陈海根,20世纪70年代曾担任新民大队治保主任、民兵营长、大队副书记、书记,后担任淀东公社副书记,1989年12月任淀东公社党委书记。他转变观念,开拓进取,根据昆山市委要求结合本镇实际,一方面引进外资,另一方面加强小城镇建设,完善基础设施,加速了镇的经济发展,镇区面貌焕然一新。1994年,淀山湖镇成为中国二十一世纪示范镇。改革开放后,年轻队长赵根生转变观念,抓住机遇,走工业发展之路,办起了印刷厂。他善于经营,积极参与市场竞争,厂区逐步扩大,职工不断增加。2001年,厂址迁至昆山城北水秀路西侧民营路重建厂房,扩大经营范围;2013年,已拥有资产6 000万余元,在全村范围内属于较大企业。

全村原以务农为主,改革开放后,因土地全部征用,有的开展水产养殖,有的搞个体经营,有的兴办私营企业等。村民生活富裕,逐步奔向小康水平。

沿革:1985年,马安村2组6户、3组13户村民从南浜自然村出宅迁至此,形成南浜新村,属淀东乡马安村;1988年6月,属淀东镇马安村;1993年3月,属淀山湖镇马安村;2001年8月,属淀山湖镇安上村。

南浜新村自然村落房屋坐落分布,详见附图。

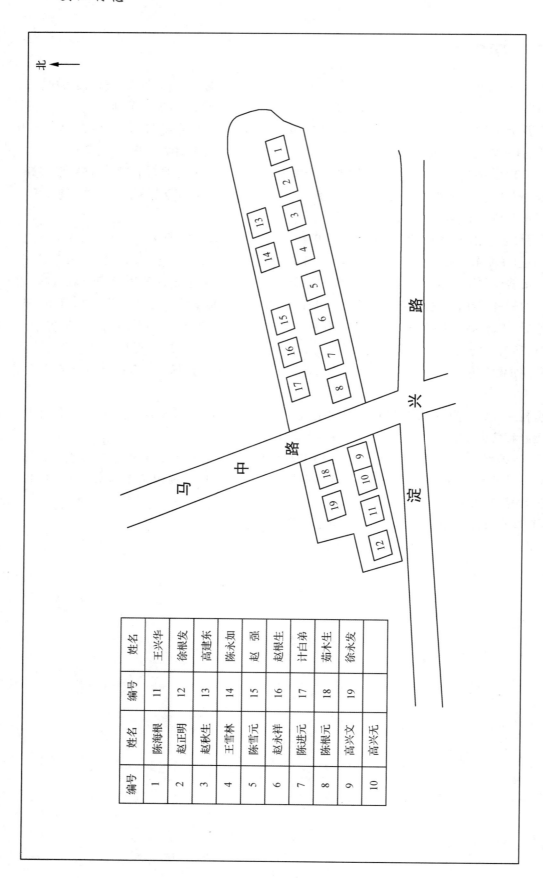

南沃新村自然村落房屋坐落分布图

三、马安

马安村位于西庙泾村南、南浜村北,属于原马安行政村第4村民小组。村民住宅由北向南,南接双马路,北靠安上村办公室。全村有13户,63人,其中男34人,女29人。共5个姓氏,陈姓5户,顾姓3户,茹姓2户,宋姓1户,王姓2户。

新中国成立前,该村就有一座老式楼房,楼房前有一片较大的场地。20世纪50年代,马安村有了业余文艺宣传队,节目有自编的,还有传统节目,如《借黄糠》《陆雅臣卖娘子》《九斤姑娘》等。每逢新年佳节,搭个戏台,下午、晚上演出,台下观众爆满。

在马安村的南端150米处,有两棵银杏树,雌雄各一棵,1958年"大跃进"年代被砍去。

20世纪60~70年代,大队办公室设在该村,另有60平方米的新民小学。1970年,大队集体经济有所好转,建造了新校舍,共有4间大教室、1间教师办公室、1间教师宿舍。每间教室有60平方米,当时属标准教室。社员大会一般在星期天借用教室召开。

马安村的村民原以务农为主,20世纪80年代后,土地全部被征用,村民享有土地补偿金。大部分村民进企业当工人。其余有的经营私营企业,有的进事业单位,有的在镇上做生意,还有的私房出租。总之,村民的生活已达小康水平。

沿革:民国三十年(1941年),属县第五区杨湘泾镇;新中国成立后,属淀东区杨湘乡;1950年1月,属淀东区庙泾乡;1956年8月,属杨湘乡杨湘中乡庙泾小乡新民高级社;1958年,属淀东公社五营新民大队;1962年,属淀东公社新民大队;1983年5月,属淀东乡马安村;1988年6月,属淀东镇马安村;1993年3月,属淀山湖镇马安村;2001年8月,属淀山湖镇安上村。

马安自然村落房屋坐落分布,详见附图。

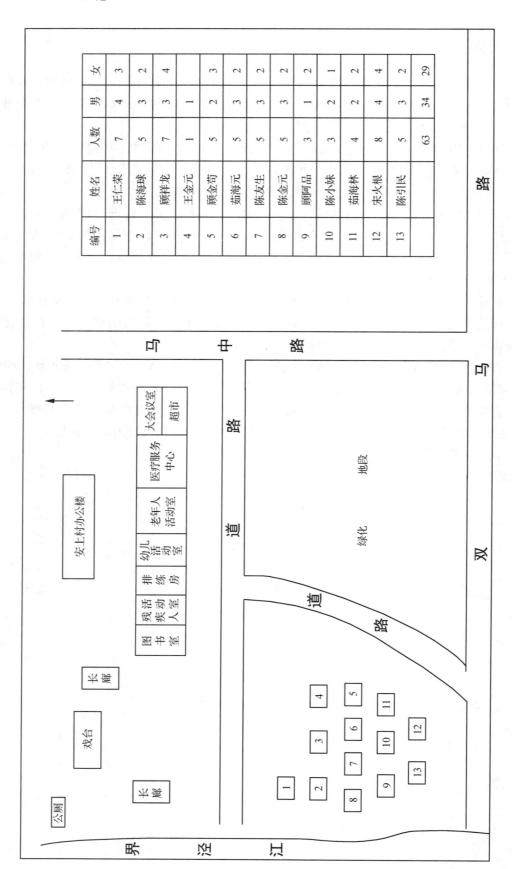

马安自然村落房屋坐落分布图

四、西库

该村农户住房紧靠界泾江河西边。由北向南,北边为第6村民小组,南边为第5村民小组。2个村民小组总户数36户,总人口136人,其中男64人,女72人。共9个姓氏,顾姓10户,沈姓12户,焦姓1户,费姓7户,朱姓1户,陆姓2户,徐姓1户,曹姓1户,陈姓1户。

(1) 5队(组)村民费金元,新中国成立后,担任该自然村村长,人们都叫他老村长。该生产队的社员有吃苦耐劳的精神,水稻、三麦、油菜的亩产量居全大队中上游水平。改革开放后,有的办起了小工厂,村民沈小二就是其中的一个。他善于经营,经济收入较高,在昆山市区购置了新房,除了自己做生意的用房和住房外,还出租给别人,年收入比较可观。他父亲早逝,靠母亲抚养成人,自力更生,艰苦创业,过上幸福日子。还有沈秋林在20世纪90年代时,租赁了大队的闲置房办起了造漆厂,后成了小老板。

(2) 6队(组)老党员徐新观,新中国成立后,担任过村大队副书记、副大队长。他性格豪爽,实事求是,有苦干实干精神,深受群众好评,在群众中威信很高。

这两个生产队(组)在新中国成立前后,均以务农为主。改革开放后,土地全部被征用,村民享有土地补偿款。有的村民开办小厂为私营企业主,有的买卡车跑运输,有的搞养殖业,饲养鸭子,有的在镇农贸市场开饮食店,生活水平大为提高。第5、6村民小组于2011年全部动迁,宅基地建造了厂房。村民在2013年11月安置在淀山湖花园小区。

沿革:民国三十年(1941年),属县第五区杨湘泾镇;新中国成立后,属淀东区杨湘乡;1950年1月,属淀东区庙泾乡;1956年8月,属杨湘乡杨湘中乡庙泾小乡新民高级社;1958年,属淀东公社五营新民大队;1962年,属淀东公社新民大队;1983年5月,属淀东乡马安村;1988年6月,属淀东镇马安村;1993年3月,属淀山湖镇马安村;2001年8月,属淀山湖镇安上村。

西库自然村落房屋坐落分布,详见附图。

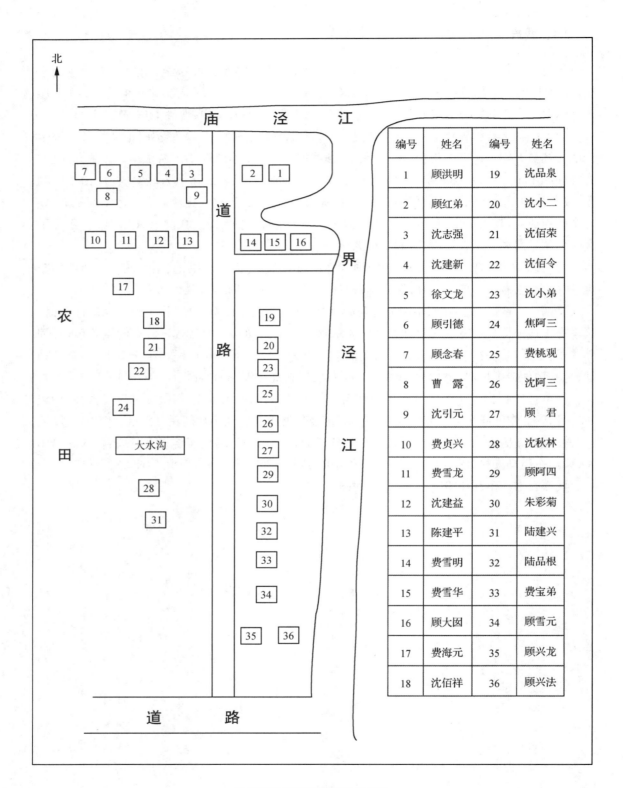

西厍自然村落房屋坐落分布图

五、西庙泾

西庙泾自然村分为江北、江南两部分,村民住宅房靠庙泾江的两边,江南是安上村第7村民小组,江北是安上村第8、14村民小组。

总户数54户,总人口219人,其中男性108人,女性111人。共有16个姓氏,周姓14户,计姓8户,陆姓6户,陈姓4户,浦姓2户,蒋姓4户,金姓2户,叶姓2户,徐姓2户,张姓4户,姚姓1户,汤姓1户,刘姓1户,俞姓1户,王姓1户,尤姓1户。

(1) 7队(组)村民姚启仁,新中国成立初担任该村村长,其子姚炳根,1955年加入中国共产党,是该队队长、村干部,为人忠诚老实,在群众中有很高的威信。这个村有一户计姓人家全家8口人,新中国成立前生活相当贫困,居住7间茅草屋。新中国成立后生活发生了重大变化,20世纪70年代翻造了五路头的平瓦房,1995年平房又翻建了楼房。计家的变化是全村村民生活变化的一个缩影。这户人家中有个老人叫计和观,在新中国成立前进过私塾学堂,能写一手漂亮的毛笔字,在附近村庄中小有名气,为此,村民家中举办婚礼时,都请他去"坐账房"。他还能写卖(买)田契、卖(买)房契。

(2) 8队(组)叶阿桃(中共党员),1953年响应党中央号召,"抗美援朝,保家卫国",光荣入伍到朝鲜,复员后曾担任生产队长、大队民兵营长。妻子曹惠芳,1954年3月荣获江苏省军属代表先进个人,1955年入党,任新民大队妇女主任,工作踏实,认真负责,联系群众,威信很高。

村民周洪文曾任生产队长、生产队会计、大队会计、村主任等职务,工作认真负责,业务能力强,在群众中有威信,多次受到上级嘉奖,被中共淀山湖镇党委、昆山市委、苏州市委评为优秀共产党员。村民周兴林,文化水平不高,但很聪明,白手起家,办起了印刷厂,与上海生物研究所有印刷业务关系,产品主要为该所印刷包装药袋。由于讲质量、守诚信,赢得了上海生物研究所领导的好评,业务越做越大,拥有资产800万元。村民蒋海球很聪明,在昆山中学高中毕业后考上大学。村民蒋宝华喜爱文艺,二胡拉得好,是村里业余宣传队的琴师,并喜爱体育运动,在周围村庄很有名气。村民蒋宝岐学习兽医,技术过硬,是公社兽医站有名的兽医,后不幸患癌症病亡。村民浦文华虽小学水平,但算盘打得好,担任初级社、高级社、大队的会计将近20余年。该生产队的土地离河道较远,灌溉排涝不方便,挑河泥、收稻麦都用肩挑担,相当辛苦。但村民在干部的带领下,吃苦耐劳,克服困难,粮食产量在村里属中上水平。

20世纪80年代后,土地全部被征用,村民享受土地补偿款。大部分村民进厂当工人,有3户是私营企业老板,还有的搞货车运输,家庭收入都较高。

沿革:民国三十年(1941年),属县第五区杨湘泾镇;新中国成立后,属淀东区杨湘乡;1950年1月,属淀东区庙泾乡;1956年8月,属杨湘乡杨湘中乡庙泾小乡新民高级社;1958年,属淀东公社五营新民大队;1962年属,淀东公社新民大队;1983年5月,属淀东乡马安村;1988年6月,属淀东镇马安村;1993年3月,属淀山湖镇马安村;2001年8月,属淀山湖镇安上村。

西庙泾自然村落房屋坐落分布,详见附图。

编号	姓名	编号	姓名	编号	姓名
1	王爱明	19	姚炳根	36	尤美林
2	周兴林	20	陈雪勇	37	俞根海
3	蒋洪球	21	计建林	38	张惠珍
4	陆阿大	22	陈康民	39	周雪林
5	陆文龙	23	陈渊民	40	周洪元
6	陆阿小	24	陈维民	41	周小林
7	计向龙	25	张 仁	42	周春根
8	计俊林	26	浦宏清	43	周洪元
9	刘汉堂	27	蒋国球	44	周泉根
10	计金贤	28	金四大	45	周雪荣
11	陆雪庭	29	金乃民	46	叶海其
12	陆云庭	30	张国良	47	周夫兴
13	计小龙	31	蒋罗平	48	周爱宝
14	计火根	32	蒋宏清	49	周根宝
15	陆引根	33	徐为民	50	周春林
16	陆立夫	34	徐为中	51	周洪文
17	汤立夫 (张 立)	35	叶建华	52	浦宏弟
18	计元林	53	周洪元	54	张均全

注：括号中姓名为原房主

西庙泾自然村落房屋坐落分布图

六、马安新村南区

马安新村南区分为一区、二区。

一区位于钱安路南侧,南浜自然村的对面,西侧临近曙光路富贵广场。区内共住105户,安上村的有17户,原永义村第6、7两个组的村民(小港自然村)因1993年建高尔夫球场占地1 500亩,其中有11户村民动迁到马安新村一区(原小港村村民现均划归安上村)。还有6户是马安村、上洪村的村民。

二区位于马中路东侧,钱安路北侧。共住54户,其中永新村拆迁的有39户(小港自然村),安上村有3户,其他村12户。

一区、二区属安上村的管辖区,共59户,总人口221人,其中男122人,女109人。共有15个姓氏,其中柴姓26户,郭姓13户,叶姓2户,顾姓3户,蔡姓2户,冯姓3户,盛姓1户,周姓1户,姜姓1户,朱姓1户,李姓1户,赵姓1户,胡姓1户,童姓2户,黄姓1户。

一区、二区的住宅均为独门独户的小洋房。区内绿树成荫,整洁优美,空气新鲜。区内建造了老年人活动室和电视室,使老年人享受幸福的晚年生活。还设有健身器材场地,区内男女老少可以在舒适的环境中锻炼身体,居民的生活质量大幅度提高。为保护环境,配备了多名保洁员,把生活和建筑垃圾运到垃圾中转站。为保护小区人身安全,两区建造了4处门卫值班室,有18个保安人员,日夜轮换上岗巡视,从未发生过盗窃和人身伤害案件。村民团结和睦、社会和谐。

沿革:1993年,永义村第6、7两个村民小组因建高尔夫球场而动迁,加上一起动迁来的其他村村民形成马安新村南区(住宅小区),共有150户村民;2001年8月,永义村第6、7两个村民小组动迁来52户村民归属淀山湖镇安上村,其他村村民归属原所在各村,户籍关系不变。

马安新村南区房屋坐落分布,详见附图。

安上村志

门号	姓名	门号	姓名
2	郭建光	11	柴兵兴
3	柴卫星	12	柴洪元
4	郭建明	54	叶纪明
5	柴建林	27	郭庆芳
6	柴文兵	2-11	叶雪龙
7	柴祖林	21	胡振球
8	郭进兴	57	顾雪娟
9	柴小兵	58	赵志明
10	朱雪金		

注：其余门牌户主是由其他村动迁搬入的村民所以不再列表说明

马安新村南区（一区）房屋坐落分布图

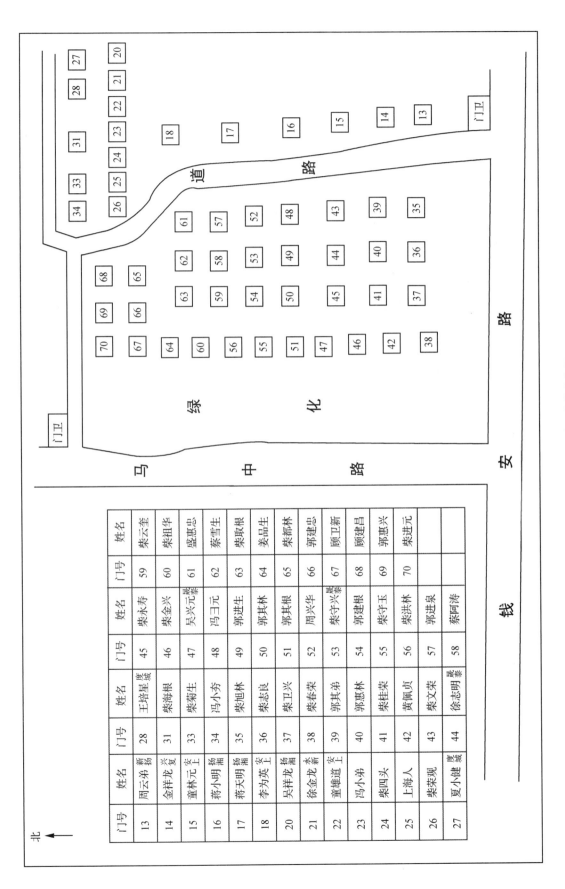

马安新村南区(二区)房屋坐落分布图

七、马安新村北区

马安新村北区坐落在马安自然村北侧,小区北有"海升塑料制品有限公司"和"淀山湖彩印厂"两个厂区。小区南有几亩蔬菜地,再往南是安上村办公楼。东靠马中路,西紧依庙泾江。全区为4排17户独门独户的小洋房。最南面一排是3户,往后是4户,再后面是5户,最后北面一排也是5户。

17户中属安上村的有9户,复新大队(兴复村)4户,永义大队(永新村)3户,民和村1户。总人口78人,其中男38人,女40人。

该区内大部分男女劳动力进企业当工人,俞志明在淀山湖镇上开办电器商店,还有安上村21组的王曹和是承包土地的种植大户。安上村村民费建华居住在南面第三排,是安上17组优秀青年,中共党员,高中毕业后在原上洪村任联队会计,后历任淀山湖派出所指导员、花桥派出所所长、昆山市刑警大队大队长。其女儿费晓燕在公安大学毕业后,在昆山市张浦派出所工作。家中有82岁老母居住,因工作忙无法在身边照料,但他很孝敬,天天打电话问候,星期天回家探望。前排第二户是兴复村(原复新大队)金惠林家,从兴复村拆迁居住在这里。他在淀山湖绿化苗圃场工作,勤奋刻苦,钻研绿化、花卉的养护工作,为美化淀山湖做出了贡献。

马安新村北区是一个新建小区,17户居民都来自四面八方,但他们团结和谐,共同建设美丽整洁的新小区。

沿革:1996年,因原宅基地紧,安上6组、8组、16组、17组、21组部分村民以及复新、永义、民和等村一些村民相继动迁至此,形成马安新村北区,共有17户村民;2001年8月,安上村9户村民属淀山湖镇安上村,其他村村民属原所在各村,户籍关系不变。

马安新村北区房屋坐落分布,详见附图。

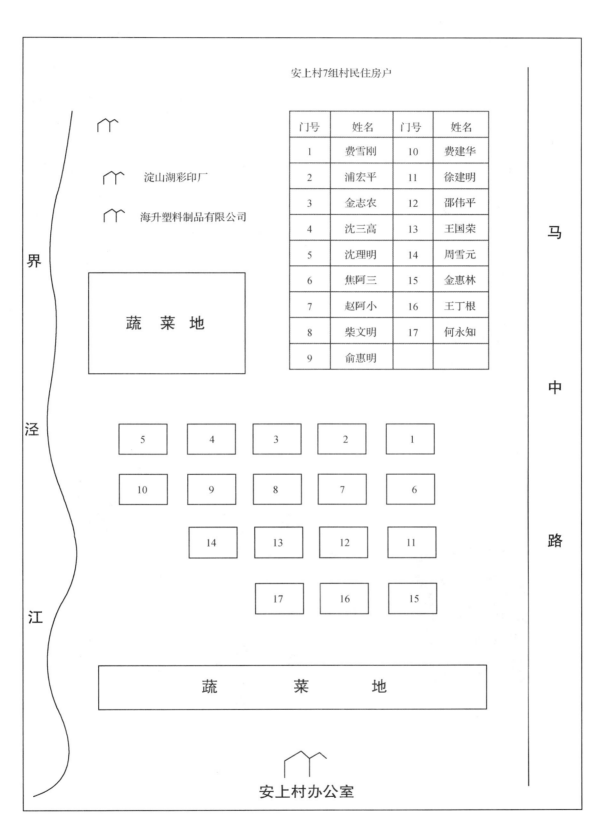

马安新村北区房屋坐落分布图

八、北沈安泾

北沈安泾位于淀山湖镇驻地杨湘泾东 2 000 米处,因村庄坐落在沈安泾江北端两侧,故名。村庄南北向呈长条形竹节状,南北长 200 米,东西宽 150 米,村落面积 45 亩,耕地面积 247.48 亩,总面积 292.48 亩。全村共有 22 户,70 人,其中男性 36 人,女性 34 人。有 5 个姓氏,其中叶姓 11 户,陈姓 3 户,顾姓 4 户,朱姓 3 户,沈姓 1 户。

人民公社时期,生产队长叶永法(中共党员)带领村民苦干实干,团结一致,充分发挥大家的生产劳动积极性,但由于耕地的土质较差,影响农作物的生长,水稻、三麦、油菜的亩产量一直较低,社员年终分配收入也不高。

全村 22 户村民,新中国成立前后以务农为主,2010 年 3 月因淀山湖镇工业建设开发用地,村民房屋拆迁,自然村落消失,居民迁往淀山湖镇香馨佳园。

沿革:民国三十年(1941 年),属县第五区白米乡;新中国成立后,属淀东区杨湘乡;1950 年 1 月,属淀东区双护乡;1956 年 8 月,属杨湘乡杨湘中乡双护小乡新昇高级社;1958 年,属淀东公社六营新昇大队;1962 年,属淀东公社新昇大队;1966 年 2 月,属淀东公社新民大队;1983 年 6 月,属淀东乡马安村;1988 年 5 月,属淀东镇马安村;1993 年 3 月,属淀山湖镇马安村;2001 年 8 月,属淀山湖镇安上村。

北沈安泾自然村落房屋坐落分布,详见附图。

消亡的北沈安泾自然村遗址,现为将动工的企业用地及南侧新建的"昆山白玉兰家具有限公司"

第一章 建置区域

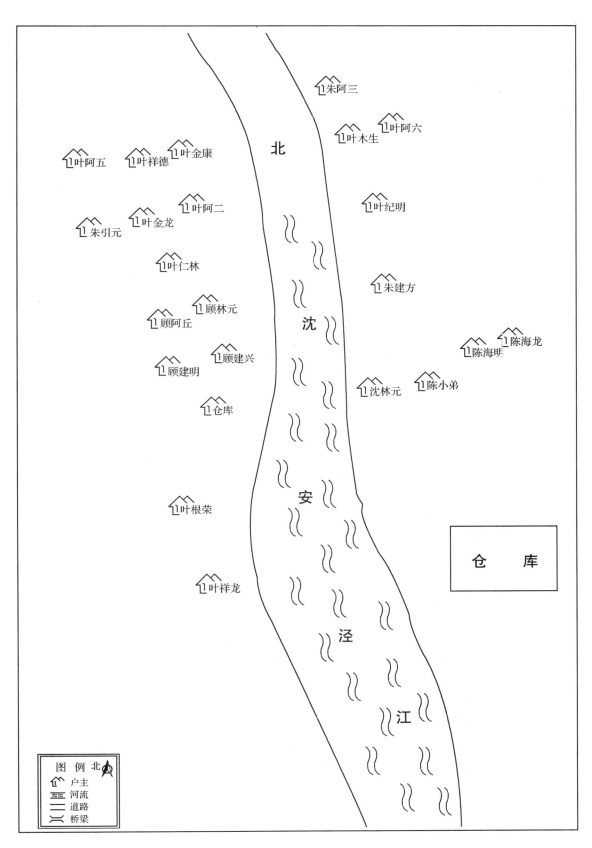

北沈安泾自然村落房屋坐落分布图

九、南庵

南庵位于淀山湖镇驻地杨湘泾东2 000米处,地处一庵堂南,故名。村落在沈安泾江东侧,南北呈长条形竹节状,南北长150米,东西宽100米,村落面积22.5亩,耕地面积188亩,总面积210.5亩。全村共有17户,59人,其中男性29人,女性30人。有4个姓氏,其中柳姓7户,杨姓6户,陈姓2户,邱姓2户。

历任生产队长杨海东、柳夫根,妇女队长杨菊英,会计柳泉荣。生产队社员团结一致,勤劳朴实,劳动积极性很高。杨家有一位老人杨发泉,在93岁时病故。村民陈裕福早在20世纪50年代就在杨湘镇合作理发店理发(现已病故),其子陈荣生继承父业,亦以理发谋生(现已退休),儿子陈桂林在企业上班,孙子陈超2012年光荣参军。村民杨兴元、邱林生,改革开放后,搞个体修理摩托车、自行车,既增加了经济收入,也给群众带来了方便。不幸的是,他们在开摩托车时相继因车祸身亡。有11户村民家中的子女12人考上大学。柳根龙的儿子柳永明,毕业于常州纺织职业技术学院;杨德元的儿子杨晨军,江苏大学毕业后为安上村大学生村官等。他们都是该村的佼佼者。

沿革:民国三十年(1941年),属县第五区白米乡;新中国成立后,属淀东区杨湘乡;1950年1月,属淀东区双护乡;1956年8月,属杨湘乡杨湘中乡双护小乡新昇高级社;1958年,属淀东公社六营新昇大队;1962年,属淀东公社新昇大队;1966年2月,属新民大队;1983年6月,属淀东乡马安村;1988年5月,属淀东镇马安村;1993年3月,属淀山湖镇马安村;2001年8月,属淀山湖镇安上村;2005年5月,因淀山湖镇工业建设开发用地,村民房屋拆迁,自然村落消失,居民迁往淀山湖镇淀辉锦园。

南庵自然村落房屋坐落分布,详见附图。

消亡的南庵自然村遗址,现为新建的"威猛工业自动化系统(昆山)有限公司"等企业

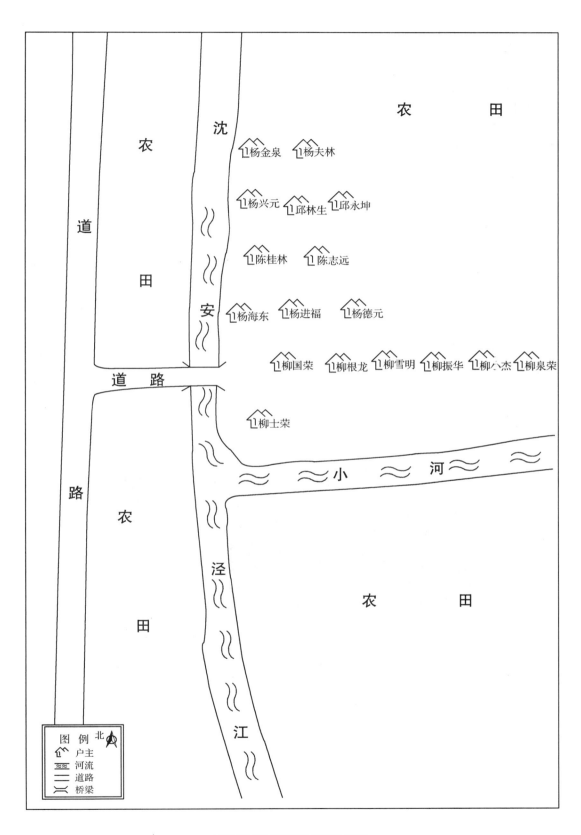

南庵自然村落房屋坐落分布图

十、南沈安泾

南沈安泾位于淀山湖镇驻地杨湘泾东 2 000 米处的沈安泾村南,故称南沈安泾。村落在沈安泾江西侧,南北呈长条形竹节状,南北长 150 米,东西宽 100 米,村落面积 22.5 亩,耕地面积 129.9 亩,总面积 152.4 亩。全村共有 13 户,41 人,其中男性 21 人,女性 20 人。有 7 个姓氏,其中徐姓 3 户,张姓 3 户,邵姓 2 户,沈姓 2 户,王姓 1 户,周姓 1 户,李姓 1 户。

人民公社时期,生产队长邵炳道(中共党员),妇女队长周惠珍,会计沈金生。该生产队社员在队长的带领下,劳动积极性较高,吃苦耐劳,埋头苦干,水稻、三麦、油菜籽产量在全大队居中上游水平。1964 年,城市知识青年响应党的号召,到农村插队落户,接受贫下中农再教育。苏州知青丁惠民(大学生)和杨小明到该村插队。丁惠民经过几年农村劳动锻炼,后到昆山工作。改革开放后,全村以务工为主,部分村民种植水稻、三麦和油菜。2005 年 5 月,因工业建设用地,村民房屋拆迁,自然村落消失。居民迁往淀山湖镇淀辉锦园。

沿革:民国三十年(1941 年),属县第五区白米乡;新中国成立后,属淀东区杨湘乡;1950 年 1 月,属淀东区双护乡;1956 年 8 月,属杨湘乡杨湘中乡双护小乡新昇高级社;1958 年,属淀东公社六营新昇大队;1962 年,属淀东公社新昇大队;1966 年 2 月,属新民大队;1983 年 6 月,属淀东乡马安村;1988 年 5 月,属淀东镇马安村;1993 年 3 月,属淀山湖镇马安村;2001 年 8 月,属淀山湖镇安上村。

南沈安泾自然村落房屋坐落分布,详见附图。

消亡的南沈安泾自然村遗址,现为新建的"天普节能科技有限公司"等企业

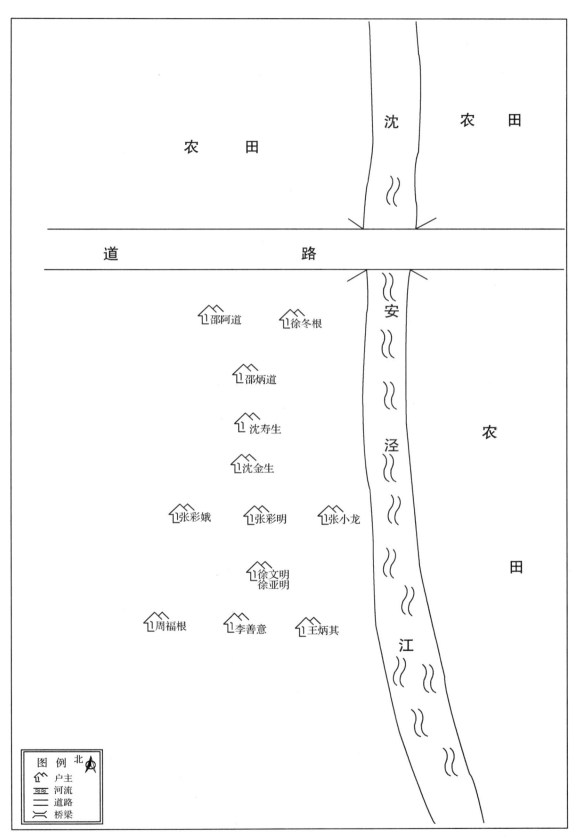

南沈安泾自然村落房屋坐落分布图

十一、顾家厍

顾家厍位于淀山湖镇驻地杨湘泾东北 2 000 米处。东西呈长条形竹节状,东西长 300 米,南北宽 100 米,村落面积 30 亩,耕地面积 504.4 亩,总面积 534.4 亩。全村共有 50 户,186 人,其中男性 92 人,女性 94 人。有 11 个姓氏,其中赵姓 15 户,陆姓 5 户,费姓 2 户,汤姓 2 户,周姓 6 户,沈姓 4 户,张姓 2 户,计姓 3 户,邓姓 1 户,顾姓 6 户,王姓 4 户。

(1)江北。1938 年日军侵华,顾明德父亲被鬼子刺死在青浦金家桥镇上,惨不忍睹。1940 年,青年顾明德受茜泾村新四军地下组织的影响,参加新四军地下组织,投身革命,立志为父报仇。1957 年顾明德被打成右派分子,1965 年得到平反,重新走上领导岗位,2006 年病故。人民公社时期生产队长顾传德在老百姓中威信很高,想方设法组织肥料提高亩产。该生产队粮食产量在大队属中上游水平。

(2)江南。村东面最早有一座庙叫红庙,后拆除现只剩一座塌水桥,叫红庙桥,至今仍有香客去那里烧香敬佛。人民公社时期,汤仁法一直担任生产队长,善于领导,平易近人,现已 85 岁高龄,大家还叫他小汤。生产队老干部赵水林曾担任大队会计、大队党支部书记,1984 年调入镇工业公司工作。他调走后村级班子变动很大,前后换了五届。1997 年镇党委重新派他回村任党支部书记,重点培养年轻干部,2 年后把村担子交给现任镇副镇长张晓东。年轻队长顾克强,机灵能干。改革开放后,他个人承包一批土地成了专业大农户。

全村以务农为主,种植水稻、三麦和油菜。2007 年 5 月,因淀山湖镇工业建设用地,村民房屋拆迁,自然村落消失。居民迁住淀山湖镇香馨佳园。

沿革:民国三十年(1941 年),属县第五区杨湘泾镇;新中国成立后属淀东区杨湘乡;1950 年 1 月,属淀东区庙泾乡;1956 年 8 月,属杨湘乡杨湘中乡庙泾小乡新华高级社;1958 年,属淀东公社五营新华大队;1962 年,属淀东公社新华大队;1983 年 5 月,属淀东乡上洪村;1988 年 6 月,属淀东镇上洪村;1993 年 3 月,属淀山湖镇上洪村;2001 年 8 月,属淀山湖镇安上村。

顾家厍自然村落房屋坐落分布,详见附图。

消亡的顾家厍自然村遗址河北旧貌

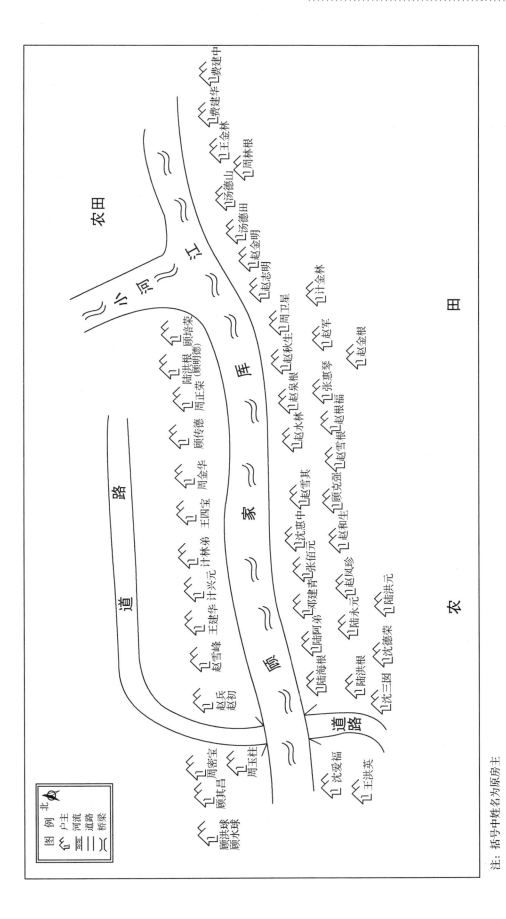

顾家库自然村落房屋坐落分布图

注：括号中姓名为原房主

十二、罗家枉

罗家枉位于杨湘泾北1 000米处,元朝时有个罗姓在外做官,故名。村在大华浦西侧的罗家枉江两侧,东西呈长条形竹节状,东西长400米,南北宽100米,村落面积60亩,耕地面积575.36亩,总面积635.36亩。全村共有60户,202人,其中男性103人,女性99人。有12个姓氏,其中蒋姓12户,周姓10户,朱姓8户,陈姓8户,王姓5户,邓姓4户,钟姓3户,唐姓3户,冯姓3户,陶姓1户,张姓1户,徐姓2户。1940年11月,在新四军淀东乡区委领导下,罗家枉村成立了夜防队。该村王阿炳和邻村陈春海、周宝林、赵祥林等人参加,他们除恶锄奸,保卫家乡、保卫村庄,为抵抗日军侵略起到积极作用。

(1)江南。人民公社时期有两个生产队,土地分布较散,土质肥沃。在老党员队长邓仲根带领下,群众生产积极性很高,产量在全大队名列前茅,分配水平也是全大队数一数二。蒋云泉于1964年"社教"运动后担任新华大队大队长,工作认真负责,忠诚老实,在群众中威信很高,后任电灌站站长。1968年,朱阿本家一场大火惊动了全村群众,因为是冬天又是傍晚,加上是草屋,结果被全部烧光,好在救火及时,没有殃及邻居。后来乡邻自动捐衣捐被送粮食,帮助朱阿本一家渡过难关,体现了集体大家庭的温暖。1986年9月,原大队会计陈宝元儿子陈刚被保定空军第三飞机基础学校录取,是昆山市当年招收两名空军飞行员之一。朱瑞英担任上洪大队会计,1986年4月调任镇妇联主任,直至退休。

(2)江北。田多劳少,土地分布零散,强壮劳动力少,大部分耕地在远离村庄的长条圩、百家荡。老百姓到田间干活都要带饭在车棚里就餐。人民公社时期,历任生产队长有徐金夫、陈林生、陈洪元、周品中、蒋三球等。这个生产队受客观条件限制,生产进度较落后,由于善于管理,粮食产量还算可以,社员收入并不低。

改革开放后,全村以务工为主,部分村民种植水稻、三麦和油菜。2009年8月因淀山湖航空产业园开发用地,村民房屋拆迁,自然村落消失。居民迁往淀山湖镇香馨佳园。

沿革:民国三十年(1941年),属县第五区杨湘泾镇;新中国成立后,属淀东区杨湘乡;1950年1月,属淀东区庙泾乡;1956年8月,属杨湘乡杨湘中乡庙泾小乡新华高级社;1958年,属淀东公社五营新华大队;1962年,属淀东公社新华大队;1983年6月,属淀东乡上洪村;1988年5月,属淀东镇上洪村;1993年3月,属淀山湖镇上洪村;2001年8月,属淀山湖镇安上村。

罗家枉自然村落房屋坐落分布,详见附图。

消亡的罗家枉自然村遗址,现为航空产业园用地

第一章 建置区域

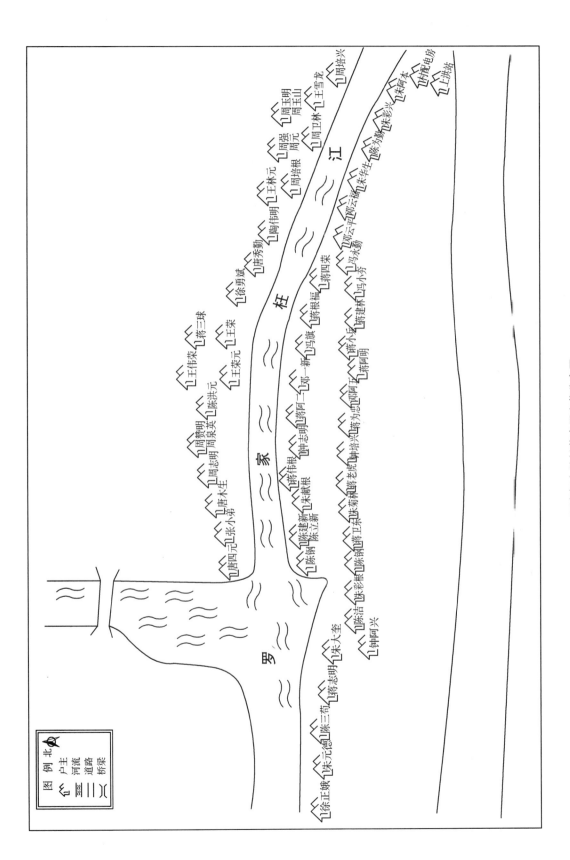

罗家桩自然村落房屋坐落分布图

十三、上洪桥

上洪桥自然村位于淀山湖镇驻地杨湘泾北1 200米处,因桥而名。村庄在道褐浦西侧,南北呈长条形竹节状,南北长150米、东西宽50米,村落面积11.3亩,耕地面积166.91亩,总面积为178.21亩。全村共有23户,80人,其中男性40人,女性40人。有10个姓氏,其中杨姓8户,顾姓2户,潘姓2户,于姓2户,陈姓2户,蒋姓2户,钱姓1户,沈姓2户,屈姓1户,钟姓1户。该村村北面有一座庙,叫灵官庙,坐落在道褐浦河道一个急弯道处,是个风水宝地。新中国成立后灵官庙被拆除,成了一块废墟。后村里老百姓将死人安葬在那里,变成一片小坟地。后在旧址上仿造一座小庙,到此烧香的香客不断。

新中国成立初期,村民费保泉在区干部引导下,率先组织农会,任农会主任。后因血吸虫病瘟疫泛滥,费保泉一家人都不幸病故。1951年,在村民陈春海引导下,办起了淀东区第一个互助组。老党员顾金生的孙子顾建良1990年10月参军,在南京消防部队工作后,后被提升为某消防部队团长。

该村土地肥沃,产量历来位居上洪村第一,人称"小壮猪"。上洪自然村是上洪村政治、经济、文化活动的中心,有大队(村)办公室、商店、学校,还有苏州插队知识青年创办的村办企业新华五金厂。1995年,该厂转制为私有企业,由村民杨飞龙经营,后由其儿子杨勤勇接班,业务越做越大,资产达几百万元。

改革开放后,全村以务工、务农为主,部分村民经商。2009年9月因淀山湖航空产业园开发用地,村民房屋拆迁,村落消失。居民迁往淀山湖镇香馨佳园。

沿革:民国三十年(1941年),属县第五区杨湘泾镇;新中国成立后,属淀东区杨湘乡;1950年1月,属淀东区庙泾乡;1956年8月,属杨湘乡杨湘中乡庙泾小乡新华高级社;1958年,属淀东公社五营新华大队;1962年,属淀东公社新华大队;1983年6月,属淀东乡上洪村;1988年5月,属淀东镇上洪村;1993年3月,属淀山湖镇上洪村;2001年8月,属淀山湖镇安上村。

上洪桥自然村落房屋坐落分布,详见附图。

消亡的上洪桥自然村遗址,现为道褐浦沿河绿地公园

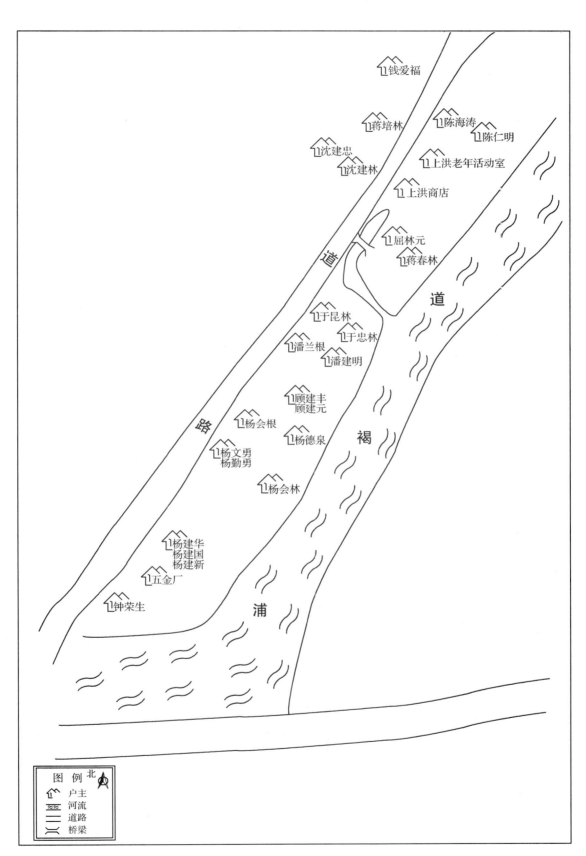

上洪桥自然村落房屋坐落分布图

十四、高家桥

高家桥自然村位于淀山湖镇驻地杨湘泾北1500米处,以桥得名。村庄在道褐浦江两侧,南北呈长条形竹节状,南北长150米,东西宽100米,村落面积22.5亩,耕地面积284.92亩,总面积307.42亩。全村共有26户,107人,其中男性55人,女性52人。有13个姓氏,其中屈姓8户,王姓3户,谢姓1户,胡姓3户,华姓2户,周姓1户,蔡姓1户,唐姓1户,方姓1户,李姓1户,张姓2户,陈姓1户,夏姓1户。

高家桥自然村,道褐浦在村中穿过,分江东、江西人家,村中有一小桥连接河东、河西。土地有江东、江西、小元娄、杨家角等几个圩头,土质属中等水平,产量和分配水平都属中等。

村民王阿苟家境贫苦,新中国成立初参加革命,先后担任过村长、新农高级社社长。有血吸虫病史,曾因脾脏肿大开刀。他善于联系群众,关心帮助贫苦人家,深得老百姓拥护和好评。胡素宝是上洪村第一位"赤脚医生",为人忠诚老实,工作认真勤奋,业务精通。1970年,在一次出夜诊中,受寒得伤寒疹,不幸突然病故,年仅20多岁。李惠娟高中毕业,在村担任团支部书记、妇女主任、村民委员会主任等职。1994年调入镇服装厂、宾馆工作。改革开放后,村民屈林元带头跨队承包土地,种植第16组50多亩农田,由于经营有方,产量高,经济效益好。在屈林元影响下,王曹和承包了村里100多亩农田,是规模较大的大农户,连续经营十多年。

全村以务工为主,部分村民种植三麦、水稻和油菜。2009年9月,因淀山湖航空产业园开发用地,村民房屋拆迁,自然村落消失。居民迁往淀山湖镇香馨佳园。

沿革:民国三十年(1941年),属县第五区杨湘泾镇;新中国成立后,属淀东区杨湘乡;1950年1月,属淀东区庙泾乡;1956年8月,属杨湘乡杨湘中乡庙泾小乡新农高级社;1958年,属淀东公社五营新农大队;1962年,属淀东公社新农大队;1983年6月,属淀东乡上洪村;1988年5月,属淀东镇上洪村;1993年3月,属淀山湖镇上洪村;2001年8月,属淀山湖镇安上村。

高家桥自然村落房屋坐落分布,详见附图。

消亡的高家桥自然村农房旧貌

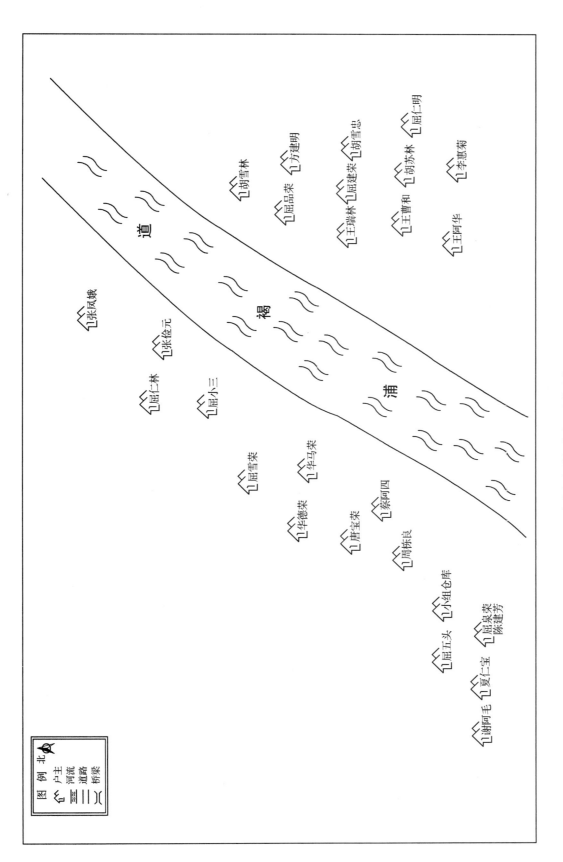

高家桥自然村落房屋坐落分布图

十五、浜里

浜里村位于杨湘泾北2 000米处。村庄在道褐浦边的浜里河两侧,呈不规则正方形村落,东西、南北长宽各为200米,村庄面积60亩,耕地面积439.36亩,总面积499.36亩。全村共有50户,140人,其中男性72人,女性68人。有12个姓氏,其中张姓18户,周姓11户,韩姓3户,陈姓2户,朱姓1户,徐姓1户,袁姓1户,林姓1户,王姓8户,何姓1户,沈姓2户,李姓1户。

(1)江东。人民公社时期,生产队劳动力多,产量高,但耕地不足分配少。为增加收入,1975年,村民千方百计去离村3里多远的新兴百家荡耕种荒废的50多亩低田,为生产队增加近万元年收入。该组有8名党员,林继红、张元昌、周杏根、张晓东先后任上洪村党支部书记,张晓东先后任淀山湖镇党委委员、副镇长;老党员张进福是老队长、大队支部委员;老党员陈友正是二级伤残军人,担任过大队党支部副书记、副大队长等职;有9人参军当兵,录取大专以上学校的学生有22名。村民王宝其家女儿、儿子两人都考上大学,女儿张福珍大学毕业后,在昆山震川中学做教师,儿子张福平考入广州外语学院,在广州工作。

(2)江西。人民公社时期,生产队队长张志明、周金林带领村民克服困难,艰苦奋斗,确保农作物不误农时,分配水平比同村22组要高。村民张其祥,1949年考入南京水利学院;老党员张全珍,新中国成立初是浜里自然村第一任村长,担任20多年村妇女主任和几届县、乡人民代表。村民张张氏早年丧夫,新中国成立前因交不起地主的租米,吃租米官司,将三个未成年小孩带进监狱,新中国成立后翻身做了主人。改革开放后,村民沈阿五是种田大农户,老队长周金林搞房产中介,大部分村民以务工为主,部分村民种植水稻、三麦和油菜。

2009年9月,因淀山湖航空产业园用地,村民房屋拆迁,自然村落消失。居民迁往淀山湖镇香馨佳园。

沿革:民国三十年(1941年),属县第五区杨湘泾镇;新中国成立后,属淀东区杨湘乡;1950年1月,属淀东区庙泾乡;1956年8月,属杨湘乡杨湘中乡庙泾小乡新农高级社;1958年,属淀东公社五营新农大队;1962年,属淀东公社新农大队;1983年6月,属淀东乡上洪村;1988年5月,属淀东镇上洪村;1993年3月,属淀山湖镇上洪村;2001年8月,属淀山湖镇安上村。

浜里自然村落房屋坐落分布,详见附图。

消亡的浜里自然村遗址,现为航空产业园用地。图为航空产业园内的公路、绿化等用地

第一章 建置区域

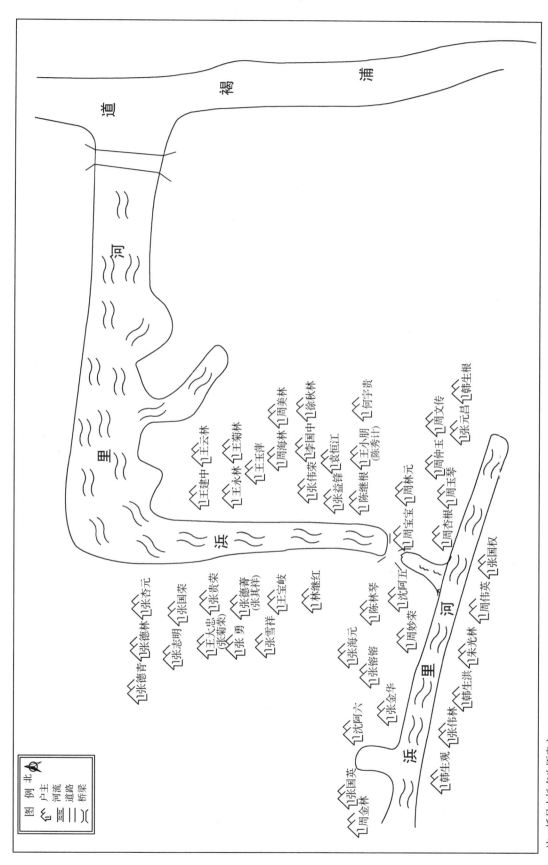

浜里自然村落房屋坐落分布图

注：括号中姓名为原房主

十六、陶湛桥

陶湛桥自然村位于淀山湖镇驻地杨湘泾北3 000米处。村庄在道褐浦河两侧,东西南北呈不规则正方形,东西长150米,南北宽150米,村落面积33.7亩,耕地面积335.82亩,总面积369.52亩。全村共有29户,117人,其中男性56人,女性61人。有12个姓氏,其中张姓13户,王姓2户,李姓2户,韦姓2户,殷姓1户,沈姓2户,唐姓1户,朱姓1户,徐姓1户,施姓1户,陈姓2户,陆姓1户。

陶湛桥村庄河道旁用木桩打基砌成了石驳岸,江南有一座老坟薛家坟,"文化大革命"前期,张家人把老坟挖开,挖掘出好多大方青砖等物。河东有一座庙,庙场上有一座石牌楼。新中国成立后,庙不存,1965年,一场龙卷风,将石牌楼卷走。河东有张家祠堂,村后有大小荷花池两个。

村民施凤章,1923年出生,1942年参加革命,加入新四军第三师;1943年8月,在阜宁县车义港夜里遭日军偷袭,为掩护主力部队转移而壮烈牺牲;1953年,被追认为抗日战争英勇牺牲的革命烈士。村民王建平自己创业,组建建筑工程公司,有资产几千万元。村民张文庆在昆山供电局任职,工作出色,三个子女全部考上大学,其中大儿子张栋林任淀山湖中学校长。村民沈福元,1981年考入中国人民解放军南京外国语学院,毕业后,去长沙中国人民解放军国防科技大学工作,1991年自费去美国攻读硕士、博士学位,1998年,任美国宾夕法尼亚州州立大学终身教授,并加入美国国籍。老党员张祥龙曾任新农大队党支部书记,"社教"运动后,担任新华大队农技员、副书记、大队长,1982年调入运输社当书记,1985年任镇敬老院院长,1996年病故。改革开放后,全村以务工为主,部分村民经商。2009年9月因淀山湖航空产业园开发用地,村民房屋拆迁,自然村落消失,全部失地面积为369.52亩。居民迁往淀山湖镇香馨佳园。

沿革:民国三十年(1941年),属县第五区杨湘泾镇;新中国成立后,属淀东区杨湘乡;1950年1月,属淀东区庙泾乡;1956年8月,属杨湘乡杨湘中乡庙泾小乡新农高级社;1958年,属淀东公社五营新农大队;1962年,属淀东公社新农大队;1983年6月,属淀东乡上洪村;1988年5月,属淀东镇上洪村;1993年3月,属淀山湖镇上洪村;2001年8月,属淀山湖镇安上村。

陶湛桥自然村落房屋坐落分布,详见附图。

消亡的陶湛桥自然村遗址,现为航空产业园用地

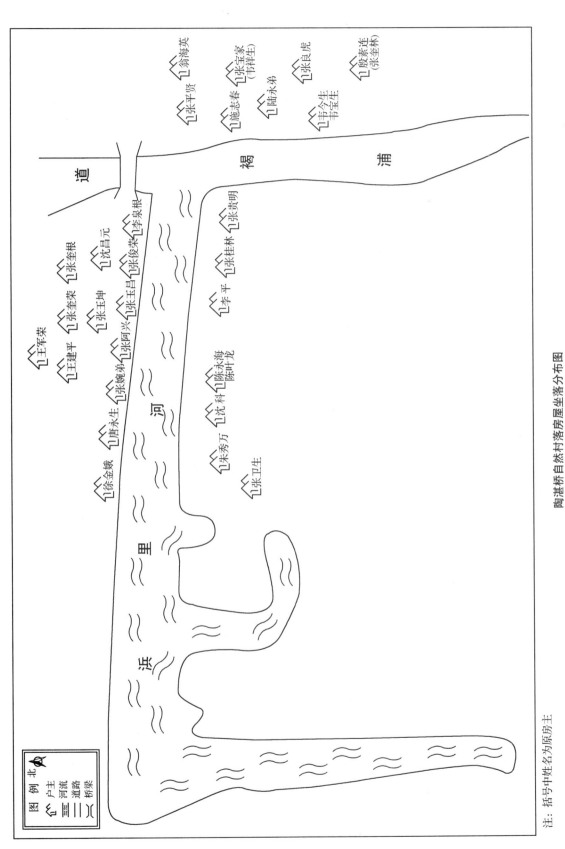

陶湛桥自然村村房屋坐落分布图

注：括号中姓名为原房主

十七、棚户

棚户自然村位于淀山湖镇驻地杨湘泾北4 000米处。新中国成立前,浙江绍兴地区一批农民为了谋生,迁移到棚户安家落户,开垦荒地,搞农业生产。他们都盖草棚居住,因此建村时名为棚户。村在棚泾河两侧,东西南北相交,东西长100米,南北宽150米,村落面积22.5亩,耕地面积213.89亩,总面积236.39亩。全村共有19户,41人,其中男性20人,女性21人。有10个姓氏,其中郭姓4户,金姓6户,吕姓2户,王姓1户,肖姓1户,何姓1户,徐姓1户,冯姓2户,章姓1户。

历届生产队长有郭祥康、王生荣、郭官苗等担任。该村交通不便,四面河道无桥梁,出门都用牵渡船。共有两个渡口,一个东渡口,小圩至浜里、彭家溇圩,一个西渡口,长条圩至小圩。1960年大兴水利建电灌站,筑渠灌溉,在彭家溇河道上填江筑渠通水并能走人,结束了东渡的渡船交通。西渡一直延续到20世纪70年代,居住在长条圩河西的金家搬迁至华圩新居后不再需要渡船,结束了几十年的牵渡交通。村民居住的都是毛竹草屋。秋后每家每户都要腌上好几缸咸菜,又黄又香。到春节一起打年糕,乡邻相处和睦。

在老队长郭祥康的带领下,村民克服人少田多、田低易洪涝受淹、土质低劣等困难,粮食产量始终保持在大队中上等水平,社员分配水平也很高。改革开放后,村民在种好责任田外,还种植地头蔬菜等,起早到集市上卖,增加收入;村民王生荣、徐忠山办起了个人养殖场,养鸭、养鸡产种蛋,收入相当可观;徐忠山儿子徐志龙大学毕业后,在昆山检察院任批捕科科长;村民肖德根儿子肖建明大学毕业后,任锦溪镇镇长,后援疆工作。

全村以务工为主,部分村民经商。2008年2月,因淀山湖航空产业园开发用地,村民房屋拆迁,自然村落消失。居民迁往淀山湖镇香馨佳园。

沿革:民国三十年(1941年),属县第五区杨湘泾镇;新中国成立后,属淀东区杨湘乡;1950年1月,属淀东区庙泾乡;1956年8月,属杨湘乡杨湘中乡庙泾小乡新农高级社;1958年,属淀东公社五营新农大队;1962年,属淀东公社新农大队;1983年6月,属淀东乡上洪村;1988年5月,属淀东镇上洪村;1993年3月,属淀山湖镇上洪村;2001年8月,属淀山湖镇安上村。

棚户自然村落房屋坐落分布,详见附图。

消亡的棚户自然村遗址,现为航空产业园用地。图为新建的"奥瑞航空包装有限公司"

第一章 建置区域

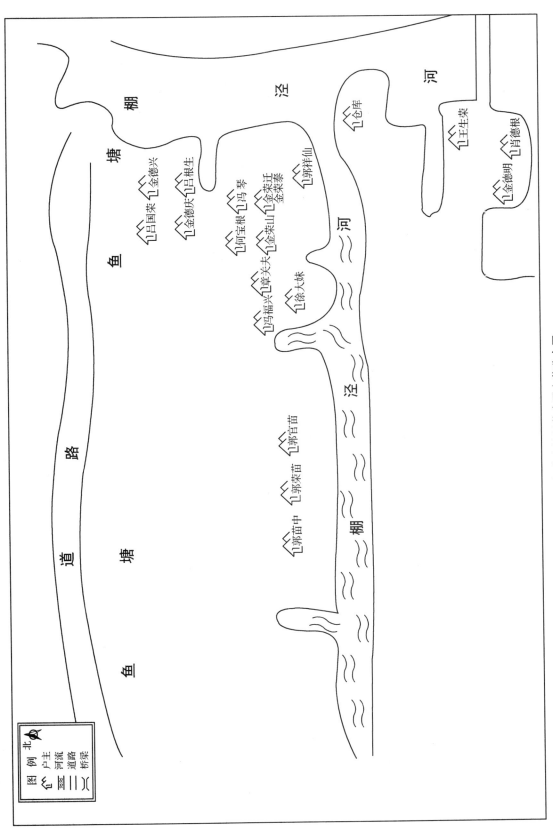

棚户自然村落房屋坐落分布图

第二章 自然环境

安上村位于昆山市东南边缘,距淀山湖镇0.5公里,处于长江三角洲太湖流域淀泖地区。地势平坦,自然坡度很小,陆地高程(吴淞零点)在3.2米以下的有509.8亩,占耕地面积的9.8%;在3.21米以上的有4 588.3亩,占耕地面积的90.2%,大部分属平原半高田地区。安上村区域总面积5 523.9亩,其中耕地面积根据1982年昆山县(市)第二次土壤普查,有耕地面积5 523.9亩,其中水田面积5 098.1亩,旱地面积425.8亩。

第一节 地 貌

安上村域属太湖流域的淀泖水系地区,境内河流湖荡纵横交错,是典型的江南水网地区。主要河道由北向南流入淀山湖,经青浦拦路江入黄浦江注入东海。村内的河道通常都由西向东流,或由北向南流。

村域地势平坦,自然坡度小,田面高程大多在3.2米以上、3.8米以下,属平原半高田地区。少数低洼田块的地面高程在3.2米以下、2.8米以上,20世纪70年代以前,基本上还是分散独立的自然小圩,一遇洪涝,难以抵御灾害。

2012年,村域面积4.765 3平方公里,其中可耕地面积0.766 7平方公里、园地0.077 1平方公里、村庄1.739 2平方公里、交通用地0.653 5平方公里、水域面积1.518 6平方公里、农用设施0.010 2平方公里。境内河流纵横交错,是典型的江南水乡。

第二节 土 壤

土壤表面结构都比较疏松,适宜种植各种作物。极少土壤黏性较大,容易板结,所以要施猪圈、大粪等有机质肥料,采取秸秆还田等措施以改良土壤。

根据20世纪80年代初昆山市第二次土壤普查资料,昆山地区的土壤共划分为4个土类、

6个亚类、10个土属、25个土种。安上村境内涉及3个土类、5个亚类、7个土属、13个土种。因河流纵横密布,地形地貌深受流水切割和水力推运堆积的制约,陆地多呈半岛形状,沿湖滨地带,地势较高,地面高度大多在2米以上(湖滨地区在3米左右),安上地势属较高的地区。成土母质均为湖相沉积物,质地黏重,主要土属为黄泥土属,占水稻田的98.3%。其次为乌山土、青紫土、清泥土土属,仅占水稻田的1.7%。1963年耕地面积5 094.6亩,总人口1 685人,人均3.02亩。1978年耕地面积4 818.4亩,总人口2 326人,人均2.07亩,减少0.95亩。1992年开始,随着改革开放的不断深入,多项建设用地和外向型经济的土地批租不断增加,到2012年12月底,耕地面积只剩765.27亩,按1 810人计算,人均只有0.42亩,比1978年人均2.07亩少1.65亩。

第三节 河 流

新中国成立前,靠自然的河流湖荡,解决水路交通运输与农田灌溉、泄洪等问题。由于自然分布不合理,特别是东西流向的河道小而少,因而碰到严重的水旱灾害,一时难以解决泄洪灌溉,造成低田洪涝受淹成灾,高层田块干旱受灾。

新中国成立后,人民政府把兴修水利、根治水患作为经济建设的重要任务。20世纪50年代起就着手修圩岸、疏浚河道、建造机电排灌站,并于1958~1976年,分别开挖了石杨河、镇南分位河,成为东西向的主要泄洪道。新民大队于1973年开挖了一条1 000米长的东西向中心河,新华大队于1978年开挖了连通东西2条彭家溇江,150米长的东西向新开河。1979年,在陶湛桥自然村北新开一条东西向的500米长的河道,西通道褐浦,东通石浦茜泾村河,都起到了泄洪作用,提高了抗洪排涝能力,实现旱涝保丰收。

安上村的河流分布比较广,水资源丰富,境内共有河道(浜)32条,总长35 700米,其中东西向20条(含浜斗4只),南北向12条(含浜斗4只),详见表2-3-1。

表2-3-1　　　　　　　　　　安上村河道情况一览表　　　　　　　　　　单位:米

序号	江河名称	流经自然村村名	流向	起讫位置	长度
1	道褐浦江	西厍、罗家枉、上洪桥、高家桥、陶湛桥	南→北	南通淀山湖镇区,北至石浦镇陆家桥村	4 200
2	南浜人家江	南浜自然村	南→北	浜斗,南面不通,北通南江	500
3	南江	南浜自然村北	东→西	东接南浜人家江,西通道褐浦	800
4	新开江	南浜自然村北	东→西	东通沈安泾江,西接通南江	1 000
5	东泾江	南浜自然村东	南→北	南到新开河,北通庙泾江	2 600
6	小潭江	南浜自然村南	东→西	东通东泾江,西通老水泾江	1 000
7	南小潭江	南浜自然村南	南→北	北面通小潭江,南面不通	600
8	新开河	南浜自然村南	东→西	东通南沈安泾白荡滩,西通道褐浦	1 500

续表

序号	江河名称	流经自然村村名	流向	起讫位置	长度
9	老水泾江	南浜自然村南	南→北	南通三家村江,北通南江	1 000
10	界泾江	西库自然村	南→北	北通庙泾江,南拐弯向西通南江	1 200
11	庙泾江	西庙泾自然村	东→西	东通白米泾江,西通道褐浦	2 500
12	沈安泾江	北沈安泾、南庵、南沈安泾	南→北	南通双护村的升罗潭自然村,北通白米泾江	800
13	八古溇江	北沈安泾西面	南→北	南面无出口,是浜斗,北通白米泾江	800
14	南庵江	南庵自然村南	东→西	东通钱沙江,西通沈安泾江	300
15	顾家库人家江	顾家库自然村	东→西	东面是浜斗,西面通道褐浦	1 000
16	顾家库后江	顾家库自然村	南→北	南面是顾家库人家江,北面通曲溇	300
17	顾家库曲溇	顾家库村北	南→北	南是浜斗底,向北再转向东接通后江	500
18	罗家桩人家江	罗家桩自然村	东→西	东面不通,西面通陆泥浦	800
19	庄高溇	罗家桩自然村北	南→北	南面不通,北面通棚户人家江	2 000
20	彭家溇	罗家桩自然村北	南→北	南通罗家桩人家江,北通棚户人家	2 000
21	横江	罗家桩自然村北	东→西	东面通彭家溇,西面通庄家溇	200
22	上洪溇	上洪桥自然村北	东→西	东面通道褐浦,西面不通	350
23	小园溇江	高家桥自然村南	东→西	东面通道褐浦,西面通彭家溇	800
24	浜里人家江	浜里自然村	东→西	由西向东转弯向北,西面接通彭家溇,北面通陶湛桥人家江	1 500
25	新开江	浜里自然村南	东→西	东面接通浜里人家江,西面通彭家溇	150
26	小罗泾江	浜里自然村北	东→西	东面通道褐浦,西面不通,是浜斗	900
27	沙药瓶江	浜里自然村北	东→西	东面通道褐浦,西面不通,是浜斗	800
28	陶湛桥人家江	陶湛桥自然村	东→西	东面通道褐浦,西面接浜里人家江	300
29	方家溇江	陶湛桥自然村北	东→西	东面通石浦茜泾村,西面通道褐浦江	800
30	官潭溇	陶湛桥自然村北	东→西	东面不通,是浜斗,西面通道褐浦江	1 000
31	棚泾河	棚户自然村	东→西	东面通彭家溇,西面通庄高溇	1 500
32	五联泾江	棚户自然村北	东→西	东面通道褐浦,西面通陆泥浦	2 000

第四节 气 候

一、四季特征

安上村属北亚热带海洋性气候,四季分明,日照充足,雨量充沛,无霜期长。但冬夏季节风进退有早有迟,强度变化不一,降水和气温的年际差异较大,旱涝风雪灾害难免有时发生。

四季特征:春天,在日平均气温稳定达到10℃时,为春季开始。历年平均从3月21日至6月21日,这段时间的气象情况报道,极端最高气温为16℃~18℃,最低气温为3℃~5℃,一直到清明时节,气温才明显上升转暖。到5月下旬,最高气温已达31℃,最低气温在20℃左右,称为"暖春",俗称"暖三春"。但初春期间偶不见还暖,反而寒冷,气温下降到零度,称为"倒春寒",俗称"拗春冷"。流传下来有这样的说法,"清明断雪,谷雨断霜",所以春季气温有时也会相差偏大。

夏季:平均气温稳定在23℃以上,便进入夏季。历年平均从6月21日入夏,9月22日结束。据1997~1998年记载,夏至时节起始为6月21日,极端最高气温28℃~30℃,极端最低气温18℃~19℃,日平均气温超过22℃,初夏时节来临。7月中旬到8月中旬为盛夏,最热旬平均气温28℃,最高气温35℃~38℃,有时高达39℃。高温一般在小暑、大暑两个季节,到了立秋季节还有高温,直到处暑季节气温才逐渐下降,但中午最高气温有时还高达35℃。早晨、晚上气温较低,所以人们常说"秋不热两头"。

秋季:日平均气温稳定在22℃以下时入秋。历年平均9月23日至11月6日,为四季中最短的季节。入秋后,气温开始逐渐下降。1998年入秋以后气温明显高于常年。10月份平均气温比历史同期高出2.2℃,11月上旬气温仍比历史同期高出2℃,日最低气温也始终在10℃以上。人们着装仍以衬衣为主,毫无深秋气象。

冬季:四季中冬季持续时间最长。历年平均11月7日入冬,气温稳定在10℃以下,至翌年3月20日。冬季常受北方冷空气影响,气温骤降,最冷时段为1月下旬至2月上旬,平均气温在2℃~3℃。1998年11月14日季节已入冬季,可人们仍衣着单薄,气温较常年同期高出4℃。11月12日气温达23℃,为1905年有气象资料记载以来的历史同期第二个高温日,仅次于1941年11月中旬的28.3℃。但从2000年起,冬季特别寒冷的天数已不多,好像没有冬天的感觉。

表2-4-1　　　　　　　　　　1998年二十四节气起始日气温表

节气名称	起始日期	当日气温		节气名称	起始日期	当日气温	
		最高	最低			最高	最低
立春	2月4日	6℃	-9℃	立秋	8月8日	35℃	28℃
雨水	2月19日	13℃	8℃	处暑	8月23日	31℃	26℃
惊蛰	3月6日	3℃	7℃	白露	9月8日	32℃	22℃

续表

节气名称	起始日期	当日气温		节气名称	起始日期	当日气温	
		最高	最低			最高	最低
春分	3月21日	4℃	0℃	秋分	9月23日	28℃	18℃
清明	4月5日	21℃	12℃	寒露	10月8日	27℃	19℃
谷雨	4月20日	31℃	20℃	霜降	10月23日	21℃	14℃
立夏	5月6日	22℃	17℃	立冬	11月7日	22℃	12℃
小满	5月21日	31℃	23℃	小雪	11月22日	19℃	12℃
芒种	6月6日	27℃	17℃	大雪	12月7日	8℃	1℃
夏至	6月21日	30℃	22℃	冬至	12月22日	18℃	9℃
小暑	7月7日	34℃	27℃	小寒	1月5日	15℃	5℃
大暑	7月23日	30℃	25℃	大寒	1月19日	8℃	4℃

二、气象水文

新中国成立前,气象水文资料不全。新中国成立后虽日趋完备,但详略不一,仅就有关志书历年资料整理辑录。

1917年大旱,63天无雨。1921年水灾严重,许多田块无收。1924年,又遭旱灾,田龟裂,重灾处无收。1928年9月,大水,重灾处无收。1929年6月,大旱,最低水位仅2.16米。1931年7月上下旬,连降暴雨,昆山地区33万亩农田受涝。1935年夏秋,大旱,河港多涸。1937年8月,暴雨,水灾严重。1941年8月,台风袭境。1943年8月11日,台风过境。1946年入春后,阴雨连绵,田水和河水相平;9月,台风掠境。新中国成立后的1951~1987年气象水文,见第二章第六节"自然灾害"。

2001年,平均气温16.5℃,极端最高气温是7月22日38℃,极端最低气温是1月16日,-5.2℃;年降水日118天,年最大降水日是6月24日,108.8毫米;初霜日是2000年11月13日,终霜日是2001年4月1日,无霜日为2001年4月2日至11月13日;年平均水位吴淞高程2.75米,年最高水位是2001年6月26日,吴淞高程3.48米,年最低水位是2001年4月20日,吴淞高程2.44米。全年气象水文情况,见表2-4-2。

表2-4-2　　　　　　　　　　2001年气象水文一览表

月份	平均气温（摄氏度）	降水量（毫米）	日照时数（小时）	平均相对湿度（%）	平均风力（米/秒）
全年	16.5	1 174.3	1976.1	77	3.3
1	5.1	120.7	107.9	79	3.4
2	6.5	56.1	97.9	80	3.4
3	10.9	22.6	207.2	67	3.5
4	15.4	68.5	160.0	75	3.6
5	21.3	48.2	171.9	76	3.1

续表

月份	平均气温（摄氏度）	降水量（毫米）	日照时数（小时）	平均相对湿度(%)	平均风力（米/秒）
6	24.3	358.6	130.8	82	3.2
7	29.8	32.3	265.4	77	3.8
8	26.8	245.6	168.0	83	3.3
9	23.9	17.7	157.2	80	3.6
10	19.4	42.3	205.4	76	2.9
11	12.5	46.5	172.1	72	2.9
12	6.2	91.2	90.9	77	3.3

2001～2010年,平均气温有8年高于历史平均值。全年少雨,平均降水量148.7毫米,占全年总降水量的13.2%。总日照时数为400小时,占全年总日照时数的20.1%。

2012年,平均气温16.7℃,极端最高气温是7月5日,37.4℃,极端最低气温是2月3日,-4.4℃;年降水日144天,年最大降水日是8月8日,134.4毫米;初霜日是2011年11月21日,终霜日是2012年3月21日,无霜日为2012年3月22日至11月4日;年平均水位吴淞高程2.87米,年最高水位是2012年8月9日,吴淞高程3.5米,年最低水位是2012年1月19日,吴淞高程2.47米。全年气象水文情况,见表2-4-3。

表2-4-3　　　　　　　　　　　　　2012年气象水文一览表

月份	平均气温（摄氏度）	降水量（毫米）	日照时数（小时）	平均相对湿度(%)	平均风力（米/秒）
全年	16.7	1 084.5	1 731.8	74	2.3
1	4.0	51.9	92.4	71	1.8
2	4.0	80.6	67.1	74	2.0
3	9.5	136.8	132.3	73	2.4
4	17.7	57.5	170.4	70	2.7
5	21.6	108.4	173.7	71	2.3
6	24.8	81.5	110.4	81	2.4
7	29.8	111.3	206.6	75	2.6
8	29.0	191.7	193.9	79	3.0
9	23.6	43.7	158.2	74	2.4
10	19.4	32.3	175.1	70	1.8
11	11.7	107.1	137.8	72	2.3
12	5.6	81.7	113.9	72	2.3

第五节 物候

一、植物

1. 树木

新中国成立前夕,安上村域无成片树林,仅是村民在屋前屋后、河边、岸旁和坟地零星种一些树木。种植的种类大致有杨树、柳树、楝树、榆树、槐树、桑树、黄杨树、桃树等。在寺庙、祠堂及财主的宅院内外,种有银杏树、柏树、松树、柞树、檀树、冬青树等较名贵的树木,但数量也不多。

新中国成立后,人民政府提倡绿化造林,美化家园,改善自然环境。20世纪60年代以种植速生的杨树、柳树、楝树为主。70年代到80年代,又开始引进水杉、泡桐、梧桐、刺槐等树种。到了90年代,镇政府在加强小城镇建设和基础设施建设的同时,加快绿化建设,并要求各村也要加快绿化步伐,美化农村环境,一定要提高绿化面积的覆盖率。安上村在公路两旁种植香樟树、冬青树、水杉等树木。在厂区、社区等公共场所,种植枫杨、雪松、塔柏、五针松、梧桐、白玉兰、广玉兰、桂花、蜡梅、铁树等名贵树木。到2013年12月底,安上村绿化面积覆盖率达40%。

2. 竹

新中国成立前夕,安上村域少数农户利用屋后的空地种植竹子,面积0.2～0.3亩。品种有蒲基竹、五月季、红头笋,还有少量的名贵竹子,如慈好竹、芦杖竹等。到了春天,竹子开始繁殖,长出竹笋。少量的竹笋当菜肴,大多留着长成新的竹子。竹子的用处很大,可用来制作生产工具,如筛子,挑肥料或挑泥土、砖块等的竹畚箕,割草用的箩筐,囤稻谷、麦子用的栈条、匾等。生活用具中有淘米用的淘箩,洗菜用的篮子,床上的凉席、竹垫子等。

3. 农作物

主粮:水稻[籼稻,粳稻,糯稻(又称元稻)],三麦(小麦、大麦、元麦)。

杂粮:玉米、山芋、南瓜。

4. 蔬菜

蔬菜的种类特别多,村民根据季节的变化种植不同的蔬菜。春、秋两季是播种蔬菜的最佳季节。春季播种小青菜、韭菜、茄子、马铃薯(土豆)、地瓜、西瓜、香瓜、小白瓜、丝瓜、毛豆、豌豆等。秋季播种青菜、芹菜、大白菜、雪里蕻、牛心菜、卷心菜、大蒜、白萝卜、红萝卜、胡萝卜等。到20世纪80年代后期,有了种植蔬菜的大农户,利用塑料薄膜搭棚,称暖棚,用来培育蔬菜,一年四季都能栽培,所以在镇农贸市场上的蔬菜应有尽有,暖棚的蔬菜称得上是无公害蔬菜。

5. 食用菌类

蘑菇、平菇、金针菇、黑木耳等。

6. 花卉、花草

月季花、玫瑰花、鸡冠花、凤仙花、菊花、海棠花、一串红、美人蕉、芭蕉、牡丹花、广玉兰、白玉兰、迎春花、水仙、千年红(百日红)、六月雪、夜来香、夜饭花、紫罗兰、天竹、文竹、仙人掌、含羞草、杜鹃花、茶花、绣球花、万年青、太阳花、吊兰、宝石花、荷花、铁树、马蹄筋、蝴蝶花、蔷薇花、野菊花、金银花、鬼大蒜、拉拉藤、将军头、稗草、三角草、野黄花、野荸荠、鸭舌头、猪鬃草、水浮莲、木葫芦、水花生、绿萍、浮萍、鞭子草、水游筋草、芦苇、菖蒲、野蓬头。

二、动物

1. 家畜

牛按用途分为耕牛、菜牛、奶牛；以品种分为水牛、黄牛；羊有绵羊、山羊；还有猪、兔（肉兔、长毛兔）；狗（草狗、狼狗、洋狗）；猫等。

2. 家禽

鸡（草鸡、三黄鸡、白肋克鸡、乌骨鸡）、鸭（蛮鸭、朝鸭、山鸭）、鹅、鸽（肉鸽、信鸽）、鹌鹑。

3. 野生禽兽

（1）麻雀、喜鹊、老鸹（乌鸦）、大雁、野鸭、野鸡、鸽子、老鹰、画眉、黄莺、白头翁、猫头鹰、燕子、蝙蝠等。

（2）黄鼠狼、老鼠、田鼠、野猫、刺猬、蚯蚓（曲蟮）等。

（3）蛇（青稍蛇、赤连蛇、水蛇、眼镜蛇）、青蛙、癞蛤蟆（蟾蜍）、牛蛙等。

4. 水生动物

鲫鱼、花鲢、白鲢、草鱼、青鱼、鲶鱼、黄牛鱼、菜花鱼（塘里鱼）、银鱼、鳑鲏鱼、鳌鲦鱼、哥郎鱼、鲤鱼、黑鱼、鳜鱼、黄槽鱼、浜鱼、鲈鱼、鳊鱼等。

黄鳝、鳗鲡、泥鳅、甲鱼（鳖）、乌龟、河蚌、蚬子、田螺、螺蛳、海蛳、河蟹、河虾、罗代沼虾、龙虾、小虾米、螃蟹等。

5. 昆虫

蜜蜂（家蜂、长脚胡蜂、铁头胡蜂）、蚕、蜻蜓、蝴蝶、天牛（羊夹）、蝉（知了）、蜈蚣（百脚）、蟋蟀、螳螂、蜗牛、地鳖虫、刺毛虫、红蛉子、蚱蜢、蝗虫、纺织娘、蝼蛄、蜘蛛、萤火虫、蚂蚁（家蚁、白蚁、臭蚂蚁）、蚊子、蚊拍子、跳蚤、虱子（瘪虱、臭虱）、螟虫、灶鸡、蚂蟥、地老虎、壁虎、蚜虫等。

第六节 自然灾害

安上村的自然灾害主要有水灾、旱灾、风灾、虫灾，以水灾居多，损失也最大。20世纪60年代以后，在上级党委和政府的重视下，不断完善水利设施，不断增强抗灾能力，灾期趋短，灾情渐轻，灾年仍丰收。

一、水灾

新中国成立后，较大的水灾共出现12次，分别在1949年、1950年、1951年、952年、1954年、1957年、1962年、1975年、1980年、1983年、1999年、2009年。

1951年7月中旬，阴雨连绵，加上台风袭击，水位上涨，部分水稻田受淹。1954年，水灾严重，水位达3.88米。安上村域受涝面积2 592.3亩，占水稻总面积的53%，村民合力以赴投入抗洪救灾。棚户自然村低洼田多，灾情严重，西庙泾自然村的干部群众都到棚户自然村去抗灾。1957年6月20日至7月9日，连续暴雨，水位上涨，部分低田受淹。1976年6月，连续下雨，造成生产队油菜籽发热霉烂，损失严重。1983年6月下旬，暴雨，境内水位上涨，超过警戒

线,且持续时间达30天之久。1999年6月30日至7月1日,雨量大而猛,时间集中,昼夜降雨达145毫米,水位上涨达4米,超1954年历史最高水位(3.88米)0.12米,淀山湖镇受淹农田21 441亩,鱼塘2 454亩。

2009年8月2日凌晨4:00至14:30,普降大到暴雨,局部特大暴雨,外河水位超过警戒水位,最大日雨量为147毫米,此次暴雨洪涝,部分住宅受淹、道路积水、农田受涝。

二、旱灾

1953年7月22日~9月10日,持续高温干旱,50天仅降雨38.1毫米,水稻生长大受影响。

1959年5~9月,未下过透雨,天气久晴干热,风力微弱,风车无法转动,牛车、人力水车吃紧,部分田块干涸裂纹。虽旱象严重,但经全力抗旱,旱年仍获丰收。

1967年6~9月,虽为汛期,雨量偏少,总降雨量197.6毫米,其中8~9月,仅降雨37毫米,为新中国成立后汛期雨量最少的一年,是正常年景的三分之一。由于大批电灌站建成,有效避免了一场旱灾。

1971~1972年,两年汛期总降雨量400毫米,属偏旱年份,由于机电灌溉设施配套,未受旱情威胁。

1978年6月下旬至8月上旬,连续40天高温35度左右,降雨仅241.5毫米,是正常年景的二分之一,而同期蒸发量达852毫米,比正常年景高40%,旱情十分严重。由于抗旱进展顺利,水稻仍获丰收。

1983年、1988年、1989年、1991年、1992年、1995年、2005年、2006年,3~5月,连续3旬降雨量小于15毫米,6~9月,连续4旬降雨量小于20毫米,10~12月,连续4旬降雨量小于10毫米,期间发生干旱状况。

三、风灾

1956年8月1~3日,连续三天受强台风袭击。1961年10月初,26号台风过境,阵风达10级,水稻倒伏,房屋倒塌,损失严重。1980年5月14日,既遭受龙卷风袭击,又遭冰雹侵害,双害齐下,损失严重。1985年,6号台风过境,并伴有大暴雨,雨量达218.3毫米,水位陡涨,损失较大。1997年8月18日,11号强台风袭击淀山湖镇。2001年后,多次台风登陆,经太湖附近北上或正面袭击。2001年2号台风、2004年7号台风(蒲公英)、2005年9号台风(麦莎)和15号台风(卡努)、2007年13号台风(韦帕)和16号台风(罗莎)等,都造成较大的风雨灾害损失。

四、其他灾害

1955年秋旱,水稻受纵卷叶虫、稻苞虫、稻飞虱侵害。1958年春雨连绵,三麦赤霉病大面积发生,5月底又遭冰雹袭击。1961年,三化螟大面积发生,水稻白穗受害面积较广。

强对流天气,引发境内局地冰雹、龙卷风、雷暴、大风等灾害,因其发生突然,虽范围小、时间短,但危害严重。1981~2010年,有7年次出现冰雹,有6年次发生直接雷击和感应雷击,击毁通信、变压器设备和居民家用电器等,甚至有人员遭雷击死亡。

2007年1月29日~2月2日,连续下雪,部分农房被积雪压断木梁。

第三章 人 口

第一节 人口总量

1949年,安上村域共303户,1 177人,其中男613人,女564人,男女劳动力629人。1964年第二次人口普查,全村共480户,人口1 685人,增加了585人。1982年第三次人口普查,全村人口2 155人,比1964年增加470人。1990年第四次人口普查,全村2 110人,比1982年减少45人。1992年,全村总人口2 029人,比1949年增长74.45%,其中男1 004人,女1 025人。见表3-1-1。1993年,全村总人口2 017人,其中男996人,女1 021人;1999年全村总人口1 739人。到2012年年底全村共1 810人,比1993年增长 −10.26%,其中男868人,女942人。见表3-1-2。2012年户籍人口分组情况,见表3-1-3。

表3-1-1　　　　　　　　　1949～1992年安上村域人口情况一览表　　　　　　　单位:户、人

年份	户数	总人口	男	女
1949	303	1 177	613	564
1957	395	1 595	809	786
1962	500	1 679	892	787
1963	480	1 685	893	792
1968	462	2 008	1 012	996
1974	556	2 218	1 102	1 116
1978	600	2 326	1 151	1 175
1982	563	2 155	1 050	1 105
1983	560	2 260	1 110	1 150
1984	560	2 248	1 120	1 128

续表

年份	户数	总人口	男	女
1985	566	2 244	1 117	1 127
1986	565	2 280	1 137	1 143
1987	564	2 305	1 144	1 161
1988	548	2 128	1 055	1 073
1989	530	2 096	1 025	1 071
1990	526	2 110	1 037	1 073
1991	526	2 102	1 032	1 070
1992	520	2 029	1 004	1 025

表3-1-2　　　　　　　　1993~2012年安上村域人口情况一览表　　　　　　　单位:户、人

年份	户数	总人口	男	女
1993	513	2 017	996	1 021
1994	514	2 015	992	1 023
1995	510	1 990	978	1 012
1996	507	1 933	951	982
1997	517	1 880	927	953
1998	517	1 819	900	919
1999	517	1 739	864	875
2000	504	1 680	836	844
2001	492	1 594	792	802
2002	549	1 739	862	877
2003	548	1 728	852	876
2004	549	1 766	869	897
2005	552	1 779	866	913
2006	557	1 798	871	927
2007	557	1 810	877	933
2008	556	1 805	872	933
2009	556	1 812	876	936
2010	553	1 809	875	934
2011	551	1 805	873	932
2012	549	1 810	868	942

表 3-1-3　　　　　　　　　　2012 年安上村户籍人口情况汇总表　　　　　　　　单位:户、人

组别	户数	人口			劳动力
		合计	男	女	
1	16	58	28	30	35
2	19	71	34	37	42
3	22	65	31	34	39
4	15	43	21	22	25
5	18	71	34	37	43
6	20	62	30	32	38
7	21	62	31	31	37
8	15	34	16	18	20
9	23	74	36	38	45
10	14	50	24	26	30
11	18	61	29	32	37
12	14	48	23	25	28
13	10	27	13	14	15
14	15	51	24	27	30
15	55	182	87	95	112
16	18	69	33	36	42
17	28	94	45	49	57
18	17	50	24	26	30
19	22	93	45	48	55
20	23	81	39	42	48
21	31	101	48	53	59
22	28	90	43	47	56
23	19	60	29	31	36
24	14	49	23	26	29
25	16	37	17	20	21
26	20	64	31	33	39
27	18	63	30	33	38
合计	549	1 810	868	943	1 086

附1:1949 年安上村域各自然村人口

　　1949 年,安上村域 14 个自然村,共有 303 户,总人口 1 177 人,其中男性 613 人,女性 564 人,劳动力 641 人,见表 3-1-4。

表3-1-4　　　　　　　　　　1949年安上村域各自然村人口统计表　　　　　　　　　　单位：人

自然村村名	户数	总人口	男性	女性	劳动力
南浜	54	201	104	97	105
马安村	10	35	20	15	19
西厍	22	83	47	36	44
西庙泾	31	126	64	62	63
北沈安泾	17	51	29	22	34
南庵	8	34	20	14	18
南沈安泾	7	25	14	11	15
顾家厍	34	145	71	74	83
罗家柱	30	117	60	57	65
上洪桥	13	44	22	22	24
高家桥	14	48	25	23	26
浜里	32	135	63	72	72
陶湛桥	23	88	47	41	47
棚户	8	45	27	18	26
合计	303	1177	613	564	641

附2：2012年安上村家庭人员

2012年，安上村家庭人员，包含户籍不在村的直系家属人员，共607户2 864人，其中男性1 425人、女性1 439人，见表3-1-5。

表3-1-5　　　　　　　　　　2012年安上村人口统计表　　　　　　　　　　单位：户、人

组别	户数	总人口	男性	女性	组别	户数	总人口	男性	女性
1	19	102	49	53	15	56	271	138	133
2	24	106	52	54	16	23	107	47	60
3	23	120	61	59	17	34	164	83	81
4	16	75	37	38	18	16	81	35	46
5	21	102	52	50	19	25	128	66	62
6	23	89	37	52	20	21	90	46	44
7	22	102	51	51	21	33	141	72	69
8	15	73	37	36	22	37	183	93	90
9	24	118	57	61	23	21	102	53	49
10	15	73	37	36	24	16	87	44	43
11	18	77	37	40	25	21	90	43	47
12	16	72	36	36	26	21	99	51	58
13	11	50	27	23	27	19	87	44	43
14	17	75	40	35	合计	607	2864	1425	1439

第二节 人口变化

1949年,安上村域共303户,1 177人。1957年全村总人口1 595人,其中男809人,女786人,共395户,均为农业人口。1963年、1964年有上海3户、苏州1户、江阴4户到村全家落户;苏州、昆山、淀东镇的知识青年插队落户。1964年第二次人口普查,总人口1 685人,1968年总人口2 009人,比1964年增加323人,增长19.16%,4年年平均增加81人。1990年总人口2 110人,其中男1 037人,女1 073人,比1949年增加1 010人,增长91.81%,见表3-2-1。2000年第五次人口普查,总人口1 680人,其中男836人,女844人,比1990年第四次人口普查2 110人减少430人,减少20.4%,原因是"买"昆山城镇户口,转移出一批。2000年出生2人,死亡13人,自然增长率为-6.55‰。2012年,总人口1 810人,其中男868人,女942人,比1991年增加130人,增长10.77%,见表3-2-2。

表3-2-1　　　　　　　　　　1949~1990年安上村域人口变动统计表(一)　　　　　　　　　单位:户、人

年份	户数	总人口			自然变化					机械变动		
		合计	男	女	出生人数	出生率‰	死亡人数	死亡率‰	自然增长率‰	调移迁入人数	调移迁出人数	机械增长率‰
1949	303	1 177	613	564								
1957	395	1 595	809	786								
1962	500	1 679	892	787								
1963	480	1 685	893	792								
1968	462	2 008	1 012	996								
1974	556	2 218	1 102	1 116								
1978	600	2 326	1 151	1 175								
1982	563	2 155	1 050	1 105								
1983	560	2 260	1 110	1 150								
1984	560	2 248	1 120	1 128	8	3.56	11	4.89	-1.33	8	17	-4
1985	566	2 244	1 117	1 127	30	13.36	16	7.13	6.23	29	47	-8.02
1986	565	2 280	1 137	1 143	50	21.92	15	6.57	15.35	48	47	0.44
1987	564	2 305	1 144	1 161	40	17.35	15	6.51	10.84	53	53	/
1988	548	2 128	1 055	1 073	34	15.98	19	8.93	7.05	49	241	-90.22
1989	530	2 096	1 022	1 071	27	12.88	21	10.02	2.86	39	77	-18.13
1990	526	2 110	1 037	1 073	36	17.06	9	4.27	12.79	26	39	-6.16

表 3-2-2　　　　　　　1991~2012 年安上村域人口变动统计表（二）　　　　　　单位：户、人

年份	户数	总人口 合计	总人口 男	总人口 女	自然变化 出生人数	自然变化 出生率‰	自然变化 死亡人数	自然变化 死亡率‰	自然变化 自然增长率‰	机械变动 调移迁入人数	机械变动 调移迁出人数	机械变动 机械增长率‰
1991	526	2 102	1 032	1 070	24	11.42	19	9.04	2.38	25	38	-6.18
1992	520	2 029	1 004	1025	31	15.28	17	8.38	6.90	19	106	-42.88
1993	513	2 017	996	1021	8	3.97	17	8.43	-4.46	20	23	-1.49
1994	514	2 015	992	1023	19	9.43	14	6.95	2.48	25	32	-3.47
1995	510	1 990	978	1012	16	8.04	22	11.06	-3.02	17	36	-9.55
1996	507	1 933	951	982	12	6.21	12	6.21	/	18	75	-29.49
1997	517	1 880	927	953	9	4.79	12	6.38	-1.60	9	59	-26.60
1998	517	1 819	900	919	9	4.95	20	11	-6.05	17	67	-27.49
1999	517	1 739	864	875	6	3.45	13	7.48	-4.03	8	81	-41.98
2000	504	1 680	836	844	2	1.19	13	7.74	-6.55	2	50	-28.57
2001	492	1 594	792	802	3	1.88	14	8.78	-6.90	2	77	-47.05
2002	549	1 739	862	877	4	2.3	21	12.08	-9.78	190	28	93.16
2003	548	1 728	852	876	7	4.05	18	10.42	-6.37	6	6	/
2004	549	1 766	869	897	5	2.83	12	6.80	-3.96	51	6	25.48
2005	552	1 779	866	913	5	2.81	13	7.31	-4.50	22	1	11.80
2006	557	1 798	871	927	8	4.45	12	6.67	-2.22	24	1	12.79
2007	557	1 810	877	933	8	4.42	12	6.63	-2.21	17	1	8.84
2008	556	1 805	872	933	4	2.22	13	7.20	-4.99	7	3	2.22
2009	556	1 812	876	936	13	7.17	12	6.62	0.55	8	2	3.31
2010	553	1 809	875	934	8	4.42	9	4.98	-0.55	2	4	-1.11
2011	551	1 805	873	932	11	6.09	18	9.97	-3.88	9	6	1.66
2012	549	1 810	868	942	14	7.73	12	6.63	1.10	8	5	1.66

第三节　人口构成

一、民族

1991 年前，全村均为汉族。户籍政策开放后，外来民工大量涌入，至 2004 年有 6 名壮族女性婚嫁迁入。2012 年年底，全村 1 810 人，其中汉族 1 804 人，壮族 6 人。村内少数民族概况，见表 3-3-1。

表 3-3-1　　　　　　　　　　　　　2012 年安上村少数民族一览表

序号	组别	姓名	性别	出生年月	文化程度	迁入时间	迁入理由	出生地
1	13	韦美玉	女	1971.05	小学	1991	婚嫁迁入	广西鹿赛
2	9	余丽平	女	1968.09	初中	1994	婚嫁迁入	广西象州
3	21	韦莲	女	1971.12	高中	1998	婚嫁迁入	广西上林
4	19	覃美绿	女	1977.08	小学	2002.03	婚嫁迁入	广西象州
5	1	覃美凤	女	1980.10	初中	2002.05	婚嫁迁入	广西象州
6	15	周田秀	女	1971.12	小学	2004.07	婚嫁迁入	广西鹿赛

二、籍贯

2012 年,安上村总人口 1 810 人,籍贯涉及 11 个省市、55 个市县级,其中属江苏省的 1 726 人,占 95.4%,江苏省昆山籍的 1 626 人,占 89.8%,其他省籍人数占比例很少,详见表 3-3-2。

表 3-3-2　　　　　　　　　　　　　2012 年安上村民籍贯一览表　　　　　　　　　　　　单位:人

籍贯	人数	籍贯	人数	籍贯	人数
江苏昆山	1 626	江苏射阳	1	安徽含山	1
江苏苏州	1	江苏江都	1	安徽舒城	1
江苏江阴	9	江苏高邮	1	安徽巢湖	1
江苏宜兴	2	江苏盐城	4	安徽寿阳	2
江苏扬州	1	江苏兴化	16	上海青浦	22
江苏扬中	10	江苏东台	6	上海普陀	4
江苏海门	2	江苏阜宁	18	四川蓬溪	1
江苏泰州	4	江苏省籍小计	1 726	四川容县	1
江苏泰兴	1	浙江绍兴	21	四川通江	1
江苏南通	3	浙江嘉善	2	广西象州	3
江苏通州	1	浙江杭州	1	广西鹿寨	3
江苏金湖	1	浙江磐安	1	广西上林	1
江苏建湖	1	浙江上虞	1	贵州遵义	4
江苏泗洪	1	浙江湖州	1	贵州大方	3
江苏泗阳	1	湖北蕲春	1	河南淮滨	1
江苏滨海	9	湖北崇阳	1	河南商丘	1
江苏武进	2	山东怀水	1	河南夏邑	1
江苏丹徒	3	安徽庐江	2	江西广丰	1
江苏宿迁	1	安徽五河	1	合计	1 810

三、性别

1949年,安上村域共1 177人,其中男613人,女564人,男女分别占总人口的52.8%和47.2%。根据1964年第二次全国人口普查资料,村域总人口1 685人,其中男893人,女792人,男女分别占总人口的53%和47%。1982年第三次全国人口普查,全村共2 155人,其中男1 050人,女1 105人,男女分别占总人口的48.7%和51.3%。1990年第四次全国人口普查,全村共2 110人,其中男1 037人,女1 073人,男女分别占总人口的49.1%和50.9%。2012年年底,全村共1 810人,其中男868人,女942人,男女分别占总人口的48.6%和51.4%,详见表3-3-3。

表3-3-3　　　　　　　　　2012年安上村总人口性别比一览表　　　　　　　　　单位:人

组别	总人口	性别		占总人口%		2012年性别比（女=100）	2000年性别比（女=100）
		男	女	男	女		
1	58	29	29	50	50.0	100.00	100.00
2	71	36	35	50.7	49.3	102.86	103.25
3	65	30	35	46.2	53.8	85.71	90.84
4	43	21	22	48.8	51.2	95.45	95.31
5	71	38	33	53.5	46.5	115.15	64.10
6	62	24	38	38.7	61.3	63.16	75.69
7	62	29	33	46.8	53.2	87.87	87.86
8	34	17	17	50.0	50.0	100.00	100.00
9	74	31	43	41.9	58.1	72.09	77.49
10	50	25	25	50	50.0	100.00	100.00
11	61	27	34	44.3	55.7	79.41	79.53
12	48	23	25	47.9	52.1	92.00	91.94
13	27	14	13	51.9	48.1	107.70	106.6
14	51	27	24	52.9	47.1	112.50	115.05
15	182	93	89	51.1	48.9	104.50	103.58
16	69	32	37	46.4	53.6	86.48	87.09
17	94	47	47	50.0	50.0	100.00	100.00
18	50	25	25	50.0	50.0	100.00	104.00
19	93	47	46	50.5	49.5	102.17	104.50
20	81	38	43	46.9	53.1	88.37	122.72
21	101	51	50	50.5	49.5	102.00	105.76

续表

组别	总人口	性别		占总人口%		2012年性别比（女=100）	2000年性别比（女=100）
		男	女	男	女		
22	90	44	46	48.9	51.1	95.65	94.55
23	60	31	29	51.7	48.3	106.90	103.25
24	49	25	24	51	49.0	104.17	107.90
25	37	19	18	51.4	48.6	105.56	104.92
26	64	26	38	40.6	59.4	68.42	93.31
27	63	30	33	47.6	52.4	90.91	86.36
合计	1810	879	931	48.6	51.4	94.41	92.14

四、年龄

2002年、2012年年龄结构变化较大，其中少儿组（18岁以下）的人口明显下降，2012年18岁以下全村为118人，比2002年减少146人，下降率为55.3%。成年组（18~59岁）2012年全村为1164人，比2002年增加61人，增长率为5.53%。老年组（60岁以上）2012年全村为528人，比2002年增加156人，增长率为41.9%。老年人占全村总人口的29.17%，基本属于老龄化，其中全村80岁以上的有99人，比2002年增加79人，增长率为395%。至2012年，全村90岁以上的有6人，女性最高年龄95岁，为1组吴金宝，生于1917年2月。男性最高年龄90岁，为15组柴龙岐，生于1922年2月。

安上村各村民小组2002年、2012年年龄结构对比情况，见表3-3-4。

表3-3-4 2002年、2012年安上村人口分年龄段统计表

单位：人

组别	2002年 总人口 合计	男	女	2002年 18岁以下 小计	男	女	2002年 18~35岁 小计	男	女	2002年 36~60岁 小计	男	女	2002年 60岁以上 小计	男	女	2012年 总人口 合计	男	女	2012年 18岁以下 小计	男	女	2012年 18~35岁 小计	男	女	2012年 36~60岁 小计	男	女	2012年 60岁以上 小计	男	女
1	44	23	21	3	3		5	3	2	24	13	11	12	4	8	58	27	31	2	1	1	15	7	8	24	12	12	17	7	10
2	65	32	33	7	5	2	15	10	5	32	14	18	11	3	8	71	36	35	8	7	1	10	5	5	32	16	16	21	8	13
3	65	35	30	8	6	2	11	5	6	34	16	18	12	8	4	65	30	35	7	6	1	9	3	6	30	12	18	19	9	10
4	43	21	22	6	4	2	2	1	1	27	14	13	8	2	6	43	21	22	1	1		5	3	2	22	11	11	15	7	8
5	65	35	30	10	6	4	11	7	4	30	16	14	14	6	8	71	38	33	5	2	3	15	9	6	27	15	12	24	12	12
6	62	26	36	13	3	10	8	3	5	29	17	12	12	3	9	62	24	38	3	1	2	14	3	11	30	14	16	15	6	9
7	61	28	33	12	6	6	9	5	4	29	13	16	11	4	7	62	29	33	2	2		17	9	8	25	11	14	18	7	11
8	36	19	17	4	2	2	3	2	1	16	8	8	13	7	6	34	17	17	1		1	6	5	1	12	5	7	15	6	9
9	82	35	47	13	5	8	9	3	6	42	18	24	18	9	9	74	31	43	7	2	5	13	6	7	37	15	22	23	8	14
10	43	21	22	9	5	3	4	2	2	19	9	10	11	4	7	50	25	25	2	2		7	4	3	28	13	15	15	8	5 (partially unclear)
11	56	28	28	10	7	3	15	7	8	22	11	9	9	3	4	61	27	34	2		2	15	5	10	29	14	15	15	8	7
12	40	19	21	7	4	3	3	1	1	21	12	9	9	5	4	48	23	25	7	6	1	3	2	1	24	11	13	9	3	4 (unclear)
13	25	13	12	3	2	1	2	1	1	15	7	8	5	2	3	27	14	13				11	5	6	8	3	5	15	7	7
14	41	20	21	5	4	1	3	2	1	25	11	14	8	4	4	51	27	24	7	6	1	11	5	6	26	13	13	46 (7)	3	4
15	182	91	91	29	15	14	24	14	10	89	42	47	40	20	20	182	85	97	11	8	3	33	18	15	92	39	53	46	20	26
16	62	29	33	9	6	3	8	5	3	28	15	13	17	8	12 (lower unclear)	69	32	37	4	3	1	12	4	8	28	15	13	25	10	15
17	88	46	42	13	8	5	15	8	7	42	22	20	18	8	10	94	47	47	10	6	4	16	9	7	36	18	18	32	14	18
18	53	27	26	7	4	3	9	5	4	27	13	14	10	5	5	50	25	25	1	1		7	5	2	26	13	13	16	7	9
19	84	43	41	12	8	4	12	6	6	40	21	19	20	8	12	93	47	46	8	7	1	20	9	11	42	22	20	23	9	14
20	80	40	40	17	11	6	8	5	3	39	21	18	16	3	8	81	38	43	6	1	5	16	7	9	37	20	17	22	10	12
21	107	54	53	20	9	11	26	15	11	41	20	21	20	8	12	101	51	50	7	4	3	21	11	10	42	23	19	31	13	18
22	80	39	41	8	4	4	9	3	6	40	18	22	23	11	12	90	43	47	8	6	2	14	4	10	40	18	22	28	12	16
23	57	30	27	8	6	2	12	5	7	27	14	13	10	4	6	60	31	29	3	3		7	4	3	27	14	13	23	10	13
24	50	26	24	5	3	2	8	4	4	26	12	14	11	6	5	49	25	24	4	3	1	9	5	4	16	8	8	20	7	13 (unclear)
25	40	19	21	5	1	4	1		1	23	11	12	11	4	7	37	19	18				7	5	2	16	7	9	14	6	8
26	66	31	35	11	6	5	9	3	6	35	17	18	11	5	6	64	26	38	3	1	2	13	4	9	34	15	19	14	6	8
27	62	30	32	10	6	4	7	3	4	33	16	17	12	5	7	63	30	33	4	2	2	15	8	7	31	15	16	13	6	7
合计	1739	862	877	264	143	121	248	133	115	855	421	434	372	165	207	1810	868	942	118	80	38	343	167	176	821	392	429	528	229	299

五、文化程度

2000年,安上村有大学本科67人,大专专科72人,中专29人,高中87人,初中528人,小学621人。

2012年,有大学本科232人,大专207人,中专17人,高中198人,初中549人,小学566人。

2012年,各文化层次分别比2000年增长247.76%、188.89%、-41.38%、127.59%、3.98%、-8.86%,见表3-3-5。

表3-3-5　　　　　　　　2000年、2012年安上村人口文化程度一览表　　　　　　单位:人

组别	2000年							2012年						
	合计	大学本科	大专专科	中专	高中	初中	小学	合计	大学本科	大专专科	中专	高中	初中	小学
1	46	3	1	1	4	17	20	53	10	7		2	15	19
2	59	5	3	2	1	26	22	64	9	5	1	3	24	22
3	54	2	5		2	18	27	61	6	12		18	23	2
4	34	1	1	1	2	8	21	44	4	8	1	2	9	20
5	49	4		1	7	21	16	59	8	8		11	19	13
6	47		1	1	3	17	25	47	6	8	1	2	15	15
7	42	1		1	6	14	20	55	9	6		10	16	14
8	34	2	4	1	1	6	20	39	6	8	1	1	9	14
9	52	2	1	1	3	22	23	68	12	7	1	8	23	17
10	37		4	1	3	11	18	39	2	6	1	4	13	13
11	50		3	2	1	21	23	54	7	5		7	23	12
12	38	1	2	1	2	11	21	53	3	11	1	10	12	16
13	18				1	5	12	26	4	2		2	6	12
14	40	3	2	1	7	13	14	43	7	5		8	11	12
15	133	1	6	3	3	39	81	159	12	19	2	20	40	66
16	45		4		3	23	15	84	8	12	1	10	23	30
17	74	6	5	3	2	30	28	114	12	16		11	33	42
18	54	4	3		4	22	21	60	7	7		9	19	18
19	62		4	2	3	25	28	103	14	3	2	10	31	43
20	56	1			4	34	17	93	8	7		11	40	27
21	60	1	1		4	30	24	95	13	5		8	33	36
22	82	8	8	5	4	26	31	87	13	9	3	10	27	25

续表

组别	2000年						2012年					
	合计	大学本科	大专专科	中专	高中	初中	小学	合计	大学本科	大专专科	中专	高中	初中	小学
23	53	6	3		1	19	24	57	10	8	2		17	20
24	46	7	2		4	19	14	54	9	10	2	3	18	12
25	31	4	2		2	6	17	37	7	4			3	8	15
26	51	3	2	1		20	21	57	13	4		5	18	17
27	56	4	5		6	25	18	64	13	5		8	24	14
合计	1 404	67	72	29	87	528	621	1 769	232	207	17	198	549	566

六、职业

新中国成立前,村民绝大部分以务农为主,种植水稻、三麦、油菜、少量蚕豆等农作物。再搞些家庭小副业,以饲养猪、羊、家禽为主,补贴生活开支。从事手工业人数极少,如木匠、泥水匠、竹匠、裁缝等职业。

新中国成立后,随着工农业生产、交通运输及文教事业的不断发展,人口的职业状况也随之发生了新的变化。20世纪70年代仍以务农为主,党的十一届三中全会后,实行改革开放,以经济建设为中心,安上村的耕地面积大部分被征用,村民均享受征地补偿金。全村原耕地面积5 524.1亩,90年代为了让农民增加收入,开展水产养殖,开挖鱼塘1 006亩。到2012年止,实有耕地面积537.37亩,鱼塘面积227.9亩。因此,职业性质也发生了翻天覆地的变化。据2012年统计资料,全村总人口1 810人,职业人口1 086人,占总人口的60%。其中务农21人,占1.93%,进企业、公司务工813人,占74.86%,副业养殖12人,占1.1%,水产养殖13人,占1.2%,经商46人,占4.24%,搞运输16人,占1.17%,从事建筑行业120人,占11.05%,从事教育工作45人,占4.14%。

七、姓氏

2012年,安上村共有64个姓氏,合计1 810人,有四个姓氏超过100人,其中张姓47户146人,周姓41户138人,顾姓32户130人,陈姓35户103人。

其余60个姓,共394户,1 293人,见表3-3-6。

表3-3-6　　　　　　　　2012年安上村姓氏(按姓氏笔画为序)一览表　　　　　　　　单位:户、人

姓氏	户数	人数	姓氏	户数	人数	姓氏	户数	人数	姓氏	户数	人数
于	2	7	李	4	10	柳	8	33	蔡	1	2
王	29	92	邵	2	10	费	12	30	潘	3	5
韦	3	8	邱	3	7	顾	32	130	章	1	4
方	4	13	何	2	4	柴	29	93	曹	1	1
计	12	35	肖	1	1	徐	17	51			

续表

姓氏	户数	人数	姓氏	户数	人数	姓氏	户数	人数	姓氏	户数	人数
邓	5	20	汤	3	11	浦	3	8			
叶	15	48	周	41	138	钱	3	5			
冯	8	35	屈	12	48	袁	1	5			
孙	4	19	杨	11	42	陶	1	3			
朱	17	52	林	2	4	唐	5	23			
华	2	7	姜	1	4	高	4	12			
吕	2	3	金	7	28	殷	2	6			
吴	5	8	赵	21	65	黄	2	5			
刘	1	3	郭	19	59	符	1	2			
宋	1	2	茹	5	17	盛	1	2			
伍	9	27	钟	3	11	蒋	14	52			
张	47	146	施	1	5	韩	3	10			
陈	35	103	俞	1	3	谢	3	7			
沈	23	76	姚	4	17	焦	1	5			
陆	15	63	胡	10	34	童	9	31	64	549	1 810

第四节 人口控制(计划生育)

一、概况

实行计划生育是中华人民共和国一段时间内的国策,自实行计划生育以来,安上村始终把计划生育工作列入支部工作的议事日程。一是营造服务环境,强化宣传教育力度。为了让广大育龄群众了解计划生育和生殖保健知识,充分利用"三八""5·29""9·25""科普宣传日"等重大纪念日进行相关知识的宣传,对育龄群众的各种对象发放知识卡片。二是组织育龄期妇女、宣传员及其他有关对象参加镇举办的人口和计划生育业务培训,以开展亲子活动为抓手,组织全村0~3岁的幼儿家长开展早教讲堂,宣传新型的生育文化和科学的育儿理念,组织观看文娱业余宣传演出的科学婚育新风的宣传节目。三是认真抓好流动人口管理,对流入人员纳入"同宣传、同管理、同服务"的三同原则,完善流动人口户籍地、居住地双向管理机制,村配备了1个计生协管员,对全村和辖区内企业的外来人员进行地毯式清查,把所有发现的问题都解决在萌芽状态。发放流动人口一封信,宣传计生法规和办理管理服务卡。通过各种渠道宣传计生知识,进一步提高了新昆山人的计生知识,有力地控制了无计划生育。四是搞好计生委工作,继续开展"生育关怀行动"家庭结对活动,签订了零距离志愿者服务承诺帮扶书,让困难家庭在和谐社会中得到温暖。五是依法行政,认真执行农村计划生育家庭奖励扶持制度、独生子女伤残家庭奖励制度、公益金救助制度。对独生子女费的发放对象做到一个不漏,全部兑现。在编写村志过程中,对独生子女的发证情况以及发放独生子女费进行了统计,从2009年到2012年,这4年共发放独生子女费616 800元(还不包括育龄妇女的体检、绝育费用,计生宣传费用等经费)。从中可以看出安上村历年来坚决贯彻落实计划生育工作,并取得了一定的成绩。在1997年、1998年,村妇女主任方玉英连续被评为昆山市计划生育先进个人。

二、机构

自1972年起,开始宣传计划生育,提倡晚婚晚育、优生优育,一对夫妇只生一个孩子。1974年,公社成立计划生育管理机构。公社由副社长、妇联、团委、卫生院负责人组成计划生育领导小组。各大队由大队长兼任组长,大队妇女主任直接抓计划生育具体工作。1975~1976年,党中央把计划生育工作列为国家的基本国策。省、市、县、公社都成立了计划生育工作委员会,简称计生委。公社由一名专职抓计生工作的主任,下设计划生育办公室,亦称计生办。大队成立计划生育工作领导小组,大队长为组长,大队妇女主任具体分管负责抓好计划生育工作。

三、措施

1976年起,由公社妇联通过各种会议,采取多种形式向群众宣传计划生育,指导避孕措施,计划生育工作开始起步。1977年,淀东公社卫生院设立计划生育门诊,在昆山县妇幼保健所的组织指导下,开展绝育手术试点工作。淀东卫生院开始做人工流产、放环和输精管、输卵管结扎等手术,并根据昆山县卫生局的有关通知,对施行节育手术而经济困难的群众给予手术费补助。1977年起,推广育龄妇女口服避孕药。1978年1月20日起,全面实行避孕药一律免费供应。1979年以后,强调除禁忌证外,育龄女性一律上环,并坚持每年检查一次。1980年9月25日,中共中央发出了《关于控制我国人口增长问题,致全体共产党员、共青团员的公开信》,广大党员、团员积极响应,以自己的模范行动带动周围群众,有力地推动了人口控制工作,并取得了明显的效果。本村人口自然增长率逐年下降,1981年自然增长率为10.86‰,1995年降至-3.02‰,1996~1999年都是负增长,2000年人口自然增长率为-6.55‰。

四、奖惩

奖励:1978年11月,昆山县颁布了《关于计划生育若干问题的暂行规定》。规定指出,凡同意终身只生一个孩子,并落实节育措施的夫妇,发放《独生子女证》,并每年发给独生子女保健费40元,年限从获证当年起,发至小孩14周岁,孩子入托、入学、医疗费等方面都给予优惠。1982年,昆山县又出台了《关于计划生育若干问题的暂行规定的几点补充规定》,计划生育的育龄妇女享受56天产假日,施行节育手术后的育龄妇女给予适当的休息日,如男女双方均晚婚者,各增加1周婚假,婚假期间工资照发;晚育者于规定产假外增加15天;难产者产假延长10天,为66天,产假期工资照发,不影响全年评奖。

惩处:对未婚先育者或无计划生育指标而生育者,按规定给予经济处罚,从子女出生之日起,需缴纳超生子女社会抚养费。1982年1月规定经济处罚14年;国家干部无计划生育指标而生育的夫妇,在经济处罚外,延缓晋升工资1次。事业单位职工、全民、集体单位的临时工、合同工,无计划生育指标而生育者均予以辞退;计划外生育的非农业人口的小孩不供应计划粮、油;无计划生育的农业人口小孩粮、油,按照议价粮计算,直至小孩满14周岁止。3年内,计划外小孩一年内不享受保健医疗和幼托费等福利待遇。党、团干部不执行计划生育者,给予党纪、政纪处分。1995年《江苏省计划生育条例实施意见细则》规定:计划外生育第一胎的夫妻,按前一年度双方收入(农村为所在乡镇年劳动力平均收入,城市为县、市区职工平均收入)之和的3倍征收计划外生育社会抚养费。若前一年度实际经济收入明显高于所在地劳动力平均或职工平均收入的,则按其双方年收入之和的3倍征收计划外生育社会抚养费。

五、计划生育实施情况

(1) 2000年度安上村域人口与计划生育情况。

2000年年初,安上村域总人口1 714人,年末总人口1 683人。年内出生4人,死亡13人;初婚3人,其中23周岁以上1人;育龄妇女548人,已婚育龄妇女490人,独生子女的妇女391人,有效领证232人,见表3-4-1。

是年,已婚育龄妇女生4名小孩,其中女性1人;均为一胎,见表3-4-2。

是年年末,应该落实计划生育452人,其中女性落实结扎措施95人、上环240人、皮下埋植6人,口服、注射避孕药37人、用避孕套74人,落实率100%。当年,女性结扎1人,放节育环16人,取环19人,皮下埋植1人,人工引产4人,见表3-4-3

(2) 1979~2012年,安上村域独生子女领证449人,见表3-4-4。

(3) 2009~2012年,安上村享受独生子女奖励费616 800元,其中一次性奖励156人,共计561 600元;4年中,920人次,每年获奖励金各30元,共计55 200元,见表3-4-5。

安上村志

表3-4-1　2000年安上村域人口与计划生育统计表（一）

村名	年初人数	年末人数	出生人数	死亡人数	女性初婚情况			育龄妇女人数	已婚育龄妇女人数	生育一个孩子的妇女人数	有效领证人数	在年出生补贴			计划外	
					总数	19周岁以上	23周岁以上					总数	女性人数	计划外	女性人数	计划外
马安	832	822	4	5	2	0	1	299	272	215	127	0	0	0	0	0
上洪	882	861	0	8	1	0	0	249	218	176	105	0	0	0	0	0
合计	1 714	1 683	4	13	3	0	1	548	490	391	232	0	0	0	0	0

表3-4-2　2000年安上村域人口与计划生育统计表（二）

村名	出生人数	女性总数	一孩			二孩			三孩			
			总数	计划外总数	计划外女性人数	女性人数	计划外总数	计划外女性人数	总数	女性人数	计划外总数	计划外女性人数
马安	4	1	4	0	0	1	0	0	0	0	0	0
上洪	0	0	0	0	0	0	0	0	0	0	0	0
合计	4	1	4	0	0	1	0	0	0	0	0	0

表3-4-3　2000年安上村域人口与计划生育统计表（三）

村名	应该落实措施人数	落实措施人数								本期采取节育环手术例数							
		男扎期末	女扎期末	上环期末	皮下埋植	口服注射避孕药	避孕套	外用药物	其他	男扎	女扎	放节育环	取节育环	皮下埋植	人工引产	中期引产	大月份引产
马安	250	0	53	133	1	10	53	0	0	0	1	10	12	1	2	0	0
上洪	202	0	42	107	5	27	21	0	0	0	0	6	7	0	2	0	0
合计	452	0	95	240	6	37	74	0	0	0	1	16	19	1	4	0	0

表3-4-4　　　　　　　　　1979~2012年安上村域历年独生子女领证汇总表　　　　　　　　　单位：人

年份	独生子女人数	性别		年份	独生子女人数	性别	
		男	女			男	女
1979	15	11	4	1997	12	5	7
1980	43	22	21	1998	14	9	5
1981	30	19	11	1999	10	2	8
1982	28	13	15	2000	1	1	0
1983	11	4	7	2001	5	2	3
1984	4	2	2	2002	8	7	1
1985	21	11	10	2003	8	5	3
1986	32	17	15	2004	10	7	3
1987	37	25	12	2005	17	9	8
1988	19	10	9	2006	9	4	5
1989	18	9	9	2007	4	2	2
1990	30	18	12	2008	2	1	1
1991	5	4	1	2009	2	1	1
1992	30	22	8	2010	5	3	2
1993	12	2	10	2011	9	6	3
1994	11	4	7	2012	15	8	9
1995	14	5	9				
1996	8	4	4	合计	449	274	225

以上数据不包括已发证后生二胎而作废的40人。

表3-4-5　　　　　　　　　2009~2012年安上村享受独生子女奖励金额汇总表　　　　　　　　　单位：人、元

年份	一次性奖励3 600元总人数	金额	每年奖励夫妇各30元总人数	金额	总计金额	备注
2009	18	64 800	182	10 920	75 720	
2010	37	133 200	234	14 040	147 240	
2011	40	144 000	252	15 120	159 120	
2012	61	219 600	252	15 120	234 720	
合计	156	561 600	920	55 200	616 800	

第四章 村庄建设

第一节 农房建设

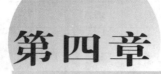

新中国成立前,农民住房条件相当差,用稻草盖房顶的茅草屋要占到30%,其余大多是五路头的瓦房,七路头瓦房非常少见。

新中国成立后,住房条件日益改善,在土改中贫、雇农分得了房屋。到20世纪60年代,农村经济略有好转,农民为改善居住条件,拆除茅草房和简陋的平瓦房,翻建五路头、叠山头的新瓦房。20世纪60年代后期,有了水泥预制构件,解决了农民建房木材紧缺的矛盾,用水泥梁代替木头梁,翻建房屋的农户逐渐增多。20世纪70年代,农民开始建造二上二下的楼房。20世纪80年代,农民收入大幅度增长,又建造三上三下的楼房,而且楼房的结构也有讲究,原来是黄泥加石灰砌墙,改用黄沙、水泥砌墙,原来外墙刷石灰改为刷水泥,从刷水泥改为贴马赛克、釉面锦砖;同时更注重室内装饰,吊天面,地面磨石子或贴地砖,卧室内铺木地板或企口地板,又从贴彩色墙纸到装护墙板或喷塑等。1995年起,农民不仅老宅有楼房,还在镇上或者在昆山买商品房,方便子女就近上下班。2000年起,农民进城镇买房越来越多。动迁后,农村的楼房逐渐减少。安上村有20个村民小组全部拆迁,都住进镇上新建的住宅小区。2012年,549户1 810人,有楼房507户,占总户数的92.3%,楼房面积93 795.9平方米,平房面积2 768平方米,总住房面积96 563.9平方米,人均住房面积53.3平方米,见表4-1-1。

表4-1-1　　　　　2012年安上村村民住宅建设一览表　　　　单位:人、户、平方米

组别	总人口	总户数	建楼房户数	占总户数%	住房面积			人均住房面积
					楼房面积	平房面积	合计住房面积	
1	58	16	15	93.8	2 795.6	58	2 853.6	49.2
2	71	19	17	89.5	3 145.9	148	3 293.9	46.4
3	65	22	22	100	4 069.5		4 069.5	62.6
4	43	15	11	73.3	2 036.8	280	2 316.8	53.9

续表

组别	总人口	总户数	建楼房户数	占总户数%	住房面积			人均住房面积
					楼房面积	平房面积	合计住房面积	
5	71	18	17	94.4	3 200.8	68	3 268.8	46
6	62	20	19	95	3 515.5	65	3 580.3	57.7
7	62	21	21	100	3 885.1		3 885.1	62.7
8	34	15	15	100	2 780.6		2 780.6	87.8
9	74	23	23	100	4 255.3		4 255.3	57.5
10	50	14	14	100	2 590		2 590	51.8
11	61	18	15	83.3	2 804.7	195	2 999.7	49.2
12	48	14	12	85.7	2 238.6	128	2 366.6	49.3
13	27	10	7	70	1 294.6	205	1 499.8	55.5
14	51	15	15	100	2 803		2 803	55
15	182	55	55	100	10 014.9		10 014.9	55
16	69	18	18	100	3 330		3 330	48.3
17	94	28	27	96.4	4 995	48	5 043	53.6
18	50	17	15	88.2	2 775	118	2 893	57.9
19	93	22	22	100	4 070		4 070	43.8
20	81	23	18	78.3	3 329	295	3 624	44.7
21	101	31	29	93.5	5 363.6	119	5 482.6	54.3
22	90	28	25	89.3	4 627.5	200	4 827.5	53.64
23	60	19	17	89.5	3 145	168	3 133	55.2
24	49	14	12	85.7	2 211.8	178	2 389.8	48.8
25	37	16	13	81.3	2 405.2	205	2 610.2	70.5
26	64	20	17	85	3 145.3	180	3 325.3	52
27	63	18	16	88.9	2 967.6	110	3 077.6	48.9
合计	1 810	549	507	92.3	93 795.9	2 768	96 563.9	53.3

第二节 集体用房

一、安上村富民合作社(打工楼)

安上村富民合作社位于淀山湖镇钱安路北侧、钱晟路东侧,2幢五层楼面100间,建筑面积6 360平方米。由淀山湖镇政府牵头,安上村组织村民投资,安上村富民合作社实施,2005年6月正式开工,2006年4月底竣工。专为新昆山人打工上班提供租住服务。

二、集体标准厂房

集体标准厂房1幢1 600平方米,产权属集体,年出租收入28万元。

三、社区房屋

社区房屋12间332平方米。房屋都有房产证。2012年后,有拆除或用途调整(以下同)。
（1）老人茶馆店、棋牌室2间80平方米；
（2）电视室2间75平方米；
（3）联防队办公室4间65平方米；
（4）超市2间60平方米；
（5）厕所2间52平方米。

四、安上村办公楼

安上村办公楼共18间474平方米。
（1）办公室6间150平方米；
（2）廉政展示厅2间60平方米；
（3）楼梯间1间33平方米；
（4）档案室2间64平方米；
（5）小会议室2间85平方米；
（6）仓库2间50平方米；
（7）厕所2间32平方米。

五、安上村公共服务中心房屋

安上村公共服务中心共17间1 063平方米。
（1）联防队办公室2间88平方米；
（2）购物中心超市2间100平方米；
（3）医疗服务站4间150平方米；
（4）图书阅览室1间80平方米；
（5）乒乓室1间80平方米；
（6）老年活动室2间100平方米；
（7）残疾人康复室1间80平方米；
（8）电视室1间80平方米；
（9）大会议室1间250平方米；
（10）厕所2间55平方米。

六、安上村百姓戏台

安上村百姓戏台共7间295平方米。

(1) 戏台 1 座 60 平方米；

(2) 长廊 2 条 80 平方米；

(3) 化妆室 1 间 40 平方米；

(4) 排练室 1 间 50 平方米；

(5) 仓库 1 间 30 平方米；

(6) 厕所 1 间 35 平方米。

七、上洪村村民委员会办公楼

上洪村村民委员会办公楼坐落在上洪桥自然村,集体所有权性质,二层楼房 5 间 200 平方米,2009 年动迁拆除。

八、昆山市淀山湖镇新华五金厂

昆山市淀山湖镇新华五金厂集体所有权性质,房屋坐落在上洪村 5 组,2 幢 18 间,建筑面积 832 平方米,2009 年动迁拆除。

九、淀山湖镇上洪砂粉厂

淀山湖镇上洪砂粉厂集体所有权性质,房屋坐落在上洪村 5 组道褐浦河江东,2 幢 20 间,建筑面积 980 平方米,2005 年动迁拆除。

十、上洪村长虹化工厂

上洪村长虹化工厂集体所有权性质,房屋坐落在上洪村 5 组道褐浦河江西,2 幢 20 间,建筑面积 1 000 平方米,2009 年动迁拆除。

十一、上洪村双代店

上洪村双代店集体所有权性质,房屋坐落在上洪桥自然村,1 幢 4 间 380 平方米,2009 年动迁拆除。

十二、上洪村小学

上洪村小学集体所有权性质,房屋坐落在上洪村自然村,1 幢 4 间 380 平方米,2009 年动迁拆除。

十三、新民小学

新民小学集体所有权性质,房屋坐落在马安自然村,建于 1972 年,是一所完小校,共四间标准教室,一间办公室,一间老师宿舍,总面积 325 平方米。1995 年淀山湖中心小学落成,新民小学并入淀山湖小学,后村民委租给一个个体老板,在 2001 年被拆除。

十四、知识青年住宿房

1976年,新民大队建造土瓦房6间120平方米,17间平瓦房428平方米,供知识青年住宿。后作价卖给私人企业做厂房。

十五、地毯厂

1976年,在西庙泾江南自然村最西端建造地毯厂,总面积600平方米,后作价卖给私人企业做厂房。

十六、马安村办公室

1982年,在西庙泾江南最西端,建造马安村办公室,200平方米。1998年,新的马安村办公楼建成,马安村办公室作价卖给私人企业做厂房。

十七、印刷厂房

1985年,马安村在南浜自然村建造了一座厂房,总面积900平方米,作为村办印刷厂厂房。2001年,曙光路东侧大开发,建造宜欣富贵广场,作为集餐饮、服饰、娱乐等服务行业的商业区,厂房被拆除。

第三节 基础设施建设

一、道路

1. 镇级道路

新中国成立前,村民行走的都是泥路。一旦下了雨,出行就遇到许多困难。20世纪80年代初,村内的主要通道放宽到2米,有的铺上黑脚子(昆山化工厂提炼出来的渣滓),有的铺上道砟(较细的乱小石块),比原来的泥路好得多。村民开始购买自行车,但自行车骑在泥路上颠簸较大。90年代开始,淀山湖镇一是大力改善交通条件,投资修建镇域公路;二是加强小城镇建设和基础设施建设;三是加大招商引资力度,兴办合资、独资、外资的"三资"企业。到2014年,主要道路有曙光路、北苑路、南苑路、新乐路、淀兴路、新华路等,还修建了通往了各行政村的道路,为招商引资、发展村镇企业起到了极大的作用。

2. 村级道路

安上村同样注重村级道路建设。1996年,安上村建筑了总长度5 510米、2米宽的水泥路,贯通村内27个村民小组。2009年,由镇政府投入120万元,建筑1 200米的马中路,从西庙泾自然村直通南浜自然村,连接钱安路(从钱沙到马安)。2013年又投入102万元,其中镇政府投入60%,村投入40%,改造马中路,原水泥公路改成沥青公路,公路两旁种植香樟树、水杉树。1990年,由镇政府投入100万元,建筑了上洪路,从陶湛桥一直通往罗家柱自然村,跨过北苑路直达淀山湖镇,总长度2 900米。在安上村区域范围内,还有双马路,东从双护村经过安上村,西接曙光路。南浜自然村在钱安路往西300米左右,连接曙光路,往南直通永新的六如墩自然村。北沈安泾自然村西建筑了一条沈安路,北至北苑路,南接双马路,全长1 000米。

二、桥梁

新中国成立前,安上村区域内有石桥6座,木桥11座,竹桥6座。有的河面上没有桥梁,只能靠摆渡船,一般由50岁左右的男劳力负责摆渡。还有的用很粗的稻索,在一只小木船的船头、船尾各系上绳索,用手拉着绳索牵引到对岸。新中国成立后,党和政府非常重视桥梁建设,拆除了竹桥和木桥,开始建造水泥桥。到2014年12月底,安上村共建23座水泥桥,其中一座于2011年拆除,现存22座,见表4-3-1。

表4-3-1　　　　　　　　　　　　安上村桥梁统计表

序号	桥梁名称	坐落地址	桥梁走向	备注
1	方家溇桥	陶湛桥	南北向	桥宽3米
2	官潭溇桥	陶湛桥	南北向	桥宽3米
3	人家桥	陶湛桥	东西向	桥宽3米
4	人家桥	顾家库	南北向	桥宽8米
5	道褐浦桥	高家桥	东西向	桥宽10米
6	人家桥	浜里	东西向	桥宽8米
7	小园溇桥	高家桥	南北向	桥宽20米
8	香蒲桥	航空产业园	南北向	桥宽20米
9	北苑路桥	罗家柱南侧	东西向	桥宽30米
10	西庙泾桥	西庙泾东侧	南北向	桥宽10米
11	西庙泾桥	西庙泾中间	南北向	2米宽,因危桥于2011年拆除
12	马中路桥	南浜北侧	南北向	桥宽8米
13	双马路桥	马安自然村	东西向	桥宽15米
14	曙光路桥	西库自然村西侧	南北向	桥宽40米
15	沈安泾桥	北沈安泾西侧	南北向	桥宽15米
16	东泾江桥	南浜自然村东侧	东西向	桥宽20米
17	南沈安泾桥	南沈安泾北侧	东西向	桥宽20米
18	南庵桥	南庵西侧	南北向	桥宽15米
19	水仙桥	航空产业园	东西向	桥宽20米
20	芙蓉桥	航空产业园	东西向	桥宽20米
21	临波桥	航空产业园	东西向	桥宽20米
22	碧溪桥	航空产业园	南北向	桥宽20米
23	青莲桥	航空产业园	南北向	桥宽20米

三、供电

新中国成立前,村里根本没有电源,晚上照明用煤油灯,农业生产靠人力的牵车、畜力的牛车、风力的风打车来灌溉农田,脱粒是人力甩稻、甩麦或使用脚踏轧稻机。

新中国成立后的20世纪60年代初,每家每户都用上了电灯,每个大队都建了电力灌溉站和排涝站。社员高兴地说,打水不用牛,点灯不用油。改革开放后,社会事业不断发展进步,电的用途越来越广泛。改革开放后,随着工作重心转移到以经济建设为中心,发展工业生产、建筑公路、造厂房等,用电量大幅度增加。国家电网用电告急,时常停电,为解决生产和群众生活照明用电,马安村在村办企业购置了两台发电机,在国家电网停电时供全大队生产、生活用电。上洪村在1986年投资2万多元,购置了240匹马力发电机组1台,解决了长期停电造成的生产、生活用电的困难,是年还出资5万元,进行农村电网标准化改造。20世纪80年代后期,安上村安装变压器5台,总容量240千伏安,平均每年用电3万度。90年代,安装变压器8台,总容量900千伏安,平均每年用电20万度,比80年代用电增加17万度,增长566%。2012年,村域内实有变压器16台,容量4 800千伏安,用电量3 712 890度,见表4-3-2。

表4-3-2　　　　　　　　2012年安上村用电统计表　　　　　　　　单位:千伏安

序号	台区名称	用户编号	变压器容量	用电量(度)	用电性质	合计
1	PMS_淀山湖供电所马安站	6800063490	400	470 074	工业	
2	PMS_西庙泾变	6800050626	400	552 799	工业	1 707 591
3	PMS_西庙泾南变	6622448663	400	684 718	工业	
4	PMS_南浜南变	6619496728	400	240 353	居民	
5	PMS_马安西变	6622339468	400	236 970	居民	
6	PMS_南浜北变	6622626979	400	134 078	居民	
7	PMS_庙泾东变	6800202810	400	295 264	居民	
8	PMS_南浜变	6800050675	400	269 617	居民	1 876 447
9	PMS_南浜2#变	6800189797	250	147 941	居民	
10	PMS_淀山湖供电所4#变	6800189817	315	285 912	居民	
11	PMS_南庵变	6800050676	100	71 080	居民	
12	PMS_马安小区	6800104634	315	195 232	居民	
13	PMS_上洪桥变	6800185837	160	12 802	农业	
14	PMS_淀山湖新华站	6800001092	160	28 901	农业	128 852
15	PMS_高介桥变	6800050623	100	1 355	农业	
16	PMS_顾家库变	6800050627	200	85 794	农业	
合计			4 800	3 712 890		3 712 890

四、供水

新中国成立前,村民都饮用河水。每家每户在厨房内放一只水缸。每天早晨起身后,趁河水清澈之时,用水桶到滩渡拎水,天天如此。

20世纪60年代,在"社教"运动期间,每个自然村都挖一口用小瓦片砌的大井,改善老百姓的饮水卫生。改革开放后,外来务工人员涌入,人口急增,企业日益增多,水质污染日趋严重,村民开始每家每户用打小水井的办法,暂时解决用水卫生问题。1988年,淀东镇建造了一座自来水厂,这一年马安村12个村组的村民都饮用了自来水,但由于自来水厂的吨级较小,上洪村还未通自来水。1993年,淀山湖镇建造六万吨级的自来水厂,第一期工程3万吨级竣工后,上洪村的村民也用上了自来水。2001年,总管网52千米,年供水量360万吨;2006年,总管网100千米,年供水量460万吨,其中农村居民生活用水102.16万吨。

2006年9月,镇区连接昆山市自来水公司供水管道,12月底,全镇管道连接市供水管道,同时淀山湖镇自来水厂停止制水。淀山湖镇政府投资3 700万元,从镇区开始,对全镇供水管道进行全面改造。DN15—50管道,采用PP—R热熔管;DN75—100管道,采用PVC管;DN100—400管道采用球墨铸铁管,过桥钢管全部换新钢管。2007年第四季度,外围主干道供水管网改造完毕,全镇自来水全部接轨昆山区域供水总网,普及率达100%。

2012年,安上村通自来水549户,外来户也全部用上自来水。

第四节 公共服务设施

一、公厕

1. 老式公厕

安上村老式公厕4座,建于1968~2006年,分布如下:

(1)原上洪村罗家柱自然村1个,建于1965年;
(2)原上洪村浜里小学内公厕1座,建于1968年;
(3)原上洪村上洪小学内公厕1座,建于1970年;
(4)原上洪村村委会内公厕1座,建于1985年。

2. 槽式水冲公厕

2008~2014年,安上村新建槽式水冲公厕7座,见表4-4-1。

表 4-4-1　　　　　　　　2008～2014 年安上村槽式水冲公厕分布表

序号	所在位置	建筑面积	便池式样	粪便处理方式	建造年份
1	南浜自然村马中路东侧	50 平方米	槽式水冲	化粪池	2008 年
2	安上村顾家厍西侧	45 平方米	槽式水冲	化粪池	2009 年
3	安上村顾家厍东侧	45 平方米	槽式水冲	化粪池	2009 年
4	马安自然村古戏台南侧	50 平方米	槽式水冲	化粪池	2009 年
5	马安村西庙泾江南	30 平方米	槽式水冲	化粪池	2012 年
6	马安村西庙泾江北	50 平方米	槽式水冲	化粪池	2012 年
7	马安村西庙泾江南公厕	45 平方米	槽式水冲	化粪池	2012 年

二、停车场

21 世纪后,小汽车逐渐进入农村家庭;2010 年后,汽车保有量迅速增加。为解决农户停车难的问题,先后在西庙泾、南浜 2 个自然村建了不同式样的停车场 4 个,1 500 平方米。

三、垃圾中转站及垃圾桶

从 20 世纪 90 年代争创卫生村开始,由原村民委员会向每户农户发放垃圾桶 1 个。

安上村垃圾中转站于 2006 年建成,分布在上洪自然村北、马安自然村北、南浜自然村东,共三个,配备保洁员 27 名,负责清洁卫生工作。至 2014 年,原上洪村域自然村全部搬迁,上洪桥自然村北垃圾中转站取消。

四、公共自行车

淀山湖镇围绕"生态立镇"打造"蓝天、碧水、绿地、休闲"的生活空间,倡导低碳出行,2012 年淀山湖镇民生工程之一的公共自行车智慧单车系统开通,安上村域设立公共自行车租借点 1 个,地点在双马路和东苑路交界,租借桩位 20 桩,经常保持可租借车 20 辆左右。

安上村公共自行车租借点

五、公交车站点

2006 年,淀山湖镇汽车站出发的 255 路公交线,途经安上村域,设立公交站点。2012 年,淀山湖镇汽车站出发的 255 路、356 路、358 路和花桥轨道交通站至周庄镇的"游 7"共 4 条线路,在安上村设有 10 个停靠点,见右图。

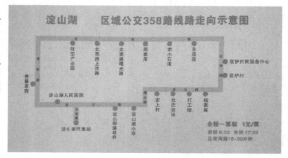

淀山湖镇 358 路公交车停靠站点示意图

六、电话网络

新中国成立初,安上村域无电话,传送信息靠人跑传达,远的用书信往来或电报。1987年淀山湖镇实现村村通电话,1995年12月17日,淀山湖镇电话号码由6位升至7位,马安村、上洪村实现电话村。

进入21世纪后,电脑网络逐步发展,2012年全村有固定电话502户,拥有电脑428户,互联网上网户400户左右。

七、渡口

上洪村棚户自然村,西长条圩上有一个百家荡渡口,是六泥浦、阴双江和五连江的三叉江口。新中国成立前后,至20世纪80年代中叶,昆山至朱家角的水上交通客轮途经百家荡码头。1985年2月昆杨公路建成,开通公交车,结束客运航线,此渡口撤销。

八、体育设施

(1)新中国成立前,安上村域基本没有什么体育活动,只有孩童、学校学生搞一些体育活动。新中国成立后,群众体育活动受到党和政府的重视,遵照毛泽东主席"发展体育运动,增强人民体质"的指示,1951年在西庙泾自然村江南陈毛观家场上,建有一个篮球场,原上洪村的罗家柱、上洪桥、浜里、陶湛桥等自然村各有一个篮球场。成立了两支篮球队,一支是新华队,另一支是庙泾队。新华篮球队曾多次在村与村的篮球友谊赛和市组织的镇与镇的篮球赛中获奖。

2009年,随着自然村的搬迁,五片篮球场逐渐消失。

(2)2008年7月动工,在村办公楼前建造了一个老年人活动室80平方米,乒乓室80平方米,棋牌室60平方米,残疾人健身房80平方米,儿童活动室60平方米。

(3)2009年3月,在马安自然村东边马中路边建了一个草坪门球场,占地面积400平方米,同年5月投入使用,为老年人提供了一个健身活动的场所。

(4)2012年,安上村又建造了两个篮球场,一个在西庙泾江南往南50米处,另一个在西庙泾江南最东面,周兴林房屋前20米左右,两个篮球场总面积720平方米。

第五节 环境保护

新中国成立前夕,安上村域以单一的农副业生产为主,没有工业,当时江、河、湖的水清澈见底,可直观河水中的水草顺水飘动。20世纪80年代初,地方工业迅速崛起,工业门类增多,印染行业、化工行业中的污水随意排放到河里,当时还没实行污水管控,农业上施用农药防治病虫害,甲胺磷、六六六药粉、敌敌畏等剧毒农药,水溶性差,脂溶性强,残留时间长,一般达4~5年。农药施用后20%留在作物上,而50%~60%留在土壤中,经雨淋排放到河里,严重污染了水质。

20世纪90年代,在工业经济快速发展的过程中,淀山湖镇非常注重调整产业结构,对污染水质、空气的企业实行了关、停、并、转,提出"既要金山银山,又要绿水青山"。环保部门重点抓,把整治环境卫生作为工作的重中之重,经过大力宣传环保知识,从上到下齐抓共管等一系列措施。全镇所有企业污水、生活污水全部纳入管道,进入镇污水处理厂处理达标后排放。污染的源头得到了有力控制。特别是对自来水厂水源保护区的淀山湖加大了整治力度,限期拆除围网养殖水产,对镇内的市河、各村的河道进行了淤泥清除,使境内水质得到较大的改善。1999~2000年,镇政府不断加大整治力度,坚持高标准、高起点、高投入,进行环境建设。淀山湖镇被江苏省政府评为"江苏省'九五'期间环境与经济协调发展示范镇"。安上村在社会主义新农村建设中,同样采取了整治环境的有力措施。一是舍得投入,建造垃圾中转站3座,增加绿化面积,有专职护林员,专门加强树林、草坪管理,负责树木修剪,防治病虫害。还组织村民清除绿化地段的杂草。二是每个村民小组配备一名保洁员,清除房前屋后和村民通道的垃圾,每天将本组垃圾桶内的垃圾倒入垃圾车内,运往垃圾中转站。三是清除河道废旧船只16条。四是配备河道保洁员,每天摇了船,打捞河面上的漂浮物。由村民委员会派一名退休老干部、老党员,负责全村的保洁工作,除每天到各村民小组检查督促卫生环境工作外,还定期召开保洁员会议。五是村干部定期参加打扫道路、公共场所的卫生,利用各种大小会议教育村民增强保护环境意识。通过上下一致努力,安上村村貌焕然一新,公路两旁绿树成荫,道路整洁,河水日益清澈,村民有了一个洁净的居住环境,提高了生活质量。

第六节 创建卫生村

创建卫生村关系到千家万户居住和生活环境的改善,只有净化、绿化、美化环境,才能使村民有卫生舒适的居住环境。安上村特别注重爱国卫生工作,把创建江苏省卫生村提上了议事日程。

主要措施有:

建立村爱国卫生管理小组,村主任任组长,妇女主任为副组长,成员有村社区卫生服务站的医生一名,老党员2名(作为监督环境卫生的工作人员)。

配有健康教育人员,专职的是社区卫生服务的医生,兼职的是镇卫生院防疫站的医生1名,定期开展卫生知识讲座,村宣传画廊内定期更换保健知识。

村社区卫生服务站建立了每个村民的《居民健康档案》,使社区医生能及时掌握、了解辖区内居民的健康状况。

建有公共厕所8座,配有水冲式便器,粪坑有水泥板盖子,镇环卫所的粪便车定期抽粪便,厕所有专职人员天天打扫,厕内清洁、无臭、无蝇蛆。

村民百分之百参加农村合作医疗,村社区卫生服务站卫生室达到了《江苏省农村社区卫生服务站建设标准》,运行管理规范。

每个村民小组配备一只有盖垃圾箱,保洁员每天打扫清除村庄屋前屋后和行道上的垃圾,做到日产日清,清运率达100%。

全村建造垃圾中转站3座,每个村民小组的保洁员用垃圾车将垃圾运往中转站,每天由镇环卫所用垃圾机动车到中转站把垃圾运走。

在社会主义新农村建设中,全村的道路、供水、排水、电力、通信设备等基础设施较为完善,村庄绿化符合自然生态要求,到2014年12月底,全村绿化覆盖率达45%。

安上村党总支和村民委员会带领村民经过10年的努力,全村的环境卫生工作成绩显著。

经昆山市、苏州市、江苏省有关部门领导的逐级验收,2001年荣获"江苏省百佳生态村"、2002年荣获"江苏省卫生村"、2009年荣获"江苏省生态村"荣誉称号。

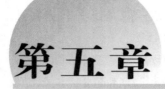

农 业

新中国成立后,原来的土地私有制经过农业合作化运动,由互助组、初级社、高级社一直到人民公社,都以集体生产为主。党和政府非常重视农业生产,大搞农田水利基础建设,提高防洪抗涝能力;逐步改良农机具,用机械化、电气化耕作;引进稻麦优良品种,实行科学种田。改革开放后,实行家庭联产承包责任制,推行土地规模经营,农业劳动力大量转移到工业和第三产业,村级经济不断发展壮大。

第一节 生产关系变革

一、土地改革

新中国成立前,土地都属于私有,但每家每户占有的土地大不相同。地主、富农占有大量土地,而贫困的农户则无田少地,有的农户租种地主、富农的田,到年底要缴纳租粮,遇到灾年交租后家里的粮食所剩无几。有的农户没有土地,为了生计,只得到地主、富农家当长工或短工,农民的生活长期陷入贫困之中。1950年6月,《中华人民共和国土地改革法》颁布,淀东区土改通过度潭、小泾等乡先行试点,于1950年全面推开。成立了农民协会,进行土地登记、归户造册,清查各阶层土地占有情况,按农户实有人口,人均占有生产资料,分清剥削和被剥削界限,评定成分。乡村分雇农、贫农、中农、富裕中农、富农、半地主、地主。党和政府开展土地改革运动,推翻了不合理的土地制度,农民分到土地,一家一户搞农业生产。种植水稻、小麦、油菜等农作物,当时虽然亩产量很低,但农户基本生活有了保障。

二、农业合作化运动

1952年开始,农村开展农业合作化运动,打破一家一户单干生产的老传统,由数家农户组织一个互助组,私有的大中型农具可以一起用,男女劳动力一起干农活,这样解决了缺少农具或缺乏劳动力农户的困难,实行互助,而收获的粮食均归自己所有。1953年起,由2~3个互助组并起来组建初级社,安上村域内有南浜初级社、西庙泾初级社、沈安泾初级社、浜里初级社、上洪桥初级社、顾家库初级社6个初级社。1956年,由几个初级社并起来组建高级社,成立新民、新昇、新农、新华四个高级社。

三、人民公社化

1958年,淀东乡成立人民公社,更名为淀东人民公社,高级社更名为大队,村域有新民、新昇、新华、新农大队。人民公社替代乡政府,实行政社合一,工、农、兵、学、商,五位一体。公社设党委和公社管理委员会,下设办公室和农业、副业、工业、武装、保卫、财贸、文卫、民政等科。行政村改为生产大队,大队设立党支部。人民公社初期,劳动组织采用营、连、排军事化编制。

1962年2月,贯彻《农村人民公社工作条例(修正草案)》(即《农业六十条》)。昆山陆家会议后,基本核算单位下放到生产队,确定了"三级所有,队为基础"的管理体制。实行土地、劳动力、耕牛、农具"四固定"。统一经营管理,自负盈亏;收益分配,承认差别。在劳动管理上坚持定额包工、评工记分、多劳多得、按劳分配的原则,调动了社员的生产积极性,粮食生产有所好转。采用按人分配基本粮,按劳分配工分粮,取消"大锅饭"。农业生产搞徯好,稻麦油产量高,生产队的农副业经济收入多,社员的经济分配水平就高。

1963年,中央决定开展社会主义教育运动,颁发《二十三条》。1964年,安上村域全面开展社会主义教育运动。1965年,社会主义教育工作队全面进驻大队,主要解决"四清与四不清"的矛盾。

通过"社教"运动,一段时间,群众的劳动积极性有所提高,生产面貌有新的起色,并且一度出现许多不记名的好人好事,人的精神面貌大为改观。1966年"文化大革命"开始,"割资本主义尾巴",推广"大寨式"评分。"大寨式"评分,搞政治挂帅、思想领先,搞"标兵工"。劳动评分,先评政治分,再评劳动分,自报互评,社员称为"先吃精神饭,后吃白米饭"。强调"以粮为纲",业余时间家庭搞小手工业或副业,被视为"资本主义倾向",受到抵制。提出只要社会主义的草,不要资本主义的苗。"大寨式"评分一定程度上挫伤了农民的生产积极性,农业生产又出现了低潮。1971年12月,按中央指示,恢复劳动定额,评工记分,按劳分配,农业生产又有起色。

1978年,党的十一届三中全会后,农业生产推广"定额到人,按件记工",小段包工,死分活评,农民生产积极性有所提高,然而还是"大锅饭"。1982年4月,各生产队再分若干小组,实行"包工、包产、包费用"的三包到组、联产计酬的办法,超产奖励、减产赔偿。但改革不彻底,"大锅饭"换"小锅饭",农民的生产积极性还是不能得到充分发挥。

1983年,全面实行以农户为单位的家庭联产承包责任制。

四、家庭联产承包责任制

20世纪80年代初,改革开放,农业生产关系又发生了变化。按照上级有关政策,1983年推行家庭联产承包责任制,按照人口和劳动力分责任田,每人口粮田0.5亩,剩余的耕地面积按家庭的劳动力分配。到1998年,昆山市人民政府为了稳定农民家庭联产承包责任制,保护农户的生产积极性,开展了第二次土地承包责任制的确权发证工作。安上村27个村民小组(除15组外)559户农户,1 807人,3 578.44亩耕地,确权给每户农户并颁发了《土地确权证书》。1998年,安上村域第二轮土地承包确权发证情况,见表5-1-1。

表 5-1-1　　1998年安上村域第二轮土地承包确权发证汇总表　　单位：户、人、亩

村	组别	户数	人口	劳动力	确权面积	权证编号
马安	1	20	63	44	59.80	21001－21020
	2	2	71	48	70.02	21021－21042
	3	23	84	60	77.20	21043－21064
	4	18	55	37	48.06	21065－21082
	5	21	76	50	165.05	21083－21103
	6	21	68	43	171.27	21104－21124
	7	24	71	63	89.29	21125－21148
	8	16	53.3	36	133.78	21149－21164
	9	24	88	58	75.98	21165－21188
	10	17	48	30	108.29	21189－21205
	11	16	65	41	104.99	21206－21221
	12	15	50	30	57.95	21222－21236
	13	12	37	24	73.66	21237－21248
	14	16	49.7	31	120.24	21249－21264
上洪	1	22	71	36	240.09	20001－20022
	2	36	104	59	213.06	20023－20058
	3	19	57	39	129.70	20059－20077
	4	28	91	47	248.75	20078－20105
	5	26	78	51	142.23	20106－20131
	6	38	120	75	259.71	20132－20169
	7	31	93	61	210.80	20170－20200
	8	20	64	42	194.53	20201－20220
	9	18	59	36	157.47	20221－20238
	10	17	52	28	126.98	20239－20255
	11	19	70	44	155.53	20256－20274
	12	21	69	38	144.01	20275－20295
合计		559	1 807	1 151	3 578.44	

　　2000年后，大部分年轻的男女劳动力，转移到二产、三产，有的进企业务工，有的办个体小厂，有的开展第三产业，搞水上、陆上运输，有的到农贸市场做生意，参加田间劳动的人员年纪偏大。根据这一实际情况，昆山市政府采取了为民措施，各家各户种的承包责任田进行土地流转，村民可以将每户的责任田合并起来，由农业大户单独承包，村民从中直接得益。安上村域第二轮土地承包确权发证的耕地面积，因航空产业园区的开发用地、建筑公路和建造厂房征用大量土地，2012年安上村实有土地765.27亩，全部流转给种养殖大户，其中种植户8户，537.37亩；养殖户4户，227.9亩。

第二节　生产经营管理

一、耕地面积

新中国成立后,农村开展土地改革运动,农民分得了土地,生产热情高涨。又经过农田水利建设,平整土地,复耕和垦荒,加上区域性土地调整,耕地面积逐年增加。1957年,全村域耕地面积5 884亩,其中新民高级社2 228亩,新昇高级社984亩,新华高级社1 366亩,新农高级社1 305亩。改革开放后,大搞农村基础设施建设,交通、水利、工业、农房和集体公房、房地产开发等建设用地增加,耕地种植面积逐年减少。1998年,全村耕地种植面积3 578.4亩,其中上洪村2 222.8亩,马安村1 355.6亩,比1957年减少2 305.6亩,减少39.2%,人均占有土地1.97亩。2012年年底,安上村耕地总面积765.27亩,其中耕种面积537.37亩,养殖面积227.9亩,见表5-2-1、表5-2-2、表5-2-3、表5-2-4。

表5-2-1　　　　　　　　　　1957~2012年安上村域选年耕地面积统计表

年份	单位名称	耕地总面积	备注
1957	新民大队(高级社)	2 228	耕地面积变化的主要原因是垦荒、复耕、各类建设用地、产业结构调整等
	新昇大队(高级社)	984	
	新华大队(高级社)	1 366	
	新农大队(高级社)	1 305	
1962	新民大队	1 883.6	
	新昇大队	847	
	新华大队	1 243	
	新农大队	1 299	
1963	新民大队	1 885.8	
	新昇大队	640.5	
	新华大队	1 269	
	新农大队	1 299.3	
1968	新民大队	2 354.6	
	新华大队	2 634.5	
1974	新民大队	2 375	
	新华大队	2 538	
1978	新民大队	2 317.4	
	新华大队	2 501	
1982	马安大队	2 309.1	
	上洪大队	2 523.2	
1998	马安村	1 355.6	
	上洪村	2 222.8	
2012	安上村	765.27	其中养殖面积227.9亩

表 5-2-2　　1982~1983年安上村域分组土地面积一览表　　单位:亩

村	组别	1982年分配方案面积			1983年责任田到户面积		
		集体	自留田	合计	承包面积	自留田	合计
马安	1	193	17	210	186.17	17	203.17
	2	181.5	19.7	201.2	191.76	19.7	211.46
	3	220.6	17.3	237.9	221.2	17.3	238.5
	4	117.6	10.4	128	121.19	10.4	131.59
	5	187.3	16	203.3	186.63	16	202.63
	6	183.3	18.7	202	183.65	18.7	202.35
	7	182	18.6	200.6	183.38	18.6	201.98
	8	154.1	14	168.1	157.55	14	171.55
	9	204.8	20	224.8	207.5	20	227.5
	10	134	12	146	145.57	12	157.57
	11	169.2	14.9	184.1	186.13	14.9	201.03
	12	132.6	15.5	148.1	129.9	15.5	145.4
	13	95.1	8.4	103.5	101.95	8.4	110.35
	14	154	11.2	165.2	154	11.2	165.2
上洪	1	258.2	18.18	276.38	258.2	18.18	276.38
	2	243.8	16.21	260.01	243.65	16.21	259.86
	3	147.4	11	158.4	147.4	11	158.4
	4	269.1	20.56	289.66	268.17	20.56	288.73
	5	157.7	11.46	169.16	156.79	11.46	168.25
	6	280.9	18.92	299.82	280.8	18.92	299.72
	7	237.5	18.47	255.97	288.49	18.47	306.96
	8	214.9	15.56	230.46	214.9	15.56	230.46
	9	177.2	12.7	189.9	176.89	12.7	189.59
	10	212.2	16.61	228.81	212.7	16.61	229.31
	11	179	12.6	191.6	179.32	12.6	191.92
	12	145.3	11	156.3	143.95	11	154.95
合计		4 832.3	396.97	5 229.27	4 927.84	396.97	5 324.81

表5-2-3　　　　　　　　　1998年、2002年安上村域分组土地面积一览表　　　　　　　　单位：亩

村	组别	1998年第二次分田确权面积			组别	2002年并村后上报面积		
		确权面积	自留田	合计		基础面积	自留田	合计
马安	1	59.8	12.95	72.75	1	202.27	12.95	215.22
	2	70.02	16.06	86.08	2	207.314	16.06	223.374
	3	77.2	16.87	94.07	3	208.144	16.87	225.014
	4	48.06	10	58.06	4	113.169	10	123.169
	5	165.05	15.9	180.95	5	184.058	15.9	199.958
	6	171.27	14.91	186.18	6	182.101	14.91	197.011
	7	89.29	17.9	107.19	7	166.89	17.9	184.79
	8	133.78	11.7	145.48	8	154.128	11.7	165.828
	9	75.98	15.56	91.54	9	204.452	15.56	220.012
	10	108.29	10.44	118.73	10	134.518	10.44	144.958
	11	104.99	14.49	119.48	11	173.196	14.49	187.686
	12	57.95	13.5	71.45	12	129.908	13.5	143.408
	13	73.66	8.49	82.15	13	92.561	8.49	101.051
	14	120.24	11.56	131.8	14	151.902	11.56	163.462
上洪	1	240.09	16.17	256.26	16	252.36	16.17	268.53
	2	213.06	18.19	231.25	17	217.65	18.19	235.84
	3	129.7	10.54	140.24	18	143.37	10.54	153.91
	4	248.75	16.66	265.41	19	276.743	16.66	293.403
	5	142.23	11.36	153.59	20	155.45	11.36	166.81
	6	259.71	15.96	275.67	21	266	15.96	281.96
	7	210.8	15.12	225.92	22	210.8	15.12	225.92
	8	194.53	11.1	205.63	23	194.53	11.1	205.63
	9	157.47	8.12	165.59	24	155.5	8.12	163.62
	10	126.98	12.1	139.08	25	218.3	12.1	230.4
	11	155.53	10.78	166.31	26	155.02	10.78	165.8
	12	144.01	10.22	154.23	27	143.38	10.22	153.6
合　计		3 578.44	346.65	3 925.09	合计	4 693.714	346.65	5 040.364

表 5-2-4　　　　安上村各村民小组 2012 年止土地征用及流转面积表　　　　　　单位：亩

组别	征用补偿面积	村认征用面积	流转农地合作股份面积	合　计
1	219.270		20.160	239.430
2	227.014			227.014
3	217.274	8.170	18	243.444
4	62.329	61.240		123.569
5	192.980	7.360		200.340
6	200.801			200.801
7	109.314	76.176		185.490
8	168.128			168.128
9	224.452			224.452
10	146.518			146.518
11	188.096			188.096
12	145.408			145.408
13	100.961			100.961
14	163.102			163.102
16	124.607		141.810	266.417
17	213.790		51.570	265.360
18	154.370			154.370
19	297.303			297.303
20	134.996		32.870	167.866
21	115.454		160.280	275.734
22	218.100		15.120	233.220
23	156.620		49.010	205.630
24			165.590	165.590
25	234.910			234.910
26	55.550		110.760	166.310
27	154.380			154.380
合计	4 225.727	152.946	765.170	5 143.843

二、耕作制度

安上村农业历来以种植水稻、三麦（大麦、元麦、小麦）、油菜为主。新中国成立前夕，安上村辖区内的低田荡田一年只能种一熟，高田和半高田地区一年可种两熟，即水稻和三麦、油菜。

新中国成立后，经过兴修水利，改造低田、荡田，变一熟制为两熟制。20 世纪 50 年代初，进行以"三改"（一熟制改两熟制，籼稻改粳稻，早稻改晚稻）为主要内容的耕作制度改革。到 1957 年，全村形成秋熟以单季晚粳为主，夏熟以三麦、油菜为主搭配适量绿肥的水稻、三麦、油菜两熟制，一直保持到 60 年代。70 年代初贯彻"以粮为纲"，双季稻面积迅速扩大，复种比例为 1∶2.6，1971 年全村种植双季稻面积 1 517.6 亩。有些年份，双季稻因天气因素，影响前季育秧和后季灌浆结实,而且前茬只能种大麦、元麦和绿肥,加上扩种双季稻带来的季节紧张、肥料不足、秧田增多等问题,不得不扩大绿肥面积,减少夏熟作物的面积。同时在播种三麦中又扩种大麦、元麦,部分单季稻晚粳改种籼稻,使高产优质、价格高的小麦、油菜和晚粳稻减少,种子、农药、化肥、农用薄膜等成本上升,加之双季稻用工多、劳动强度大、增产不增收、农民得不到实惠,农民普遍认为三(三熟制)三得九,不及二(两熟制)五得十。中共十一届三中全会以后,从实际出发,80年代初在调整种植业结构的同时,压缩三熟制面积,双季稻面积逐步减少,到1983年,安上村域不再种植双季稻,全部恢复两熟制。90年代后,土地实行规模经营,一些大农户和规模经营者秋熟种水稻,夏熟种小麦,逐年压缩油菜面积,有的甚至取消油菜种植面积。2012年,全村耕地面积537.37亩,全部种植水稻和小麦。

三、"四固定"

1962年3月,根据中央关于《农村人民公社工作条例(修正草案)》(即《农业六十条》),确定"三级所有,队为基础"的核算原则,以生产队为基本核算单位。原属大队管理的土地、劳动力、耕牛、农机具分配给生产队,生产队实行土地(包括自留地)、劳动力、耕牛、农机具"四固定"。原属大队债务和资金等方面做出了相应的处理意见和实施方法,如社员自留地、社员家前屋后的树木、竹园为个人所有。社员口粮分为基本粮和工分粮,再进行统一分配。

新华大队5个生产队,耕地面积1 243亩,200个劳动力,耕牛23头,农船20条,木犁33张,耙13张,牛车23台,水风车19台,人力车5台,脱粒机22台,喷雾机22台,社员自留地88.7亩,见表5-2-5。

新农大队7个生产队,耕地面积1 299亩,211个劳动力,耕牛18头,农船25条,木犁26张,耙10张,牛车18台,水风车18台,人力车7台,脱粒机25台,喷雾机24台,集体仓库28间,社员自留地94.9亩,见表5-2-6。

新民大队9个生产队,耕地面积1 883.6亩,281个劳动力,耕牛30头,木犁30张,耙18张,农船37条,三车68台,其中牛车37台、水风车22台、人力车9台,喷雾机31台,集体仓库36间,社员自留地151.7亩,见表5-2-7。

新昇大队4个生产队,耕地面积847亩,100个劳动力,耕牛11头,农船12条,木犁14张,耙4张,牛车11台,水风车7台,人力车4台,脱粒机16台,喷雾机12台,集体仓库12间,社员自留地58.4亩,见表5-2-8。

表5-2-5　　　　　　　　　　1962年新华大队"四固定"基本情况表　　　　　单位:人、亩、头、件

队别	户数	人数	耕地	劳动力	耕牛	农具								自留地
						农船	木犁	耙	牛车	水风车	人力车	脱粒机	喷雾机	
1	32	93	266	45	5	4	7	3	5	4	1	4	4	18.2
2	27	89	245	44	4	4	6	2	4	4	1	4	4	16.2
3	27	88	304	46	6	5	8	3	6	5	1	6	6	22.0
4	27	94	276	45	5	4	7	3	5	4	1	5	5	20.6
5	18	47	152	20	3	3	5	2	3	2	1	3	3	11.7
合计	131	411	1 243	200	23	20	33	13	23	19	5	22	22	88.7

表5-2-6　　　　　　　　　　　　1962年新农大队"四固定"基本情况表　　　　　　　　　单位:人、亩、头、件

| 队别 | 户数 | 人数 | 耕地 | 劳动力 | 耕牛 | 农具 ||||||| 自留地 |
						农船	木犁	耙	牛车	水风车	人力车	脱粒机	喷雾机	
1	16	51	142.5	17	2	3	4	1	2	2	1	3	2	8.9
2	30	101	241	50	4	5	5	2	4	4	1	5	5	18.5
3	17	68	217	32	3	3	4	2	3	3	1	4	4	15.6
4	21	70	169.3	25	2	4	3	1	2	2	1	3	3	12.7
5	18	67	169.7	31	2	3	3	2	2	2	1	3	3	16.6
6	21	77	217	31	3	4	4	2	3	3	1	4	4	12.6
7	15	73	142.5	25	2	3	3	0	2	2	1	3	3	10.0
合计	138	507	1 299	211	18	25	26	10	18	18	7	25	24	94.9

表5-2-7　　　　　　　　　　　　1962年新民大队"四固定"基本情况表　　　　　　　　　单位:人、亩、头、件

| 队别 | 户数 | 人数 | 耕地 | 劳动力 | 耕牛 | 农具 ||||||| 自留地 |
						农船	木犁	耙	牛车	水风车	人力车	脱粒机	喷雾机	
1	18	54	199.4	28	3	4	3	2	4	2	1	3	3	17.0
2	17	50	196.6	26	3	4	3	2	4	2	1	3	3	19.7
3	18	59	219.5	34	4	5	4	2	5	3	1	4	4	17.3
4	14	49	128.7	22	2	3	2	1	3	2	1	2	2	10.4
5	17	58	198.3	28	3	4	3	2	4	2	1	3	3	16.0
6	14	46	204.2	29	3	4	3	2	4	2	1	3	3	18.7
7	15	59	196.6	28	3	4	3	2	4	2	1	3	3	18.6
8	29	100	320.3	48	5	5	5	3	5	4	1	5	6	20.0
9	20	65	220.0	38	4	4	4	2	4	3	1	4	4	14.0
合计	162	540	1 883.6	281	30	37	30	18	37	22	9	30	31	151.7

表5-2-8　　　　　　　　　　　　1962年新昇大队"四固定"基本情况表　　　　　　　　　单位:人、亩、头、件

| 队别 | 户数 | 人数 | 耕地 | 劳动力 | 耕牛 | 农具 ||||||| 自留地 |
						农船	木犁	耙	牛车	水风车	人力车	脱粒机	喷雾机	
1	21	68	259.5	29	3	4	4	1	3	2	1	5	4	12.0
2	15	50	206.0	22	3	3	4	1	3	2	1	4	3	14.9
3	14	47	175.0	23	2	2	3	1	2	1	1	3	2	15.5
4	19	56	206.5	26	3	3	3	1	3	2	1	4	3	16.0
合计	69	221	847.0	100	11	12	14	4	11	7	4	16	12	58.4

四、劳动管理

1. 集体劳动管理

淀东人民公社成立初期，由公社统一指挥和调动生产队劳动力，劳动实行军事化编制，分为营、连、排、班，采用大协作和"大兵团"作战方式搞生产。为适应其生产方式，办起了公共食堂和托儿所。

1962年实行生产队核算后，由各生产队统一安排和调配劳动力组织生产，每天出工前由生产队长统一分配社员农活，收工前由记工员或会计按农活定额验收，得出每人的工分。1962年8月，在划小生产组的基础上，新民、新昇、新华、新农4个大队开始推行耘耥包工到户。1964年开始，新民、新昇、新华、新农4个大队各生产队实行分组生产，"四定到人"（定任务、定工种、定质量、定工分）检查验收，民主评分。

1968年后开展"农业学大寨"，新民、新华2个大队推行"突出政治为革命种田的'大寨式'评工记分"，按照上级（公社）要求，各生产队确定标兵工分（思想觉悟高，农活质量好，劳动出勤足）的社员为标兵工分，其他社员以此为榜样自报互评记工分。开始时每天晚上生产队开会评工记分，后来2～3天评一次，再后来一个星期评一次，最后十天、半个月开一次记工评分会。一些人在记工评分时争工分，普遍造成出工不出力，力气用到自留地上，"生产大呼隆，劳动磨洋工"的现象，直至"文化大革命"结束。后来仍按农活定额标准评工记分，为了制止劳动力外流，实行"收入归队，交钱记工"。20世纪80年代，实行家庭联产承包责任制，不再搞集体生产方式。

2. 新民三队劳动管理办法

1973年，新民大队第三生产队制定4条劳动管理具体办法。

（1）生产计划早落实，一年农活早知道。

（2）分组生产，根据生产队领导力量、技术水平、劳动力强弱实情，本着有利于团结，有利于各人所长和农活轻重，有利于劳动竞赛和记工评分，全小队53个劳动力按统一领导分工负责原则，劳动兵分两路，实行"四定"（定任务、定工种、定质量、定工分），如罱泥二丈八农船一天罱8舱，超一舱加2分。生产队长带领强壮劳动力抓农业，副队长带领薄弱劳动力抓副业（养猪、种菜地、放养"三水一绿"）等，组织男女青年突击队由民兵排长带领攻难关。农活"四定"到位，贯彻"各尽所能，按劳分配，多劳多得"原则。在确定农活工种方面有技术工、轻工、重工、一般工，先定质量，后定数量，一般以中等劳动力为标准，在有产可超、有奖可得的基础上确定工分标准。

（3）检查验收，队长讲清质量标准，队委检查验收，质量好实施奖励（工分），质量差的返工扣分。开始时每天收工前由队长带班验收，或者由副队长、会计、妇女队长、社员代表一起验收。

（4）民主评分，根据农活的质量、数量实行民主评工记分，有的工种采用"大包小评"留出一小部分工分做奖励分，奖给农活质量好、数量多的社员，体现多劳多得的原则。

3. 劳动力从业情况

1949～1973年，劳动力集中在第一产业上；1974年起，开始逐步向第二产业转移；1982年起，部分劳动力向第三产业转移，见表5-2-9。

表5-2-9 1949~2012年安上村域选年劳动力从业情况表

单位：人

年份	村名	人口	劳动力	第一产业					第二产业				第三产业				村级管理	文教卫生	其他	备注
				小计	农业	林业	牧业	副业	渔业	小计	工业	建筑	小计	运输	商业	餐饮	服务	房产			
1949	马安	485	288	288	288																
	上洪	615	341	341	341																
	合计	1 100	629	629	629																
1957	马安	846	439	433	408			25													
	上洪	749	428	422	400			22											1		
	合计	1 595	867	855	808			47											1		
1968	马安	892	489	481	454			27												2	
	上洪	1 116	533	526	497			29										5		3	
	合计	2 008	1 022	1 007	951			56										5		2	
1974	马安	974	542	446	397			48	1	86	65	21	1		1			10		5	
	上洪	1 244	600	545	490			53	2	45	20	25	2		2			5		4	
	合计	2 218	1 142	991	887			101	3	131	85	46	3		3			5		3	
1982	马安	1 005	642	428	361			58	9	180	125	55	23	8	2	5	8		10		7	
	上洪	1 253	690	513	440			65	8	146	86	60	21	10	3	3	5		5		6	
	合计	2 258	1 332	941	801			123	17	326	211	115	44	18	5	8	13		5		5	
2012	安上	1 810	1 086	126	39			82	5	481	335	146	81	28	22	18	12	1	10	7	11	25	366

五、分配管理

分配管理是指经济分配和粮食分配。1958年人民公社成立初期,新民大队、新华大队取消高级社时期按劳动工分计酬办法,实行供给制和工资制相结合的平均分配办法,流行"吃饭不用钱,每月5元零用钱",直至1960年,恢复原有的劳动工分计酬办法。1957年新民大队200户846人,劳动总工分905 760分,每分0.096 3,分配总额87 258元,人均分配103.14元,其中供给制66.3元,占社员总分配的64.4%,工资制36.8,占社员人均总分配的35.6%。新华大队195户,749人,劳动总工分867 710分,每分0.071元,分配总额61 634元,人均分配82.29元,其中供给制52.08元,占社员人均总分配的63.3%,工资制30.21元,占人均总分配的36.7%。

1959~1961年因遭受自然灾害影响,产量低下。1961年,新民大队粮食总产比1958年减收538 400斤,总产为1 303 600斤,当年征购任务为896 295斤,集体留粮减少,社员口粮分配困难。全大队8个生产队231户761人,人均口粮稻谷381斤;新华大队人均口粮331斤。是年,面临口粮不足,新民、新华大队根据公社意见,采取应急措施,于第二年春天,划出部分红花草田,供社员充饥。社员利用自留地及垦荒杂边地种瓜菜之类,解决口粮困难。1962年实行生产队核算后,社员口粮采取按年龄定量分配(基本粮)和按劳动力分配(工分粮)相结合的办法,加之产量增加,社员吃粮有所改善。1962年原新民大队12个生产队粮食总产队队比上年增产,年人均分配口粮401~450斤有3个队,451~500斤有6个队,501~600斤有3个队,口粮比上年有较大增加。原新华大队12个生产队粮食总产也队队增加,但增幅不大,口粮分配300~350斤有2个队,351~400斤有6个队,451~500斤有2个队,501~600斤有2个队。1963年粮食形势进一步好转,完成征购任务后还有超议购粮。

"文化大革命"期间,实行纯收入按劳动工分计酬分配(纯收入指生产队总收入扣除总成本计算),社员按全年劳动工分计得全年收入。其时,公社强调正确处理国家(农业税)、集体(积累)、社员(报酬)三者关系,社员经济分配直接由公社审批,水平一直徘徊在100~125元之间,各生产队出现透支户。1980年新民大队人均分配水平最高5队(279.7元),最低2队(167.68元),全大队透支户78户,透支500元以上4户,透支200~500元12户,200元以下62户。1983年实行家庭联产承包责任制后,分配由生产队统一核算改为按组、户、经济联合体等多种核算。具体做法是核实产量和收支,缴纳国家税金,留足集体公积金、公益金,余者归组、户、联合体所有的原则分配。1957~1982年安上村域部分年份经济分配情况,见表5-2-10;1966年新华大队秋季经济分配情况,见表5-2-11;1980年新民大队秋季经济分配情况,见表5-2-12;2001~2012年安上村农民人均收入情况,见表5-2-13。

1983年后,除参加村分配外,生产队(组)不再有分红(分配)。

表5-2-10　　　　　　　　1957~1982年安上村域选年经济分配方案简明表　　　　　　　　单位：元

年份	大队名称	纯收入	农业税收	提留积累	社员分配			
					户数	人口	总金额	人均水平
1957	新民	70 548	30 352	44 848	133	590	63 504	107.60
	新昇	27 851	12 989	15 242	67	256	23 754	92.80
	新华	43 455	18 417	27 821	98	374	39 486	105.60
	新农	26 880	14 794	24 613	97	375	22 148	59.10
1962	新民	92 076	15 943	24 649	162	540	68 436	126.73
	新昇	29 908	5 548	4 736	69	221	24 909	112.71
	新华	60 443	8 822	8 313	131	411	47 696	116.05
	新农	50 108	9 904	5 276	138	507	42 189	83.21
1963	新民	94 018	14 625	12 361	164	606	80 118	132.21
	新昇	23 943	4 275	2 969	50	178	20 974	117.83
	新华	61 060	8 550	7 964	131	412	47 125	114.38
	新农	51 889	8 548	9 846	135	489	41 987	85.86
1968	新民	142 732	26 830	28 391	201	892	114 341	129.15
	新华	130 567	20 724	12 571	261	1 116	117 816	105.58
1974	新民	264 327	20 503	64 359	259	974	183 070	187.96
	新华	215 168	20 337	42 206	297	1 244	169 059	135.90
1978	新民	269 293	19 612	63 769	295	1 057	188 615	178.44
	新华	241 356	19 301	46 623	305	1 269	171 040	134.78
1982	马安	375 897	22 908	48 551	263	1 005	304 437	302.95
	上洪	341 689	23 660	48 336	326	1 253	269 693	215.23

表5-2-11　　　　　　　　1966年新华大队秋季经济分配方案简明表　　　　　　　　单位：元

队别	参加分配人数	劳动所得工分数	每日(10分)单价	分配总金额	人均分配水平
1	98	150 757	0.8	12 060.56	122.34
2	102	168 150	0.72	12 106.80	119.30
3	116	174 277	0.96	16 730.59	144.30
4	105	143 738	0.82	11 809.06	115.00
5	62	96 141	0.886	8 518.10	137.38
6	128	218 378	0.6	13 102.69	102.36
7	112	144 426	0.72	10 398.70	92.80
8	87	171 811	0.49	8 418.74	96.70
9	169	295 043	0.54	15 941.23	94.30
10	83	164 913	0.51	8 410.56	101.35

表 5-2-12　　　　　　　　　　　1980 年新民大队秋季经济分配方案简明表　　　　　　　　　　单位：元

队别	参加分配人数	劳动所得工分数	每日（10 分）单价	分配总金额	人均分配水平
1	77	228 423	0.866	19 781.43	256.90
2	72	201 020	0.6	12 061.20	167.68
3	90	202 839	1.17	23 731.71	263.70
4	49	107 103	1.15	12 431.87	253.70
5	71	139 726	1.42	19 829.75	279.70
6	76	152 235	1	15 223.50	200.30
7	78	165 601	0.965	15 980.61	204.90
8	113	236 107	1.19	28 096.73	248.64
9	87	215 851	0.7	15 109.75	173.70
10	87	180 666	0.87	15 720.54	180.69
11	69	138 955	0.97	13 478.64	195.00
12	49	110 749	0.81	8 970.62	133.00

表 5-2-13　　　　　　　　　　　2001～2012 年安上村农民人均收入统计表　　　　　　　　　　单位：元

年份	户数	人口	分配总金额	人均水平
2001	492	1 594	9 312 148	5 842
2002	549	1 739	10 173 150	5 850
2003	548	1 728	11 664 000	6 750
2004	549	1 766	13 739 480	7 780
2005	552	1 779	18 768 450	10 550
2006	557	1 798	20 137 600	11 200
2007	557	1 810	22 625 000	12 500
2008	556	1 805	26 190 550	14 510
2009	556	1 812	29 088 036	16 053
2010	553	1 809	35 353 287	19 543
2011	551	1 805	37 116 215	20 553
2012	549	1 810	4 679 031	25 851

六、作物栽培

1. 农事要略,见表5-2-14

表5-2-14　　　　　20世纪60～70年代一年农事要略表

月份	气候特点	农事
1	全年气候最冷的月份,月平均温度3℃左右,最低零下7℃～8℃,常有寒潮,月降雨量60毫米左右	夏熟作物追施腊肥,整修排水沟,中耕除草,拍麦保墒,加强绿萍越冬管理,检查种子,做好种子调运工作,耕牛、家畜、家禽防冻保暖安全过冬。搞好家庭副业,积造肥料,兴修水利,平整土地。修订生产计划。
2	本月气温开始回升,但寒潮仍多,月平均温度5℃左右,最低温度零下5℃～6℃,月降雨量60毫米左右。	三麦返青,油菜开盘,是夏熟作物生长发育的重要时期,仍注意防寒防冻,做好中耕培土、追肥,抓三类苗促平衡,继续整修排水沟,防止积水,继续加强绿萍和耕牛等家畜、家禽越冬管理。积肥造肥,检修农机具,做好春耕准备。
3	本月气温逐渐上升,但仍有寒潮,月平均温度8℃左右,最低零下5℃,月降雨量80毫米左右。	开展春耕生产,三麦巧施拔节、孕穗肥,防病治虫,早稻中下旬开始薄膜育秧,露地育秧种子处理,油菜松土巧施苔肥,绿萍春繁,绿化造林。下旬翻塘炼塘。
4	本月气温显著上升,月平均温度14℃左右,最低温度零度,月降雨量110毫米左右。	不误农时,搞好春耕,继续整修水利,三麦防赤霉病、蚜虫、黏虫,油菜防菌核病、蚜虫,早稻加强秧田管理,育壮秧防烂秧,下旬早稻插秧。做好秧田,清明后露地育秧,三熟制早稻下中旬播种,棉花谷雨前后播种。小麦看苗施破口肥。大积大造肥料,翻塘炼塘。绿萍施肥、治虫、分萍。
5	月平均气温19℃左右,最高可达35℃,月降雨量100毫米左右。	中下旬开始夏收夏种。做出晴雨两套打算,大麦、油菜中下旬开始收割,做好选种、留种工作,露地育秧早稻上旬插秧并放养绿萍。种好早稻做到"四早"(施肥、耘耥、治虫、开回沟)。单季晚稻中、下旬分批播种。后季秧田早作准备,防治三麦病虫害和早稻病虫害。
6	月平均气温23℃左右,最高温度37℃,月降雨量160毫米左右。	集中力量战三夏。小麦、油菜上中旬收割结束,选留种子,早稻进入孕秧期,注意水浆和防治一代螟虫与纹枯病,单季晚稻秧田防治稻飞虱、螟虫、稻瘟病等,拔秧前4～5天施起身肥,大田移栽。后季稻中旬陆续播种。大豆播种,"三水一绿"治虫,促繁殖。
7	进入盛夏,月平均气温28℃左右,最高温度38℃以上,月降雨量140毫米左右,多雷雨。	早稻下旬陆续成熟,注意防病治虫和选种,准备双抢。单季晚稻耘耥,小暑前巧施发棵肥,大暑后重施长粗当家肥,注意搁田,防病治虫。继续放养绿萍,大积大造自然肥料,保证后季稻施上基肥。"三水一绿"越夏。
8	进入秋季,月平均气温27℃左右,早晚较凉爽,月降雨量115毫米左右,多雷雨及台风雨。	抓紧双抢,力争立秋前后结束。后季稻中下旬耘耥追肥,防治病虫害,月底月初搁田。单季稻下旬施肥,防稻瘟病、纹枯病、纵卷叶虫。制订秋播计划,继续做好防台、防汛、抗旱等工作。继续做好"三水一绿"越夏工作。
9	天气转凉,月平均气温24℃左右,月降雨量145毫米左右。	单季晚稻和后季稻加强水浆管理,继续防治稻飞虱、纵卷叶虫、纹枯病、稻瘟病。油菜中下旬播种育秧,绿萍下旬进行原种繁殖。继续做好防台、防汛、抗旱等工作。制订秋播计划。

续表

月份	气候特点	农事
10	月平均气温18℃左右,月降雨量50毫米左右。	做好"三秋"工作。单季晚稻、后季稻灌浆,稻田宜干干湿湿,以湿为主,继续防病治虫和种子选留,夏熟作物种子处理,油菜秧田及时间苗、治虫、追肥。下旬收割单季稻和后季稻。
11	寒潮开始侵袭,月初或月中出现初霜,月平均气温13℃左右,最低温度零下3℃,月降雨量55毫米左右。	继续做好"三秋"工作。单季稻、后季稻收割脱粒,做到丰产丰收。搞好选留种子。三麦立冬前播种结束,小麦、油菜田开好排水沟,追施苗肥促早发。大力开展冬季积肥造肥,大搞兴修水利,整修农田等。
12	本月进入严冬,月平均气温6℃左右,最低温度达零下8℃,月降雨量40毫米左右。	三麦上泥,拍麦保墒,油菜抓紧中耕、除草、培土,整修排水沟。夏熟作物追施腊肥,绿萍加强越冬管理,兴修水利,整修农机具,做好植树造林等工作。本月制订一年早知道计划。

2. 栽培

（1）水稻

育秧:安上村种植水稻历来以单季稻晚稻为主,部分种植中粳中糯,俗话说"秧好半年稻""娘好囡好""秧好稻好"。传统种植单季稻一般立夏过后浸种,有"立夏秧田光"的农谚。老式秧田做法简单,一般在村头、河边划出一方,四周做好田埂,上水耕翻犁耙、压平,以脚印相隔成沟,然后落谷盖秧灰即成。20世纪50年代,为培育壮秧,推广合适秧田,秧板宽4尺,沟系配套(易治虫,易拔草,易水浆管

水稻

理),同时为了推广陈永康"稀落谷"秧板做到平、光、烂、熟、肥,培育带蘖壮秧。1965年前后,每亩播谷50~60公斤。后来为了提高复种指数,推广双季稻,带来秧田不足,单季稻播谷量提高至75公斤。20世纪70年代初,单季稻育秧开始做半旱秧田(通气秧田),秧田先旱做,经过放样、开沟、秧板垦翻、削细、整平,再灌水、捣烂、拍平。秧田与大田的比例为1∶8~1∶10,每亩秧田播谷量75公斤左右。1978年开始种杂交水稻,杂交稻为壮秆大穗品种,具有较强的个体发育优势,需足肥稀播。一般于5月20日左右播种。每亩秧田播谷量10~12.5公斤,每亩大田用种1~1.25公斤。双季稻前季稻早熟品种育秧采用药剂浸种,温水催芽,薄膜覆盖,于3月底、4月初播种,每亩播谷量175公斤;双季早稻露地育秧于4月10日左右播种,每亩播谷量150公斤;后来曾一度推广两段育秧(也叫条寄育秧),对抢季节、保早熟有利,双季稻中熟品种于4月15~20日播种,每亩播谷量100公斤,双季晚熟品种于4月25~30日播种,每亩播谷量75公斤。70年代后,水稻育秧全部采用药剂浸种,早三熟于4月15~20日播种,每亩秧田播谷量100公斤;晚三熟于4月25~30日播种,每亩秧田播谷量75公斤。双季后季稻都采用麦茬上水秒耙整平,掳泥成沟,做秧板。后季稻晚粳品种于6月10~15日播种,中粳中糯于6月20~25日播种,每亩播谷量100公斤,从1986年起,单季晚粳稻开始培育密播小苗移栽,播谷量在100~120公斤。

移栽：新中国成立前后，传统农业一般芒种前移栽水稻，"有梅里秧"的说法，最迟不过夏至。农谚有"头蒔勿抢，三蒔勿让"。单季稻早熟品种于5月底至6月初移栽，中晚熟品种于6月中旬移栽结束，传统习惯于大棵稀植"散六棵"，株行距6×7寸或7×7寸，亩栽1.4万穴左右，基本苗4万～6万株，密度较低。60年代起，水稻移栽密度增加。70年代起，每亩栽3万穴，15万株基本苗。80年代起，推广宽行条栽。一般株行距5×5.5寸，亩栽2.7万穴，基本苗稳定在12万株左右。双季稻每亩4.5万～5万穴，基本苗25万～30万株，双季后季稻3.5万～4万穴，基本苗20万～25万株，杂交稻株行距4×7寸，每亩2万～2.2万穴，基本苗3万～4.5万株。

田管：俗话"三分种，七分管"，管理围绕水、肥、草、病虫害等展开。在水浆上，薄水移栽，深水活棵，浅水发棵，适期适度脱水搁田，干湿养老。20世纪70年代前，田管以除草为主，采用耖、耙、耥、耘、拔；70年代后，使用除草剂，移栽后3～4天进行第一次化学除草，用除草醚或其他除草剂1斤左右，拌细土或化肥（结合施分蘖肥）撒施，大暑前后在搁田后进行第二次化学除草。传统用肥方法，基肥即板田上用河泥、家禽家畜肥，追肥用大粪、菜饼及少量的化肥。70年代后，追肥一般用化肥（碳酸氢铵、氯化铵、氯化钾、硝酸铵、尿素等）。

工厂化育稻

防病治虫方面：新中国成立前主要治螟虫（以三化螟为主），新中国成立初曾用点灯诱蛾、挖掘稻根、采卵块、人工捉虫等方法治虫。20世纪50年代后期使用农药治虫。60年代后水稻虫害增多，有螟虫、稻蓟马、稻象甲、纵卷叶虫、稻苞虫、稻飞虱；病害除新中国成立前的稻瘟病、纹枯病外，还增加了病毒病、叶枯病等。

（2）三麦

20世纪40～50年代，耕作粗放，产量甚低，有"种麦不纳粮，种种白相相"的说法。三麦（大麦、元麦、小麦）称为小熟，播种时小坌(4尺)、阔沟(1.5～2尺)，用铁搭岔沟，不施基肥，品种为农家土种。小麦品种有茧子团、丈四红，播种量仅3.5公斤左右，亩产量仅30～40公斤。50年代末，麦田精耕细作，狭坌阔沟变阔坌狭沟，坌面8尺，沟宽1.2尺，改良品种，增施基肥，浅播匀播，沟沟相通，排除积水，

小麦

同时改进施肥技术，施足基肥，增施面肥，普施腊肥，巧施返青肥，较大幅度提高了三麦产量。1965年全村（原马安、上洪村）平均产量达110公斤。60年代末学习塘桥种麦经验，改进耕作技术，采用薄片深翻，开好三沟（坌沟、腰沟、围沟），达到一方麦子两头出水，三沟配套，四面托

起,雨停水干,阔坵深沟窄沟,细做坵面,施足基肥,浅播匀播,细斩盖籽,消灭三籽(深籽、露籽、丛籽),拍麦保墒。20世纪70年代后,增施磷肥,亩施过磷酸钙15~30公斤,使三麦每亩产量突破200公斤。80年代后推广免耕麦,免耕麦方式有两种:一是套播麦,晚稻收割前7天,水稻最后一道水灌后把麦子撒在稻田里,水稻收割后及时开沟施肥,化学除草,这种种麦方式成为90年代的主要方式,能较好地做到"稻要养、麦要抢";二是板田麦,水稻收割后,在板田上撒麦种、化肥、除草剂,用开沟泥消灭露子。三麦病虫害主要有病害赤霉病、纹枯病、白粉病、锈病,虫害有蚜虫、黏虫,都用药剂防治。

(3)油菜

油菜是安上村域大众经济作物,历来是育苗移栽。新中国成立前夕,栽培以白菜类土种当家,打潭施粪灰移栽,狭坵宽沟(一般用大铁搭岔坵)。秋分前后播种,霜降至立冬移栽,密度仅3 000~4 000棵,亩产常年仅20~25公斤,歉收年10公斤左右,农谚有"当头一枝花,六亩一山笆"。新中国成立后推广良种,更新栽培技术,阔坵窄沟,套勒刀栽,密度增加到6 000棵,亩产达50公斤以上。60年代起

村前油菜

推广耐肥高产良种"胜利52",增施基肥,随栽随栽,普施腊肥,巧施临花肥,配施过磷酸钙,亩产提高到80公斤,种植面积也不断扩大。70年代末,开始推广稻茬免耕菜(板田菜)、板田移栽、竖行条栽,用行距空档开沟拥土,土地利用率达90%以上,密度增加到8 000~9 000棵。肥料运作上足基肥、早苗肥,普施腊肥,重施苔肥,巧施临花肥,总用量相当于55公斤氮肥和40公斤磷肥,亩产稳定在125公斤左右。油菜虫害主要治蚜虫,危害苗期和结荚期,油菜病害在后期主要有病毒病。90年代末,规模经营后大农户(规模经营者)不再种植油菜,全部种小麦,油菜仅个人少量种植,以菜籽调食油为主。

七、肥料

1. 有机肥

新中国成立前及新中国成立初,传统有机肥有豆饼、绿肥(红花草)、河泥、猪灰、大粪、草木灰等,用做基肥、苗肥、越冬腊肥,占使用肥料总量的90%以上。60年代初推广增施磷肥,并扩大绿肥种植面积,有机肥仍占总量的80%。70年代随着复种指数的提高和化肥用量的增多,有机肥料减少到总量的60%。60年代末70年代初,农村一度推广"三水一绿"(水花生、水浮莲、水葫芦、绿萍)。80年代后推广麦秸秆还田,改良土壤。1998年全村(原马安村、上洪村)秸秆还田面积2 648.83亩,占水稻总面积的74.3%,油菜田秸秆还田和油菜田轮作成为全村解决土壤有机肥不足和养地的主要措施。进入新世纪后,土地规模经营,麦秸和稻草全部还田,一直沿用至今,较好地改良了土壤性质。

2. 化肥

新中国成立前,村域内没有用过化肥。新中国成立后,推广使用氮素化肥(无机肥),有氯

化铵、硝酸铵、硫酸铵、尿素、碳酸氢铵等品种。以硫酸铵为例,那时硫酸铵每亩用量仅0.5~1公斤。60年代后普遍应用化肥,每亩用量达25~30公斤,60年代末,开始使用磷钾肥,在绿肥中使用过磷酸钙,效果显著。70年代,在油菜上施用过磷酸钙,增产效果显著,有"无磷不种菜"之说,每亩用量30~35公斤。随着国家小化肥厂的发展,70年代末,每亩用量增至70~75公斤,进入80年代,每亩用量高达130~135公斤。钾肥历来靠有机肥,80年代初开始施用无机钾肥,包括硫酸钾、氯化钾,用量极少,故土壤严重缺钾。90年代开始用"三元"复合肥,才解决了土壤严重缺钾的问题。

八、产量

民国时期,安上村域是纯水稻、三麦、油菜种植地区,1949年,境内种植水稻约4 700亩,产大米约6 115石(其中糯米305石),平均亩产折合稻谷153公斤;三麦(大麦、元麦、小麦)种植2 350亩(包括套、夹种),产麦子2 040石,其中小麦1 768石,大麦163石,元麦109石,平均亩产55公斤,油菜1 266亩,产油菜籽21.1吨,平均亩产21公斤,此外还有些杂粮。

新中国成立后,以种植水稻、小麦、油菜为主,经过大兴水利、更新良种、改革耕作制度,提高栽培和植播水平,使单位面积产量逐年增长。80年代进行种植结构调整,在确保粮食增产的前提下,适当扩大油菜、瓜菜等经济作物面积,以增加农民的经济收入。1982年,马安村、上洪村水稻平均亩产442公斤,三麦平均亩产278.2公斤,油菜籽平均亩产150公斤,比新中国成立前夕的1949年分别增长2.89倍、5.06倍和7.14倍。1956~1982年安上村域部分年份粮食、油菜产量情况,见表5-2-15。

2012年,安上村水稻平均亩产620公斤,三麦平均亩产346公斤,比1982年分别增长40.27%、24.37%。2001~2012年安上村域部分年份粮食产量情况,见表5-2-16。

表5-2-15　1956~1982年安上村域逐年粮食、油菜产量统计表

单位：亩、公斤、吨

年份	单位	粮食总产量	水稻			三麦			油菜		
			面积	单产	总产	面积	单产	总产	面积	单产	总产
1956	新民	797.7	3 196	225.2	719.7	334	106.2	78	1 036	29.9	31
	新华	633	2 547	225.5	574.3	659	89.1	58.7	939	15.4	14.4
1957	新民	828.5	3 193	235.9	753.1	1 074	70.2	75.4	1 080	31.9	34.5
	新华	625.1	2 610	218.9	571.4	921	58.3	53.7	850	31.2	26.5
1958	新民	921	3 174	270.9	859.8	995	61.5	61.2	1 140	21.3	24.2
	新华	784.8	2 997	246.6	739	831	55.1	45.8	884	20.4	18
1959	新民	745.9	3 120	219.8	685.8	752.3	80	60.1	777.3	25	19.4
	新华	649.9	2 879	212.3	611.1	660	58.8	38.8	507	24.1	12.2
1960	新民	692.9	3 064.9	206.2	631.8	876.6	69.7	61.1	864	19.6	17
	新华	594.1	2 814	192.3	545.3	784	62.3	48.8	650	18.8	12.2
1961	新民	651.8	2 916	196.6	573.2	946.5	83	78.6	560	20.1	11.3
	新华	505.3	2 720	169	451.4	878	61.4	53.9	251	17.2	4.3
1962	新民	823.9	2 730.6	265	723.7	1 038	96.5	100.2	592.4	24.3	14.4
	新华	713.1	2 542	255.8	650	872.5	72.4	63.1	510	20	10.2
1963	新民	811.5	2 526.3	292.2	738.2	852	86.1	73.3	524	25.7	13.5
	新华	770.5	2 568.3	278.5	715.3	841.5	65.6	55.2	563.3	12.5	7
1974	新民	1 233	2 375	446	1 059.2	1 009	172.3	173.8	665	115.7	76.9
	新华	1 183.1	2 538	398.5	1 011.3	1 065	161.4	171.8	669	93.8	62.7
1978	新民	1 356.3	2 317.4	487.6	1 130.1	1 043.6	216.7	226.2	592	137.4	81.3
	新华	1 249.4	2 501	421.6	1 054.3	1 046	186.5	195.1	661	129.4	85.5
1982	新民	1 187.6	2 060	456.7	940.7	858.8	290.5	246.9	860.3	156	134.2
	新华	1 353.8	2 523.2	430.5	1 086.2	990.6	270.2	267.6	1 047.4	145.1	152

表 5-2-16　2001~2012 年安上村逐年粮食产量统计表

单位：亩、公斤、吨

年份	粮食总产量	水稻			三麦			油菜		
		面积	单产	总产	面积	单产	总产	面积	单产	总产
2001	766.6	905	572	517.7	905	275	248.9			
2003	691.6	897	564	505.9	897	207	185.7			
2006	811.6	915	571	522.5	915	316	289.1			
2009	737.5	793	603	478.2	793	327	259.3			
2012	519.1	537.37	620	333.2	537.37	346	185.9			

表 5-2-17　1972 年安上村域农机具统计表

单位：台、座

单位名称	人、畜（只）、风力排灌（部）				机电排灌										
	人力		牛车	风打车	抽水机	电灌站	机灌站	木船	水泥船	挂机船	手扶拖拉机	中型拖拉机	割晒机	联合收割机	直播机	开沟机	潜水泵	小型喷雾机
	牵车	踏车																
新民大队	11	12	41	32	2	3	1	49	26	13	13	1	3	1	1	13	8	78
新华大队	9	12	41	37	2	2	1	45	24	12	12	0	3	1	1	12	6	72

九、农具和农业机械

1. 传统农具

新中国成立前,安上村域村民农作物播种、灌溉、排涝、除虫、收割、脱粒、运输等都用旧农具,用人力、畜力、风力作为动力,一直沿用到新中国成立后,农田耕翻一直靠畜力(牛)的犁耙。80年代淘汰耕牛。

安上村域传统农具(旧农具)有:

耕翻农具:牛犁、耙、斗、铁搭、大铁搭(菱叶齿)。

灌溉农具:牵车、踏车、牛车、风车。

中耕农具:耥、锄头、耘稻马良(竹马)。

积肥农具:船、罱网、塘扒、粪桶、粪勺、土块、扁担、簸箕等。

收割农具:镰刀、木扁担、稻勾绳。

装运农具:船(橹)、跳板、篙子、篷樯、麻袋、山笆、斛子、栲栳、栈条。

脱粒农具:稻床、鞭盖、手风车、脚踏轧稻机、谷或米的筛子。

碾米农具:木砻、臼(摇臼、舂臼)。

播种农具:菜花柱、沉豆棒。

存谷物农具:竹匾、栈条、稻草编的米囤。

牛车

踏车

耥

稻床

2. 农业机械

民国时期,已有村民使用双人脚踏轧稻机,新中国成立后普遍使用这种脱粒机,稻床被淘汰。20世纪50年代初,开始出现内燃机为动力的抽水机,推广双轮双铧犁;1958年,开始使用电力灌溉;60年代推广绳索牵引犁,但都不适用于水田而被停止使用。后期使用手扶拖拉机

进行犁田耕翻,效果较好,70年代普及。1972年,新民大队有2条抽水机船,新华大队有1条抽水机船,电灌站各2座。是年村域农机具情况,详见表5-2-17。

植保农具由手压喷雾(粉)器发展到农药泵,极大地提高了植保效果。进入新世纪后,农业机械大发展,有联合收割机、插秧机、开沟机、中型拖拉机等。农业的出路在于机械化,农机具的进步极大地提高了农业生产率。

十、农业科技

20世纪50年代初,农业科技受淀东区农业技术推广站指导,合作化时期农技由分管副区长负责,他与国家农技员1~2人一起指导全区农业生产。人民公社化时期,村域农技工作由公社管委会抓农业的副社长和国家农技员1~2人负责。1963年,公社设农业助理,各大队配备农技员1人;1966年公社建农业技术推广站,生产队配备小队农技员,健全了农业科技网络。"文革"期间,农技队伍一度被解散,1973年重新恢复。1975年,公社农业技术推广站更名为公社农业科学实验站。1983年公社设农业办公室,同年10月成立农业公司,进一步健全大队、生产队农业科技队伍。1994年年底,镇农科站建站办农场。1995年,全村域推广示范性规模经营。

1. 改革耕作制度

新中国成立前,安上村域历来低田荡田一年只种一熟,新中国成立后经兴修水利,将低田、荡田一熟制改为两熟制。20世纪70年代贯彻以粮食为纲,扩大双三制面积。1974年原新民大队种双季稻1051亩,占水稻面积的43%;原新华大队种918.8亩,占水稻面积的32.4%。80年代初调整种植业结构,压缩双三制面积,至1983年联产承包后,全部淘汰双季稻,恢复两熟制。

2. 改良品种

新中国成立前,农作物种子主要是农户自繁自留的土种,新中国成立初的种子仍以土种为主。20世纪50年代末,当地良种已取代农家土种,从1954年起全村大面积推广稻、麦、油当地良种。水稻品种晚粳以大六种、飞来凤;中糯以石稻、任条籼、麻经糯为主;小麦有丈四红、茧子团;油菜有当地土白菜、神皇菜等。其中陈永康的老来青得最多,民间有"连种三年老来青,陈年宿债全还清"之说。60年代起,外来优良品种取代当地品种,如短秆晚粳良种农垦58(世界稻),油菜用甘蓝型品种胜利52号(早生朝鲜),三麦有华东6号、苏麦1号等。70年代双季稻面积急增,品种繁多。80年代合理调整品种布局,品种稍为固定。

50年代中后期,采用陈永康"一穗传"提纯复壮。60年代起,实行公社、大队、生产队三级留种制度,种子田用种是从作物成熟后采用穗选或株选,单本繁殖,成熟时再选穗株作为下一年种子田用种。恢复两熟制后,1983年,全村水稻品种以昆稻二号、昆农选当家,面积占85%。小麦以昆麦672、杨麦、宁麦为主,占90%,大、元麦以沪麦4号、海麦1号、早熟三号为主。油菜以宁油和九〇九为主。在良种繁育上,90年代后,镇农科站与昆山种子公司实行联合繁育、统一供种。1990~1995年,水稻品种以88-121、太湖粳为主,1997~2000年以高产优质武运粳7号(95-22)当家,搭配优质苏香粳1号;小麦2000年前以杨麦5号当家,2000年以后以杨麦10号、11号当家;2000年后油菜以苏油1号当家。

3. 推广新型栽培技术

（1）水稻

育秧技术：90年代起，改革传统育秧，推广各种先进育秧技术，机插秧的小苗育秧、塑盘育秧和手插肥床旱育秧等在大面积上推广应用。常规手插育秧，秧大田比例为1:8，秧龄30~35天，秧田播谷量50公斤；机插小苗育秧，塑盘工厂化育秧，秧大田比为1:50，秧龄16~18天，秧田播谷量250公斤。塑盘（抛秧）育秧，秧大田比为1:25~1:30，秧龄20天，秧田播谷量85~100公斤。

移栽方式：20世纪90年代后推广"小、壮、高"（小群体、壮个体、高效益）的水稻移栽技术。随着施肥水平的提高，降低栽培密度和基本苗，着力提高分蘖成穗率，采用定主茎、分蘖并重成穗的栽培方式。除个别用传统常规插秧外，大多采用轻型栽培（用新技术育秧而移栽或用新技术直接播种于大田的叫轻型栽培）。2011年后，水稻全部采用轻型栽培技术。栽培季节比80年代有所提早。直播水稻在6月10日左右移栽结束，抛秧机插秧在6月15日前结束，肥床旱育稀植在6月18日左右结束，常规手插在6月20日左右结束。

精心管理：20世纪80年代稻田管理以除草为主。80年代后稻田化学除草。其做法是水稻栽后5天内用除草剂封土刹芽，分蘖末期第一次搁田还水后，再用一次化学除草（药剂除草），第二次搁田后对杂草多的田块再补用一次化学除草。在施肥上推广复合肥，移栽前每亩大田用碳酸氢铵35公斤、45%三元复合肥25公斤做基肥，移栽后5天内结合稻田除草，每亩用尿素7.5公斤（拌除草剂）做分蘖肥，中期每亩田用45%三元复合肥12.5~15公斤或尿素5~7.5公斤做长粗肥，后期每亩用尿素10公斤做拔节孕穗肥。

（2）三麦

三麦播种，20世纪70年代推广"塘桥式"播种，薄片深翻，亩产翻一番。80年代推广免耕麦，经过四补（补沟、补泥、补苗、补除草剂），三麦产量又翻一番。1987年，全村三麦单产达290公斤。90年代开始，大面积推广应用免耕麦播种技术，以套播方式为主，严格控制稻、麦共生期5~7天，旱年打"跑马水"，加强三麦苗期管理，及早开沟防积水，施肥、化学除草，紧紧跟上。小麦每亩播种量10公斤，基本苗15万~18万株。规模经营后，三麦只种植小麦。整个生长期用肥，苗肥45%复合肥亩施25公斤、尿素10公斤，腊肥亩施尿素7.5~10公斤，返青肥看苗施肥，用尿素4~5公斤"捉黄塘"（即见发黄的麦苗加施化肥），穗肥亩施尿素7.5公斤。

（3）油菜

油菜施肥，移栽时（或后）用45%复合肥50公斤、尿素7.5公斤做随根肥，春肥施10公斤尿素，抽苔肥每亩施尿素15公斤。

十一、病虫防治

危害水稻病害，主要有稻螟、纵卷叶虫、稻飞虱、大螟、二化螟、三化螟、纹枯病、条纹叶枯病、恶苗病、稻蓟马、稻瘟病、病毒病等，三化螟危害最为严重。

危害三麦病害，主要有黏虫、麦蚜虫、赤霉病、白粉病、纹枯病等。

危害油菜病害，主要有蚜虫、菌核病等。

新中国成立后农作物病虫害情况，见表5-2-18。

表 5-2-18　　　　　　　　　　　新中国成立后农作物病虫害一览表

时期	病虫害	寄生作物	病虫害种类
50年代	虫害	水稻	三化螟
60年代	病虫害	水稻	三化螟、二化螟、稻苞虫、稻瘟病、纹枯病
		麦	蚜虫、黏虫、赤霉病、锈病
		油菜	蚜虫、霜霉病
70年代	病虫害	水稻	三化螟、二化螟、大螟、稻叶蝉、稻蓟马、绿卷叶虫、稻飞虱、纹枯病、病毒病
		麦	麦蚜虫、黏虫、赤霉病、白粉病、纹枯病
		油菜	蚜虫、菌核病
80年代	病虫害	水稻	稻螟、纵卷叶虫、稻飞虱、大螟、二化螟、三化螟、纹枯病、条纹叶枯病、恶苗病
		麦	黏虫、麦蚜虫、赤霉病、白粉病、纹枯病
		油菜	蚜虫、菌核病
90年代~21世纪初	病虫害	水稻	三化螟、二化螟、大螟、纵卷叶虫、稻飞虱、纹枯病、条纹叶枯病、恶苗病、病毒病
		麦	黏虫、麦蚜虫、赤霉病、白粉病、纹枯病
		油菜	蚜虫、菌核病

1. 水稻病害

民国时期,水稻三化螟危害严重,20世纪50年代初采用挖稻根、拔枯心、采卵块、点灯灭蛾等人工防治。60年代开始调整种植业结构,中粳改晚粳,适当晚播晚栽连片种植,推迟抽穗期,使之在螟虫成孵之后抽穗。中粳中糯适当早播早栽,提前在螟虫盛孵之前抽穗,双双避开盛孵高峰期。70年代起,依靠药剂防治(特别是杀虫脒),且反复多次用药,控制螟害发生。进入80年代后,三化螟不再是稻田主要害虫,而以二化螟、大螟主要危害双季早稻、昆稻二号和杂交稻等大穗型品种。80年代开始用药控制,1983年后,穗期一般不再用药治螟。70年代开始稻飞虱危害加重,成为常年水稻爆发性虫害,1975年、1985年、1987年大面积发生,个别田块颗粒无收,药剂防治采用混灭威、叶蝉散等新农药后,得以有效防治。由于新农药的使用,危害水稻的稻蓟马、纵卷叶虫、稻瘟病、纹枯病、病毒病等切实得到有效控制。

2. 农田草害

稻田草害主要是稗草、牛毛茸、三棱草、咸草、鸭舌草、花标等。麦田草害有看麦娘、繁缕、缪草、猪秧秧、大巢菜等。油菜草害有看麦娘、繁缕等。70年代前,除草主要靠人工去除,70年代后使用化学除草,稻田主要用除草醚(丁草胺),麦田用绿麦隆、二甲四氯,油菜栽前使用绿麦隆,栽后使用禾苗净等。80年代起,植物保护以农业防治与药剂防治相结合,农业防治以合理布局、农作物改良品种、减少田间湿度、搞好田头环境卫生、种子处理等方式。

3. 三麦赤霉病

三麦赤霉病,1952年、1954年、1958年、1973年、1977年、1983年六次大流行,1984年使用多菌灵后才得到有效控制。纹枯病,70年代开始发生,白穗率达10%左右,采用井冈霉素后才得到有效控制。

4. 油菜病虫害

20世纪50年代,土油菜因蚜虫引起病毒病,病株率达30%~40%,严重达80%以上。60年代起,推行甘蓝型品种取代土种,推广药剂治蚜,病害得到减轻、控制。然而菌核病逐渐发生扩大,流行为主要病害,用多菌灵防治后才得到控制。虫害上,蚜虫成为油菜主要虫害,使用一片净等农药后才得到控制。

第三节 农田水利

安上村耕地总面积5 090余亩(不包括水面积)。新中国成立前,一家一户种田,一旦碰到暴雨洪涝灾害,无法抵御。原上洪村耕地面积大部分处于低洼地势,约有1 000亩低洼田,一旦洪水暴发,随时都受到灾害的威胁,水稻产量极低,最严重时甚至颗粒无收。如遇旱情严重,也出现旱灾。新中国成立后,人民政府十分重视农田水利建设,投入大量的人力、物力、财力,进行防汛抗旱治理。首先进行了拆坟还田运动,平整土地,清除农田中间的老坟,并进行土地方正化,把大小不规则的田块变成等距离宽的标准田,间隔几块田筑一条排水沟直通河浜,实行灌排分开,形成合理的农田水利体系。进行了大规模的修筑堤圩、疏浚河道、整治水系、发展机电排灌,本着防洪保安为主、洪涝旱渍兼治的方针,形成除涝降渍、抗涝、供水等水利工程体系。

一、电灌站

1958年,新民大队建造了第一座新民电灌站,方木泉、沈佰令先后任站长;1963年,新华大队建造了新华站,后改名为上洪站,站长蒋云泉。1968年,建造了新华二站,站长张雪祥。70年代,建造了一座新东电灌站,站长王阿大;80年代,又建造了一座新民二站,电工周春根。

二、开挖河道

1973年,新民大队开挖一条东西向1 000米长的中心河;1978年,新华大队罗家柸以北、浜里以南,开挖一条连通东西彭家溇河,长250米;1979年,陶湛桥北,连通方家溇和石浦茜泾村,开挖500米长的河道。三条新开河起到了泄洪防涝的作用,有利于旱涝保丰收。

三、分级排水

20世纪70年代,镇人民政府因地制宜,分级排水,建筑圩堤总长度6 280米,排灌站2座,马力88匹,套闸1座,防洪闸1座。这些设施为防汛抗旱起到了重要作用。80年代,又建造了一座上洪分站,站长张贵荣;安上村域共有7座电力排灌站。80~90年代,安上村域分别建造了新民、西库、新华、三家村等4座排涝闸门。为抗洪救灾提供强有力的设备保障。此外,还疏浚整治河道、开挖田间排水沟渠、建闸站、修堤圩,使其全面配套,实现农田水利建设标准化,推动了农业现代化进程。

2012年,大部分土地被征用,全村将原有7座电力排灌站拆除,改用6台小机泵,解决零星土地的灌溉问题。为了抗洪涝,由航空产业园建造了两座排涝闸。

第四节 多种经营

江南地区,素称鱼米之乡。淀东地区历来以农为主,主要盛产粮油作物,多种经营极少。

一、竹木

新中国成立前,少数村民在屋后余地种植竹子,称为竹园。春天一到,竹笋陆续出土,小部分食用,大部分留着长成竹子。竹的用处很大,由竹匠制成生产工具和生活用具。如挑泥用的畚箕,装货物用的箩筐,盛放水稻的竹匾、栈条等,以及日常生活用的竹篮、饭箩、凉枕和凉席……夏季炎热时,坐在竹园里乘凉十分惬意。竹子的品种分红头笋、浦基竹、石竹、水筋竹等。新中国成立后,有竹园的农户如造房子需要宅基地,只能把竹园砍光。90年代以后,因拆迁诸多因素,竹园几乎看不到了,这是很可惜的。除竹园外,村民在屋前屋后栽些树木,品种大体有楝树、桷树、杨树、柳树、棕树、榉树、刺槐、泡桐、枫杨等,但数量不多。这些树木长大成树后,用作建房材料,制造生产农具或生活用具、家具等。2000年起,在开展社会主义新农村建设中,绿化环境也是其中一项重要工作,村里绿化面积逐年增加。在公路两旁、堤岸旁、厂区四周等,凡有空闲的地段都种上了树苗,品种有樟树、梧桐树、泡桐树、柏树、塔柏、地柏等,绿树成荫。

二、禽畜

牧业,以养殖牲畜为主。有水牛、黄牛两种,前一种牛能耕地、打水,而黄牛皮毛带淡黄色,力气小,只能用来耕水田、打水。20世纪50年代末、60年代初,村里建造了电力灌溉站。70年代,每个生产队有了手扶拖拉机,大队有了一辆中型拖拉机,从此,不再需要牛耕地、打水,各生产队将耕牛卖掉,不能耕地的老牛杀掉,耕牛逐渐减少。到了90年代,村里已见不到一头耕牛。70年代后出生的小孩,不知道牛的模样,除非在电视里看到。村民饲养的家畜是猪、羊、兔等,养大后到镇上卖掉,以增加家庭经济收入。家禽是鸡鸭鹅三种,靠它们生蛋,如蛋吃不完,有多余的,也去卖掉。

党的十一届三中全会后,政府鼓励农民发展副业生产,尽快走富裕之路。1980年开始,村民已养猪592头,羊289只,兔318只,以后逐年增加,到2000年,共养猪3 896头,羊376头,兔482只。以后涌现了家禽养殖专业户,养鸭专业户有1组童建中,6组沈引元,10组叶根荣,17组顾克强,25组王雪荣、尉中水、金永千、郭苗中,20组潘法田,22组张进福。养鸡专业户只有1组吴建东。后因拆迁、土地征用诸多原因,大部分专业户已停止养殖。家禽养殖情况,见表5-4-1。

表5-4-1　　　　　　　　　　　2000~2012年家禽养殖典型户统计表　　　　　　　　　单位:只

户名	家禽名称	数量
沈引元	草鸭	300
童建中	白鸭	1 500
叶根荣	草鸭	300
钟志明	白鸭	500
唐宝荣	草鸭	300
王生荣	白鸭	1 000
陶九之	草鸭	300

三、种植

1. 蔬菜种植

蔬菜种植。菜类一般有大白菜、小白菜、韭菜、香菜、金花菜、荠菜、卷心菜、大头菜、大蒜、芹菜等,品种较多,多属秋播作物。清明季节,播种丝瓜、刀豆、茄子、番茄(西红柿)、冬瓜、生瓜等,到夏季时陆续成熟。改革开放后,镇建造了农贸市场,村民种植的蔬菜吃不完可以到市场上出卖。尤其是大农户种植瓜类、蔬菜较多,供应城镇市场。

2. 种桑养蚕

1992年,镇党委、政府为了让村民增加经济收入,号召全镇人民种桑养蚕。安上村域农民共种植桑树面积309亩,养蚕也取得成功。全村503家种桑养蚕,总收入达51万余元,平均每户达千元左右。其中23组一户村民养蚕年收入达2 000多元。养蚕持续2年,后因工业发展需要,大部分村民进厂务工。1993年养蚕结束。

四、水产

新中国成立初到20世纪70年代末,全村没有一户村民搞渔业生产。要吃鱼,只能到镇上去买。冬天,村民罱河泥积肥时,也能罱到2~3斤鱼虾,可以改善一下生活。直到80年代中期,村里利用低洼田开挖鱼塘。镇党委、政府也支持村民开展水产养殖,从而掀起了发展渔业生产的热潮,养殖水产的农户越来越多。到1996年,全村水产养殖户已有11家,养殖水面积达235.5亩,平均每户5.1万元纯收入。截至2012年年底,全村水产养殖总面积453.8亩,养殖户21家。通过发展水产养殖,为村民开辟了一条致富路。近30年中,32户先后养殖过水产的水面达1 497.9亩,见表5-4-2。

表 5-4-2　　　　　　　　　1983～2012年安上村水产养殖统计表　　　　　　　单位：亩

养殖户	养殖面积	蟹	虾	鱼	其他
沈建芳	82.23			82.23	
徐小星	24.67	24.67			
薛拥军	27	27			
钱锦璋	64	64			
单英军	30				青虾18、白对虾12
徐汝发	80			80	
赵正明	50			50	
陈雪元	50			50	
王兴华	40			40	
周洪光	30			30	
周福根	50			50	
柳永明	5				牛蛙5
周林根	50	50			
周金华	50	50			
王荣元	100			100	
周卫林	60			60	
张斌仁	30			30	
蒋培林	40			40	
于泰义	50			50	
李正子	30			30	
韩生根	50			50	
韩生洪	40			40	
徐东林	30		30		
沈阿六	35		35		
张志明	50			50	
周宝宝	50			50	
张德青	30			30	
金德庆	50			50	
金德林	50			50	
吕根生	80			80	
金永迁	40			40	
王菊林	50			50	

五、运输

20世纪80年代改革开放后,安上村就有了水上运输专业户:6组沈品泉,8组叶海其,15组柴引奎、柴洪林、柴菊生、柴小兵、郭进生,16组顾彩根、周金华,17组陆洪元、赵泉根,20组杨惠根,21组王曹和、华马荣、屈泉元、屈品荣、屈林元,22组张元昌、韩生根、张伟林、张金华,23组张德林、周宝林、张介荣、周金林、张杏元、张海元,24组张进荣、张奎荣、张奎根。到90年代,镇政府兴建了大量的公路,陆上交通四通八达,因此,很多水上运输专业户改行为陆上运输,购买货车或轿车,陆上运输专业户由此增多。1组有方云龙,3组王春荣,5组顾阿四、陆洪元,6组费海元,8组蒋罗平、蒋罗请、叶海其,9组伍建明、张菊生、童另元,10组朱建方,15组柴金兴、蔡阿涛,16组顾彩根、顾雪球,17组赵全根,23组徐角林、蔡林龙,25组金荣山,26组王永中。他们主要为企业单位运输原材料和生产产品,运往上海、浙江、无锡、苏州、镇江、安徽等地区,跑运输非常辛苦,但收入较高。21世纪后,水上运输户极少,只有21组的王曹和、华马荣。王曹和除了承包大量农田外,还兼水上运输,送些鱼饲料、化肥、农药等货物。华马荣算得上水上运输的大户,有近百吨的铁壳大驳船,专运水泥、黄沙、石子等建筑材料。

第六章 工 商

新中国成立前,安上村域无工商业,农家妇女在春秋空闲季节纺纱织布,自给自足。工业始于1958年,马安自然村建造土砖窑和石灰窑各一只,1961年停办。20世纪60年代,新华大队、新民大队社队工业均有一个草糠厂,为村民养猪加工饲料。70年代,开设粮食和饲料加工厂,为社员生活服务。1973年,新华大队开办了全镇第一家村办五金厂。80年代,上洪村、马安村村干部群众跑市场找门路,利用集体积累资金,艰苦创业办起了多家社队工业。1997年,完成村办企业产业转制,采取多种措施发展民营企业。90年代后期,安上村域民营企业发展较快。2012年,安上村成立物业和绿化养护有限公司。2012年,安上村有民营企业18家、个私商业51家。

第一节 队办企业

新中国成立前后,农村妇女都纺纱织布,农家自酿白酒。1958年,在马安村建造了一只土砖窑、一只石灰窑,开办2年后停业。1973年,新华大队在苏州知识青年沈国强倡议下,开办了全镇第一家村办企业——新华五金厂,规模不大,20来个职工,以苏州知识青年为主,村里派一名厂长兼任会计。1977年,新民大队第7生产队西庙泾自然村最西端,设立新民知青点,建造知识青年宿舍,宿舍对面造500平方米的厂房,办起了新民地毯厂,苏州知识青年40人当了织地毯工人。知青负责人为曹友福、华云妹,大队安排杨海东、伍阿二、计宝根、曹惠芳先后任地毯厂负责人。70年代末,村域内还有饲料加工厂、新民印刷厂、新华五金厂、新华瓶套厂等。80年代,境内工业有了新发展,先后办起了新民印刷二厂、新民瓶套厂、挂历装订厂、康达电子厂、新民造漆厂、新华木器厂、上洪梳棉厂、上洪砂粉厂、长虹化工厂等村办企业。村办企业因为船小好调头、廉价劳动力、"政策优惠"而迅速崛起壮大,从而开辟了转移农业劳动力的新途径。1990年,上洪村陆续开办了几家企业,效益欠佳,属全镇下游水平;相比,马安村的工业企业发展很快,税金、利润、工资、上缴管理费四项效益名列全镇前茅。1990年,村域内有260余个劳动力转移到镇、村办企业务工。至1994年,村域内先后办起了13家村办企业,见表6-1-1。1995年起,企业以"调整结构、提高效益"为目标,转变经营机制,实行体制改革,通过"卖、租、转、接、联"的方式,以资产重组手段转换经营机制,变集体企业为私营企业。期间,外地多家民营企业入驻民营工业区,有的村企到了昆山城北民营工业区。与此同时,个体商业经济也得到迅速发展。1997年转制结束,转制后的村办企业,全部转为民营企业。

2012年,全村有民营企业(个私企业)18家、个私商业51家。是年,安上村成立物业和绿化养护有限公司,管理人员3人,门卫安保55人,涉及11家小区和企业,解决就业劳动力100多人。

表6-1-1　　　　　　　　　　1973～1994年安上村域村办企业一览表

法人代表	企业名称	办厂日期	注册资金	职工人数	产品名称	转制或关闭时间
钱爱福	新华五金厂	1973年	2 000元	20	五金加工	1997年
沈佰余	新华瓶套厂	1974年	1 000元	6	瓶套制造	1977年
杨海东	新民地毯厂	1977年	5 000元	35	地毯	1989年
陈　克	新民造漆厂	1978年	2 500元	23	建筑涂料	1986年
陈志元 邱林生	新民瓶套厂	1978年	2 500元	23	瓶套制造	1986年
赵根生	新民印刷厂	1980年	3 000元	32	纸张印刷	1995年
张桂林	新华木器厂	1983年	5 000元	10	铁木椅子、凳子	1985年
陈三荀	上洪梳棉厂	1984年	10 000元	15	加工腈纶棉	1986年
周兴林	马安印刷厂	1985年	3 000元	28	纸张印刷	1995年
计宝根	新民挂历厂	1985年	2 000元	18	装订挂历	1988年
陈康明	康达电子器材厂	1985年	3 500元	25	电子器材	1995年
张桂林	上洪砂粉厂	1985年	40 000元	26	砂粉	1989年
沈　华	长虹化工厂	1992年	50 000元	30	三乙酯	1998年

第二节　民营企业

1998年,乡镇企业体制改革(产业、产权改革)全面完成,原来的集体企业全部转制为民营企业,村转制企业成为村里民营的骨干企业(相对上规模)。民营企业产权为个人所有,自主经营,自负盈亏,除缴纳税收、租金外,利润归个人所有。在转制企业的带动下,个体小企业也纷纷上马。

其中,比较有代表性的企业有原上洪村杨飞龙的珊瑚医疗附件厂、顾洪球的"尚窑木器厂";原马安村赵根生的生力印务包装有限公司、周兴林的淀山湖彩印厂、陈康明的康达电子厂、方锦明的方氏家具有限公司、柴祖林的申坤保险箱有限公司、姚建明的森欣木制品厂等。这些企业成为民营企业的领头羊。

一、村民租地企业

安上村民租地企业共 4 家（不含在外租地企业），为较有规模的民营企业，见表 6-2-1。

表 6-2-1　　　　　　　　　　安上村租地入驻企业一览表

法人代表	企业名称	入驻地址	租地面积（亩）	租地时间
周兴林	淀山湖彩印厂	安上	5.22	1998
柴祖林	申坤保险箱有限公司	安上	3.57	1998
方锦明	方氏家具有限公司	安上	4.94	1998
沈秋林	力邦涂料有限公司	安上	1.46	1998

二、其他民营企业

其他民营企业共 18 家，见表 6-2-2。

表 6-2-2　　　　　　　　　　安上村民营企业一览表

企业名称	地址	法人	经营范围	开业时间
昆山市珊瑚医疗附件厂	王土泾	杨勤勇	医疗器材配件	1995 年
昆山市尚窑木器厂	碛 礉	顾洪球	家具办公用品	2008 年
昆山市茜泾木器厂	石浦茜泾	赵志明	家具办公用品	1984 年
昆山市神童木器厂	永新村	钟阿兴	家具办公用品	2007 年
新华五金厂	罗家枉	周玉平	小五金加工	1981 年
新亚纸制品厂	高家桥	周亚明	纸张印刷加工	1982 年
淀山湖彩钢板有限公司	上洪桥	沈建忠	彩钢板	2005 年
淀山湖铝合金门窗厂	淀山湖	陈小弟	铝合金门窗制作安装	1995 年
淀山湖建筑工程有限公司	淀山湖	王建平	房屋建筑	1980 年
昆山市生力印务包装有限公司	昆山	赵根生	纸张印刷	1995 年
昆山市淀山湖彩印厂	安上村	周兴林	纸张印刷	1995 年
昆山市方氏家具有限公司	北苑路	方锦明	家具办公用品	1983 年
昆山市佳明包装制品有限公司	石阳河路	姚建明	家具办公用品	1982 年
昆山市申坤保险箱有限公司	北苑路	柴祖林	公用、家用保险箱	2008 年
昆山市灵艺服装辅料厂	北苑路	柴祖林	服装加工	2003 年
昆山市康达电子有限公司	安上村	陈康明	电子器材	1996 年
昆山市力邦装潢材料厂	安上村	沈秋林	房屋内外墙涂料	1996 年
新民灯管厂	安上村	唐桂良	节能灯	2001 年

附 1：淀山湖彩印厂简介

淀山湖彩印厂，民营企业，法人代表周兴林。

1985 年，马安村兴办马安印刷厂，法人代表周兴林。1995 年，转为民营企业，周兴林投入

3 000元,扩大再生产,主要是纸张印刷业务。经朋友介绍,企业与上海生物研究所建立了业务关系,接到大量印刷业务,而且货到款到,企业经济效益大为提高。

1998年更名为淀山湖彩印厂。周兴林不满足现状,进一步扩大业务,自盖厂房1 000平方米。大手笔投入,引进国内外先进设备,投资437万元,购买一台德国高宝胶印机,投资168万元,购买喷码机等,具有彩色印刷能力。为使用先进设备,培养文化程度高、责任心强的年轻员工,掌握了操作自动化设备的技术。

2012年,淀山湖彩印厂固定资产1 800万元,经济效益越来越好,年业务额500万元,拥有员工26名。

附2:康达电子器材厂简介

康达电子器材厂开办于1995年,法人代表是安上村7组村民陈康民,专业生产电子器材。刚开办时,厂址位于自家楼房客堂。

陈康民为了参与市场竞争,到南京等大中城市了解市场行情,经过多方调查,认为电子器材的产品有较好的销售市场。他增强了办厂的信心,认为自家客堂当车间,根本不能解决问题,便向马安大队村委会反映情况,要求村将原有的200多平方米厂房租赁给他,得到了村委会的大力支持。陈康民上交租赁费和管理费,作为大队集体经济收入。陈康民获得了像样的厂房,有利于扩大再生产。1996年,企业转制为民营企业。2004年,陈康民建造厂房2 000平方米。2012年,康达电子器材厂拥有职工20名,固定资产500万元,经济效益越来越好,年业务额500万元。

第三节 停办企业备忘录

安上村域停办企业共25家,其中上洪村12家(村办企业6家、民营企业6家),马安村13家(村办企业8家、民营企业5家),停办原因主要是转制、环保、资金、供销、人才等方面,见表6-3-1。

表6-3-1　　　　　　　　　　安上村域停办企业基本情况一览表

序号	企业名称	性质	地址	法人代表	建厂时间	停办时间	经营范围	停办原因
1	新华五金厂	集体	上洪村	钱爱福	1973	1997	五金加工	转制
2	新华瓶套厂	集体	上洪村	沈佰余	1974	1977	加工制作瓶套	无销路
3	新民地毯厂	集体	马安村	杨海东	1977	1986	编织地毯	
4	新民造漆厂	集体	马安村	陈 克	1978	1986	建筑涂料	无销路
5	新民洗桶厂	个体	马安村	陈 克	1978	1983	清洗油漆桶	淘汰
6	长虹五金厂	个体	上洪村	沈国兴	1979	1995	小五金加工	关闭
7	新华木器厂	集体	上洪村	张桂林	1980	1985	铁木椅子、凳子	无销路

续表

序号	企业名称	性质	地址	法人代表	建厂时间	停办时间	经营范围	停办原因
8	新民印刷厂	集体	马安村	赵根生	1980	1995	纸张印刷	转制
9	康达电子厂	集体	马安村	陈康明	1980	1995	电子器材	转制
10	淀山湖涂料厂	个体	马安村	沈小二	1980	1995	内外墙涂料	无销路
11	唐氏化工厂	个体	上洪村	唐文忠	1980	2000	小化工	淘汰
12	新民瓶套厂	集体	马安村	陈志元	1982	1985	加工制作瓶套	亏本
13	陶湛桥砂粉厂	个体	上洪村	张桂林	1983	1985	砂粉	无销路
14	上洪梳棉厂	集体	上洪村	陈三苟	1984	1986	加工腈纶棉	无销路
15	新华洗桶厂	个体	上洪村	陆小弟	1984	1989	清洗油漆桶	淘汰
16	棚户五金厂	个体	上洪村	郭荣苗	1984	1990	小五金加工	无销路
17	新民印刷厂	集体	马安村	周兴林	1985	1995	纸张印刷	转制
18	新民挂历厂	集体	马安村	计宝根	1985	1995	挂历装订	无业务
19	上洪砂粉厂	集体	上洪村	张桂林	1985	1990	砂粉	无销路
20	长虹化工厂	集体	上洪村	沈 华	1992	1998	三乙酯	亏本
21	昆山宏总彩印包装有限公司	个体	兴复村	叶雪龙	1996	2008	纸张塑料印刷	合同到期
22	新民灯管厂	个体	马安村	唐桂亮	2001	2006	节能灯	搬迁
23	顺风运动器材有限公司	个体	马安村	陈善文	2001	2003	健身运动器材	亏本
24	荣鑫精密模具厂	个体	上洪村	屈林元	2005	2010	模具	合同到期
25	镇美地建筑市政工程队	个体	马安村	计白弟	2009	2014	房屋建筑	无业务

第四节　租地入驻企业

随着改革开放的深入发展,安上村凭借优越的地理位置,成为淀山湖镇招商引资的重点区域。先后入驻工业企业59家,另有房地产企业3家,见表6-4-1。

表6-4-1　　　　　　　　　　安上村工业开发区入驻企业一览表

企业名称	法人代表	地址	注册资本(万元)	备注
昆山康达电子仪表有限公司	陈康明	民营经济投资区	50	
昆山富宏装潢有限公司	顾火荣	民营经济投资区	50	
昆山锦竹机械设备有限公司		民营经济投资区		
昆山优仕宝路实业有限公司	何彩英	民营经济投资区	1 600	
昆山莘欣机电科技有限公司		民营经济投资区		
昆山真宝包装有限公司	朱贤	民营经济投资区	1 000	
昆山腾达金属有限公司	沈建明	民营经济投资区	88	

续表

企业名称	法人代表	地址	注册资本(万元)	备注
昆山鑫多工贸有限公司		民营经济投资区		
昆山圣达化工有限公司	盛建新	民营经济投资区	50	
八十五度(江苏)食品有限公司		航空产业园		
昆山弘迅电梯配件有限公司		航空产业园		
昆山青弯管制造有限公司		航空产业园		
江苏一东航空机械有限公司		航空产业园		
昆山通正铝业有限公司		航空产业园		
昆山川岛洗涤机械有限公司		航空产业园		
昆山万谷航空食品包装有限公司		航空产业园		
昆山奥瑞航空包装材料有限公司		航空产业园		
昆山阿姆斯木业有限公司		曙光路		
昆山皓丰金属制品有限公司	沈建明	曙光路	60	香港地区
昆山盈意大自然木业有限公司	佘学杉	曙光路	960	香港地区
昆山超声仪器有限公司	许洪泉	曙光路	2 300	
昆山方氏家具装饰有限公司	方锦明	曙光路	50	
昆山凯雅家居有限公司		曙光路		
昆山圣昌金属工业有限公司		曙光路		
昆山周氏电业有限公司	周礼谦	北苑路	500	香港地区
昆山华艺铜业有限公司	周礼谦	北苑路	500	香港地区
昆山中荣印刷有限公司		北苑路		
昆山怡家居纺织有限公司		北苑路		
昆山永晴装饰有限公司		北苑路		
昆山顺扬食品有限公司		北苑路		
昆山伟昌制冷设备有限公司		北苑路		
昆山欧沛包装器材有限公司	何光宗	北苑路	550	台湾地区
昆山航特金属制品有限公司	陈彦栋	北苑路	300	台湾地区
昆山古鳌电子机械有限公司	陈崇军	北苑路	1 200	
昆山华伟纳精密工具有限公司		双马路	900	德国
昆山银宝山新模型塑料科技有限公司		双马路		
昆山龙奕包装有限公司		双马路		
昆山全宝包装有限公司		双马路	100	香港地区
昆山晟安玩具有限公司		双马路		
昆山博晟包装材料有限公司		双马路		

续表

企业名称	法人代表	地址	注册资本(万元)	备注
昆山昱电电子有限公司	王浩隆	双马路	300	台湾地区
昆山骏辉纺织成衣有限公司	朱英彪	双马路	1 670	新加坡
昆山高歌机电有限公司		双马路		
昆山白玉兰家具有限公司	沈忠明	双马路	800	
昆山罗兰索家具有限公司		东苑路		
昆山米兰五金科技有限公司		双马路		
昆山朗士达服饰绣品有限公司		钱安路		
昆山宝友第一胶带有限公司		钱安路		
昆山通美汽车配件有限公司		钱安路		
昆山海盈电子科技有限公司		钱安路		
昆山维安盛电子有限公司		钱安路		
上海英仑文化用品有限公司		淀兴路		
苏训昆山通用锁具有限公司	章作铭	淀兴路	720	日本
昆山威猛工业自动化系统有限公司	维纳纳特曼	威猛路	380	奥地利
昆山冠盛包装有限公司		威猛路		
昆山开威电子有限公司		威猛路		
罗森伯格技术(昆山)有限公司	丁立峰	沈安路	2 500	德国
昆山帕捷汽车零部件有限公司		沈安路		
苏州科陆东自电气有限公司		沈安路		

附1:中荣印刷(昆山)有限公司数字化印刷技术介绍

绿色包装印刷数字化体系建设是包装印刷行业的大势所趋,加快数字化绿色包装印刷体系建设对从事印刷、包装行业的企业具有重要的意义。通过数字化、规范化提高工作效率、缩短准备时间、节约成本,提高企业的综合竞争力;采用环保工序、材料,节约资源和能源,注重体系标准化建设,真正实现绿色包装印刷数字化流程。"中荣"通过与武汉开展技术合作,实施数字化印刷色彩管理标准流程,采用自主研发的环保材料和包装印刷多介质数字打样系统技术,实现绿色包装印刷数字化体系的建设及技术改造,进而成功实现了企业的转型升级。

一、企业转型前基本情况介绍

中荣印刷(昆山)有限公司于2008年3月落户于江苏昆山,由中荣印刷集团投资1.2亿元建成,占地面积46 000平方米,2009年10月正式投产,是一家专注于提供纸类印刷包装相关产品的设计、生产和服务的包装企业。近年来,国内的印刷包装行业虽然已引进先进的制版、印刷及印后工序,数字化流程也得到一定发展,但包装印刷的数字化发展仍然较为缓慢。而且随着中国经济的迅速增长与人民生活水平的提高,人们对包装的精美程度与包装印刷质量的要求也越来越高。在世界经济一体化激烈竞争的大环境下,"中荣"也面临着转型升级的现实需求。

二、转型的原因及动力

1. 绿色环保对印刷业转型升级的要求迫在眉睫。低碳环保、绿色印刷是行业未来发展的主流,但现阶段企业发展与环境保护的矛盾问题仍然存在,不少印刷企业重发展、轻环保,重效益、轻治理,印刷过程中对环境的污染问题未能完全解决。如印前输出过程中废液对土壤的污染,印刷过程中油墨中的重金属对空气的污染,印后处理过程中的环保问题等;并且缺少具有自主知识产权的环保技术集成和综合应用,制约了印刷业有效地解决环保问题。这些问题的存在都迫使"中荣"加快转型升级的步伐。

2. 新技术的发展为印刷业的转型升级提供了良好的发展机遇。数字化是当今印刷技术领域关注的发展趋势之一,数字印刷、数字打样、直接制版、数字化工作流程、跨媒体出版等一系列数字化技术的出现和发展为印刷业的进步提供了新的动力。数字化印刷设备的市场装机数量在未来将迅速增长,并占据绝大部分市场份额。在此背景下,"中荣"与武汉大学积极开展合作,实施数字化印刷色彩管理标准流程,开展多介质数字打样系统技术研发,以实现包装印刷的数字化,对各个工序进行整合、沟通和实现印前、印刷、印后一体化,从而达到提高印刷品质量、缩短准备时间、提高生产效率的目的,最终实现企业转型升级。

三、转型的途径

1. 加强技术对接,开展校企合作。"中荣"积极与技术领域相吻合的高校、科研院所对接交流,通过与武汉大学开展技术合作,实施数字化印刷色彩管理标准流程,采用自主研发的环保材料和包装印刷多介质数字打样系统技术,实现绿色包装印刷数字化体系的建设及技术改造。通过数字化规范化提高工作效率、缩短准备时间、节约成本,提高企业的综合竞争力;采用环保工序、材料,节约资源和能源,真正实现绿色包装印刷数字化流程。

2. 整合各类资源,完善机制保障。自 2014 年 12 月以来,已完成团队组建、设备购置、专利研发等工作。在人才保障上:研发团队包括专家教授 1 人,研究生 5 人,本科生 1 人,大专生 3 人。在技术保障上:自主成立科技研发机构并获得昆山市科技局的认定,与武汉大学印刷包装系以及 APTEC 联合研究中心的项目进行产学研合作,与曼罗兰(德国)公司进行技术合作。截至 2015 年 6 月,已完成多介质包装印刷彩色数字印前出样技术的研发与测试。目前,设备已开始投入使用。

四、转型后取得的效益

1. 节约了打样成本。"中荣"通过与武汉大学合作研发多介质包装印刷彩色数字打样系统,能够直接用于印刷承印介质的数字打样。该系统应用后,80% 的包装印刷产品可用数字打样代替上机打样,可以大大节省上机打样的生产成本,每年节省上机打样成本 80 万元以上。

2. 提升了产品质量和企业形象。通过数字化改造,"中荣"通过了 G7 标准化国际认证。G7 是通过对印刷过程中各个因素的规范控制达到国际 ISO12647 标准的一种方法。该方法是通过调整色度值实现最佳的灰平衡视觉匹配,而非传统的调整网点扩大曲线。G7 方法更能够保证颜色的灰平衡,保证产品颜色再现的稳定性。"中荣"通过使用该方法,不仅提升了产品质量,而且提升了企业形象。

3. 加快知识产权强企建设。"中荣"包装印刷色彩管理系统技术应用这一项目,通过印刷技术改造和材料创新,获得一项关于"环保型高光水性上光油"的发明专利,进一步加强了企

安上村志

业知识产权管理和保护力度。

4. 产生了良好的经济效益。"中荣"2015年预计销售收入同比增长15%以上,税收同比增长11.6%,同时,为客户节约180万元。

5. 产生了巨大的社会效益。

(1) 在行业方面:"中荣"包装印刷色彩管理系统技术的应用,通过环保印刷、数字化和规范化的质量控制以及智能化信息系统而起到印刷复制示范作用。

(2) 在节能减排方面:由于印刷设备的运转速度之快,自动化程度之高,对比传统的生产线提高了3倍的生产效率,大大地节省了生产成本,同时也降低了用电能耗,相当于年节约122吨标煤。

(3) 在环保方面:因在生产过程中不产生废液,大大减少了对环境的污染,同时,由于使用的是无水环保印刷技术,而非传统的有水印刷技术,所以在印刷过程中无需用水,这样就大大节约了水资源。

五、相关经验借鉴

"中荣"的成功转型并非偶然,其通过产学研合作,实现绿色包装印刷数字化体系的建设及技术改造,为企业发展提供新的发展引擎、注入新的发展活力。"中荣"转型升级的成功对淀山湖镇其他企业的发展具有借鉴意义。

1. 加强校企对接,开展产学研合作。企业要充分利用科技成长团的资源优势以及镇科技部门的桥梁和纽带作用,积极参加市、区镇组织的高校科技行活动或邀请相关技术领域的专家进企业实地走访、调研,开展技术对接,高校提供技术支持,为企业整合各类资源为项目研发、产业化及工作、生活方面提供全方位的物质支撑,力争通过产学研合作来引领重大科技创新,推进企业创新发展,实现转型升级。

2. 加大技术投入,形成企业的技术创新机制,造就新优势。企业的竞争依靠自身的产品,而产品的竞争靠技术,谁拥有自主研发实力,掌握核心技术,谁就在竞争中占据优势。因此,企业要舍得在技术创新等方面适当加大投入,以形成自己的核心技术和核心产品。

附2:华伟纳精密工具(昆山)有限公司简介

华伟纳精密工具(昆山)有限公司是德国HPTec集团于2003年在中国成立的独资企业,是一家集研发、生产、销售和应用服务于一体的国家高新技术企业。公司秉持"more than just tools"的经营理念,精益求精,追求卓越,在致力于为制造业提供优质、高效的金属切削刀具的同时,还在刀具管理、应用方案等方面就近为国内客户提供优质服务。

经过多年的积淀,公司在PCB、3C、航空航天、汽车、模具等行业积累了丰富的实践经验,并锤炼出一支技术全面的专业队伍;公司有200多台套产自瑞士、德国、澳大利亚、日本的先进数控机床、齐备的刀具检测与应用测试设备,为优质刀具的研制提供了坚强保障。

2008年,有50多年刀具制造经验的HPTec集团被央企、世界500强企业中国五矿集团全资收购,开始了"HPTec"这个品牌在中国的全新征程。借助五矿集团强大的资源整合能力,今天我们将更快、更优地为国内客户提供服务。

公司独立的全闭环自反馈加工中心和领先的制造工艺技术主要生产 φ0.075mm 到 φ7.00

的微型钻针以及 φ0.3mm 到 φ3.175mm 的微型铣刀,同时公司在非标刀具及 PCB 刀具智能存储系统的研发方面也取得了一些成果。

附3:昆山市白玉兰家具有限公司简介

昆山市白玉兰家具有限公司位于江苏省和上海市交界的黄金地段,江苏省东大门昆山市淀山湖镇双马路15号。公司成立于2003年4月,注册资本6 000万元,占地面积65 000平方米,建筑面积38 980.9平方米,总投资2.2亿元(其中水性漆自动喷涂系统投资约9 210万元;经苏州华明联合会计师事务所审计:水性自动喷涂项目实际技术设备,总投资6 306.67万元)。

公司拥有一整套完整的自主研发、独立设计和制作程序以及"白玉兰"这个自主品牌。拥有德国、意大利顶尖水性涂装设备,以及意大利进口全自动电脑控制木材干燥设备和德国、意大利进口的、最先进的实木家具生产线。产品全部采用水性木器涂料。白玉兰家具是一家专业开发、生产高档实木厨房家具、浴室家具的出口型制造企业,年产橱柜、浴柜系列产品20 000套,年产值达3亿多元人民币,并每年按递增30%的速度增长,生产的橱柜和浴室柜产品无论是美观度、质量和市场导向性都走在国内同行业的前列,是江苏省出口型一类企业。

2015年销售额33 937.35万元,利税合计5 718.41万元。

产品遍布美国东、西海岸及中北部,畅销全美28个州,今后3年计划向美国南部及欧洲大陆进军。

"白玉兰"2010年投入巨资兴建水性漆涂装生产专用新厂区,建筑面积20 000平方米,并引进德国、意大利顶尖水性涂装设备,全部采用水性木器涂料。"白玉兰"的橱柜产品甲醛释放量严格执行美国加州环境空气委员会制定的CARB-P2标准,甲醛的排放量小于0.05ppm,并通过了美国CARB认证、ISO9001国际体系认证;2014年还通过了更高标准的美国"UL"绿色卫士"GREENGUARD"认证,所生产产品完全达到国际绿色产品标准;白玉兰还获得了江苏省职业卫生安全许可证,成为苏州市唯一获此殊荣的企业,获得产品出口绿色通道。

第五节 房地产入驻企业

房地产入驻企业3家,见表6-5-1。

表6-5-1　　　　　　　　　房地产入驻企业基本情况一览表

企业名称	占地面积(平方米)	建筑面积(平方米)	入住户
君悦花园	3.58万	4.038 8万	388
福运庄园	10.9万	10.49万	577
福侬庄园	9.237万	17.09万	450

第六节 商 业

1949年前，安上村域无商店，村民买生活用品，都到杨湘镇上去。20世纪50年代，开设两家集体商业下伸商店，上洪自然村的上洪商店、马安自然村的马安商店。70年代后，淀东供销社在新华大队和新民大队设两个代购代销店，简称双代店。1983年，为适应家庭联产承包责任制的需要，方便村民购买农药、化肥，在双代店的基础上，上洪村、马安村开设了肥药代销店。改革开放后，农村居民生活水平逐年提高，商品销售越来越多，许多农户抓住机遇，陆续开设个体商店，经营烟、酒、日用品和大众生活品，部分农民去淀山湖农贸市场租赁摊位，经营茶叶、食品等。90年代后期，曙光路东侧开发新的商业区。2012年，安上村民开设的各类商店、服务业47家；村域内的富贵广场商业区，初步形成规模。

一、富贵广场商业区

20世纪90年代后期，农村商业迅速发展，安上村域在曙光路东侧，由镇开发新的商业区，占地2.13万多平方米，新建酒楼、宾馆10多家，大型超市2家，各类商店、饭店等服务性行业338家，形成以富贵广场为辐射的繁华商业区。

2011年4月，昆山宜欣房产开发有限公司开工建设富贵广场二期工程，占地面积13 010平方米，建筑面积28 646平方米，其中地上部分23 097平方米，总投资约1.2亿元。建设137套商铺和94套商务式公寓，集购物、休闲、娱乐、餐饮、酒店为一体的一站式商业休闲步行广场。2013年竣工。

宜欣富贵广场采用内回廊的设计方案，对广场内街布局进行优化，全面提升整体设施。多部观光电梯、星级大堂的加入，为顾客提供更多的便捷和不一样的购物感受。商业区有大型百货、精品商业街、沿街商业、大型娱乐会所、商务公寓，合理分布，具有较高的整体商业价值。

二、个体商店、服务业

2012年，村民开设的各类商店、服务业51家，见表6-6-1。

表6-6-1　　　　　　　　2012年安上村个体商店、服务业一览表

店名	负责人	性质	开办时间	经营项目
商店	郭官苗	个体	1975	杂货
缝纫店	王建华	个体	1980	缝纫
缝纫店	周琴	个体	1985	加工内衣裤
商店	张桂福	个体	1985	超市
商店	陈海涛	个体	1990	杂货
商店	张佰元	个体	1990	杂货

续表

店　名	负责人	性质	开办时间	经营项目
商　店	张桂明	个体	1990	杂货
商　店	胡海元	个体	1990	杂货
商　店	顾雪娟	个体	1991	杂货
修鞋铺	徐亚明	个体	1991	修理皮鞋等
商　店	宋火根	个体	1993	杂货
修车铺	汤德田	个体	1995	修理自行车
修车铺	陆永元	个体	1995	修理自行车
修车铺	华德荣	个体	1995	修理摩托车
商　店	林继红	个体	1995	杂货
鹏飞中介	周金林	个体	1995	房屋中介
肉　庄	柴小兵	个体	1995	猪肉销售
修鞋铺	王雪林	个体	1995	修理反鞋等
修鞋铺	陈大木	个体	1995	修理反鞋等
点心店	顾振英	个体	1995	点心、早餐
饭　店	顾永球	个体	1997	饮食
点心店	吴建卫	个体	1997	点心、早餐
肉　庄	沈德荣	个体	1998	羊肉
商　店	陈裕元	个体	1998	杂货
服装店	庄惠元	个体	1998	儿童、成年服装
饭　店	周春林	个体	2000	饮食店
种子店	沈菊英	个体	2000	零售种子
点心店	陈明	个体	2000	点心、早餐
蔬菜店	陈永明	个体	2000	零售蔬菜
蔬菜店	陈三明	个体	2000	零售蔬菜
肉　庄	徐建峰	个体	2000	猪肉销售
肉　庄	费雪龙	个体	2000	猪肉销售
理发店	王美珍	个体	2000	理发
商　店	茹海林	个体	2001	杂货
商　店	伍菊珍	个体	2001	杂货
网　吧	陈雪荣	个体	2001	网上游戏

续表

店 名	负责人	性质	开办时间	经营项目
服装店	叶仁林	个体	2003	童装、成人服装
金鹏中介	金荣泰	个体	2005	房屋中介
溜冰场	曹露	个体	2005	溜冰
商 店	顾祥荣	个体	2006	电子产品用油
肥药店	周兴元	个体	2007	化肥、农药
肉 庄	汤立付	个体	2008	猪肉销售
商 店	顾金荀	个体	2009	超市
饭 店	顾伟玉	个体	2010	大厨美食
商 店	张元昌	个体	2010	超市
理发店	张良	个体	2010	理发
婚庆公司	李鑫	个体	2012	婚庆服务
博园中介	陈引明	个体	2012	房屋中介、摄影
商 店	王建芳	个体	2012	床上用品
快递服务	赵志刚	个体	2012	邮政快递
贸 易	童林元	个体	2012	化工物资

附：顾家阁酒店简介

顾家阁酒店，位于淀山湖镇淀兴路商业街富贵广场商贸区世纪大酒店东侧，三层楼，建筑面积1 002平方米，装饰别具一格。法人代表顾永球。

顾家阁酒店前身，先后经过两次变迁。1997年夏天，在昆山餐饮店打工的顾永球和李娟回到淀山湖镇，与顾永球的姨夫合开玲珑酒家。2002年年初，独立门户，搬迁到淀兴中路文化体育中心西侧，开张"顾家阁"酒店，店面250平方米左右。2012年12月26日乔迁富贵广场商贸区新店。

新建的顾家阁酒店，底层设大厅、服务总台、冷菜间等，二楼有中厅、包箱、厨房等，三楼全设包箱，其中二、三楼各设一个豪华包箱，一桌可容纳18位客人。整个酒店一次可同时接纳25桌250名客人。2013年1月8日，新店正式对外营业。

（参见第十一章"文存辑录"第三节"媒体报道"六、"让食客满意是我们最大的快乐，记顾家阁酒店顾永球、李娟夫妇"。）

三、关闭商店、服务业

2012年前，关闭各类商店、服务业27家，见表6-6-2。

表 6-6-2　　　　　　　　　　2012年前安上村关闭商店、服务业一览表

店　名	负责人	性质	开办时间	关闭时间	经营项目
理发店	陈桂林	个体	1965	2005	理发
豆腐店	计宝根	集体	1970	1975	豆制品
双代店	计金林	集体	1972	2008	杂货、肥药
理发店	王宝其	个体	1972	1995	理发
双代店	叶金康	集体	1972	1980	杂货、化肥、农药
豆腐店	汤仁法	个体	1975	1995	豆制品
商　店	杨会根	个体	1980	1990	杂货
商　店	浦文华	个体	1983	1988	杂货
商　店	沈惠英	个体	1985	2004	杂货
理发店	陈峰	个体	1985	2010	理发
商　店	陈宝元	个体	1985	2000	杂货
商　店	王建忠	个体	1985	1995	杂货
工艺店	李金荣	个体	1986	1992	古董、工艺品
商　店	钟荣生	个体	1990	2008	杂货
修车铺	赵林华	个体	1990	2004	修理摩托车
商　店	杨桂英	个体	1990	1995	杂货
点心店	杨会根	个体	1991	2006	大饼、油条
商　店	周宝宝	个体	1992	2009	杂货
商　店	屈雪荣	个体	1992	1998	杂货
修车铺	张永革	个体	1992	2012	修理摩托车
商　店	周妙荣	个体	1993	2000	杂货
商　店	张进荣	个体	1995	2004	杂货
建材商店	孙炳荣	个体	1995	2012	木材、铁钉等
修车铺	邱林生	个体	1995	2000	修理车辆
修车铺	杨兴元	个体	1995	2003	修理车辆
商　店	朱华生	个体	2000	2008	杂货
理发店	孙小翠	个体	2009	2011	理发

第七章 人民生活

新中国成立前,村民生活贫困。新中国成立后,村民生活逐步改善。改革开放后,有了翻天覆地的变化,穿着讲流行,饮食讲荤素搭配,住的是宽敞明亮的楼房或小洋房,出行有电瓶车,条件好的还拥有小轿车,老来有老保,生病有医保。2004~2013年,全村14个自然村,动迁安置了11个自然村。通过动迁,改变了村民居住条件,提高了生活质量。

第一节 农民收入

改革开放前,安上村域村民生活虽然比新中国成立初有所提高,但不富裕。根据淀山湖镇经营管理办公室档案室提供社员分配方案资料显示,1957年,新民大队(马安村)、新华大队(上洪村)两村社员年分配收入汇总,人均93.35元,1983年人均社员年分配收入253.87元,比1957年增长171.96%,见表7-1-1、表7-1-2。

表7-1-1　　　1957~1983年安上村域选年社员分配收入汇总表　　　单位:元

年份	总分配	人均	实分现金	人均
1957	148 892	93.35		
1962	183 230.41	109.13	37 927.05	
1963	190 204.42	112.88	51 446.74	22.59
1968	190 204.14	115.62		30.53
1974	232 156.61	158.76	90 612.93	
1978	352 128.88	154.62	92 577.30	40.85
1983	547 090.58	253.87	261 570.86	39.80

表 7-1-2　　　　　　　　　1957~1983年安上村域选年社员分配收入一览表　　　　　　　　单位:元

年份	新民大队(马安村)				新华大队(上洪村)			
	总分配	人均	实分现金	人均	总分配	人均	实分现金	人均
1957	87 258.00	103.14			61 634.00	82.29		
1962	93 345.38	122.66	22 365.42	29.39	89 885.04	97.91	15 561.63	16.95
1963	101 092.01	128.94	30 918.77	39.44	89 112.13	98.90	20 528.97	22.78
1968	114 340.61	129.15			117 816.00	105.58		
1974	183 069.74	187.96	51 022.45	52.38	169 059.10	135.90	39 590.48	31.83
1978	188 615.24	178.44	54 334.89	51.40	171 040.00	137.78	38 242.41	30.14
1983	277 397.75	307.53	144 890.71	160.63	269 692.80	215.23	116 680.20	93.12

改革开放后,安上村农民历年人均纯收入大幅提高。2002年,农民人均纯收入5 850元。2012年,农民人均纯收入25 851元,比2002年增长341.9%,见表7-1-3。

表 7-1-3　　　　　　　　　2002~2012年安上村农民人均纯收入统计表　　　　　　　　单位:元

年份	农民人均纯收入
2002	5 850元
2003	6 750元
2004	7 780元
2005	10 550元
2006	11 200元
2007	12 500元
2008	14 510元
2009	16 053元
2010	19 543元
2011	20 563元
2012	25 851元

第二节　日常生活

新中国成立初,农民生活水平低下。改革开放后,安上村村民年人均纯收入逐年提高,村民住房、家用电器、交通工具都有了质的变化,一般村民拥有二上二下或三上三下农家楼房。拆迁户在镇住宅小区都拥有两至三套100平方米左右的套房。彩电、空调、冰箱、电脑几乎家

家拥有,60%左右的农户购买了轿车。先富起来的村民住上了小别墅,有两至三辆私家车,过上幸福的小康生活。

一、农民消费

1. 衣

新中国成立前,村民穿着没有一件像样的衣服,粗布的衣服上有着不少补丁,看上去衣衫褴褛,特别难熬的是到了三九严寒北风呼啸的冬天,上身穿一件破棉袄,腰里系一条破作裙,下身穿一条单裤,脚上没有一双像样的棉鞋,没有袜子,有的仅穿一双芦花蒲鞋。睡觉的床垫是竹帘子,上面铺稻草,一条破草席,加一条有不少补丁的粗布床单,一条破破烂烂的棉絮当被头,压上些破棉袄来抵御寒冷。多子女的家庭,老大穿新、老二穿旧,缝缝补补再给阿三阿四穿,到了春节大年初一,一件外套有点新,可里边的衣服破得不像样。农村俗话说:"外面新铜铜,里面一包葱。"

新中国成立后,村民的衣着随着时代的发展而变化。20世纪50年代,村民有了自己的田地,除了种植水稻、三麦、油菜之外,在几分蔬菜地上还种点棉花,秋季时节收获棉花。冬闲季节,女村民开始纺纱织布,大部分织的是白布,到镇上染店染成男女各需的颜色,心灵手巧的女村民,自己裁剪缝成衬衫、裤子或布裙子。缝制的衣服土里土气,男村民大多穿对胸的衬衫,裤子需要布条带束起来。女村民的衬衫是大襟的,纽扣用布结成的纽襻。尽管是这样服饰,村民感到非常开心,毕竟穿上了新衣服。60~70年代,生活条件逐渐好转,村民自己不做土布,到镇上购买男女所需不同颜色的洋布,既好看又光滑,细腻耐穿,再请裁缝师傅到家里,用缝纫机加工衣服。春秋季节,穿上"卡其布""的卡"的中山装,笔挺的劳动布(属上等布料)的裤子,绒线马夹、夹克衫,夏天是麻绸衬衫、"的确良"衬衫、"凡立丁"长裤,冬天绒线衫、棉毛衫、棉毛裤、呢裤子、绸棉袄,外套还有呢大衣,脚上普遍穿上皮鞋,小孩的童装也形式多样,原来的补丁衣服消失无踪。80~90年代,穿的衣服比较高档,不再请裁缝到家加工,而到衣服专卖店挑选,一条长裤至少100元,有的200~300元,夏天一件T恤衫500~1 000元,女青年裙子品种特别多,超短裙、连衣裙、超长裙、百叶裙、连裤裙等应有尽有。2000~2012年,穿衣档次逐渐上升,有全棉衣、保暖衣、羊绒衫、羽绒服、羽绒背心、羽绒裤等,棉被改为鸭绒被,既轻柔又暖和。

2. 食

新中国成立前夕,只有地主、富农人家有肉、有鱼、有荤鲜。穷苦村民,一天中早晚有稀饭,中午有米饭,已算不错了。大多数人家以南瓜稀饭为主,当时还流传一句民谣:"面黄昏、粥半夜,南瓜当顿饿一夜。"下饭的菜肴,一个月内很少见到荤菜,全靠自己种的蔬菜为主,平时带着斤把黄豆到豆腐店换点豆腐、干丝、百叶、油泡等豆制品,已经不错了。休息或黄昏时辰,有的村民用自己编织的渔网去网鱼,用鱼叉叉鱼,黄梅天用"天笼"捕鱼,夏天到稻田的小田岸用钩子钓黄鳝,秋季把小水沟的水舀干,捉鱼挖泥鳅。冬季,男劳动力用船罱河泥积肥,运气好也能罱到2~3斤鱼虾,回家烧后成为最美味可口的菜肴。要解决菜肴的办法,就是饲养家禽,种好蔬菜。当时流行一句俗话:"冬天腌好一缸菜,勿用出门去买菜,养好鸡鸭下下蛋,炖上两个当荤菜。"由于贫困生活,营养不良,老人活到60岁就无力下田劳动了,活到70岁属于长寿。

新中国成立后,村民的饮食大有转变,20世纪60年代中期到70年代,村民吃饭基本上有荤有素,每星期至少2~3次到镇上买点肉、鱼回来,农忙时,因比较辛苦,还杀几只鸡或鸭、鹅来改善生活,做到无荤不吃饭。80~90年代,镇上建造农贸综合市场,农副产品丰富,猪肉、牛肉、羊肉样样有,水产品种也很多,有鲫鱼、鳊鱼、花白鲢、青鱼、草鱼、鲤鱼、鳜鱼、鲈鱼、菜花鱼、黄鳝、泥鳅、蟹、虾等,蔬菜品种更多,有时令时鲜蔬菜,还有暖棚的换季蔬菜、菌菇等。村民可自由选购,极大地丰富了村民的饮食品种。2000年后,村民逐步增强卫生保健意识,吃得好不一定健康,为了防止"高血脂、高血压、高血糖"三高现象发生,村民饮食注重荤素搭配,以素为主,多吃蔬菜瓜果等绿色食品,经常开展晨练和各种形式的体育锻炼,不断增强身体素质,提高免疫力,促进身体健康。2012年,安上村老人70岁不稀奇,80岁多来兮,90岁也不少。

3. 住

新中国成立前,村民住房条件很差,30%的村民住的是茅草房,其余大多是五路头小瓦房,七路头瓦房很少。住草房的村民自嘲地说:"冬暖夏凉。"但遇上台风大雨,屋顶茅草被卷走漏水,屋内遭殃,苦不堪言。

新中国成立后,村民住房条件日益改善。20世纪70年代,经济条件较好的村民把草屋改建成五路头平房,屋顶上盖平瓦或土瓦,茅草房逐年减少,后又将五路头翻建成七路头平房,比原来进深一点,显得较宽大。80年代中期到90年代初,开始建造楼房,为了节省成本,用砂泥石灰砌空心墙,外墙用黄泥石灰粉刷,没有木梁用水泥梁代替,水泥预制楼板重心压力特别大。这样结构的楼房,抗震能力很差,最多20年时间就变成危房。90年代末到2000年,楼房翻楼房,重新建造小别墅式样的小洋房,用水泥黄沙混合拌,砌实心墙,外墙贴马赛克,后因马赛克容易脱落,改用较厚的锦砖或瓷砖,既牢固又美观。室内不再用笨重的预制楼板,统一用钢筋拉网现浇成整块水泥板(包括屋面也这样),拉力大,既坚固又抗震。屋顶盖上红色琉璃瓦,好看又坚固。室内装饰很讲究,客厅铺上80厘米见方的大理石地砖,卧房铺上优质锃亮的木地板,墙壁刷上有环保的立邦涂料,还配有各种五颜六色大小不一的吊灯、壁灯、洞灯等。客厅大门,木质特别优良,坚硬似铁,作为防盗门,整个装潢装饰显得美观豪华。

到2013年止,先后有11个自然村动迁,涉及22个村民小组,共387户村民,分别安置在淀辉锦园、香馨佳园、淀山湖花园等生活小区。从此,村民住进了宽敞明亮的高楼大厦,住房面积从原来的92 629平方米经过动迁安置了121 431平方米,增加住房面积28 802平方米。

4. 行

新中国成立前,村民出行相当困难,自然村与自然村相隔距离无论是长还是短,没有一条像样的道路,都是不到一米宽的泥路。村民到杨湘泾小镇购买生产农具、生活用具、生活食品等,走的都是泥路。遇到雨天出门办事、走亲访友,道路泥泞,路面变得很滑,烂泥往雨鞋上涌,简直迈不开步子,很容易摔跤。要过河,难得有几座古石桥,大部分是不到一米宽的木桥或竹桥,长年累月后,木头腐烂,竹头破碎,渐渐地变成了危桥,每次行人过桥总是小心翼翼,心惊胆战。有的两河相隔没有桥,村里派一名男劳动力,摇一只小船为行人摆渡。有的渡船不用人,在船头和船尾各系一根绳索,上船后,两手扯着绳子把船牵到对岸。村民出远门卖米卖菜,船是不可缺少的交通工具,摇船用木橹,顺风扯篷,逆风拉纤。

新中国成立后,村民出行道路逐步得到改善。70年代,从原来狭小的泥路放宽至2~3米的机耕路,上面铺上黑脚子或道砟;将危险的烂木桥和小竹桥翻建成水泥机耕路桥;人们出行使用自行车。水上交通工具,从原来手摇船改为柴油机动力的挂机船,速度快,又省力。2000

年到2012年,摩托车、电瓶车基本普及,老年人使用电瓶三轮车,60%左右的农户购置了中高档小轿车。同时,镇政府在村内增设了公共自行车停放点,村民出行办事,可免费使用,绿色环保,深受群众欢迎。

随着交通道路建设的迅速发展,公路四通八达,部分群众交通法规意识较淡薄,交通事故时有发生,安上村内出现了14起交通伤亡事故,见表7-2-1。

表7-2-1　　　　　　　　　　安上村交通事故伤亡情况一览表

组别	伤亡者姓名	事发时间	出事人年龄	事故原因
7	姚仁虎	1976.1	23	在上海一家厂门口骑自行车被卡车撞倒身亡
2	茹幸福	1982.9.28	33	小水泥船挂在机帆船上,因断绳船翻落水身亡
16	赵雪马	1989.12	35	彩印厂下班回家车祸身亡
5	陆洪元	1993.6.13	32	驾卡车运化肥,车翻水沟身亡
7	张军才	1996.3.31	42	驾摩托车送客,钻入大卡车底下身亡
11	邱林生	2000.12.18	45	自驾摩托车,车祸身亡
2	高兴无	2002.11	40	自驾摩托车,车祸身亡
17	王云中	2002.12.29	47	自驾摩托车,车祸身亡
11	杨兴元	2003.2.2	49	自驾摩托车,车祸身亡
21	王云华	2005.1.11	35	自驾摩托车,车祸身亡
22	陈国平	2006.11	49	骑摩托车晚上回家路上,与汽车相撞身亡
5	顾丽英	2008.9.12	45	在上海做家政骑自行车,与汽车相撞身亡
4	茹建明	2011.11.14	43	驾卡车外出送货,两车相撞身亡
2	徐建华	2011.11.29	42	自驾摩托车,车祸身亡

二、生活变化

1. 类型调查

选择三户不同类型的家庭,从新中国成立初、1978年、2012年三个时间节点,以经济收入、房屋、家电拥有数、交通工具等方面,具体反映安上村农民的生活变化,见表7-2-2。

表7-2-2　　　　　　　　　　安上村域不同类型家庭生活变化表

类型	时间节点	人数	年收入(元)		房屋(平方米)			家电(台、只)					交通工具(辆)			
			年收入	人均	草屋	平房	楼房	手机	彩电	冰箱	空调	电脑	自行车	电动车	摩托车	汽车
代表一	新中国成立初	4	320	80	48											
	1978年	5	6 500	1 300		72							2		1	
	2012年	5	75万	15万			400	4	4	2	6	4		1		3
代表二	新中国成立初	8	800	100	110											
	1978年	4	1 000	250		80							3			
	2012年	5	13.6万	27 200		86	230	4	3	2	5	2	1	1		1
代表三	新中国成立初	4	420	105	48											
	1978年	7	2 100	300		72										
	2012年	5	24 000	4 800			220	1	1	1			1	1		

2. 生活巨变

从婚照、婚宴、婚嫁、村民生活用具看农民生活巨变。

（1）婚照

新中国成立前和新中国成立初,男女青年结婚不拍摄结婚照片。20世纪60年代起,开始拍摄结婚照片,是2寸的半身照片4张,用于张贴在《结婚证书》上。从20世纪90年代到2000年后,结婚照片有很大变化。男青年穿西装革履的正装,女青年穿上洁白的婚纱,拍摄了多姿多态、亲切感人的照片。从中看到即将举行婚礼的一对恩爱青年夫妻的幸福美满,可亲可爱。所拍摄的近百张大小照片,用特别精美的影集相册装帧,要花6 000~8 000元。这些结婚照片可永远保存,且不褪色,到了老夫老妻,看看当时的结婚照片,回忆起那段亲密无间的美满幸福生活,仍可记忆犹新,回味无穷。

（2）婚宴

新中国成立后,农民生活虽然逐渐好转,子女长大要成家立业,举办婚礼也不是一件容易的事。主要困难还是经济问题,唯一的办法,从婚宴上节省费用,菜肴一切从简,以家常菜为主,冷盆用花生、两个白鸭蛋或两个皮蛋切成8块,猪头肉冻一小盆等拼拼凑凑4~6只冷盆,白菜肉丝、红烧肉、鸡肉等五六个荤菜,已算体面。20世纪60年代,连续遭受三年自然灾害,温饱也成了问题,举办婚宴更是难上加难,只能一切从简,一是削减出席婚宴人数,不请亲朋好友,只邀至亲的娘舅、姑(姨)夫、伯伯、叔叔等长辈,压缩至2~3桌的规模。二是菜肴简单,用自己养的家禽、种的蔬菜做食材。例如,兔子肉、冬瓜在油里一煎代替方肉,鸡、鸭、蛋、胡萝卜、青菜等七拼八凑的几个菜,就成为婚宴。改革开放后,婚宴发生了翻天覆地的变化。冷盆要8~10个,热炒要10~16个,其中有海鲜、虾、蟹等名贵水产。还有点心、八宝饭、奶黄包、春卷、

烧卖、水饺等,最后上西瓜、香蕉、葡萄、哈密瓜等水果。经济条件好的村民办婚宴,干脆邀请亲朋好友到档次高的大酒店赴宴。娶亲婚车装饰得很漂亮,随行6~8辆高级轿车,相当气派,并用摄像机将婚宴场面自始至终拍摄下来,婚后可通过电视录像播放,重温婚宴热闹而快乐的场景。

(3)嫁妆

新中国成立之初,女儿出嫁,有两条被子,一套木制的马桶、脚桶算是全套嫁妆。20世纪80年代,嫁妆不断增加,被子要6~8条,并备有黑白电视机、手表、自行车、缝纫机等。90年代,出嫁被子要8~10条,大多是高档的绸缎料子,还有彩电、摩托车、冰箱等贵重物品。2000年以后,婚嫁有液晶电视、笔记本电脑、轿车,还有戒指、项链、手链、翡翠等金银财宝,条件好的在嫁衣箱内放上几万元银行存折或现金。

(4)村民生活用具的变化

新中国成立初,厨房使用传统的灶头,用稻草、麦草、菜萁柴做燃料,既要往灶膛里送柴草,又要上灶炒菜,烟熏火燎,既不卫生又难熬。20世纪80年代后,开始使用液化气钢瓶,搬迁至小区居民,接通了煤气管道,用上煤气灶,既省钱又方便,烧饭用电饭煲。

卫生设备从拎马桶、倒马桶、上茅坑到家家有卫生间,用上抽水马桶。洗澡装上了浴缸、淋浴器,用太阳能、电热器将自来水自动加温到所需的适当温度,既方便又清洁。

取暖制冷空调设备的使用,大大提高了村民的生活质量。新中国成立初期,农民在严寒的季节,取暖办法一靠墙角晒太阳,二靠一个铜脚炉,用热火柴灰加上谷壳或木屑拌匀,盖上有小孔的盖子,用来烘手烘脚取暖。买不起铜脚炉的村民,用钵头代替脚炉。一到夏天,炎热酷暑的季节,一靠自然风,二靠一把蒲扇或纸扇,人躲到船舫棚船上或竹园里避暑。20世纪70年代,有了电风扇解决了炎热问题;80年代开始,有了空调;90年代后,空调基本普及,有的农户有3台空调,不管是严寒冬天还是炎热夏天,都有空调来调节室内温度,村民生活有了翻天覆地的变化。

第三节 社会保障

2000年后,农村人口日趋老龄化,随着计划生育政策的不断深入人心,农户人口结构日趋"4:2:1"模式,使农村单纯以家庭养老的保障功能日益弱化,从而显露出一系列的社会和经济问题。2002年起,全市推行农村养老保险制度,老人生活由原来子女负担变为社会养老保障机构负担,老人生活有了保障,减少了家庭纠纷或婆媳矛盾,促进了家庭和睦,社会和谐,充分体现了改革开放的又一巨大成果。

一、农保

从2003年4月开始,政府投入巨资,全面实行农民养老金制度。是年,男性满60周岁,女性满55周岁的农民全部享受每月100元的养老金,70周岁以上的享受每月130元,并每年以2.5%的幅度增长,费用全部由政府负担。至2008年,女55周岁(2008年调整为50周岁),男60周岁以上农保养老金提高到190元/月,70周岁以上的提高到220元/月(2009年1月起增发 60 元人/月)。对未满领取政府农保养老金年龄的农民(18 周岁以上)每年每人缴纳养老金 1 050 元,由个人、镇政府、市政府按 4∶3∶3 比例分担,并按每年 7% 的幅度增交。年满 70 周岁以上的村民,每月领取养老保险金 130 元,全年 1 560 元,以后几年,领取养老金的基数逐年增长。

2003 年,安上村缴纳农村基本养老金 610 人 192 150 元,发放养老金 463 人 666 120 元。

2012 年发放养老金 198 人,每月 370 元,70 周岁以上老人每月领取 400 元,计 951 240 元。见表 7-3-1、表 7-3-2。

表 7-3-1　　　　　2003～2010 年安上村历年收交农村基本养老金一览表　　　　　单位:人、元

年份	人数	每人每年上交数	金额	备注
2003	610	315	192 150	不足一年交费
2005	664	480	318 720	
2006	528	516	272 448	
2007	461	570	262 770	
2009	183	630	115 290	
2010	78	660	51 480	
			1 212 858	

表 7-3-2　　　　　2002～2012 年安上村选年发放农村养老金一览表　　　　　单位:人、元

年份	人数	金额	60～69 岁每人每月发放数	70 岁以上每人每月发放数
2002	362	240 000	100	130
2003	463	666 120	100	130
2005	487	776 160	120	150
2006	496	792 000	120	150
2007	502	846 600	130	160
2008	536	1 307 400	190	220
2010	220	889 320	310	340
2012	198	951 240	370	400

二、社保

2000 年,社会养老保险只在市镇从业人员(机关、企事业单位干部、职工)中施行。随着经济的进一步发展,农民生活越来越富裕,村民养老方式逐步从农保向城镇社会养老保险转移。此后又在农民、失地农民中逐步展开。有相当一部分村民,个人在退休前将自己负担的部分保费,到市社保局补交足 15 年养老保险金,纳入社保;2005 年,失地农民已超退休年龄的农保村民,一次性补交足 15 年养老保险金后,纳入社保。

2005 年,安上村失地保障农民转移进社保 82 人,见表 7-3-3。

2006 年,失地保障农民转移进社保 25 人,见表 7-3-4。

安上村志

2007年,失地保障农民转移进社保20人,见表7-3-5。

2010年,失地保障农民转移进社保37人,见表7-3-6。是年,最后一次对已超退休年龄的农保村民,一次性补交足15年养老保险金,优惠纳入社保。

2012年年底,全村男性年满60周岁以上252人,女性年满50周岁以上477人,合计729人。其中,享受社保531人,与城镇退休居民同等待遇,见表7-3-7。

表7-3-3　　　　　　　　　　　2005年安上村农保转社保人员一览表

组别	姓名	组别	姓名	组别	姓名	组别	姓名	组别	姓名
1	王静珍	5	沈佰林	9	张红珍	13	徐为珍	15	柴二宝
1	胡三妹	6	陆兴英	9	王二宝	13	朱银根	15	蔡惠芬
2	吴二宝	6	李菊珍	10	陈惠英	13	叶纪明	15	冯小夯
2	黄雪珍	6	顾凤金	10	方引珍	13	殷正友	15	张红珍
2	吴社珍	6	徐文龙	10	朱引元	14	金瑞英	15	周珍宝
3	徐文英	6	顾大囡	10	徐素英	14	张国良	17	周林根
3	朱秀菊	7	陆文龙	10	叶祥龙	14	王玉英	17	顾雪珍
3	陈进元	7	刘汉堂	11	柳泉荣	14	蒋洪球	17	顾全英
4	王金元	7	周金红	11	柳振华	14	朱雪珍	20	杨飞龙
4	茹引菊	7	计凤英	11	叶彩菊	15	吴彩芳	27	朱彩妹
4	茹小妹	7	陆云庭	11	周正敏	15	钟泉荣		
4	茹海林	8	徐为英	11	杨菊英	15	柴小宝		
4	王雪珍	8	周春林	11	陈志远	15	柴彩菊		
4	叶引菊	8	周洪文	12	张雪珍	15	朱雪金		
5	顾兴法	8	浦宏弟	12	强双芬	15	董佩贞		
5	顾雪元	9	胡海元	12	沈金生	15	冯雪珍		
5	陆品根	9	伍坤元	12	伍美英	15	翁品娥		
5	焦海英	9	童进元	13	陈小弟	15	黄小妹	合计	82人

表7-3-4　　　　　　　　　　　2006年安上村农保转社保人员一览表

组别	姓名	组别	姓名
1	童瑞元	8	叶洪妹
1	周静英	9	陈桂平
2	孙春林	10	叶祥菊
2	茹木生	11	罗燕
3	陈根元	13	沈引元
3	赵永祥	16	陆二宝
3	赵秋生	16	张桂根

续表

组别	姓名	组别	姓名
5	费宝弟	16	周洪菊
5	顾阿四	16	陆静芳
5	周雪珍	17	姚秀珍
5	沈品泉	18	张雪英
6	李爱珍	21	屈桂珍
8	赵红英	合计	25人

表7-3-5　　　　2007年安上村农保转社保人员一览表

组别	姓名	组别	姓名
2	徐金发	15	沈阿五
3	高美英	15	柴云奎
3	王菊英	16	王雪英
5	沈志荣	16	王洪英
6	徐春娟	17	赵洪珍
7	沈金英	18	张林珍
8	周雪娟	20	杨德泉
9	郁三宝	21	屈阿五
9	胡洪珍	27	唐美珍
11	张小海	27	刘丽明
		合计	20人

表7-3-6　　　　2010年安上村农保转社保人员一览表

组别	姓名	组别	姓名	组别	姓名
4	顾阿品	15	杨林英	20	朱小英
6	柳龙英	15	蔡阿涛	20	王引娥
7	陈润明	15	朱兰英	21	屈仁明
7	浦玉英	17	赵林珍	21	王瑞英
8	周青	18	顾莉英	22	王玉萍
10	周六妹	18	陆金英	26	蔡惠英
10	朱阿三	18	蒋阿明	26	陆永弟
10	顾林元	19	唐雪英	27	朱元德
13	潘红娟	19	蒋三球	27	陈三苟

续表

组别	姓名	组别	姓名	组别	姓名
14	顾秀娟	19	周卫林	27	程祥妹
15	董菊芳	19	周莱娥	27	徐 英
15	何淑芳	19	周泉英		
15	柴桂英	19	张雅英	合计	37人

表7-3-7　　　　　2012年年底安上村村民享受农保、社保人数一览表

组别	人数	男	女	农保	社保	组别	人数	男	女	农保	社保
1	27	10	17	6	21	16	30	10	20	16	14
2	34	11	23	6	28	17	39	14	25	11	28
3	30	12	18	2	28	18	20	7	13	3	17
4	21	7	14	1	20	19	30	9	21	12	18
5	25	12	13	5	20	20	26	10	16	11	15
6	25	8	17	4	21	21	34	13	21	12	22
7	26	9	17	5	21	22	42	13	29	15	27
8	19	8	11	6	13	23	26	10	16	8	18
9	33	11	22	4	29	24	22	9	13	4	18
10	17	4	13	4	13	25	18	7	11	4	14
11	25	9	16	4	21	26	23	6	17	7	16
12	15	5	10	5	10	27	21	6	15	7	14
13	18	8	10	6	12						
14	17	5	12	3	14						
15	66	19	47	27	39	合计	729	252	477	198	531

三、弱势群体人民的生活保障

淀山湖镇残疾人联合会建于1993年。按照《中华人民共和国残疾人联合会章程》规定，2006年年底，安上村设立专职办事人员。残疾人联合会致力于推动残疾人事业发展，维护残疾人合法权益，沟通与社会和政府之间的联系，团结广大残疾人，遵守国家法律，履行社会义务，为构建和谐社会发挥积极作用。

2009年，安上村获昆山市残联颁发的"基层残疾人工作先进集体"荣誉称号。

2012年，安上村有残疾人66人（男52人，女24人），其中视力残疾人3人（男3人，女0人），智力残疾人13人（男9人，女4人），听力残疾人8人（男4人，女4人），肢体残疾人24人（男18人，女6人），精神残疾人11人（男4人，女7人），多重残疾人7人（男4人，女3人）。残联的主要工作是为残疾人维权、残疾人劳动就业服务，建立助残扶残志愿者队伍，建立残疾人康复室等。

第四节　医疗保险

推行农村合作医疗保险制度后,村民生了小毛小病就近到村卫生医疗站诊疗,大病进医院,费用由大病保险基金报销95%。老来有老保、生病有医保,是改革开放后老百姓幸福生活的又一真实体现。

农村医疗保险,是农村居民生活保障体系的重要组成部分,解决了老百姓看病难、看大病更难和因病致贫的重大问题。

一、农村合作医疗保险制度

1970年,合作医疗基金由社员个人和生产队共同筹集,参加的个人每年每人交1~2元,集体交2~4元,作为医药费。在村医疗站就诊,医药费可全免;转公社卫生院看病,医药费报销50%;如果转县以上医院的,则报销20%~30%。

大病风险基金制度始建于1992年。以户为单位参加,参加率在95%以上。每人每年缴纳2元、4元不等,镇、市两级政府有拨款。基金兑现,在21世纪之前最高不超过3 000元;2000年的收费标准有所提高,每人每年交20元,其中个人交16元,市、镇财政各补贴2元;结算标准也不尽相同,超过千元补偿20%;超过3 000~5 000元,补偿25%;5 000元以上,补偿30%,住院病人补偿额6 000元封顶。

2000~2003年,政府在农村合作医疗的基础上,逐步完善大病风险基金制度,对解决农民大病看不起、因病返贫起到了一定的作用。

2004年起,政府加大了对农村医疗保险的投入力度,对农村居民全面实施医疗保险,交费标准每人每年200元,其中个人负担50元(60周岁以上老人免交),其余由镇、村两级财政负担。2004~2006年农村医疗保险参保人员,见表7-4-1。

表7-4-1　　　　　　2004~2006年安上村农村医疗保险参保人员一览表　　　　　　单位:人、元

年份	参保人数	交费金额
2004	1 736	86 800
2005	1 354	67 700
2006	1 508	75 400

2009年,调整居民医疗保险筹资标准,每人每年为320元,其中市、镇两级财政分别补助110元,村级集体经济补助20元,参保居民个人缴纳80元。调整居民医疗保险享受待遇:(1)门诊、住院起付线与职工医保接轨。60周岁以下门诊起付线调整为600元,60周岁以上门诊起付线调整为300元;60周岁以下住院起付线据一、二、三级医院(含转外)等医院类别仍为300元、600元、1 000元,60周岁以上根据一、二、三级医院(含转外)等医院类别分别调整为200元、500元、800元。(2)门诊、住院各分段统筹基金补助报销比例,在原基础上分别提

高 5 个百分点。

2012 年，缴费标准每人每年达 550 元，其中个人 150 元/人，镇补 180 元/人，市补 200 元/人，村补 20 元/人，60 周岁以上交费由市镇补贴，低保个人交费由市补贴，居委集体补贴由镇负担。

二、大病医疗救助制度

2008 年起，实行农村大病医疗救助帮困制度，彻底解决了村民因病致贫的后顾之忧。是年，得到大病救助 8 人，救助金额 21 500 元；2012 年，得到大病救助 24 人，救助金额 91 019 元，见表 7-4-2、表 7-4-3、表 7-4-4、表 7-4-5。

表 7-4-2　　　　2008 年、2011 年、2012 年安上村大病救助人数一览表　　　　单位：人、元

年份	人数	金额
2008	8	21 500
2011	31	45 600
2012	24	91 019

表 7-4-3　　　　2008 年安上村大病医疗救助情况一览表　　　　单位：元

组别	姓名	金额	组别	姓名	金额
2	沈建中	6 000	21	王国平	1 500
5	陈阿大	1 500	26	沈荣元	2 500
10	叶祥龙	2 500	26	韦保生	2 500
16	王纪宝	3 000			
21	方祥荣	2 000	合计	8 人	21 500

表 7-4-4　　　　2011 年安上村大病医疗救助情况一览表　　　　单位：元

组别	姓名	金额	组别	姓名	金额
1	胡德华	700	19	唐引宝	800
2	伍阿毛	700	19	唐祥宝	2 900
6	沈洪娥	700	20	顾雪英	2 500
6	顾菊英	1 300	21	房连英	1 700
9	童金娥	1 300	21	屈雪荣	4 300
9	伍进良	2 100	22	王保其	2 300
10	叶祥龙	1 500	23	张雪祥	800
10	叶金康	5 200	23	张国荣	800
11	徐书香	1 100	24	李国良	1 300
12	陈阿大	700	24	王福泉	1 100

续表

组别	姓名	金额	组别	姓名	金额
12	徐自梅	800	25	王生荣	800
14	童三宝	700	27	吕雪英	700
15	柴建林	2 100	27	朱小苟	800
17	周菊英	1 100	27	陈三苟	900
17	蒋红叶	1 100			
17	张佰元	700			
17	费金根	2 100	合计	31 人	45 600

表7-4-5　　　　　　　　　　　2012年安上村大病医疗救助情况一览表　　　　　　　　　　单位:元

组别	姓名	金额	组别	姓名	金额
2	童小妹	3 345	17	周菊英	900
4	陈巧英	9 560	17	陆仁龙	800
6	顾念春	11 190	18	朱阿本	8 580
6	陈菊英	1 000	19	唐雪宝	700
8	顾小妹	900	19	陆秀英	2 100
8	周泉元	1 300	20	王美珍	3 417
8	金四大	1 300	21	伏如凤	7 356
8	周剑民	700	21	谢阿毛	10 528
9	陈阿娥	800	21	屈阿六	700
9	童金娥	1 000	24	袁秀妹	1 900
10	金小妹	9 888	25	陈秀英	11 355
10	顾阿丘	900			
17	汤仁法	800	合计	24 人	91 019

三、农村医保转城镇医保

2009年,农村医保转城镇医保的村民有109人,见表7-4-6。

表7-4-6　　　　　　　　　　　2009年安上村农村医保转城镇医保一览表

组别	姓名	组别	姓名	组别	姓名	组别	姓名	组别	姓名	组别	姓名
1	周春娥	5	赵阿珍	10	叶祥娥	15	郭金英	20	叶秋英	24	张玉珍
1	方玉英	6	费海珍	11	赵春妹	16	顾瑞珍	20	殷大囡	24	钱惠娥
1	王阿明	7	张林妹	11	朱菊英	16	胡秀英	20	钱爱福	24	庞惠娟
1	胡美娟	7	陈林珍	11	柳阿大	16	王红英	21	李三子	24	李金凤
1	陈海英	7	张均芳	11	郁冬女	17	周四宝	22	林继红	24	赵菊珍

续表

组别	姓名	组别	姓名	组别	姓名	组别	姓名	组别	姓名	组别	姓名
1	童三宝	7	陆云娥	11	吴龙英	17	沈荣珍	22	赵雪英	25	许金妹
2	任阿七	8	周阿大	12	陆彩娥	17	费引菊	22	郭玉细	25	沈龙英
2	徐金凤	8	张均卫	12	张彩娥	17	赵参英	22	袁佩娟	25	吕根生
2	程志平	8	周爱英	13	张雪珍	17	叶白妹	22	钱阿四	25	沈海妹
3	陈彩英	9	陆彩妹	13	郭夫宝	18	曹雪琴	22	张元珍	26	张荣珍
3	徐红妹	9	周春英	13	郭祥妹	18	杨惠英	22	张凤琴	26	顾彩英
3	张菊英	9	林小巧	15	盛爱英	18	张雪珍	23	周宝宝	26	姚阿二
3	赵德英	9	张金秀	15	郭凤珍	18	蒋引娣	23	李卫凤	26	杨惠珍
3	王林宝	9	李为英	15	柴凤英	19	张玉琴	23	朱龙妹	27	王根宝
3	高杏英	9	盛亚英	15	许士妹	19	蒋腊妹	23	张阿四		
3	王承英	9	胡产英	15	冯大宝	19	赵春宝	23	张贵荣		
3	陈素英	9	伍坤元	15	冯小妹	19	王贵珍	23	周引珍		
3	浦洪英	10	庄全英	15	柴云娥	19	金惠娟	23	顾三宝		
4	茹三宝	10	徐亚芳	15	姜品生	19	周志明	24	周美英	合计	109人

四、大病风险基金

大病风险基金,每人每年缴纳60元,自2012年1月1日起对超过5万元医疗费,可在大病风险基金中报销总医疗费的95%。此项制度推出后,彻底解决了老百姓生大病、经济上无力支付的后顾之忧。

第五节　土地补偿

一、征地补偿

由于征用土地的时间阶段不同,享受补偿的方法和金额也不同。

2000年前征用的,每亩每年补300元,加60周岁以上老人每人每年补900~1 000元。

2001~2003年征用的,分责任田、自留田、口粮田,每年每亩分别补300元、600元、900元。

2004年将以前征用的,分责任田、自留田、口粮田,每年每亩分别补400元、800元、1 200元。

2004年当年征用的,按每亩12 600元,分5年付清。

2005年征用的,按每亩12 600元一次性付清。

2011年起征用的,按每亩16 800元一次性付清。

2012年年底,安上村27个村民小组涉及征地补偿的有26个村民小组,享受补偿户数658户2 165人,征地补偿总金额4 003.353万元,见表7-5-1。

历年详细说明,见表7-5-2、表7-5-3、表7-5-4、表7-5-5、表7-5-6、表7-5-7、表7-5-8、表7-5-9、表7-5-10、表7-5-11、表7-5-12、表7-5-13、表7-5-14、表7-5-15。

表7-5-1　　　　　　　　　2012年安上村征(使)用土地累计补偿结算汇总表

组别	户数		享受补偿人数	面积(亩)			累计补偿金额(元)
	全部户数	享受补偿户数		基础面积	实有面积	累计补偿面积	
1	24	24	88	219.27		219.27	1 683 060
2	26	26	96	227.014		227.014	1 838 180
3	23	23	95	225.44	8.17	217.274	1 426 324
4	19	19	59	123.569	61.24	62.329	632 474
5	22	22	85	200.058	7.36	192.698	1 150 175
6	22	22	75	200.801		200.801	1 165 265
7	27	27	82	185.490	76.176	109.314	908 201
8	17	17	57	168.128		168.128	909 892
9	24	24	90	224.452		224.452	1 550 163
10	17	17	50	146.518		146.518	816 556
11	18	18	64	188.096		188.096	1 055 534
12	12	12	57	145.408		145.408	836 644
13	14	14	45	100.961		100.961	605 197
14	19	19	56	163.102		163.102	844 154
15	58	58	212	433.43	13.69	419.74	3 094 701
16	27	27	86	270.54	145.933	124.607	1 097 112
17	38	38	122	233.86	20.07	213.79	2 379 244
18	20	20	60	154.37		154.37	1 660 244
19	39	39	106	297.303		297.303	3 592 638
20	28	28	82	166.91	31.914	134.996	1 509 597
21	38	38	120	284.92	169.466	115.454	1 085 620
22	42	42	109	229.27	11.17	218.10	2 748 060
23	15	15	77	210.09	53.47	156.62	1 973 412
24	12	0		168.20	168.20		
25	28	28	50	234.91		234.91	2 959 866
26	19	19	71	167.62	112.07	55.55	699 930
27	22	22	71	154.38		154.38	1 811 287
合计	670	658	2 165	5 524.114	878.929	4 645.185	40 033 530

表7-5-2 安上村域各村民小组历年征地补偿金额汇总表

单位:元

组别	1996~2000年	2001年	2002年	2003年	2004年	2005年	2006年	2007年	2008年	2009年	2010年	2011年	2012年	合计
1	7 278	7 409	8 197	21 818	31 610	714 238	48 475	48 475	601 616	48 476	48 476	48 476	48 476	1 683 060
2	18 364	17 993	22 738	31 913	46 124	699 056	51 777	51 265	437 838	51 774	51 774	305 790	51 774	1 838 180
3	10 473	630	8 568	33 489	82 838	82 838	91 500	90 154	91 498	91 498	91 498	659 842	91 498	1 426 324
4	9 285		40 268	52 517	51 678	51 678	76 794	76 794	54 692	54 692	54 692	54 692	54 692	632 474
5			7 571	86 557	115 305	115 305	120 023	120 019	117 079	117 079	117 079	117 079	117 079	1 150 175
6				75 369	132 860	132 860	132 858	132 858	106 400	106 400	106 400	106 400	106 400	1 165 265
7	15 623		14 626	78 591	81 998	81 998	109 431	108 104	132 860	83 566	83 566	83 566	83 566	908 201
8				27 431	98 051	98 051	98 054	98 050	98 051	98 051	98 051	98 051	98 051	909 892
9	19 981		11 986	39 052	99 663	99 663	103 930	103 930	103 935	103 935	103 935	656 218	103 935	1 550 163
10			794	54 415	83 149	83 149	85 007	85 007	85 007	85 007	85 007	85 007	85 007	816 556
11			11 467	78 695	104 690	104 690	107 999	108 003	107 998	107 998	107 998	107 998	107 998	1 055 534
12			999	57 572	81 163	81 163	87 966	87 966	87 963	87 963	87 963	87 963	87 963	836 644
13			18 407	43 070	59 956	59 956	60 544	60 544	60 544	60 544	60 544	60 544	60 544	605 197
14				3 555	94 521	94 521	90 261	88 691	94 521	94 521	94 521	94 521	94 521	844 154
15	71 810	66 681	119 689	176 079	256 852	256 852	256 850	256 850	340 012	256 852	256 852	256 852	522 460	3 094 701
16				16 080	31 555	563 434	355 840	21 703	21 700	21 700	21 700	21 700	21 700	1 094 112
17				8 862	143 850	143 848	1 737 504	143 842	143 850	14 372	14 372	14 372	14 372	2 379 244
18				9 388	13 076	13 076	13 079	13 077	1 546 244	13 076	13 076	13 076	13 076	1 660 244
19									2 145 087	744 282	703 269			3 592 638
20			4 680		73 819	73 819	73 819	73 815	73 819	790 290	328 122	8 712	8 712	1 509 597
21			11 417		16 904	16 904	16 899	16 772	16 906	939 100	16 906	16 906	16 906	1 085 620
22									91 980	2 656 080				2 748 060
23										1 973 412				1 973 412
24														
25									2 959 866					2 959 866
26										699 930				699 930
27			5 052		6 177	6 177	6 177	6 175	1 756 821	6 177	6 177	6 177	6 177	1 811 287
合计	152 814	92 713	265 310	915 602	1 705 839	3 573 316	3 724 777	1 792 104	11 253 453	9 306 775	2 551 978	2 903 942	1 794 907	40 033 530

表7-5-3　　　　　　　　　　1996~2000年安上村域征地补偿情况一览表　　　　　　　　　单位：人、元

组别	征地补偿		老人补偿		合计补偿金额
	人数	金额	人数	金额	
1	72	7 278			7 278
2	73	18 364			18 364
3	85	10 473			10 473
4	54	9 285			9 285
7	76	15 623			15 623
9	90	19 981			19 981
15	102	36 530	42	25 280	71 810
合计	552	117 534	42	35 280	152 814

表7-5-4　　　　　　　　　　　2001年安上村征地补偿情况一览表　　　　　　　　　　单位：人、元

组别	征地补偿		老人补偿		公路补偿		合计补偿金额
	人数	金额	人数	金额	人数	金额	
1	46.4	6 555			46.4	854	7 409
2	68.45	17 993					17 993
3					71.4	630	630
15	102.4	51 381	17	15 300			66 681
合计	217.15	75 929	17	15 300	117.8	1 484	92 713

表7-5-5　　　　　　　　　　　2002年安上村征地补偿情况一览表　　　　　　　　　　单位：人、元

组别	土地补偿		老人补偿		合计支付金额
	人数	金额	人数	金额	
1	60	8 197			8 197
2	75.7	22 738			22 738
3	84	8 568			8 568
4	40	31 028	11	9 240	40 268
5	72.75	7 571			7 571
7	70.1	14 626			14 626
9	84	11 986			11 986
10	48	794			794
11	61.25	11 467			11 467
12	45.6	999			999
13	38	18 407			18 407
15	108	77 589	44	42 100	119 689
合计	787.4	213 970	55	51 340	265 310

表7-5-6　　2003年安上村征地补偿情况一览表　　单位：人、元

组别	在册及小城镇户口		在校学生		1993~1998小城镇户口		合计支付金额
	人数	金额	人数	金额	人数	金额	
1	60.41	20 579	1	118	9.5	1 121	21 818
2	75	30 587	1.75	238	8	1 088	31 913
3	80	31 929	3	390	9	1 170	33 489
4	51	51 625	2	446	2	446	52 517
5	71.42	83 529			7	3 028	86 557
6	65.1	74 775	2	396	1	198	75 369
7	70	76 818	3	1 095	3	678	78 591
8	43	26 531			6	900	27 431
9	82.66	38 200	3	426	3	426	39 052
10	45.75	54 221	1	194			54 415
11	57.27	78 068	1	209	2	418	78 695
12	43.94	56 582	1	198	4	792	57 572
13	37	42 422	2	432	1	216	43 070
14	47	3 153	1	67	5	335	3 555
15	195.1	173 322	4	1 566	5	1 191	176 079
16	65	15 517	2.75	413	1	150	16 080
17	92.3	7 842	3	255	9	765	8 862
18	51	8 638	3	450	2	300	9 388
20	71	4 431	1	62	3	187	4 680
21	116.85	11 225	1	96	1	96	11 417
27	61	4 741	2	156	2	155	5 052
合计	1 481.8	894 735	38.5	7 207	83.5	13 660	915 602

表7-5-7　　2004年安上村征地补偿情况一览表　　单位：户、人、元

组别	户数	人数	2.4.8补偿		20%补偿		合计	
			面积	金额	面积	金额	面积	金额
1	25	65	102.39	31 610			102.39	31 610
2	26	72	129.434	46 124			129.434	46 124
3	23	86	183.444	82 838			183.444	82 838
4	21	53	62.329	51 678			62.329	51 678

续表

组别	户数	人数	2.4.8 补偿		20%补偿		合计	
			面积	金额	面积	金额	面积	金额
5	24	75	192.698	115 305			192.698	115 305
6	23	68	190.301	106 400	10.5	26 460	200.801	132 860
7	29	72	109.314	81 998			109.314	81 998
8	18	49	168.128	98 051			168.128	98 051
9	26	84	191.578	99 663			191.578	99 663
10	17	46	146.518	83 149			146.518	83 149
11	19	63	188.096	104 690			188.096	104 690
12	18	46	145.408	81 163			145.408	81 163
13	15	37	100.961	59 956			100.961	59 956
14	19	47	163.102	94 521			163.102	94 521
15	58	192	397.33	256 852			397.33	256 852
16	35	70	72.587	29 035	1	2 520	73.587	31 555
17	40	96	35.93	14 372	51.38	129 478	87.31	143 850
18	21	54	32.69	13 076			32.69	13 076
20	30	81	21.78	8 712	25.836	65 107	47.616	73 819
21	41	117	42.26	16 904			42.26	16 904
27	24	67	15.44	6 177			15.44	6 177
合计	552	1 540	2 691.718	1 482 274	88.716	223 565	2 780.434	1 705 839

表 7-5-8　　2005年安上村征地补偿情况一览表　　单位:户、人、元

组别	户数	人数	2.4.8 补偿		20%补偿		一次性补偿		合计	
			面积	金额	面积	金额	面积	金额	面积	金额
1	27	93	102.39	31 610			54.18	682 668	156.57	714 278
2	29	99	129.434	46 124			51.82	652 932	181.254	699 056
3	26	97	183.444	82 838					183.444	82 838
4	21	64	62.329	51 678					62.329	51 678
5	26	82	192.698	115 305					192.698	115 305
6	28	76	190.301	106 400	10.5	26 460			200.801	132 860
7	29	83	109.314	81 998					109.314	81 998
8	20	63	168.128	98 051					168.128	98 051

续表

组别	户数	人数	2.4.8补偿		20%补偿		一次性补偿		合计	
			面积	金额	面积	金额	面积	金额	面积	金额
9	30	90	191.578	99 663					191.578	99 663
10	19	54	146.518	83 149					146.518	83 149
11	17	67	188.096	104 690					188.096	104 690
12	20	59	145.408	81 163					145.408	81 163
13	14	42	100.961	59 956					100.961	59 956
14	19	62	163.102	94 521					163.102	94 521
15	67	216	397.33	256 852					397.33	256 852
16	34	86	52.92	21 168	1	2 520	42.837	539 746	96.757	563 434
17	40	113	35.93	14 370	51.38	129 478			87.31	143 848
18	21	60	32.69	13 076					32.69	13 076
20	29	79	21.78	8 712	25.836	65 107			47.616	73 819
21	41	120	42.264	16 904					42.264	16 904
27	24	73	15.44	6 177					15.44	6 177
合计	581	1 778	2 672.06	1 474 405	88.716	223 565	148.837	1 875 346	2 909.61	3 573 316

表7-5-9　　2006年安上村征地补偿情况一览表　　单位：人、元

组别	征地补偿		组别	征地补偿	
	人数	金额		人数	金额
1	90	48 475	12	58	87 966
2	99	51 777	13	47	60 544
3	95.75	91 500	14	57	90 261
4	58	76 794	15	215.166	256 850
5	82.84	120 023	16	85	355 840
6	74	132 858	17	119.083	1 737 504
7	81	109 431	18	58.75	13 079
8	60	98 054	20	78.92	73 809
9	90	103 930	21	123.92	16 899
10	51	85 007	27	73	6 177
11	65.083	107 999	合计	1 762.512	3 724 777

表 7-5-10　　　　　　　　　　　　　　2007年安上村征地补偿情况一览表　　　　　　　　　　　单位:人、元

组别	征地补偿		组别	征地补偿	
	人数	金额		人数	金额
1	90	48 475	13	47	60 544
2	99.166	51 265	14	57.167	88 691
3	95	90 154	15	213.75	256 860
4	59	76 794	16	84.677	21 703
5	82	120 019	17	120.667	143 842
6	75	132 858	18	58.583	13 077
7	81	108 104	20	79	73 815
8	60	98 050	21	123.917	16 772
9	90	103 930	27	72.083	6 175
10	51	85 007			
11	64.75	108 003			
12	58	87 966	合计	1 761.76	1 792 104

表 7-5-11　　　　　　　　　　　　　　2008年安上村征地补偿情况一览表　　　　　　　　　　　单位:人、元

组别	征地补偿		组别	征地补偿	
	人数	金额		人数	金额
1	89	601 616	14	57	94 521
2	98	437 838	15	211	340 012
3	97	91 498	16	84	21 700
4	59	54 692	17	121	143 850
5	82	117 079	18	58	1 546 244
6	75	132 860	19	104	2 145 087
7	81	83 566	20	78	73 819
8	60	98 051	21	124	16 906
9	90	103 935	22	107	91 980
10	51	85 007	25	49	2 959 866
11	64	107 998	27	72	1 756 821
12	57	87 963			
13	47	60 544	合计	2 015	11 253 453

表7-5-12　　2009年安上村征地补偿情况一览表　　单位：人、元

组别	征地补偿 人数	征地补偿 金额	组别	征地补偿 人数	征地补偿 金额
1	87	48 476	15	211	256 852
2	98	51 774	16	85	21 700
3	94	91 498	17	123	14 372
4	58	54 692	18	60	13 076
5	82	117 079	19	106	744 282
6	75	106 400	20	79	790 290
7	81	83 566	21	122	939 100
8	60	98 051	22	109	2 656 080
9	89	103 935	23	77	1 973 412
10	51	85 007	26	71	699 930
11	64	107 998	27	72	6 177
12	57	87 963			
13	47	60 544			
14	57	94 521	合计	2 115	9 306 775

表7-5-13　　2010年安上村征地补偿情况一览表　　单位：人、元

组别	征地补偿 人数	征地补偿 金额	组别	征地补偿 人数	征地补偿 金额
1	87	48 476	13	46	60 544
2	97	51 774	14	57	94 521
3	95	91 498	15	211	256 852
4	58	54 692	16	85	21 700
5	83	117 079	17	124	14 372
6	75	106 400	18	61	13 076
7	81	83 566	19	109	703 269
8	59	98 051	20	79	328 122
9	89	103 935	21	120	16 906
10	51	85 007	27	72	6 177
11	64	107 998			
12	57	87 963	合计	1 860	2 551 978

表 7-5-14　　2011 年安上村征地补偿情况一览表　　单位:元

组别	征地补偿 人数	征地补偿 金额	组别	征地补偿 人数	征地补偿 金额
1	87	48 476	13	45	60 544
2	97	305 790	14	56	94 521
3	94	659 842	15	211	256 852
4	57	54 692	16	85	21 700
5	84	117 079	17	122	14 372
6	75	106 400	18	60	13 076
7	81	83 566	20	82	8 712
8	57	98 051	21	121	16 906
9	91	656 218	27	71	6 177
10	51	85 007			
11	64	107 998			
12	57	87 963	合计	1 748	2 903 942

表 7-5-15　　2012 年安上村征地补偿情况一览表　　单位:元

组别	征地补偿 人数	征地补偿 金额	组别	征地补偿 人数	征地补偿 金额
1	88	48 476	13	45	60 544
2	96	51 774	14	56	94 521
3	95	91 498	15	212	522 460
4	59	54 692	16	86	21 700
5	85	117 079	17	122	14 372
6	75	106 400	18	60	13 076
7	82	83 566	20	82	8 712
8	57	98 051	21	120	16 906
9	90	103 935	27	71	6 177
10	50	85 007			
11	64	107 998			
12	57	87 963	合计	1 752	1 794 907

二、土地流转补偿

1998年,安上村域各组村民均有土地承包种植,且有一定经济效益。随着时间的推移,情况不断发生变化,有的村民进厂务工,有的经商,无法集中精力种田。为进一步提高经济效益,农田实行土地流转,由大农户专业经营,上交一定费用,农民从中得到土地补偿费。

2002年前,由各村民小组自行集体讨论决定,发包给养殖鱼塘、种植农田的农户,定全年上交数,到年底,由组长负责将收到的上交金额,按责任田确权人数发放到各村民手里。

土地流转补偿分三个阶段实施。

2002年,安上村27个村民小组,除了15组(永义拆迁搬来)之外的26个村民小组,土地补偿费96 721元。8年土地流转补偿累计总额227.082 8万元,见表7-5-16。

2002年起,由村经济合作社组织有偿转让,将发包收入在上交税费后的净收益中,再扣除各种费用后的纯收入,村留25%,其余75%补偿给村民。

2011年起,成立农地股份合作社,村民将土地入股,每股保底分配和二次分配作为分红总金额,返回给有土地的村民作流转补偿。是年,10个村民组确权815人,入股土地765.27亩,折合765.27股,合计分红556 343元,见表7-5-17。

2012年,土地补偿费627 509元,见表7-5-18。

表7-5-16　　　　　2002～2012年安上村土地流转补偿情况一览表　　　　　单位:元

年份 组别	2002	2003	2004	2005	2007	2008	2011	2012	合计
1	3 705	5 374	8 193	20 322	27 960		14 652	16 526	96 732
2	3 826	5 111	5 104	7 663	31 209				52 913
3	3 971	902	2 596				13 080	14 764	35 313
4			898	2 389	2 392	2 397			8 076
5	2 683								2 683
6	5 539	3 486							9 025
7	1 243	986	1 374	3 662	3 664	3 662			14 591
8	4 684	257	6 450						11 391
9	3 978		2 810						6 788
10	221		853						1 074
11	4 281								4 281
12	7 109								7 109
13	439								439
14	6 240	11 140	17 725						35 105
16	11 631	18 889	18 890	19 472	39 703	39 703	116 278	116 278	363 230
17	1 889	6 359	6 607	2 681	8 794	18 052	42 377	42 377	124 320

续表

年份 组别	2002	2003	2004	2005	2007	2008	2011	2012	合计
18	130	1 686	1 672	2 423	12 570				18 481
19	4 443	17 567	17 562	22 805	35 559	4 752			102 688
20	5 108	10 769	11 761	13 928	16 598	20 187	23 899	269 449	129 199
21	6 075	6 112	6 130	13 102	27 446	38 182	116 521	131 426	344 994
22	5 074	8 477	8 485	9 549	17 201	26 268	10 989	12 403	98 446
23	1 942	4 079	4 110	6 753	33 094	38 243	35 630	40 186	164 037
24	5 096	6 156	6 152	7 920	16 846	16 668	120 381	135 778	314 997
25	6 328	15 580	15 581	16 075	43 534				97 098
26	847	1 808	1 801	9 169	9 628	9 452	80 527	90 822	204 054
27	239	2 432	2 487	3 863	14 743				23 764
合计	96 721	127 170	147 241	161 776	336 502	217 566	556 343	627 509	2 270 828

表 7-5-17　　　　　2011 年安上村农地股份专业合作社分红汇总表　　　　单位:人、亩、股、元

组别	确权人数	入股面积	折合股数	每股保底分红	分红金额	每股二次分配	分红金额	合计分红金额
1	63	20.16	20.16	500	10 080	227	4 572	14 652
3	84	18	18	500	9 000	227	4 080	13 080
16	72	141.81	141.81	500	70 905	227	32 198	103 103
17	103	51.67	51.67	500	25 835	227	11 726	37 561
20	79	32.87	32.87	500	16 435	227	7 464	23 899
21	119	160.28	160.28	500	80 140	227	36 381	116 521
22	97	15.12	15.12	500	7 560	227	3 429	10 989
23	65	49.01	49.01	500	24 505	227	11 125	356 301
24	62	165.59	165.59	500	82 795	227	37 586	120 381
26	71	110.76	110.76	500	55 380	227	25 147	80 527
合计	815	765.27	765.27		382 635		173 708	556 343

表 7-5-18　　　　2012 年安上村农地股份专业合作社盈余返还明细汇总表　　　单位:人、亩、股、元

序号	组别	确权人数	入股面积	折合股数	每股盈余返还	盈余返还金额	每股二次盈余返还	盈余返还金额	合计盈余返还
1	1 组	63	20.16	20.16	500	100 080	320	6 446	16 526
3	3 组	84	18	18	500	9 000	320	5 764	14 764
5	16 组	72	141.81	141.81	500	70 905	320	45 373	116 278

续表

序号	组别	确权人数	入股面积	折合股数	每股盈余返还	盈余返还金额	每股二次盈余返还	盈余返还金额	合计盈余返还
6	17组	103	51.67	51.57	500	25 835	320	16 542	42 377
7	20组	79	32.87	32.87	500	16 435	320	10 514	26 949
8	21组	119	160.28	160.28	500	80 140	320	51 286	131 426
9	22组	97	15.12	15.12	500	7 560	320	4 843	12 403
10	23组	65	49.01	49.01	500	24 505	320	15 681	40 186
11	24组	62	165.59	165.59	500	82 795	320	52 983	135 778
12	26组	71	110.76	110.76	500	55 380	320	35 442	90 822
	合计	815	765.27	765.27		382 635		244 874	627 509

第六节　动迁安置

随着镇级经济的快速发展，沿北苑路、双马路、钱安路、淀兴路、曙光路等周边，因交通便捷，三资企业大量涌入，因工业建设用地开发，附近村庄需动迁。2005年5月，安上村12组南沈安泾第一家开始拆迁，接着，11组拆迁。到2012年，先后有10组14户、13组11户、1组16户、2组6户、5组19户、6组31户、8组3户、16组4户、17组直至27组全部动迁，共涉及387户拆除住房（包括辅房）92 629平方米，分别安置在淀辉锦园小区、香馨佳园小区、淀山湖花园小区，安置住房100 652平方米，车库20 779平方米，合计121 431平方米，增加住房28 802平方米。不仅增加了住房面积，而且消除了原有危房的危险，再一次提高了村民的居住质量。详见表7-6-1、表7-6-2、表7-6-3、表7-6-4、表7-6-5、表7-6-6、表7-6-7、表7-6-8、表7-6-9、表7-6-10、表7-6-11、表7-6-12、表7-6-13、表7-6-14、表7-6-15、表7-6-16、表7-6-17、表7-6-18、表7-6-19、表7-6-20、表7-6-21、表7-6-22、表7-6-23。

表7-6-1　　　　　　　　　安上村动迁安置情况汇总表　　　　　　　　单位：户、平方米

组别	户数	拆除面积			安置面积			村民增加住房面积	动迁时间
		主房	辅房	合计	住房	车库	合计		
1	16	3 057.67	1 305.02	4 362.69	4 582.11	815.19	5 397.30	1 034.61	2013.02
2	6	1 242.26	371.87	1 614.13	1 827.68	189.09	2 016.77	402.64	2013.02
4	1	181.03	98.08	279.11	227	28.4	255.40	-23.71	2009.05
5	19	3 681.68	2 650.85	6 332.53	6 046.55	975.38	7 021.93	689.40	2011.04
6	21	3 255.34	2 187.49	5 442.83	5 368.24	836.74	6 204.98	762.15	2011.04
8	3	497.17	333.63	830.8	497.17	74.5	571.67	-259.13	2010.02

续表

组别	户数	拆除面积			安置面积			村民增加住房面积	动迁时间
		主房	辅房	合计	住房	车库	合计		
10	14	3 149.02	1 336.32	4 485.34	4 585.95	831.73	5 417.68	932.34	2010.03
11	19	3 334.71	738.23	4 072.94	4 330.95	980.15	5 311.10	1 238.16	2005.05
12	14	2 238.61	502.73	2 741.34	3 091.85	747.6	3 839.45	1 098.11	2004.10
13	11	1 794.98	973.46	2 768.44	2 614.05	605.89	1 319.94	451.50	2010.03
16	4	738.95	75.35	514.3	861.34	89.4	950.74	136.44	2007.03
17	31	6 287.02	1 357.04	7 644.06	7 328.3	1 610.14	8 938.44	1 294.38	2007.03
18	18	3 383.37	936.5	4 319.87	4 683	1 114.7	5 797.70	1 477.83	2009.08
19	24	4 746.59	1 341.79	6 088.38	6 597.25	1 524.11	8 121.36	2 032.98	2009.08
20	25	3 870.04	2 038.37	5 908.41	6 201.72	1 360.26	7 561.98	1 653.57	2009.09
21	32	5 663.58	1 248	6 911.58	8 454.27	1 878.03	10 332.30	3 420.72	2009.09
22	30	5 887.44	1 200.64	7 088.08	8 458.8	1 496.4	9 955.20	2 867.12	2009.10
23	19	3 499.17	1 133.78	4 632.95	5 028.78	1 405.73	6 434.51	1 801.56	2009.10
24	15	2 911.78	814.58	3 726.36	4 202.03	975.96	5 177.99	1 451.63	2009.10
25	22	2 615.13	349.08	2 964.21	4 668	1 064.58	5 732.58	2 768.37	2008.03
26	24	3 780.38	855.91	4 636.29	5 449.99	1 035.93	6 485.92	1 849.63	2009.10
27	19	4 007.59	957.28	4 936.87	5 547	1 139.5	6 680.50	1 721.63	2009.08
合计	387	69 823.51	22 806	92 629.51	100 652.03	20 779.41	121 431.44	28 801.93	

表7-6-2　　　　　　　　　　　安上村1组动迁情况一览表　　　　　　　　　　　单位：平方米

序号	姓名	拆除面积	
		主房	辅房
1	方锦明	160.37	42.64
2	孙炳荣	204.54	73.27
3	童瑞元	209.63	157.36
4	吴建伟	164.16	39.25
5	孙明荣	255.36	79.79
6	方桃根	194.3	52.12
7	胡阿五	201.53	128.04
8	胡德生	225.86	73.42
9	吴海奎	210.89	151.3

续表

序号	姓名	拆除面积	
		主房	辅房
10	方锦良	160.37	42.64
11	方云龙	173.74	103.06
12	方永泉	35.65	
13	王阿明	249.12	99.07
14	方云根	196.01	78.44
15	胡德华	200.04	85.38
16	童文元	216.1	99.24
合计16户	拆除	主房3 057.67	辅房1 305.02
	安置	住房4 582.11	车库815.19
	2013年2月动迁,增加住房面积1 034.61平方米		

表7-6-3　　　　　　　　安上村2组动迁情况一览表　　　　　　　单位:平方米

序号	姓名	拆除面积	
		主房	辅房
1	周阿二	138.16	128.76
2	徐建波	192.18	
3	徐建文	192.18	
4	孙春林	279.7	58.84
5	茹方明	225.51	51.9
6	叶阿二	214.08	134.37
合计6户	拆除	主房1 242.26	辅房371.87
	安置	住房1 827.68	车库189.09
	2013年2月动迁,增加住房面积402.64平方米		

表7-6-4　　　　　　　　安上村4组动迁情况一览表　　　　　　　单位:平方米

序号	姓名	拆除面积	
		主房	辅房
1	陈引弟	181.03	98.08
合计1户	安置	住房227	车库28.4
	2009年5月动迁,增加住房面积45.97平方米		

表 7-6-5　　　　　　　　　　　　　安上村 5 组动迁情况一览表　　　　　　　　　　单位:平方米

序号	姓名	拆除面积	
		主房	辅房
1	陆建兴	186.23	132.8
2	陆品根	251.91	172.92
3	沈佰林	319.4	140.73
4	沈佰祥	218.16	164.55
5	朱彩娟	100.28	110.27
6	费桃观	67.29	85.91
7	费宝弟	264.97	163.82
8	沈小弟	112.17	104.68
9	顾雪元	244.42	225.47
10	沈佰荣	189.17	139.04
11	顾　君	246.35	92.84
12	焦海英	246.67	211.13
13	顾兴法	239.59	185.45
14	沈秋林	167.4	267.98
15	顾兴龙	101.81	63.78
16	焦金龙	63.43	
17	沈小二	250.1	110.98
18	顾念春	204.88	158.53
19	顾阿四	228.45	119.92
合计 19 户	拆除	主房 3 681.68	辅房 2 650.85
	安置	住房 6 046.55	车库 975.38
	2011 年 4 月动迁,增加住房面积 689.4 平方米		

表 7-6-6　　　　　　　　　　　　　安上村 6 组动迁情况一览表　　　　　　　　　　单位:平方米

序号	姓名	拆除面积	
		主房	辅房
1	曹　清	38.14	
2	费海元	248.6	93.55
3	费晓红	68.91	
4	顾红弟	170.59	223.29

续表

序号	姓名	拆除面积	
		主房	辅房
5	沈建益	202.47	89.69
6	沈引元	168.47	111.45
7	沈建新	160.67	84.43
8	柳龙英	87	
9	顾红明	155.79	
10	沈志荣	180.1	127.46
11	费贞兴	159.27	93.72
12	费雪华	90.68	89.54
13	顾云德	257.69	128.21
14	顾大元	156.63	133.09
15	费雪龙	186.44	88.63
16	陈建平	221.68	60.47
17	张希贤	164.37	138.44
18	徐文龙	175.62	155.65
19	沈品泉	240.98	106.92
20	曹露	121.24	462.95
21	沈建平		
合计21户	拆除	主房3 255.34	辅房2 187.49
	安置	住房5 368.24	车库836.74
	2011年4月动迁,增加住房面积762.15平方米		

表7-6-7　　　　　　安上村8组动迁情况一览表　　　　　　单位:平方米

序号	姓名	拆除面积	
		主房	辅房
1	周洪文	152.22	99.75
2	周春林	154.68	137.72
3	浦宏弟	190.27	96.16
合计3户	拆除	主房497.17	辅房333.63
	安置	住房497.17	车库74.5
	2010年2月动迁		

表7-6-8　　　　　　　　　　　　　　安上村10组动迁情况一览表　　　　　　　　　　　单位:平方米

序号	姓名	拆除面积	
		主房	辅房
1	叶雪龙	235.44	202.68
2	叶阿五	244.06	163.73
3	叶金龙	237.64	97.38
4	顾阿丘	171.49	
5	叶仁林	375.71	95.16
6	叶祥德	229.2	84.95
7	叶阿二	222.19	64.49
8	叶金康	226.2	120.98
9	顾林元	217.83	92.06
10	叶祥龙	326.28	145.18
11	朱引元	210.33	134.94
12	顾建兴	207.7	57.83
13	王虹梅	68.19	
14	顾建明	177.06	71.94
合计14户	拆除	主房3 149.02	辅房1 336.32
	安置	住房4 585.95	车库831.73
	2010年3月动迁,增加住房面积932.34平方米		

表7-6-9　　　　　　　　　　　　　　安上村11组动迁情况一览表　　　　　　　　　　　单位:平方米

序号	姓名	拆除面积	
		主房	辅房
1	柳雪明	164.5	49.05
2	杨德元	206.93	42.21
3	柳振华	246.18	55.01
4	赵全珍	9.31	20.5
5	杨金泉	195.63	83.72
6	朱菊英	231.85	37.2
7	柳仁荣	183	64.27
8	杨夫林	26.85	
9	柳根龙	159.54	48.16

续表

序号	姓名	拆除面积	
		主房	辅房
10	陈志远	46.55	
11	柳士荣	241.19	59.03
12	柳彩红		
13	罗 燕	252.99	
14	柳国荣	244.58	52.3
15	吴小荣	209.06	66.17
16	陈桂林	185.2	33.97
17	柳泉荣	242.12	48.66
18	张小海	245.62	36.27
19	邱永坤	243.61	41.71
合计 19 户	拆除	主房 3 334.71	辅房 738.23
	安置	住房 4 330.95	出库 980.15
	2005 年 5 月动迁,增加住房面积 1 238.16 平方米		

表 7-6-10　　　　　　　　安上村 12 组动迁情况一览表　　　　　　　单位:平方米

序号	姓名	拆除面积	
		主房	辅房
1	徐冬根	242.84	16.8
2	沈金生	202.91	62.53
3	张小龙	163.52	46.36
4	邵炳道	233.86	16.69
5	徐自梅	158.07	46.41
6	张彩娥	241.19	33.62
7	朱雪龙	194.63	47.4
8	周福根	162.66	50.54
9	邵宝弟	153.48	28.88
10	李瑞意		
11	沈玉根		
12	徐亚明	162.57	18.31
13	张彩明	171.08	31.59
14	王炳其	151.8	104.4

续表

序号	姓名	拆除面积	
		主房	辅房
合计 14 户	拆除	主房 2 238.61	502.73
	安置	住房 3 091.85	747.6
	2004 年 10 月动迁,增加住房面积 1 098.11 平方米		

表 7-6-11　　　　　　　　　安上村 13 组动迁情况一览表　　　　　　　　　单位:平方米

序号	姓名	拆除面积	
		主房	辅房
1	陈海龙	201.36	192.52
2	叶阿六	206.65	133.4
3	陈海明	188.39	32.36
4	庄万琴	256.21	68.81
5	朱建芳	228.19	249.02
6	陈小弟	266.73	79.75
7	沈林元	129.52	120.85
8	朱阿三	245.35	96.75
9	叶锦明	33.64	
10	李金荣		
11	陈雪英	38.74	
合计 11 户	拆除	主房 1 794.98	辅房 973.46
	安置	住房 2 614.05	车库 605.89
	2010 年 3 月动迁,增加住房面积 451.5 平方米		

表 7-6-12　　　　　　　　　安上村 16 组动迁情况一览表　　　　　　　　　单位:平方米

序号	姓名	拆除面积	
		主房	辅房
1	沈三男	213.27	
2	沈德荣	209.71	54.27
3	王洪英	253.84	21.06
4	沈爱福	62.13	
合计 4 户	拆除	主房 738.95	辅房 75.35
	安置	住房 861.34	车库 89.4
	2007 年 3 月动迁,增加住房面积 136.44 平方米		

表 7-6-13　　安上村 17 组动迁情况一览表　　单位：平方米

序号	姓名	拆除面积	
		主房	辅房
1	赵红珍	227.81	49.05
2	赵金根	223.29	
3	赵根福	164.42	59.42
4	赵雪其	202.35	24.64
5	赵志明	163.45	56.35
6	赵金明	177.42	17.25
7	汤德田	339	53.54
8	汤德山	249.91	41.74
9	周林根	91.44	
10	费建忠	265.56	20.91
11	费建华	268.87	75.83
12	周卫新	236.29	20.42
13	王金林	193.06	99.88
14	赵　军	255.89	34.51
15	计金林	170.66	47.74
16	赵水林	203.98	55.91
17	赵雪根	262.37	60.98
18	沈惠中	234.24	50.78
19	顾克强	155.47	167.15
20	张惠琴	45.21	
21	朱朝文	148.18	84.03
22	顾幸福	101.18	23.44
23	赵雪林	216.77	42.54
24	赵和生	197.98	109.29
25	赵秋生	260.43	20.7
26	陆洪根	97.18	
27	邓建青	282.32	21.46
28	陆洪元	256.44	43.92
29	陆永元	236.83	38.8

续表

序号	姓名	拆除面积	
		主房	辅房
30	陆海根	11.47	
31	陆阿弟	247.55	36.78
合计 31 户	拆除	主房 6 287.02	辅房 1 357.04
	安置	住房 7 328.3	车库 1 610.14
	2007 年 3 月动迁,增加住房面积 1 294.38 平方米		

表 7-6-14　　　　　　　　　　　　安上村 18 组动迁情况一览表　　　　　　　　　　单位:平方米

序号	姓名	拆除面积	
		主房	辅房
1	陈刚	101.09	83.77
2	杨岸明	144.39	39.27
3	朱兴林	173.19	111.39
4	蒋卫忠	223.31	37.1
5	朱彩根	254.42	
6	朱阿德		84.07
7	陈立新	187.21	43.24
8	陈建新	187.21	43.24
9	朱菊林	241.86	18.11
10	蒋伟根	166.13	85.94
11	朱献根	269.07	43.69
12	朱彩兴	179.38	69.54
13	朱大奎	292.47	65.87
14	钟志明	97.62	68.42
15	蒋老夫	187.88	40.16
16	钟阿兴	206.96	55.63
17	钟培兴	239.81	35.57
18	王红英	240.66	37.59
合计 18 户	拆除	主房 3 383.37	辅房 936.5
	安置	住房 4 683	车库 1 114.7
	2009 年 8 月动迁,增加住房面积 1 477.83 平方米		

表 7-6-15　　　　　　　　　安上村 19 组动迁情况一览表　　　　　　　　单位：平方米

序号	姓名	拆除面积	
		主房	辅房
1	徐勇斌	98.21	75.84
2	陈洪元	159.34	84.92
3	周赞明	222.26	17.25
4	周培兴	209.13	95.46
5	周志明	164.89	99.71
6	蒋三球	247.22	73.35
7	唐秀勤	194.67	71.69
8	王林元	214.29	25.27
9	唐四元	234.15	173.87
10	殷建新	160.97	49.39
11	王阿泉	181.47	32.79
12	周　强	216.51	28.73
13	周玉山	220.45	41.09
14	王三元	98.04	
15	周卫林	284.14	56.07
16	陈海珍	119.07	96.19
17	周玉明	217.76	41.09
18	唐木生	149.09	41.26
19	王荣元	98.04	17.92
20	陶伟明	254.18	47.1
21	王雪龙	253.18	15.55
22	周　源	216.51	28.73
23	王永华	64.95	
24	陈　青	159.34	84.92
合计 24 户	拆除	主房 4 746.59	辅房 1 341.79
	安置	住房 6 597.25	车库 1 524.11
	2009 年 8 月动迁，增加住房面积 2 032.98 平方米		

表7-6-16　　　　　　　　　　　　　安上村20组动迁情况一览表　　　　　　　　　　　单位:平方米

序号	姓名	拆除面积	
		主房	辅房
1	蒋培林	175.64	127.67
2	杨德泉	233.84	145.71
3	潘建明	187.06	10.32
4	杨会根	218.14	151.55
5	俞经报	180.07	48.04
6	杨建国	48.78	57.23
7	屈林元	221.71	
8	杨建新	203.72	
9	于忠林	191.66	
	于太义		255.94
10	杨惠林	227.89	34.84
11	于昆林	191.66	
12	钱惠珍	115.23	38.87
13	陈仁明	240.07	125.33
14	杨建华	176.13	66.09
15	蒋春林	197.6	92.25
16	钱爱福	148.53	107.36
17	杨文勇	381.34	135.1
18	杨勤勇		
19	沈建忠	89.76	
20	沈建林	89.76	
21	钱祥英		86.2
22	潘兰根	236.82	165.08
23	顾建峰	115.23	214.34
24	顾建元		176.45
25	陈海涛		
合计25户	拆除	主房3 870.04	辅房2 038.37
	安置	住房6 201.72	车库1 360.26
	2009年9月动迁,增加住房面积1 653.57平方米		

表7-6-17　　　　　　　　安上村21组动迁情况一览表　　　　　　　单位：平方米

序号	姓名	拆除面积	
		主房	辅房
1	屈仁明	243.63	36.27
2	屈品荣	210.78	37.11
3	方二星	246.3	141.58
4	胡雪忠	240.02	37.11
5	屈小三	148.65	48.51
6	王国平	328.61	145.75
7	王国友		
8	蔡阿四	150.85	
9	王三根	188.76	54.27
10	王阿华	120.66	
11	屈海泉	167.87	23.76
12	谢红兵	176.27	61.15
13	谢红生	173.27	
14	华德荣	168.98	90.23
15	王瑞林	187.12	8.82
16	张俭元	223.87	45.55
17	屈荣林	251.18	41.44
18	屈荣元		
19	屈仁林	221.66	16.31
20	夏仁宝	97.81	18.33
21	屈建兵	198.54	16.52
22	屈雪林	29.82	
23	唐文忠	237.9	48.56
24	屈建林	198.54	16.52
25	屈泉荣	163.27	48.88
26	李惠菊	138.51	21.97
27	周栋良	210.26	97.67
28	华马荣	255.63	63.96
29	屈林元	107.28	

续表

序号	姓名	拆除面积	
		主房	辅房
30	胡苏林	303.49	78.93
31	陈娟芳	163.27	48.88
32	张红娥	107.78	
合计32户	拆除	主房5 663.58	辅房1 248
	安置	住房8 454.27	车库1 878.03
	2009年9月动迁,增加住房面积3 420.72平方米			

表7-6-18　　　　　　　　　　安上村22组动迁情况一览表　　　　　　　　　　单位:平方米

序号	姓名	拆除面积	
		主房	辅房
1	韩生观	244.49	13.87
2	韩生根	224.34	
3	韩生洪	235.27	93.77
4	张伟林	247.46	54.11
5	周伟英	166.98	40.82
6	张金华	197.11	41.17
7	王玉萍	242.63	37.85
8	周玉琴	175.75	31.41
9	徐秋林	217.94	18.23
10	张元昌	243.97	50.6
11	周美林	248.81	95.54
12	张伟荣	246.15	30.05
13	张一峰	251.6	
14	林继红	185.39	47.57
15	周杏根	247.67	18.23
16	钱阿四		
17	张文波	249.61	34.37
18	王小朋	194.38	113.32
19	周海林	243.76	31.14
20	周仲玉	224.65	13.38

续表

序号	姓名	拆除面积	
		主房	辅房
21	袁恒江	243.49	128.43
22	张国权	241.36	43.76
23	陈继根	39.06	
24	陈小弟	39.06	
25	周林元	249.14	79.01
26	朱广萍	238.15	70.41
27	徐冬林		
28	李国忠	211.68	37.44
29	朱光林	218.45	41.11
30	周帅林	118.79	
合计30户	拆除	主房 5 887.44	1 200.64
	安置	住房 8 458.8	车库 1 496.4
	2009年10月动迁,增加住房面积 2 867.12 平方米		

表 7-6-19　　　　　安上村23组动迁情况一览表　　　　　单位:平方米

序号	姓名	拆除面积	
		主房	辅房
1	周金林	196.43	74.76
2	张国英	191.52	41.25
3	张雪祥	99.61	55.64
4	陈林琴	220.84	34.18
5	张德青	172.98	178.82
6	钱小妹	209.26	20.68
7	周文传	207.06	53.14
8	张贵荣	203.29	72.14
9	张国荣	242.88	31.67
10	张　勇	209.98	138.29
11	张志明	212.66	
12	沈阿五	233.08	103.66
13	张德林	247.77	22.19
14	张杏元	228.36	35.36

续表

序号	姓名	拆除面积	
		主房	辅房
15	张海元	235.21	88.69
16	周宝宝	195.26	45.86
17	周妙荣	192.98	87.2
18	张月珍		
19	叶雪妹		
合计19户	拆除	主房3 499.17	辅房1 133.78
	安置	住房5 028.78	车库1 405.73
	2009年10月动迁,增加住房面积1 801.56平方米		

表7-6-20　　　　　　　　　　安上村24组动迁情况一览表　　　　　　　　　　单位:平方米

序号	姓名	拆除面积	
		主房	辅房
1	张平贤	248.67	89.76
2	李全根	182.44	69.05
3	殷素莲	211.12	4.8
4	张保家	241.67	59.24
5	张玉昌	223.42	110.88
6	张奎根	209.88	32.85
7	张进荣	203.05	51.01
8	张良虎	242.33	40.43
9	施永青	248.58	87.37
10	张燕青	192.72	34.65
11	李　平	245.5	39.02
12	张奎荣	189.66	36.77
13	王福泉	144.74	48.04
14	陈永海	64	95.06
15	陈叶龙	64	15.65
合计15户	拆除	主房2 911.79	辅房814.58
	安置	住房4 202.03	车库975.96
	2009年10月动迁,增加住房面积1 451.63平方米		

表 7-6-21　　安上村 25 组动迁情况一览表　　单位：平方米

序号	姓名	拆除面积	
		主房	辅房
1	肖德根	243.5	
2	何宝根	160.43	32.85
3	金德兴	55.24	49.84
4	冯福兴	130.52	
5	吕国荣	94.87	20.72
6	郭祥仙	66.81	
7	金永太	127.26	
8	章关夫	106.13	
9	冯新娥	244	
10	郭苗忠	200.05	40.8
11	郭苗林	21.32	
12	金德明	241.92	37.04
13	王瑞英	110.46	
14	金德庆	81.68	29.53
15	金荣迁	16.8	
16	冯　琴	50	
17	郭荣苗	119.34	53.59
18	郭官苗	234.74	22.8
19	吕根生	201.54	20.51
20	金德林	233.21	17.28
21	王生荣	94.86	24.12
22	尉忠水		
合计 22 户	拆除	主房 2 615.13	辅房 349.08
	安置	住房 4 668	车库 1 064.58
	2008 年 3 月动迁，增加住房面积 2 768.37 平方米		

表7-6-22　　　　　　　　　　　　安上村26组动迁情况一览表　　　　　　　　　　单位：平方米

序号	姓名	拆除面积	
		主房	辅房
1	王永林	214.57	
2	王菊林	177.09	27.53
3	王建忠	78.22	15.19
4	王云林	187.24	37.13
5	张　宝	40.02	58.8
6	王大忠	175.49	76.98
7	张会生	216.09	72.33
8	沈荣元	240.54	51.56
9	朱建青	174.43	63.67
10	王军荣	265.29	50.69
11	朱秀万	207.43	28.28
12	张桂明	230.89	45.27
13	沈昌元	257.41	25.9
14	韦金生	186.39	
15	张桂林	241.48	35.58
16	韦保生	186.39	
17	张婉弟	167.78	77.64
18	唐永生	201.36	74.6
19	张阿兴		
20	陆永弟	224.83	114.76
21	陆小雁		
22	张桂福		
23	韦　杨		
24	王静忠	107.44	
合计24户	拆除	主房3 780.38	辅房855.91
	安置	住房5 449.99	车库1 035.93
	2009年10月动迁，增加住房面积1 849.63平方米		

表 7-6-23　　　　　　　　　安上村 27 组动迁情况一览表　　　　　　　单位:平方米

序号	姓名	拆除面积	
		主房	辅房
1	冯　旗	268.64	67.2
2	蒋志明	179.19	111.39
3	朱华生	207.72	50.03
4	邓一新	96.62	
5	蒋阿三	67.19	29.79
6	邓幸福	259.25	15.55
7	冯小夯	253.78	70.07
8	邓阿五	242.18	70.74
9	蒋阿二	274.15	64.43
10	蒋阿明	264.21	17.81
11	蒋小兵	259.74	
12	冯永勤	296.5	73.81
13	徐正娥	221.73	50.73
14	蒋根福	247	91.55
15	邓云平	229.29	68.71
16	朱元德	217.68	55.97
17	蒋建林	207.86	62.38
18	陈三苟	241.86	57.12
19	蒋小弟		
合计 19 户	拆除	主房 4 007.59	辅房 957.28
	安置	住房 5 547	车库 1 139.5
	2009 年 8 月动迁,增加住房面积 1 721.63 平方米		

第八章 文体卫生

农村文化在村域有着深厚的历史底蕴,自古就有看戏、演戏、说戏的生活习惯。

新中国成立后,教育事业迅速发展,先后开办了7所小学、2所幼儿园,增设"戴帽子"初中。

20世纪60年代,每年进行群众性的查螺灭螺工作,对血吸虫病人进行治疗。70年代初,全面建立村级医疗站。

20世纪90年代,全面开展争创卫生村活动,重视文化事业建设,建广播电视、老年活动室、图书室,开创"五位一体"多功能的文化阵地,并充分发挥主阵地作用,传播文明健康的科学文化知识。

进入21世纪,群众文化工作争奇斗艳,群众业余文化生活丰富;卫生工作更上一层楼。2002年,江苏省爱卫会授予安上村"江苏省卫生村"荣誉称号。2009年,安上村获"江苏省生态村"荣誉称号。

第一节 学 校

一、幼儿园

新中国成立前,安上村没有幼儿教育。1958年,村民都在大食堂用餐,大集体生产,把家里无老人带领的小孩集中到一起,成立托儿所。派一名幼儿园老师,就在幼儿老师的家里当教室,实际以看小孩为主,没有正规的幼儿教育。

20世纪80年代,幼儿不断增加,为适应学前教育的需要,在新民大队和新华大队各办了一所幼儿园。园址分别设在新民小学和新华小学内。园内设施有所改善,由大队投入资金,购置课桌椅、午睡小床等必需品。1980年,新华五金厂出资200多元,购买了一台脚踏风琴,赠送给新华幼儿园,并配备一名幼儿教师。新民大队幼儿园有幼儿40名左右,教师由姚建珍、李惠红、吴雨静等人担任;新华大队幼儿园有幼儿36名,教师由林芳、朱宪妹、朱宝娟、王丽华、吴翠芳等人担任。幼儿教师由镇中心幼儿园定期组织培训、指导,不断提高幼儿教学质量。1995年9月,因马安小学(前新民小学)和上洪小学(前新华小学)都并入淀山湖镇中心校,幼儿园也随之并入镇中心校幼儿园。安上村域各历史时期幼儿园开办情况,见表8-1-1。

表8-1-1　　　　　　　1981～1995年安上村域幼儿园开办情况一览表

学校名称	开办时间	地点	幼儿(人)	任职老师
浜里幼儿园	1981～	浜里张金华家	15	林芳
陶湛桥幼儿园	1982～	陶湛桥唐泉生家	20	林芳
罗家枉幼儿园	1981～	罗家枉唐秀勤家	15	朱宪妹
新华幼儿园	1982～	新华村办小学内	15	朱宪妹
上洪幼儿园	1983～1995	上洪小学内	30	林芳、朱宪妹、朱宝娟、王丽华、吴翠芳
新民幼儿园	1981～1995	新民小学	30	姚建珍、吴雨静、李惠红、吴翠芳

二、小学

1. 浜里小学

1944年,浜里自然村办了一所私塾,教室在村民张德忠家里,由黄毛先生任教,学生16人。1951年,在浜里张鸿仪家办了一所浜里小学,由卞影秋先生任教,学生20人。1952年9月,学生转至陶湛桥小学就读。1954年9月,小学搬回浜里林继红家里,由高学农先生任教,学生32人。1959年9月,由朱永明先生任教,学生35人。1969年,新建浜里小学校舍,教师朱永明,学生40人。1980年,并入上洪桥小学。

2. 陶湛桥小学

1952年9月,在陶湛桥村民唐泉生家开办陶湛桥小学,由王福泉先生任教,学生30人。1954年9月,学校搬至浜里林继红家里,称浜里小学,陶湛桥小学消失。

3. 上洪桥小学

1953年9月,在上洪桥村民钱阿泉家开办上洪桥小学,教师陆美珍,学生26人。1954年9月,搬至上洪桥村民陈春海家,教师陈亚芬,学生28人。1958年9月,学校搬到大队草棚办公室,罗家枉小学的学生同时并入就读。1967年,在上洪桥自然村新建上洪桥小学校舍,教师先后有宋希平、严利红、张雪萍、倪慧君、朱永明、钟雄初、张玉坤、方慧君、陆亚芬、陆美珍等,代课老师徐勇斌、沈荣元等。1995年9月,并入淀山湖镇中心小学。

4. 罗家枉小学

1955年9月,在罗家枉自然村的小庙里,开办一所罗家枉小学,教师陈亚芬、方慧君,学生25人。1956年9月,小学搬至罗家枉冯阿梅家里,教师陈亚芬、方慧君,学生25人。1958年9月,并入上洪桥小学。

5. 西庙泾小学

1941年8月,在西庙泾自然村最西端的观音堂小庙,办了一所私塾,是西庙泾小学的前身,由王土泾自然村黄家俊任教师,村里人都叫他黄先生;学生有32名,为一至四年级复式班。新中国成立后的1950年,转为公办初小校。原私塾教师黄先生因年龄较大,回家安度晚年。后由昆山文教局派来的老师任教,第一位是家住昆山小西门的卞影秋老师,村里人都叫他卞先生。他不仅对教育教学工作认真负责,对学生严格要求,而且能与群众打成一片。他一方面教群众识字,一方面还宣传党的政策,深受村干部好评。1950～1958年,学生逐渐增多,教师也随之增加,先后调来严金霞(女)、蒋仁达、刘耀东、刘耀南、顾叙奎、程荣保、朱雪新、顾曼恒、方慧君等老师。1959～1961 年,三年自然灾害,西庙泾初小校的老师调动变化较大,9 位老师中,有 7 位调到别的学校,只剩下顾曼恒、方慧君老师,学生也大大减少。1962 年,西庙泾的观音堂小庙被拆除,学生到马安自然村的新民小学上学,西庙泾小学消失。

6. 新民小学

1962 年,西庙泾的观音堂小庙被拆除,西庙泾小学搬迁到马安自然村的大草棚,为最初的新民小学,教师顾曼恒。1972 年,新民大队在马安自然村建造了标准化的四间教室,一间办公室,一间老师宿舍,扩展为新民完小校。共有 182 名学生,教师有顾曼恒、方慧君、计俊林、朱美华、柳根龙、徐燕萍、叶祥德,还有代课老师徐勇斌和孙明荣等 9 位老师。1995 年 7 月,原新民小学并入淀山湖镇中心小学。

7. 南浜小学

1959 年 9 月,在南浜叶大和家,开办南浜小学,学生 20 人,教师徐老师。1964 年,学龄儿童增加,新民大队干部决定,扩大校舍,校舍从南浜叶大和家搬到一座小庙里,学生 33 人,教师计俊林。1972 年并入新民小学。

8. 南庵小学

1952 年 9 月,南庵自然村办了一所小学,校舍设在村民杨金明家,由王号起、马辰、金元龙、陈月辉、汤学铭、李志恒任老师。1959 年,校舍迁至新建的茅草屋,教师先后由曹俊德、柳根龙任教。1982 年并入新民小学。

9. 耕读小学

(1)浜里耕读小学,1965～1967 年,校址在浜里周仲玉家,学生 28 人,教师周五泉。

(2)西庙泾耕读小学,1965～1967 年,校址在西庙泾叶阿桃家,学生 21 人,教师朱美华。

(3)南浜耕读小学,1965～1967 年,校址在南浜王林宝家,学生 22 人,教师陆振邦。

三、初中

1976 年,小学六年级毕业生大量增加,淀东中学已容纳不下,为此,淀东公社领导决定,每个片在完小校开设一个初中班,称"戴帽子"中学。初中学制为两年。新民完小校曾增设两届初中班,第一届 50 名学生,第二届 48 名学生。教师是顾曼恒、叶兴元、计俊林、叶祥德、关志苏、沈锦琦。第一届初中毕业生于 1978 年毕业(见下图),第二届于 1980 年毕业。

新民完小校 1978 年第一届初中毕业生毕业留影

小学、初中开办情况,见表8-1-2、表8-1-3。

表8-1-2　　　　　　　　　　　上洪村域小学校开办情况一览表

学校名称	开办时间	开办地点	学生人数	任职老师
浜里小学	1944~（私塾）	浜里张德忠家	16	黄毛先生
浜里小学	1951.9~1952.7	浜里张鸿仪家	20	卞影秋
浜里小学	1954.9~1969	浜里林继红家	35	高学农、朱永明
浜里小学	1969~1980	浜里新建公办小学	40	朱永明
浜里耕读小学	1965~1967	浜里周仲玉家	28	周五泉
陶湛桥小学	1952.9~1954.7	陶湛桥唐泉生家	30	高学农、王福泉
上洪桥小学	1953.9~1984.7	上洪桥钱阿泉家	26	陆美珍
上洪桥小学	1954.9~1958.7	上洪桥陈春海家	28	陈亚芬
上洪桥小学	1967~1995	上洪桥村建小学	65	宋希平、张雪萍、严利红、沈荣元、张玉坤、钟雄初、朱永明、倪慧君、徐勇斌
罗家柱小学	1955.9~1956.7	罗家柱小庙里	25	陈亚芬、方慧君
罗家柱小学	1956.9~1958.7	罗家柱冯阿梅家	25	陈亚芬、方慧君

表8-1-3　　　　　　　　　　马安村域小学、初中班开办情况一览表

学校名称	开办时间	开办地点	学生人数	任职老师
西庙泾小学	1941~1950（私塾）	西庙泾观音堂庙	21	黄家俊
西庙泾小学	1950~1972	西庙泾观音堂庙	36	卞影秋、严金霞、蒋仁达、刘耀东、刘耀南、顾叙奎、朱雪新、程荣保
西庙泾耕读小学	1965~1967	西庙泾叶阿桃家	21	朱美华
南浜小学	1959~1963	南浜叶大和家	20	徐老师
南浜小学	1964~1972	南浜小庙里	33	计俊林
南浜耕读小学	1965~1967	南浜王林宝家	22	陆振邦
南庵小学	1952~1958	南庵杨金明家	32	王号起、马辰、金元龙、陈月辉、汤学铭、李志恒
南庵小学	1959~1982	南庵村新建茅草屋		曹俊德、柳根龙
马安小学	1993~1995	马安自然村	32	何雪林
新民小学	1972~1992	马安自然村	190	顾曼恒、方慧君、计俊林、叶祥德、周剑刚、徐燕萍、柳根龙、朱美华、张介颖
新民初中班	1976~1978	马安自然村	50	计俊林、叶兴元、叶祥德
新民初中班	1978~1980	马安自然村	48	顾曼恒、关志苏、沈锦奇

第二节 文化体育

一、文化娱乐

新中国成立前,安上村域的群众文化活动较为活跃,村民们参加庙会、舞龙灯、舞龙、摇快船等民间传统文化活动。

新中国成立后,在农业合作化运动中,安上村域的新民高级社,成立了业余文艺宣传队,负责人是顾明德。一到春节,村民搭戏台,业余演员主要以传统剧目为题材,以沪剧、锡剧为主,演出的节目有《双推磨》《借黄糠》《陆雅臣卖娘子》《九斤姑娘》等传统剧目。还有二胡、笛子、竹板伴奏。二胡伴奏是蒋宝华、竹板周泉元。春节期间,演出五、六场。每场观众爆满,都夸奖他们演得好。业余演员只有小学文化程度,他们能背出台词,说白时口齿清楚。难能可贵的是,业余演员白天要干农活,只能利用晚上时间进行排练,村民都夸他们不简单。业余演员有周火根、姚生荣、吴泉根、吴凤珍、汤雪珍、孙小妹、叶锦康、费全英、陈志元、杨海东、陆海英等15名。

1966年,无产阶级"文化大革命"开始,"文革"时期大力宣传毛泽东思想,打倒"封、资、修"。是年,苏州知识青年插队到农村锻炼,他们大多是高中生及初中生,能歌善舞。由知识青年为骨干,成立毛泽东思想宣传队,白天参加集体农业劳动,晚上排练节目。宣传队员有张介颖、朱达勇、杨顺英、刘云霞、赵龙梅、顾金媛、奚文蓉、蔡金玉、吴麟麟、朱美华10位插队知识青年。业余文艺宣传队逐渐扩大,新民大队的文化氛围十分活跃。

80年代,新民业余文艺宣传队的人员,大部分年龄已有80余岁,有的已离开人世,苏州插队知识青年都已返城,业余文艺宣传队一时中断。90年代,马安村的孙明荣、陈瑞琴两位年轻人,参加了淀山湖镇成立的文艺宣传队,孙明荣多次参加昆山市、苏州市的演唱比赛,荣获多次荣誉,为安上村争了光。

2009年,安上村投入92万余元,在村中心地段的马安自然村北侧,建造了一座60平方米的百姓戏台。戏台两侧有演员化妆室、休息室、茶水间。还用水泥浇筑的观众场地540平方米,场地东西两侧建造了各30平方米的长廊,以及24平方米的公共厕所。每年由镇和其他村的文艺宣传队到此演出,平均每月2场;由镇电影放映队每月放映一次电影。这些文艺活动使安上村村民享受到美好的精神生活。

2011年1月,安上村籍演员孙明荣、陈瑞琴等在冬训会上演出

附:业余文艺团队人员名录(见表8-2-1)

表8-2-1　　　　　　　　　　安上村域业余文艺团队成员名录

1953年文艺宣传队				1975～1995年文艺宣传队		2006年舞蹈队	
职务	姓名	职称	姓名	职务	姓名	职务	姓名
队长	顾明德	队员	蒋宝岐	队长	孙明荣	队长	方玉英
队员	周火根	队员	蒋宝华	队员	陈端琴	队员	张军伟
队员	汤雪珍	队员	周泉元	队员	张介颖	队员	张军芳
队员	俞以生	队员	计宝根	队员	赵龙梅	队员	周春芳
队员	浦文华	队员	吴凤珍	队员	杨仁英	队员	周春娥
队员	姚启仁	队员	吴泉根	队员	蔡锦玉	队员	胡彩英
队员	徐小妹	队员	孙小妹	队员	蒋海球	队员	赵德英
队员	赵小妹			队员	沈锦奇	队员	张志芳

二、体育健身

新中国成立后,党和政府特别重视群众的体育活动,遵循毛泽东主席发出的"发展体育运动,增强人民体质"的号召,支持和关心人民群众的体育活动。20世纪50年代,上洪大队成立新华篮球队,篮球队员利用农闲时间,到新民大队第7生产队社员陈毛观家的场地上,与新民篮球队进行友谊赛。

60年代,新华篮球队多次参加淀东公社组织的篮球比赛,连续3年获得冠军,在全公社颇有名气。1968年9月,新华大队新华篮球队举办了迎国庆大型篮球赛,历时3天。参加比赛的有上海市青浦县青山篮球队,昆山县石浦、千灯、张浦篮球队,本公社其他大队篮球队,共34支篮球队。经过3天的激烈比赛,新华篮球队荣获冠军,青浦县青山篮球队获亚军,青浦县赵屯乡屯南村篮球队获季军。

1993年,由镇文体站每年组织开展一次大规模的全民体育活动,活动内容及项目较多,有篮球、乒乓球、跑步、拔河、太极拳等。2009年,安上村村民委员会为村民建了平时锻炼身体的场所,在马安自然村建造了草坪门球场,门球场旁边安装室外健身器材;在南浜自然村、西庙泾自然村,马安新村小区,香馨佳园、淀辉锦园等,都安装健身器材,为村民提供体育锻炼场所;在西庙泾自然村,建有一个篮球场。这些运动设施和场所,为村民锻炼身体创造了良好的条件。有了良好的身体素质,村民积极参与镇文体站组织的全民体育活动,取得了较好的成绩,先后多次获得集体和个人奖项(见表8-2-2、表8-2-3)。2007年,获镇"乔治杯"篮球赛冠军、镇门球协会"重阳节门球联谊赛"第二名、第六届"安上杯"门球赛体育道德风尚奖。2011年9月,镇举办"一村一品"二十四式太极拳"银杏杯"团体赛,安上村获第三名。同年,在老年人象棋赛中获第三名。2012年,获镇第九届体育运动会"社会团体农村组总分第一名",又获象棋赛团体三等奖。2013年4月,安上村获昆山市百村篮球赛总决赛第一名。

表8-2-2　　　　　　　　　　安上村体育运动集体获奖情况一览表

年份	获奖项目	颁奖单位
1968	淀东公社迎国庆大型篮球比赛冠军	公社篮球赛组委会
2007	镇乔治杯篮球赛冠军	淀山湖镇篮球赛组委会
2007	昆山市第六届村级门球赛"安上杯"体育道德风尚奖	昆山市门球协会
2007	重阳节门球联谊赛第二名	淀山湖镇政府
2010	淀山湖镇"一村一品"第八套健身操"桂花杯"团体赛第三名	淀山湖镇政府
2011	淀山湖镇"一村一品"二十四式太极拳"银杏杯"团体赛第三名	淀山湖镇政府
2011	淀山湖镇"一村一品"老年人象棋比赛第三名	淀山湖镇文体站
2012	淀山湖镇象棋比赛团体第三名	淀山湖镇文体站
2012	淀山湖镇第九届体育运动社会团体农村组总分第一名	淀山湖镇政府
2013	昆山市"百村篮球赛总决赛"第一名	昆山市体育局
2013	青浦县白鹤镇门球赛第五名	白鹤镇文体中心
2013	昆山市第十八届门球赛亚军	昆山市门球协会

表8-2-3　　　　　　　　　　安上村体育运动个人获奖名单一览表

序号	姓名	获奖项目	颁奖单位
1	叶　刚	淀山湖镇九运会掼蛋比赛第一名	淀山湖镇文体站
2	张嘉炯	淀山湖镇九运会掼蛋比赛第一名	淀山湖镇文体站
3	朱建华	淀山湖镇九运会160分牌技第一名	淀山湖镇文体站
4	胡　华	淀山湖镇九运会160分牌技第一名	淀山湖镇文体站
5	叶　刚	淀山湖镇九运会160分牌技第二名	淀山湖镇文体站
6	金荣泰	淀山湖镇九运会160分牌技第二名	淀山湖镇文体站

续表

序号	姓名	获奖项目	颁奖单位
7	沈龙英	淀山湖镇九运会女子负重跑第三名	淀山湖镇文体站
8	朱寅冬	淀山湖镇九运会男子负重跑第二名	淀山湖镇文体站
9	蒋越辰	淀山湖镇九运会女子跳绳第二名	淀山湖镇文体站
10	柳英	淀山湖镇九运会两人协力第三名	淀山湖镇文体站
11	蒋越辰	淀山湖镇九运会两人协力第三名	淀山湖镇文体站
12	胡华	淀山湖镇九运会两人协力第二名	淀山湖镇文体站
13	周峰	淀山湖镇九运会两人协力第二名	淀山湖镇文体站
14	蒋迅	淀山湖镇九运会男子跳高第一名	淀山湖镇文体站
15	蒋迅	淀山湖镇九运会男子跳远第二名	淀山湖镇文体站
16	徐俊	淀山湖镇九运会男子短跑100米第三名	淀山湖镇文体站
17	蒋迅	淀山湖镇九运会男子短跑100米第一名	淀山湖镇文体站

附：业余体育团队成员名录（见表8-2-4）

表8-2-4　　　　　　　　　　安上村业余体育团队成员名录

1965年新华篮球队		2006年安上村篮球队		2006年安上村门球队	
职务	姓名	职务	姓名	职务	姓名
领队	顾明德	队长	蒋迅	队长	方玉英
队长	邓一新	队员	徐俊	队员	计俊林
上场队长	张斌仁	队员	顾志强	队员	胡三毛
队员	王永华	队员	张逸凡	队员	胡产英
队员	钱爱福	队员	张强	队员	姚炳根
队员	周志明	队员	张明	队员	周英
队员	朱小苟	队员	叶刚	队员	钱冠新
队员	周进泉			队员	张海峰
队员	潘法田			队员	柳根龙
				队员	张玉坤
				队员	张雪珍
				队员	孙寿生
				队员	邓卫兵
				队员	伍俊林
				队员	朱文明

第三节 医 疗

1958年,杨湘卫生所和杨湘联合诊所合并,成立淀东卫生院,设西医内科、西医外科、中医、化验室、妇产科等。下设医疗点,农业合作社(大队)配有不脱产保健员,开展农村基层医疗预防保健工作。保健员平时在队劳动,实行病人上门看病和保健员出诊两种就医方式,完成卫生院统一布置的防疫工作。

1965年10月,江苏省血防研究中心为淀东公社培训不脱产的农村保健员;以后,苏州市医疗队为淀东公社培训"赤脚医生","赤脚医生"正式产生。新民大队和新华大队各建立一个医疗站,医务人员由群众推荐,大队干部研究决定,主要条件是热爱医疗事业,关心群众,有一定的文化水平,工作认真负责。新民大队先后推荐了计美英、浦洪英、陆品根、柳振华、方彩珍、顾坚斌6名青年,新华大队推荐了周引珍、胡素宝、顾亮、钟荣生、李泉根、张杏元、李惠娟、陈建明8名青年,开始称保健员,后叫"赤脚医生"。他们都由公社卫生院推荐,到昆山县"赤脚医生"学校千灯分校学习,苏州市医疗队为"赤脚医生"培训。通过培训学习,提高了他们的医疗服务水平,成为村民信得过的"赤脚医生"。村民一般的小毛小病就到大队医疗站就医,配药、注射、量血压、测血糖,根据病情吃药、挂盐水,极大地方便了村民就近就医。

上洪村村民沈文忠,是一位专治毒蛇咬伤的"蛇医"。夏季,村民到稻田里拔稗草、耘稻、割草干农活,夜间走路不小心被毒蛇咬伤之事常有发生甚至有生命危险,必须及时请蛇医治疗。蛇医沈文忠对被蛇咬伤者首先用绷带扎紧咬伤部位的上处,防止毒素向全身扩散,再用针刺、口吸等方法放去毒血,结合服用中草药排除体内毒素。他常陪伴在病人旁观察几天几夜,关注病人病情的变化。经过他的努力,治愈了百余人(包括其他乡村的村民),村域内计秀英、顾全宝、周源、杨巧生、袁佩娟等都被他治好。沈文忠于1992年不幸病故,年仅62岁。他较高的医术和人道主义精神,得到村民的好评。

1969年,大队成立合作医疗站,配备必需的医疗设备和器材。合作医疗的基金,由社员个人和生产队集体共同筹集。参加合作医疗的社员,每人每年缴纳1~2元,集体从公益金中提取2~4元。基金主要用于参加者的医药费报销。一般疾病,在村医疗站就诊,医疗费全免;转公社卫生院就诊,医药费报销50%;转县以上医院就诊,每次限额报销医药费20%~30%。医疗站的流动资金,由大队集体铺底,为医疗站添置必备的医疗器械、办公用具,备足一般常见疾病的药品。

1975年1月,合作医疗由"队办队管"转为"队办社管",公社成立合作医疗管理委员会,简称"医管会",配备专职人员,加强管理。参加合作医疗者,每年每人分别缴纳2元、3元,均由集体公益金支出。

1984年,"赤脚医生"改称乡村医生,为农村居民提供公共卫生和基本医疗服务。乡村医生在专业公共卫生机构和乡镇卫生院的指导下,按照服务标准和规范,开展基本公共卫生服务;协助专业公共卫生机构,落实重大公共卫生服务项目,按规定及时报告传染病疫情和中毒事件,处置突发公共卫生事件等;使用适宜药物、适宜技术和中医药方法,为农村居民提供常见

病、多发病的一般诊治；将超出诊治能力的患者，及时转诊到乡镇卫生院及县级医疗机构；受卫生行政部门委托，填写统计报表，保管有关资料，开展宣传教育和协助新农合筹资等工作。

1985年，医疗站改称卫生室。卫生室的医疗设施、设备，比医疗站有明显改善。各卫生室普遍有两间三室，有办公台、观察台、外用台，房屋上有天面，下有水泥地面，病人就诊有坐凳等；卫生室配有标准的药橱、必用的医疗器械和常用药品。

1992年后，农村合作医疗福利型转为福利风险型，实行风险基金制度，以解决重病人的医药费负担困难。一次性报销500～3 000元不等，一般疾病治疗仍享受报销一定数额的医药费。

1994年年末，马安、上洪村卫生室经昆山市卫生局验收，达到合格标准，所在卫生室的乡村医生取得江苏省颁乡村保健医生合格证书。

1996年后，农村合作医疗基金的筹集由集体转向个人，参加农村合作医疗的村民按本村规定，每人每年缴纳6～8元、8～10元不等，除挂号、出诊、注射费自理外，在村医疗室（卫生室）就诊全额报销；转镇卫生院（医院）就诊的医药费个人负担30%，另外70%由卫生院向医管会结算，年终医管会向行政村结算；转市以上医院就诊限额报药费50%（最高限额300元）；服中药每剂中药报销0.5元。

2003年，两村卫生室合并，改称安上社区卫生服务站。社区卫生服务站六位一体，集医疗、预防、保健、康复、计划生育、健康宣传于一体，服务项目12项。项目包括建立居民健康档案、健康教育、预防接种、儿童健康管理、孕产妇健康管理、老年人健康管理、高血压和糖尿病人健康管理、重性精神病患者健康管理、结核病患者健康管理、中医药健康管理、传染病和突发公共事件报告和处理、卫生监督协管。乡村医生具有乡村医生执业证书或执业（助理）医师证书，在卫生行政部门注册并获得相关执业许可。在卫生室从事护理等其他服务的人员，需具备相应的合法执业资格，卫生服务站有营业执照，从业人员有职称证、职业证、上岗证。

2012年，安上社区卫生服务站，有2名职业助理医生、1名护士，站长为方彩珍。卫生服务站设输液室、健教室、换药室、处置室、治疗室、注射室、预防保健室、全科诊疗室、收费药房等，输液室内有观察床3张、观察椅10座，药房经常保持250种左右药品。站内工作全面实行联网电脑化程序，老年人和儿童的常见病、多发病，一般都在社区卫生服务站诊治，并做好慢性病的随访工作。

第四节　消灭血吸虫病

淀山湖镇是华东地区血吸虫病重灾区之一。新中国成立前，安上村域村民深受血吸虫病危害之苦，有的家破人亡。灾害较严重的村落，有罗家枉、上洪桥、高家桥、浜里、陶湛桥、棚户等地势比较低洼的自然村。上洪桥自然村费宝泉及其妻子费阿大、儿子费火根全家三口，因血吸虫病，1955年前后全部病故。村民陈阿东儿子陈阿涛也死于血吸虫病，死时还不足20岁。据不完全统计，全村有20多人先后因得血吸虫病（肚饱病、肝腹水）而病故。1955年，党中央、毛泽东主席向全国人民发出号召，全党动员，全民动手，一定要消灭血吸虫病，彻底送走瘟神。

新华大队、新民大队广大干部群众,积极响应党中央号召,开展消灭血吸虫病运动。

一、查螺灭螺

血吸虫是人畜互通寄生虫,储存宿主种类较多,主要有牛、猪、犬、羊、马、猫及鼠类等30多种动物,病人及患病耕牛为主要传染源。在一些长时间无人畜活动的地区,血吸虫在野生动物之间,通过钉螺传播。因此,查螺灭螺,成为消灭血吸虫病的首要环节。

1952年,按上级的要求,首先发动学校师生和农民、职工捕捉钉螺。1953年,昆山县血防站在所属乡(镇)开展血吸虫病流行的调查和化验、灭螺及粪便管理等防治工作。1955年12月,毛泽东主席指出:"许多危害人民最严重的疾病,例如血吸虫病等等,过去人们认为没有办法对付的,现在也有办法对付了。总之,群众已经看见了自己的伟大的前途。"于是,1955年起,掀起一个群众性的查螺、灭螺新高潮。

大力开展群众性查螺灭螺运动。血吸虫病是血吸虫引起的一种疾病,钉螺是血吸虫生存之窝。血吸虫将其卵排在钉螺内,成幼虫后流入河中,再侵入人体,危害人们健康,甚至有生命危险。广泛开展群众性和持久性的查钉螺、灭钉螺运动,切断血吸虫赖以生存的老窝,是彻底根除、消灭血吸虫病的关键措施。根据淀山湖人民医院防疫站的历史资料查实,安上村原有钉螺面积9 033 137平方米,其中河塘54 011平方米,沟渠45 419平方米,稻田721 821平方米,河滩15 697平方米,其他范围66 189平方米。查螺、灭螺的过程是:(1)组织查螺队伍。各生产队组织一支查螺队伍,由青年妇女社员8~10人组成,定期在田头、河滩等钉螺滋生处,清查钉螺分布情况及数量;(2)在河岸及人难于行走的地方,筑起一条宽约40厘米的灭螺带,便于查螺灭螺;(3)用剧毒的五六粉农药渗水喷洒灭钉螺;(4)多次反复查、灭,直至无钉螺。经过采取一系列有力的措施,到1983年已查不到钉螺,1993年已达到消灭血吸虫病标准。2000年12月经苏州市人民政府血吸虫病地方防治领导小组的专家到淀山湖实地考评、复查,高度评价、充分肯定了淀山湖镇在消灭血吸虫病工作中所取得的巨大成果。

二、查病治病

检查血吸虫病是否阳性,主要从粪便内检查虫卵或孵化毛蚴以及直肠黏膜活体组织检查虫卵。粪便检查方法主要有直接涂片法、沉淀孵化法、沉淀镜检法。1957年,在血吸虫病情调查中,由群众报病和医生询问病人、体检来确定可疑似血吸虫病人,然后再做粪检以确诊病人。1960年,为提高粪便受检率,将三送三检改为一送三检;1964年,又将三送三检和沉淀孵化法相结合进行查病。1970年,从实践总结出粪便检查"把五关"的经验:(1)送检质量关;(2)水质处理关;(3)操作质量关;(4)孵化观察关;(5)清洗消毒关。

通过调查,村域内摸清患有血吸虫病历史病人(查粪便属阳性)1 733人,晚血病人(脾脏、肝脏肿大)84人。由苏州医学院师生、苏州专区人民医院、解放军0099部队医院派驻的医疗人员对血吸虫病人及时进行分批治疗,控制病情。对患有血吸虫病的84位高危病人(见表8-4-1),通过切除脾脏等抢救治疗手术,使在死亡线上挣扎的高危病人获得了第二次生命。1980年后,已治愈大批病人,人群感染度明显减轻,粪检已很难查出血吸虫病人,因而开始采用询问病史、体检、皮试、环试相结合的综合查病方法,以提高血吸虫病人的检出率。

2012年,高危病人中,还有20多位健在。80岁以上高龄有6位。24组村民李阿大(女)

经过脾脏切除手术,身体恢复很好。虽已90岁高龄,但身体很硬朗,生活能自理,还能做些轻微的家务劳动。这是消灭血吸虫病、成功挽救危重病人的真实事例。

表8-4-1　　　　　　　　　　安上村治愈高危血吸虫病人名单

序号	姓名	性别	序号	姓名	性别	序号	姓名	性别
1	吴德荣	男	29	张彩娥	女	57	潘雪宝	女
2	方荣全	男	30	王秀英	女	58	顾金生	男
3	黄阿泉	男	31	林四宝	女	59	屈二宝	女
4	叶文珍	女	32	周珍宝	女	60	李正岐	男
5	陈彩英	女	33	冯飞	男	61	王阿妹	女
6	童阿五	男	34	柴云娥	女	62	周月琴	女
7	高云林	男	35	周小大	女	63	杨桂英	女
8	陈阿宝	女	36	周兰宝	女	64	王阿苟	男
9	顾桃英	女	37	计秀英	女	65	顾四宝	女
10	顾阿木	男	38	计桂林	男	66	唐瑞英	女
11	顾三根	男	39	计介福	男	67	顾三宝	女
12	顾三宝	女	40	周密宝	女	68	吴阿大	女
13	焦四子	女	41	费阿宝	女	69	张阿娥	女
14	陆明文	男	42	赵金娥	女	70	李阿大	女
15	费小娥	女	43	蒋红叶	女	71	张阿宝	女
16	顾根林	男	44	顾全宝	女	72	张引娣	女
17	沈红娥	女	45	蒋红宝	女	73	吕梅宝	女
18	顾菊英	女	46	周林根	男	74	肖桂芳	女
19	浦杏娥	女	47	王金宝	女	75	何全生	男
20	周海火	男	48	周阿林	男	76	方大星	女
21	周火根	男	49	唐引宝	女	77	方三宝	女
22	周阿妹	女	50	陈阿英	女	78	张凤金	女
23	林另宝	女	51	王泉根	男	79	王妹娣	女
24	童阿妹	女	52	徐小妹	女	80	夏金妹	女
25	徐阿大	女	53	陈秀英	女	81	邓明娥	女
26	叶取林	女	54	唐雪宝	女	82	冯小苟	男
27	叶阿巧	女	55	沈阿桂	女	83	冯阿梅	男
28	邵阿道	男	56	潘阿秀	女	84	徐红秀	女

第九章 古　迹

第一节　古　迹

安上村有一条南北向的道褐浦河,成河于宋代之前,系吴淞江南大浦之一。北起吴淞江,流经石浦镇,在陶湛桥自然村入境,途经安上村。在这古老的村落里,民间有很多传说。

一、陶湛桥古村落

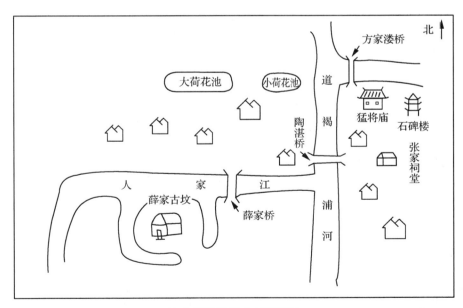

安上村陶湛桥古村落遗址

村最北端的陶湛桥自然村,是一个历史悠久的古村落。在村庄后面有一大一小人工开挖的荷花池,其中小荷花池,池底全部用小青砖铺设。据传说是供小姐洗澡嬉玩的。两只荷花池的旧址仍在。

村河东有一座张家祠堂,四周小河边,都是石驳岸。河西南角,有一座古坟——薛家坟,建造相当讲究,全部用(50×30×10)厘米的大青砖砌成。坟北面是人家江,坟西、东、南三面是人工开挖的小河,只在东南方留5米左右的通道供人出入。薛家坟的建造年代,据历史记载查实,在元朝落成。对这座古坟的归属,为哪家祖坟,有争议。名为薛家坟,但村上无姓薛人家,河东有只张家祠堂。张家是大户人家,便将该坟归属张家的古坟。坟东面,有一座南北向的小桥——薛家桥,方便老百姓从河北人家到河南古坟上祭祖。20世纪60年代,人家江与道褐浦出口处造了水闸桥,薛家桥不再有利用价值而被拆除。

20世纪60年代"文化大革命"时期"破四旧",古墓被毁,大青砖被船运至大队部砌讲台,其他古董无从查考。古坟旧址仍在,成了老百姓的菜地。

在村东北角,有一座猛将庙,庙对面还有一座石碑楼。庙宇于新中国成立后被拆除,石碑楼在1965年一次龙卷风中被卷走,好多巨石都被卷得无影无踪。

二、祠堂

安上村域有2座祠堂,见表9-1-1。

1. 张家祠堂

张家祠堂位于陶湛桥自然村河东(参见本章本节陶湛桥古村落)。村民张云生家居住,内设牌位,村中大小事,由族长在祠堂里和村民一起商议。

2. 周家祠堂

周家祠堂位于马安自然村,村民周其焕家居住,高龄老人顾阿雪居住过周家祠堂。据顾阿雪回忆,祠堂东墙壁架3个小木框,内安放过世者牌位,族长不定期召开家族会。

表9-1-1　　　　　　　　　　　安上村域祠堂一览表

祠堂名称	位置	建造年代	消失时间
张家祠堂	陶湛桥江东	清朝	1953年
周家祠堂	马安自然村	1940年	1958年

三、坟堂屋

安上村域有坟堂屋3座,见表9-1-2。

1. 姚家坟堂屋

姚家坟堂屋位于棚户自然村西南侧,由绍兴搬迁过来的村民冯全根住在姚家坟堂屋内管理。

2. 周家坟堂屋

周家坟堂屋位于马安自然村西侧、道褐浦河东侧,由村民宋火根父亲宋孝石从商塌搬迁过来,住在周家坟堂屋内管理。

3. 蒋家坟堂屋

蒋家坟堂屋位于西庙泾自然村东侧200米,有一个浜斗叫坟浜,由富裕人家蒋仲豪、蒋仲康的爷爷蒋老老建造了蒋家坟堂屋,三间七路头正屋,两边各一个厢房。坟堂屋后面是安葬死者的坟墓,种了很多柏树,屋内安放着死者的牌位。看守坟堂屋的都是穷人,由顾家库自然村的阿炳夫妻俩及其父亲管理。

表 9-1-2　　　　　　　　　　　　安上村域坟堂屋一览表

名称	位置	建造年代	消失时间
周家坟堂屋	西厍道褐浦东岸	民国二十四年	1958 年
蒋家坟堂屋	西庙泾东面	清朝	1953 年
姚家坟堂屋	棚户小圩南端	清朝	1958 年

四、庙宇

安上村历史上有大小庙宇 12 处，充分反映了几百年来宗教盛行、寺庙鼎盛、香火不绝的状况，是安上村有着深厚文化底蕴的有力佐证，见表 9-1-3。

1. 红庙

红庙位于顾家厍自然村东首。村民为纪念猛将军所建，猛将老爷等脸色通红，俗称红庙。新中国成立初期，破除迷信，将两尊猛将泥老爷丢入河中，庙宇作为庙泾小乡办公室，在 1958 年被拆除。

2. 灵官庙

灵官庙坐落在上洪桥自然村东北角，地处道褐浦河东北走向转为西北走向的转弯处，坐北朝南，是一个风水宝地。新中国成立初，破除迷信，庙宇被拆除。旧庙虽拆除，但阻挡不住村民的信仰，在原址上又搭建了一座简庙，每逢初一、月半，方圆数十里的香客人来人往、络绎不绝，到简庙烧香拜佛，敬佛祖，求平安。

3. 三观堂庙

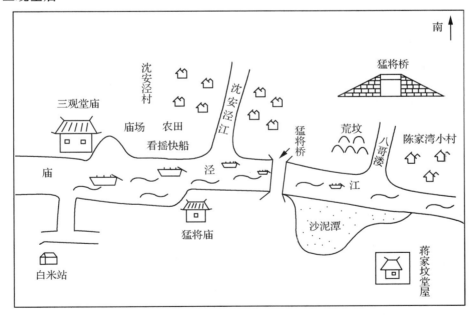

沈安泾赶庙集、看摇快船遗址（每逢农历七月二十七日）

三观堂庙位于北沈安泾东北端。康熙五十年（1711 年），北沈安泾民众为纪念历史名人叶苗，建造了三观堂庙。每逢农历七月二十七日，广大民众像赶集一样进三观堂庙烧香烛。年轻小伙子，自发组织摇快船活动。在三丈多长的大木船船尾，装有大小两支橹，每只船上，一人站在船艄,两手握住一支橹,另一人相对临水站在木板上紧握另一支橹,开始摇着木船,船似飞梭般地行驶,激起河中层层浪花,不断涌向岸边。沿河两岸和石桥上,三观堂庙的广场上,站满了男女老少,观看摇快船。场面热闹非凡,喝彩声、掌声、吆喝声响彻云霄。每年的七月二十七日,便形成了一个大型纪念活动,历时2~3天。三观堂处没有建造厕所,人们缺乏卫生意识,随地大小便在所难免,后有人称它为污三观堂。

表9-1-3　　　　　　　　　　　安上村域古庙一览表

庙宇	坐落地址	建造年代	毁损时间
红庙	顾家库村东面	明朝	1958年
灵官庙	上洪桥村北面	明朝	1953年
三观堂庙	沈安泾村北端	明朝	1958年
南浜小庙	南浜村南端	清朝	1970年
马安城隍庙	马安村南端	清朝	1958年
猛将庙	西庙泾江北中段	民国二十六年	1962年
观音堂庙	西庙泾江南西端	清朝	1962年
城隍庙	罗家枉江北东面	清朝	1962年
太太庙	罗家枉江南中部	清朝	1962年
猛将堂庙	高家桥江东南部	清朝	1953年
三爷堂庙	浜里村西南角	清朝	1953年
猛将庙	陶湛桥村东北角	宋朝	1953年

五、石牌楼

石牌楼位于陶湛桥村东北角,建造年代宋朝,消失于1965年(参见本章本节陶湛桥古村落)。

六、古坟墓

1. 叶苗墓

南宋时期,有一位勇士叫叶苗,字秀实,在清剿磺碑寺恶僧、设计保寺的斗争中,声名远播,义振江南。病故后,为了纪念叶苗,众人将他安葬在安上村沈安泾,墓碑为叶义士苗墓。

2. 薛家古坟

薛家古坟位于陶湛桥村西南,建造于元朝,消失于1967年(参见本章本节陶湛桥古村落)。

第九章 古迹

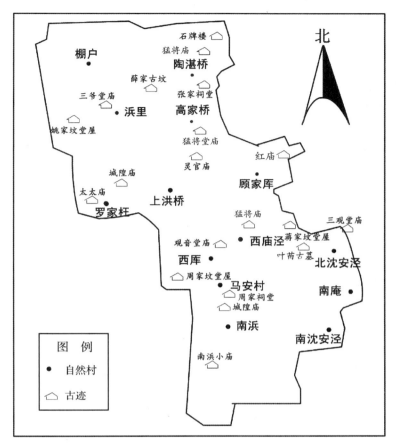

安上村古迹位置图

第二节 古桥名木

一、古桥

安上村域有10座古石桥，2012年都已消失。

1. 龙凤桥

龙凤桥，又称猛将桥，踏步石桥，坐落在北沈安泾自然村北侧、西庙泾村的东侧。为了纪念历史名人叶苗，康熙五十年（1711年），由松江里士汪启竹建造。桥坡、桥墩三面用方块石砌成，中间填土，桥面用三块大门板条石铺就，坚实，水牛能在上面行走，无栏杆。1958年，建造白米电灌站，需用石料，古桥被拆除。

2. 清凉桥

桥面石板侧面凿刻着"清凉桥"三个字，又名七娘桥，踏步石桥，坐落在罗家𦥑自然村西首，建造年代不详。罗家𦥑村民习惯叫西桥，因该村东西有两座石桥，东面的一座叫东桥。桥墩和桥坡三面用方块石砌成，中间填土，上面铺踏步条石，桥门洞一个，上面用三块大的板门条

201

石做桥面,很重,很坚固,水牛能在上面走,无栏杆,1973年,因建造水闸,古桥被拆除。

七娘桥名的由来。传说很早之前这里没有桥,仅为渡口。有七位牛姓寡妇,常经过这渡口去百家荡烧香。为了方便后人,七个寡妇联合起来,在这渡口造了一座石桥,取名清凉桥。后人因七寡妇所建,改称七娘桥。

3. 东石桥

东石桥坐落在罗家枉自然村东首,小石桥,单孔,石条桥面,上下坡踏步用花岗岩条石铺就,桥墩用块石垒砌而成。此桥是罗家枉北面村庄至杨湘赶集的必经之路,俗称堂路桥。1967年,此桥拆除,原址筑成坝基,建造新华电力灌溉、排涝站。路人在坝基上行走。

4. 上洪桥

上洪桥坐落在上洪桥自然村东,横跨道褐浦河,东西向,三孔桥门,中孔由两座大石礅垒起,上面横两个石固梁,岸两边的石礅由三面石块砌成,桥坡踏步用条石铺就,三孔桥面都用木梁和木板铺成。桥面设有木栏,但经不起日晒雨淋,木板需常常更换,才能保证行人的安全。桥墩两边用碎石碎砖铺设牛吽滩,水牛到田里劳作需下水过河。1987年拆除,改建为水泥桥。

5. 上洪小石桥

上洪小石桥又称堂路桥,坐落在上洪桥自然村北面,石板踏步桥。桥面由石条和小石板组合而成,上下坡由石礅和石踏步组成,是北面村落群众必经之路。耕牛靠两边铺设的牛吽滩过河。80年代中期,因道路改道,西面筑机耕路,重造水泥桥,小石桥被拆。

6. 高家桥

高家桥为石柱木桥,坐落在高家桥村中,横跨道褐浦河东西,桥身和结构与上洪桥基本相同。80年代中期被拆除,重建为水泥桥。

7. 高家桥小石桥

高家桥小石桥,又称堂路桥,坐落在高家桥自然村南端,小元娄江流入道褐浦的出口处。小桥为南北向,桥身和结构与上洪桥小石桥相同。损毁时间很早,新中国成立初,改建为一座高架小竹桥,常修常坏。80年中期,筑机耕路,将桥西移100米,改建为水泥桥。

8. 薛家桥

薛家桥坐落在陶湛桥自然村中西部,南北向,是一座贯通江南、江北的小木桥,但很古老。小桥南面是陶湛桥村的古坟薛家坟,为方便河北老百姓到江南古坟祭祖所造,故叫薛家桥。60年代末,人家江出口处造了一座水闸,闸上有桥,能走人,薛家桥失去了利用价值,被拆除。

9. 陶湛桥

陶湛桥坐落在陶湛桥自然村中部,是原上洪村横跨道褐浦河的第三座石桥,桥身和结构与上洪桥、高家桥相同。80年代中期被拆除,重建为水泥桥。

10. 方家娄石桥

方家娄石桥坐落在陶湛桥自然村北面,道褐浦东侧,南北向,架在东西向方家娄河与南北向道褐浦河的出口处,是通向石浦陆家桥村必经的桥梁。由于出口处河面宽、桥身小,在两桥的两头筑有十米左右长的烂泥坝基,俗称埝基,通过埝基走上小石桥。桥身不太高,有三个桥门洞,中间的桥洞收稻时稻船勉强能过。两边的小桥门更低,中间是石礅、石梁,岸边上是小石礅。三幅桥面两边各有六块镶有榫头的条石,中间是小方石板搁条石。人走在上面,有石头活动的响声,还算结实,牛走牛吽滩过河。80年代中期被拆除,向里移进50米,重建水泥桥。

二、名木

在马安自然村和界泾江的最南端,有两棵银杏树,一雌一雄,雄树高16米,直径80厘米,雌树高10米,直径50厘米。树叶茂盛,树龄200多年,在清朝建南庙时同时种植。

银杏树对面有一座南庙。银杏树杈大,喜鹊喜欢在树上搭窝。白天可以听到喜鹊的报喜声,晚上喜鹊在窝中栖息。民谣:清早摇船出远路,听到喜鹊的叫,心里乐滋滋,行驶途中有安全;听到乌鸦叫,立即船掉头,重回家里摇,生怕碰到倒霉事。1958年"大跃进"年代,银杏树被砍,南庙被拆,两棵古树和一座古庙从此消失。

第十章

村民忆事

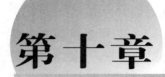

新中国成立后,农村发生了天翻地覆的变化。农村政治运动和重大事件一个接着一个,在人们的共同记忆中。新中国成立前,目前在世的老人的忆事,主要有日军罪行、罗家枉夜防队、昆山解放等。新中国成立、抗美援朝、土地改革、"三反""五反"、粮食统购统销、互助合作化运动、高举"三面红旗"、农村"四清"运动、学习毛主席著作、"文化大革命""农业学大寨"等20多项,以及重大事故、民间传说、民间习俗等。

第一节 村民公共记忆大事

一、日军罪行

1937年,日军发动全面侵华战争,到处横行霸道,烧、杀、抢、掠,奸污妇女,无恶不作。8月13日,中日双方进行淞沪会战,随后,上海、苏南逐步沦陷。

(1) 1938年2月14日,顾家库自然村村民顾柏生与朱塔炳一起,到青浦县大盈乡牵牛,途经金家桥小镇时,遇到几个日军。日军怀疑顾柏生是中国士兵,用刺刀猛刺顾柏生27刀。顾柏生被戳死,年仅27岁;朱塔炳被日军枪击,当场身亡。

(2) 1938年2月,西庙泾自然村村民周阿小到村旁田间望田横头,遇到几个日军。日军怀疑周阿小不是当地人,枪击周阿小,周阿小当场身亡。

二、罗家枉夜防队

1940年11月,中共昆山县委歇马桥区委书记罗澄守(又名陆慕禹),根据上级指示,因势利导,积极开展民运工作,帮助各村群众组织了不脱产或半脱产的夜防队、联防队、自卫队等各种群众性的地方抗日武装。领导罗家枉村民开展防匪除奸活动。

罗家枉村在抗日战争时期,属杨湘区庙泾乡,为昆山游击队杨湘区中队的活动基地之一。

徐永坚(又名徐友纪)、张田平(真名朱介成)领导的区中队,常来罗家枉村落脚活动。为保卫村庄、保卫家乡,在区中队的帮助下,由周宝林、陈春海、王阿炳、赵祥林等十多人成立了夜防队。夜防队除了在村里轮班防夜之外,还经常参加区中队外出锄恶除奸活动。

1. 活捉敌特"小银相"

小银相真名朱小根,是一个横料店(棺材店)的小木匠,吸毒成瘾。他认贼作父,充当敌特密探,危害一方。一天黄昏,他和同党梅生潜入罗家柱,企图刺探新四军活动情况。夜防队周宝林等得悉这一情报后,立即采取行动。当朱小根、梅生鬼鬼祟祟地通过村口的二洪桥时,被埋伏在桥头的夜防队员陈春海等拦住。随即桥的另一头也被夜防队员赵祥林等手持木棍,封住去路,朱小根、梅生束手就擒。

2. 生擒惯匪苏永清

苏永清身材高大,善使双枪,投敌后,当上了特工队长,为虎作伥,危害乡里。1940年的一天,罗家柱夜防队获悉苏永清夜宿花园村姘妇家的情报,经请示上级同意,决定予以惩除。通过周密安排、布防,当夜在花园村活捉了这个孽种,并由区中队宣布了他的罪状,就地处决,为地方除了一害。

3. 赵祥林怒揍日本捉鸡兵

1945年春的一天,杨湘泾镇日伪据点走出五六个日军,到顾家库村抢掠。村上群众纷纷躲避,来不及躲避、正在偏屋舂米的赵祥林,被逼着出去,帮日军捉鸡。赵祥林对这帮日本人早就恨得要死,佯装为日本人捉鸡,却把鸡追得四处逃走。一个日军气得哇啦哇啦直叫,上去就给赵祥林一记耳光,还举起枪托要砸。这时,愤怒的赵祥林把自己的生死安全置之度外,挥起右手,对准这日本军人的胸口,狠狠地揍了一拳,直把这日军打得倒在地上,连滚几滚,跌进了茭白塘,半天爬不起来。赵祥林乘机迅速离开,脱离了险境。

4. 蔡秋泉受尽折磨志不移

1946年上半年,蒋介石撕毁停战协定,加紧部署内战,在国统区组织地方保安团,与正规军配合,对抗日根据地(解放区)发动"清剿"运动。昆南淀山湖抗日游击根据地,笼罩在一片白色恐怖之中。

由于叛徒的告密,曾参加中共杨湘泾区委、区政府领导的杨湘泾区中队的蔡秋泉,不幸被国民党昆山县警察局逮捕。蔡被捕后,先被关在昆山警察局看守所,逼他供出当时参加新四军而未北撤的人员去向。蔡暗暗下了决心,为了党和人民的利益,绝不能吐露真情,更不能出卖同志,也绝不向敌人低头投降,宁愿皮肉受苦,乃至献出自己的生命。

蔡秋泉在昆山警察局被关押了一个多星期,敌人对他威逼利诱,严刑逼供,但都没有使蔡吐露半点军情。敌人无计可施,只得将蔡秋泉押往苏州监狱。在狱中,蔡秋泉被隔离关押,敌人日夜轮番逼供,每次回牢房,蔡常常浑身鲜血淋淋,血迹与衬衣裤都粘在一起,但蔡秋泉始终坚贞不屈。

敌人施用的各种手段都失败了,最后将蔡秋泉关进了一间特制的又黑又小的屋里,在38℃的高温天气下,不给一点水喝,企图逼他就范。而蔡秋泉还是咬紧牙关,坚持不吐一点真情。五个月后,在中共地下党组织和地方有关人士多方设法营救下,蔡秋泉被交保释放。

三、昆山解放

1949年4月21日,人民解放军百万雄师强渡长江,南京、苏州等地相继解放。4月底,中共昆山县委、昆山县人民政府机关及工作人员百余人随军南下,抵达正仪。正仪、甪直、巴城先

期解放,正仪区委、区政府接管正仪。县委、县政府在正仪设立办公机构,张贴县政府安民告示和以解放军名义统一印制的标语,领导机关有关干部前往甪直、巴城开展工作。在甪直与"江苏省人民自卫军吴、昆、沪大队"司令申镜寰展开了谈判,促其率部投诚。5月12日18时,上海战役外围战解放昆山之战打响。人民解放军第十六军七十六师、七十八师,以6个团的兵力,按照"水陆并进"迂回包围、断敌退路、一举全歼的作战方案,在西巷火车站、青阳港、菉葭浜火车站等地,歼俘国民党军东逃之敌2 200余人,13日凌晨战斗结束,昆山宣告解放。

上午8时,县委、县政府机关及工作人员百余人,由正仪移驻昆山县城,沿途受到城区各界人民的热烈欢迎。当日,县长刘同温颁布昆山县人民政府第一号布告,宣告昆山县人民政府正式成立。县委、县政府各办事机构也相继成立。16日,中共昆山地区党员百余人,在县城米业工会与南下干部胜利会师。17日,县委、县政府各部门正式办公,各区委、区政府小乡干部到职开展工作。5月18日,县委、县政府按照中共中央和华东局"按照系统,整套接收、调查研究、逐渐改造"的接管方针,开展全面接管国民党所属机构。1949年5月至7月,县委、县政府开始部署和开展民主建政工作,巩固新生的人民政权,先后成立县民主妇女联合会筹备委员会,中国新民主主义青年团苏南区昆山县工作委员会,县农民协会筹备委员会,县职工总会,各基层建立了妇代会、农会、团委、工会。10月1日,中华人民共和国成立。此后开始分阶段在全县废除保甲制度,建立农村基层人民政权。1950年8月,庙泾乡南浜、西庙泾、沈安泾、顾家库、上洪桥、浜里等12个自然村,建立12个联村民主选举产生各村村长,建立了基层人民政权。

四、土改运动

1950年6月,中共中央颁布《中华人民共和国土地改革法》,淀东区通过度潭、小泾等乡先行试点,于1950年秋全面推开。土改的过程为:成立农民协会进行土地登记,清查各阶层土地占有情况,按农户实有人口,人均占有生产资料,分清剥削和被剥削的界限,评定成分。全村划分雇农、贫农、中农、富裕中农、富农、地主六个成分。农民协会与地主进行说理斗争,依法没收地主剥削所得的土地、财物与征收其他阶层多余的土地及征收公产。根据贫农、雇农缺田少田的情况,分别按大平均、小平均两种方式分配给农民土地及四大财产,即土地、房屋、大型生产资料(牛、船、车)及生活资料。淀东区土改过程一是试点,设在度潭乡,从1950年11月至1951年1月为全区土地改革打开了局面;二是全面展开(全区),一方面纠正过激行为,另一方面着重开展与地主的说理斗争,同时镇压了少数恶霸地主;三是复查发证工作。土地改革工作的重点一是划分阶级,二是斗垮地主,三是分配土地(包括四大财产)。

通过土改,安上村域农民人均占有土地3.8亩,同时贫农、雇农在农村优势地位得到确立,使当时农村出现了三大高潮,一是农业生产掀起高潮,二是农民学文化掀起高潮,三是参军参战掀起高潮。土地改革后,各自然村相继成立互助组,开展农业合作化运动。

五、抗美援朝

1950年6月25日,朝鲜战争爆发,27日,美国宣布援助南朝鲜,随后又操纵所谓联合国军进入朝鲜,进一步扩大朝鲜战争。中国政府对美国进入朝鲜表示强烈抗议。但是美国把我国政府的严正立场视若无睹,悍然越过三八线,大举进犯朝鲜北方,迅速向朝中边境推进,把战火烧到鸭绿江边(中朝东北边境)。在这严峻时刻,党中央于 1950 年 10 月初,毅然做出"抗美援朝、保家卫国"的重大战略决策。10 月 19 日,中国人民志愿军开赴朝鲜战场,开始了伟大的抗美援朝战争。国内开展大张旗鼓的宣传活动。1951 年 6 月,各地纷纷开展爱国公约、捐献飞机大炮和优待烈军属三项活动,并掀起参军高潮。1952 年,农村开展爱国增产竞赛活动,以支援抗美援朝。1953 年 2 月,昆山县政府又一次发动广大青年参军参战,安上村优秀青年中先后有西庙泾自然村江南的计三林,在 1949 年应征光荣入伍,西庙泾自然村江北的叶阿道和南浜自然村的胡三毛 2 人于 1953 年 11 月参军入朝作战。

六、农业合作化运动

1951 年春土地改革结束后,昆山县委根据党中央《关于农业生产互助合作的决议》《关于发展农业生产合作化的决议》《关于农业合作化问题的决议》,按照"积极发展、稳步推进"的方针和"自愿互利"的原则,采取典型示范、逐步推进的方法,由点到面发展农业生产互助合作组织,对农业逐步进行社会主义改造。开始由互助组到初级社,到 1956 年 8 月,全村农户全部参加高级农业生产合作社(原新民高级社、新昇高级社、新华高级社、新农高级社),对农业进行社会主义改造,不仅实现了生产资料所有制的转变,也促进了农业生产力的发展,克服了农村几千年来的私有制理念,发展社会主义农业经济,适应社会主义工业化,为农业机械化创造了条件。

安上村域内(原马安村、上洪村)1952 年初成立了互助组,1954 年春成立初级社,1956 年 6 月成立高级社。

七、粮食统购统销

1953 年,国家对粮油实行统购统销,执行粮食四统(征购、销售、调拨、库存)管理制度,全面兼顾国家、集体、个人三者利益。

粮油收购,1955 年实行粮食征购"三定"(定产、定购、定销)办法。1965 年,实行"一定三年"的收购办法。1971 年起实行"一定五年"的收购政策。1978 年,党的十一届三中全会后,农村实行休养生息政策,调减了粮食征购基数。1981 年,实行粮食购、销、调拨包干政策。1985 年粮食统购政策停止执行,实行超购加价,提高农民种粮的经济效益。

粮油供应,1953 年实行粮食计划(统销)供应。1955 年实行按人分等定量供应,对工商行业用粮油实行按计划分配供应。对缺粮队以及从事非粮食生产的农业人口,实行统销(定销)。在多次提高粮油定购价的情况下,粮食统销提高很小,差价由国家财政补贴。1993 年 4 月 1 日,粮油销售和经营全部放开,原粮油票停止使用,从而结束了 40 年粮油计划销售的经营体制。

1. 实行统购统销,合理分配粮油(1953 ~ 1957 年)

1953 年开始执行第一个五年计划,在党和人民政府的正确领导下,粮食形势基本稳定,供应正常,价格稳定。后来由于城乡粮食销售量剧增,导致收购计划不能完成。1953 年 11 月,开始国家实行粮食统购统销政策。在农村实行粮食计划收购的情况下,由国家严格控制粮食市场,禁止私商经营,实行中央统一管理下的由中央和地方分工负责的粮食管理政策。这时期,昆山县委认真落实上级指示,从党政机关抽调大批干部深入农村,进行调查摸底。在粮食统购统销政策家喻户晓的基础上,发动农民自报余粮,按多余多购、少余少购、不余免购的原

则,进行民主评议,协商定购。1953～1954年超额完成粮食统购任务。一是设立粮食交易市场。1953年春,为便于农民在完成粮食统购任务后,进行余缺调剂,品种串换,根据上级有关规定,结合当地实际,建立粮食交易市场、交易站,在夏收征购期间关闭,在当时十分活跃。到1957年由于"左"的思想影响,市场关闭,停止交易。二是实行"三定"政策。从1955年起粮食实行"三定",即定产(3年不变)、定购(比例为余粮的80%～90%)、定销(对缺粮户1年一定)。三是城镇居民口粮按人定量供应。从1953年12月开始,居民按实有人数自报用粮计划,经民主评议,由镇、乡政府审查批准发购粮证到户,凭证供应。如婚丧事等特殊情况,购粮须镇、乡政府出具证明,机关、学校团体及事业单位实有人数凭证不限量供应。1955年8月25日,国务院颁发《市镇粮食定量供应暂行办法》,对城镇居民按年龄大小分等定量供应。同时发放全国通用粮票。四是对余粮户实行预购。五是实行以富补欠。六是油菜籽实行全额统购。

2. 纠正高指标、高征购,降低统销定量标准(1958～1965年)

1956年,原新民高级社农民人均口粮275公斤,原新华高级社269.8公斤,粮食形势大好。1958年因"大跃进"、人民公社化,大批劳动力炼钢铁,修水利,秋收劳动力不足,当年丰产不丰收。同时由于"高指标""瞎指挥"和"浮夸风"的干扰,普遍虚报产量,搞乱了粮食统购统销政策。1958年粮食总产比1956年减少,而征购任务增加,1959～1961年连续三年大减产,而征购任务并未相应减少,反而购了过头粮,导致农村产、购、留比例严重失调,农民人均占有粮食大幅度下降。到1961年,新民大队人均口粮仅185公斤,新华大队180.5公斤。1958年起粮食销售失控,城镇农村粮食销售创历史最高。1958年农村大办食堂,实行吃饭不要钱。由于高估产、高征购,及连年自然灾害,给农民造成了严重困难(如城北事件)。1959年4月毛泽东主席发出"粮食要十分抓紧"的指示,1960年8月党中央、国务院下达"大办粮食、大办农业"的指示及"12条""60条"政策,才扭转了粮食困难局面。当时采取的措施有:一是降低定量标准,压缩城镇人口;二是建立农村粮食储备;三是对储备粮应用做出规定;四是提高统购价格;五是统购粮实行奖励;六是实行奖售工业品(棉花、棉布、食糖、香烟、胶鞋等工业品);七是工业品换购(农用物资);八是重新开放粮食贸易市场(1962年);九是开展议购议销;十是对征购任务"一定三年";十一是油料统购统销。从1962年起,以生产队为单位油菜籽包干产量与统购任务,统购不超过包干任务的75%,国家对农民不再供应食油,农民吃油在国家统购任务之外自给自足。

3. 实行多征购多销售,超额完成国家任务(1966～1978年)

"文化大革命"的10年,国民经济陷入瘫痪状态,粮食统购统销受到了严重影响。1965年开始实行征购,"一定三年"到1967年期满。由于"文革"原因,1968～1970年仍按老办法,六年里,三年平均总产比1964年增8%。1971年起实行粮食征购基数"一定五年"不变的政策,超购粮继续实行加价奖励,奖励幅度按统购价的40%以下,农民人均口粮290.5公斤。1972年实行粮食"四统一"管理制度。是年12月,中央决定将粮食的征购、销售、省间调拨和库存都由中央统一安排,实行统一征购、统一销售、统一调拨、统一库存的高度集中的粮食管理制度。这期间,国家提高了统购价格,维护农民的利益。1966年昆山麦类每50公斤统购价格为11.33元,提高22%,稻谷类调为11.40元,提高16.5%,大米调为16.10元,提高19%;10年"文革"中征购超购粮比前10年有一定增长,粮食产量增长10%左右。另外,国家还压缩城镇人口,以减少商品粮供应。

4. 坚持粮食统购统销政策,实行粮食多渠道流通(1979～1984年)

从1979年夏粮收购起,提高统购价20%,超购加价幅度由原来的40%提高到50%,由麦类11.33元、谷类11.40元、大米16.10元,分别上调为13.17元、13.5元、18.53元。重新开展粮食议价供应,恢复农村粮油集体贸易。1985年起,粮食征购停止,实行统购政策(实施合同订购),1979年起粮食统销逐步缩小平价供应,扩大议价销售。

5. 扩大议价供应范围,缩小计划(平均)销售(1985～1993年)

八、高举"总路线、大跃进、人民公社""三面红旗"

1958年5月,党的八大二次会议正式通过"鼓足干劲,力争上游,多快好省地建设社会主义的总路线"。在"总路线"的指引下,广大农村进行了为期三年的"大跃进"运动。在这期间,农村开展大炼钢铁,大办人民公社,大办水利,大搞农田建设,大办食堂等"大跃进"运动。10月,淀东人民公社成立,实行"政社合一","工农商学兵"五位一体。高级社改称大队,公社统一经营,分级管理,大力宣传公社"一大二公"的优越性。在劳动管理上按军事化编制,大队设营,自然村为连,实行大兵团作战。生活上办公共食堂,实行半供给制,提出放开肚皮吃饱饭,鼓足干劲搞生产,生产上片面追求高指标,盲目生产,造成"共产风""命令风""瞎指挥风"和多吃多占风。直到1959年5月下旬,县委召开"三级干部"会议,传达中央郑州会议精神后,才纠正了上述错误。

九、"农业学大寨"运动

昆山是国家重要的商品粮基地之一。在坚持贯彻"抓革命,促生产"的方针下开展"农业学大寨",加强了农业的基础地位。

1964年2月20日,《人民日报》发表了《大寨之路》的长篇报道。毛泽东主席提出了"农业主要靠大寨精神,自力更生"的指示。周恩来总理对"农业学大寨"学什么做出了精辟的概括:提出要学习大寨大队,坚持无产阶级政治挂帅、毛泽东思想领先的原则,自力更生、艰苦奋斗的精神,爱国家、爱集体的共产主义风格,为农业学大寨指明了方向。1965年2月,昆山召开县、社、大队、小队四级干部会议。要求学习大寨人自力更生、奋发图强、艰苦奋斗的精神,坚持以粮为纲、多种经营、全面发展的方针。1966年1月,昆山县委召开"三级干部"会议并赴上海参观大寨展览会。提出要走大寨之路,学习大寨精神,要做到"三依靠"(依靠大寨精神、依靠广大农民、依靠党的政策)、"四种田"(革命种田、科学种田、勤俭种田、民主种田)、"三变化"(人的精神面貌大变化、农田基建面貌大变化、生产面貌大变化)。农村普遍掀起发扬"大寨精神",推广陈永康水稻高产经验,开展比、学、赶、帮、超,使高产单位纷纷出现。安上村(原新民大队、新华大队)1966年粮食产量大幅度提高,与1960年相比,粮食总产增长22.5%,油料增长188.2%,农村人均净收入达180元左右,增长22%。1966年5月"文革"开始,农村开展学大寨劳动管理经验,由点到面推行大寨的"标兵工分,自报互评"的评分方法,并强调推行"大寨式"记工评分是要不要坚持社会主义方向,要不要开展两个阶级、两条道路斗争,要不要突出毛泽东思想,要不要不断革命的高度上来。至1966年10月,原新民大队、新华大队全部实行"大寨式"记工评分。由于劳动管理上取消劳动定额,记工评分上采取先评政治分,后评劳动分,推行"标兵分",及分配上平均主义重新抬头,影响了广大社员的生产积极性。与此同时,强调"以粮为纲",把发展多种经营作为资本主义尾巴来批判。加上"文革"动乱,无政府主义盛行,导致农业产量连续两年下降(1967年、1968年)。1970年10月,国务院召开北方农业会议,明确重申"农业学大寨"就是要学大寨大队先进经验,掀起农业生产高潮。同年,昆山县革命委员会召开"学大寨"誓师大会。1973年,昆山全县更加广泛深入开展"农业学大寨"群众运动。原新民大队、新华大队打响了农村五大会战(田间管理、农田水利、积肥造肥、绿化造林、血防灭螺),促进了农业生产。"文革"期间"学大寨",虽然受到"文革"干扰和"左"的影响,但也取得了一定的积极作用,主要有:

一是大搞农田基本建设,努力改善生产条件。

二是干部参加农业生产,密切了与群众联系。

三是发扬自力更生精神,穷办苦干发展农业。

党的十一届三中全会后,由于党的工作重心转移,"农业学大寨"逐渐趋于淡化。1980年11月,中共中央批转《山西省委关于"农业学大寨"运动中经验教训的调查报告》指出,"文革"以来大寨成为执行"左"倾路线的典型,"学大寨"运动造成了严重后果,要求全国各地认真传达,自此"农业学大寨"运动结束。

十、学习毛主席著作群众运动

农村学习毛主席著作高潮形成于1965年8月的"社教"运动(即"四清"运动)。在"社教"运动中,把学习毛主席著作放在首位,村民从上至83岁、下至12~13岁大家学"毛选",人人争先进,要求干部群众"读毛主席的书,听毛主席的话,按照毛主席的指示办事"。1966年"文化大革命"开始,把学习毛主席著作推向高潮。1968年全村开展"三忠于"活动,原新民大队、新华大队都请宝书、搭忠字台,进行"早请示、中对照、晚汇报",唱语录歌,跳忠字舞,开展"三忠于"活动。政府分级召开"活学活用"毛选积极分子讲用会、表彰会。通过学习,成效显著,干部学习毛主席著作后心里有了三个人(张思德、白求恩、老愚公),社员学毛选,思想觉悟大提高,"手拿铁搭柄,种田为革命",一心为公、热爱集体的精神大发扬。村民战天斗地大搞生产,生产积极性空前提高。后来,由于林彪、"四人帮"提出"活学活用,学用结合,急用先学,立竿见影",歪曲了学毛选的精神,到1970年后学习毛主席著作运动逐渐淡化。

十一、知识青年上山下乡运动

知识青年上山下乡始于1955年12月,组织安置从1962年起分批进行。1962年正值国民经济困难时期,城镇人口众多,就业困难,而广大农村需要有文化的农民,在压缩城镇人口、精简职工的同时,动员城镇知识青年下乡插队落户当农民。知识青年上山下乡有利于提高农村人口的科学文化素质,促进农业生产,缩小城乡差别,锻炼城镇青年。1968年知识青年上山下乡运动进入高潮。1968年前下乡的知识青年主动响应毛主席号召,走与工农相结合的道路,涌现出一大批先进代表,促进了当地农业生产,也锻炼了自己。"文革"开始后,全国处于"动乱状态",高等学校停止招生,中小学停课,工商业不招工,服务业萎缩。1968年昆山县革委会成立上山下乡革命领导小组,负责开展上山下乡运动。8月被称为"老三届"的初高中毕业生下乡。12月毛主席发出号召"知识青年到农村去,接受贫下中农再教育,很有必要,要说服城里的干部和其他人,把自己的初中、高中、大学毕业的子女送到乡下去,来个动员,各地农村的同志应当欢迎他们去。"知识青年上山下乡运动随之掀起高潮。1974年根据中央有关文件精神,集体安置知青,建立知青点,兴办知青工厂。1978年起不再提知青下乡,知青运动成为历史。在这段时间内,新民大队接收知青70人,新华大队接收知青40人。

十二、农村社会主义教育运动

农村社会主义教育运动(即"四清"运动)是按照党的八届十中全会精神和中共中央《关于目前农村工作若干问题的决定(草案)》(简称"前十条"),《关于农村社会主义教育运动中一些具体政策的规定(草案)》(简称"后十条")和《农村社会主义教育运动中目前提出的问题》(简称"二十三条")等文件精神展开的。开始是以清理账目、清理仓库、清理财务、清理工分为主要内容的"四清"。中央下发"二十三条"后,运动内容为清政治、清经济、清组织、清思想的"四清",安上村域是后一种"四清"。1965年7月中旬,"四清"工作队进驻原新民大队、新华大队。每个生产队由1名工作队队员负责。"社教"分清理和建设两个阶段,具体分三步,第一步清经济(重点),首先干部交代"四不清"问题,达到教育人,改造人,团结人;然后在发动群众性说理"斗争"的基础上,做出"三定"(定事实,定性质,定"减、缓、免"),核实定案工作,组织经济退赔,在此基础上做好建章立制。第二步清政治,在清经济的基础上对干部进行"阶级教育",提高阶级觉悟,"划清"敌我界限,开展对敌斗争。加强对四类分子(地主、富农、坏分子、右派分子)的监督改造,巩固无产阶级专政。这一步首先对干部进行教育(生产队长以上),提高其觉悟,开展"对敌斗争";其次对"四类分子"进行全面评审,对不老实者进行批斗;再次按照当时政策规定,根据"四类分子"的现实表现,经过群众评议和上级有关部门批准,分别落实他们的政治待遇,该摘帽的摘帽。第三清组织、清思想,是建设工作。主要是思想建设、组织建设、生产建设和其他一些必要的制度建设。一是在检查总结的基础上,建立经常性的政治思想工作制度;二是党组织进行开门整党(吸收贫下中农积极分子参加),发展新党员;三是民主选举干部;四是按照《农村人民公社工作条例(修正草案)》(即《农业六十条》)的要求,建立财务管理、粮食管理制度,处理好遗留问题(政策问题),最后制定生产规划,开展比、学、赶、帮、超。"四清"运动有正反两方面的影响:其正面影响,使干部群众受到了一次较为深刻的社会主义教育,解决了干部的不正之风和管理上的问题,促进了农业生产发展。其负面影响,是对干部扩大打击面,使一批基层干部受到错误处理;把落实责任制、发展多种经营当作资本主义的尾巴,进行批评。少数群众被定为漏划地主、富农,受到错误处理。安上村(原新民大队、新华大队)社会主义教育运动从1965年8月初至1966年5月下旬结束,前后达10个月。有些干部和群众受到了不合理处理。

十三、"文化大革命"运动

1966年年初,全国掀起了对"海瑞罢官"的批判,从史学界、文艺界、哲学界首先开始揭"三家村"盖子,声讨"三家村黑帮"(指邓拓、吴晗、廖沫沙)。1966年5月16日发表《中国共产党中央委员会通知》(简称"五·一六通知"),标志着"左"倾思想路线占据党内主导地位的"文化大革命"在全国全面展开。广大学生(年轻人)在极"左"思想的影响下,以"反修防修"和"造反有理"为口号起来造反,在"大造修正主义的反""横扫一切牛鬼蛇神""大破四旧""斗走

资派""大串联"浪潮冲击下,使社会治安异常混乱,政治、经济、生活动荡不安。1967年,淀东公社发生"1.1"事件(武斗)查抄地主家庭,把凡是"封资修"的东西全部砸烂。后在上级领导下,明确凡劳动人民物品除封建、迷信、反动、黄色的东西外,一律归还,才使"破四旧"有所缓解。1966年8月8日,党的八届十一中通过《关于无产阶级"文化大革命"的决定》(简称"十六条"),明确"文化大革命"的目的是"斗走资本主义道路当权派",全公社各大队开始揪斗大、小队干部。1966年9月后,根据上级指示,各地学生进行"大串联活动"。1966年11月造反派"踢开党委闹革命",上海工人首先组织工总司进行夺权斗争,全国各地掀起夺权高潮,昆山县各公社同样纷纷成立造反队、造反总部等组织。1967年3月,昆山造反派根据中央军委指示,成立昆山县人民武装部生产办公室,代替昆山政权机关维持社会秩序。公社、大队都由人武部(民兵干部)掌权。1967年,昆山造反派内部分别成立"昆革联"和"五一三"两大组织,相互斗争,进行所谓"文攻武卫",导致两派流血冲突("五一三"火烧"昆革联"总部省高中西大楼),昆山东门武斗,致使社会严重动乱。在大动乱情况下,党中央、毛泽东主席采取一系列紧急措施,重申实现革命大联合,举办学习班,正确对待干部,批判派性和无政府主义,同时部队对地方实行三支两军(支左、支工、支农、军管、军训),才将局势稳定下来。"文化大革命"经过"革命大联合"、清队、清查"五一六"反革命集团、"反击右倾翻案风"等阶段,造成了更多的冤、假、错案,社会仍处于动荡之中。"文化大革命"运动使全国的工农业生产、教育事业等方面都受到了不同程度的破坏。

十四、石桥面脱落出人命

1961年1月1日下午2时许,南浜村民王秀英等两家6人,其中小人3个,摇小木船往青浦杜村探望亲戚。途经金家桥穿越西大盈河进小河,河上有一座小石桥,不巧遇上狂风,小船撞上石桥,石桥桥面脱落,压断小船,王秀英不幸被压身亡,其他人员全部跌落河中,被当地八仙泾村民救起。

第二节 民俗风情

一、传统节日

1. 春节

农历正月初一,俗称大年初一。这个节日一年一次,比较隆重。凌晨0点,鞭炮声响起,一直持续到清晨,寓意连连高升,新年好运。早上家家户户必吃年糕、汤圆,寓意高高兴兴,团团圆圆,吃长寿面,表示健康长寿。家家门上贴春联,全家穿新衣、新鞋。晚辈向长辈叩头拜年,长辈给小囡"压岁钱"。人们见面道一声新年好、新年快乐、祝你好运、健康幸福、恭喜发财等吉祥话。

2. 元宵节

农历正月十五,人称灯笼节。旧时点燃彩灯,入夜,家家户户门口挂灯笼,小孩拉着大人制作兔子灯玩乐。元宵节家家户户吃汤圆、饺子,但大多数农户用米粉制成米羹(俗话叫"烊粉粥"),放入青菜、豆制品、荸荠、慈姑等做成什锦羹,口味鲜美,别有风味。元宵节晚上,村上活动多样,有缸三姑娘,放野火,即用柴草在自己田里的田角里燃烧,边烧边说"烧烧田角落,收个三石六",寓意希望有个好收成。

3. 清明节

这是祭祖、扫墓之日。在没有实行火葬时期,人死后都安放在棺材里,在相帮人中挑四个力气较大的男人,把棺材抬到自己的田头,然后用稻草把棺材盖好,防止雨打日晒。过了三年左右,把棺材埋入泥土,筑一个土坟墓。到了清明,家人去上坟,先用锄头把坟上的草锄掉,再培上新土,然后点燃锡箔、纸钱、香烛,家人哭死去的亲人,表示沉痛的悼念。20世纪60年代末70年代初,实行火葬,死者进行火化后,把骨灰包起来放在骨灰盒内,贴一英寸照片一张,放在堂屋内的墙壁上,待数年后,再安放到公墓,这叫"落葬"。这天有至亲好友也前来送葬,祝死者入土为安。每逢清明前后,亲人们就到公墓进行扫墓,以告慰死者。学校、机关、团体等都要组织学生、干部、职工等去祭扫烈士墓,进行革命传统教育。

4. 立夏

立夏时兴吃酒酿、咸蛋、青蚕豆、螺蛳等,晚饭后要秤人,测量各自的体重。可现在不大注重立夏这个季节。

5. 端午节

农历五月初五为端午节,家家户户都要裹粽子,寓意纪念屈原。中午关上门窗用苍术、白芷(中草药)放在铜脚炉内或小的缸里进行烟熏,清除蜈蚣、蛇、蝇、蚊等五毒,以减少疾病。也有的人家用艾叶、野蓬、菖蒲扎成剑形,挂在门口,借以除妖驱邪。

6. 七巧节

农历七月初七为七巧节,长辈与至亲宰杀童子鸡给孩子吃,以表示对儿童的爱心。希望孩子身体健康,快快长大。

7. 七月中

七月十五日为七月中,旧时家家要祭拜祖先,供奉神佛,也叫过七月半。村里做社戏。

8. 中秋节

中秋节俗称八月半,家家户户吃糖烧芋艿、月饼。新中国成立前,中秋之夜,家家在月下放置供桌,点香烧烛。一家人团坐在月下,边吃月饼、水果,边赏月亮,欢叙至深夜。新中国成立后,八月中秋已成亲人团圆、万家欢乐的一大乐事。亲朋挚友,以月饼相馈赠。

9. 重阳节

九月初九为重阳节,家家吃重阳糕,因糕与高谐音,表示吉利。有登高望山避灾之说。有山登山,呒山吃糕。新中国成立后,民间仍有吃重阳糕的传统习俗。20世纪90年代起,将此日定为老年节,提倡敬老爱老,形成社会新风尚。

10. 送灶君

农历十二月二十四送灶君,时兴送灶君上天。灶台上供有年糕、团子、米糖羹等祭品,还用纸钱焚化,以敬灶神,行善保安。次日前后,家家要掸檐尘、搞卫生,淘糯米磨粉蒸年糕。有猪油白糖糕、红糖糕、赤豆糕、枣子糕等,以喜迎新年的到来。

11. 除夕

除夕又称大年夜,是年终的大节日。凡在外地工作、营生者都要回家过年,赶回吃年夜饭。

年夜饭的菜肴是一年最丰盛的,全家欢聚一堂,尽情畅饮。饭后,还要"炒什脚",即炒硬蚕豆、花生、葵花子、南瓜子等,一家人喝喝茶,吃吃瓜子,享受天伦之乐。长辈们给子孙送压岁钱。到半夜零点,放鞭炮、百响,表示送走旧的一年,迎来更美好的新年。新中国成立后,政府机关、团体、村民委及企事业单位一般都要开展慰问烈军属、离休退职工、敬老及扶贫帮困等活动,表示共同过好新春佳节。20世纪80年代末,中央电视台举办春节联欢会节目,也叫春晚,全家人津津有味地观看,欣赏演员的精彩表演,一直到子夜零点(习俗守岁)。

二、婚姻习俗

1. 传统婚姻

(1) 定亲

旧时,沿袭包办的封建婚姻制度,男婚女嫁受"父母之命,媒妁之言""门当户对"等封建陋习的支配。男孩15~16岁时,父母就为其选择对象,央媒说亲。女方将女儿的出生年月及时辰写在红纸上,称"时辰八字",交媒人送至男方,男方将它供在灶公龛前,再算命,如不合将八字退还;如合,男方选定吉日,备礼亲、首饰、衣服、喜糖、蛋糕、茶叶、香烟等。这些物品由媒人送往女方,称"担盘",也叫"攀亲"。那时,还有娃娃亲,即孩子在年幼时,父母就给他定亲,只要门当户对,男方愿出定亲米,如女方娃娃6岁,就是6石米(1石米为150斤)为定亲物。待长大到16~18岁,就择佳期完婚。新中国成立前,农村的青年男女大多是早婚,因为有早养儿子早得福的传统观念。

(2) 迎娶

农村结婚一般有三天排场,第一日"开厨"。那天,由男方送"上头盘"至女方(又称"肚里痛盘")。盘较大的又叫"条箱",箱内装一腿猪肉、一条鲤鱼(表示鲤鱼跳龙门,交好运),还有鸡、蛋,几根咸菜(寓意是长梗菜,希望小夫妻俩百年如一日),蒸糕、甘蔗(代表生活节节甜),且在各种礼物上贴上红纸,表示大喜之日。邻居都来相帮杀鱼、杀鸡、杀鸭等,为第二日"正日"酒席上的用餐做准备。开厨那天,男方要用船去接女方的舅舅做客(舅舅为坐媒),还要花10~20元给外甥买梳妆用品。开厨的酒席台较少,因为只有至亲直系亲属来做客,但舅舅必须到场吃坐媒酒。第二日"正日",所有亲朋好友都来吃喜酒,还要送人情(现金)及礼品。这天是迎娶新娘的日子,当时新娘要坐轿子,上轿时由舅舅抱着上轿,四个壮年人为轿夫,将轿子抬到船上。木船在船艄上方装有大橹、小橹各一支,铺上一条长跳板,大、小橹各有一名青壮年站在跳板上握橹,这样用力大,又叫开出跳。船头上有一名青壮年推木桨,掌握船的行驶方向。轿子船行得很快,到了男方村上,还要来回摇几次,两岸站着许多男女老少看热闹。轿子船靠滩渡停下来,四个轿夫把花轿抬到男方家门口,由男方的妈妈和喜娘把新娘扶下轿,用麻车袋铺在地上,新娘走过一只,再铺一只,表示一代又一代,传宗接代。直走到客厅后,再到新房内。等晚饭酒席结束,在宴厅内举行结婚仪式。由司仪主持,还有"丝竹"(即吹打乐队)伴奏。仪式开始,司仪大声说主婚人入席(家长或族长),证婚人入席(有名望的人),介绍人(媒人)入席,新郎新娘入席,奏乐,乐队声响起。待停下来后,司仪请证婚人宣读结婚证书。最后新郎新娘一拜天地、二拜高堂、夫妻对拜、送入洞房。婚仪结束后,男女老少都涌入婚房闹新房,表示祝贺,热闹非凡。第三天叫"荡厨",新郎新娘小夫妻俩去女方家,女方家这天也同样要办酒席,让亲朋好友来吃喜酒。男方家让直系亲属留下来,还有村上相帮的人帮忙去还桌子、凳子等物(当时没有会馆),都是向邻居家借桌子、凳子。再吃中饭,然后喜事结束。当今婚礼,大有改观,娶亲,新娘不再坐花轿。"开厨"那天用轿车接女方娘舅。"正日"那天,灶轿车外表进行装饰,成为彩车,供新郎新娘乘坐;后面还有几辆轿车跟着,乘坐者有直系亲属关系的男女青年及伴娘、伴郎等;最前面还有一辆,是摄像师坐的,拍摄从迎亲到婚宴的热闹场面,最后制成碟片。这些碟片作为喜庆婚礼的纪念品,可长期保存、复放。

2. 特殊婚姻

(1) 童养媳

新中国成立前,贫苦不堪的人家无力把女儿抚养成人,就把女儿从小给人家当童养媳。大多数童养媳受到虐待,被繁重的家务活压得难以喘息。到了成年,不管男青年身材、容貌好坏,或者性格如何,童媳妇只得被迫成婚。新中国成立后,此习俗已经绝迹。

(2) 兑换亲

两家穷汉都因贫困无力娶亲,双方都有兄妹或姐弟,就互换成亲,称为"兑换亲"。

(3) 做女婿

这一习俗有两种形式,一是男家经济困难,娶不起媳妇而到女方家做女婿,称作"雄媳妇"。二是女家无兄弟,为继承宗嗣而招女婿。男方到女家得改姓女家姓,生的儿女更要姓女方的姓。新中国成立后,此风俗照常,但跟谁姓无规定,由男女双方商定。

(4) 叔接嫂

兄长婚后病故身亡,而弟弟未娶亲,弟娶嫂为妻,成为"叔接嫂"。经长辈撮合同意,即可同居。同样,也有伯伯即"兄长"接守寡的弟媳的,称大伯接弟媳。新中国成立后,偶尔也有此种婚姻,但必须自愿,并履行婚姻登记手续。

三、生活习俗

1. 生育

孕妇临产前个把月左右,女方父母有催生的习俗。女方父母备好尿布,婴儿衣服,苦草(代替益母膏),还有鱼、肉、蛋、胡桃、桂圆、红白糖、云片糕等送到女儿家。孕妇产后叫"舍姆娘"。待婴儿出生后数天,男家就要办"三朝酒",亲朋好友都要去男家贺喜饮酒,送上白糖、婴儿衣服和礼金。娘家要染红蛋至少数百个,糕、团子、粽子及礼金。红蛋、糕团用来分给左邻右舍和至亲。婴儿满1个月、1周岁,男家又要办满月酒及1周岁生日酒。至亲好友要来庆贺,送上喜酒、衣服、饰物、压岁钱等,以祝贺生日。新中国成立后,此风仍然流行。20世纪90年代后,此风俗仍有。男方操办喜酒,至亲好友来贺喜,但送的礼物比原来高档。女方娘家要送小床、"学步车"、童车、儿童电动小轿车,尿布不是自己缝的,都买尿不湿,也不再送白糖、糕点之类,而是送高级营养奶粉、高档的小孩服装。

2. 庆寿

旧社会,经济较宽裕的人家,年满60岁的长者,生日那天有"做寿"的风俗。这天,在客厅内设寿堂,挂上老寿星像,红烛高烧。子孙儿女备有寿灯、寿香、寿面,前往祝寿。庆寿老人接受晚辈跪拜,并设宴叙旧。新中国成立后,做寿习俗尚存。改革开放后,随着家庭经济收入越来越高,不仅给长辈过生日,晚辈同样要过生日,而形式有些不同,盛行买生日蛋糕,蛋糕上插上小蜡烛,过生日的人要许愿再吹灭蜡烛。办生日酒席,只有至亲带上生日礼物来祝贺,宴席

桌数2~3桌。

3. 攀过房亲

两家父母关系密切,互相来往较多,性格合得来,就将儿子或者女儿与朋友家攀亲戚,即过房亲,称呼为好爹、好娘或寄爹、寄娘。由父母带上孩子和礼物认亲,便成为亲戚关系。每逢佳节,寄儿或寄女备了礼物送给寄父、寄娘。到春节时,寄父、寄娘给寄儿、寄女送压岁钱。以后,若两家各有大事,如建房、结婚等都要送上礼物和人情款,即成为有人情往来的亲戚关系。

4. 立嗣

旧社会,宗族中一方无子,常以一侄入室,立为己子,以继承产业。嗣子长大后有赡养老人的义务。这种风俗习惯便称立嗣。新中国成立后,立嗣几乎没有了。

5. 建房

旧时建房,信奉迷信,选宅基地请阴阳先生看风水、定地点。然后择日期,邀请泥水工动工。待到房屋上梁时,在客堂的一根正梁上裹上红纸,贴上"福、禄、寿"等字再上梁,下面往上抛上糕、馒头、糖果,还要放鞭炮、百响表示吉利喜庆的好日子。上梁那天,要办"上梁酒",亲朋好友前来送礼祝贺。新中国成立后,造房看风水等迷信活动已经消失,但仍置办造屋酒。

6. 丧葬

旧时,凡人亡故,其家属即将此噩耗讣告亲戚朋友(俗称报死)。替死者净身,穿上新的衬衫、长裤,在客堂内搁上一扇木门,死者躺在席子上从房中转向客堂称转尸,头南脚北躺在板门上。用清洁被单面(盖)上,脚上穿新鞋,用一只斗巴套在右脚上。在头旁边点一盏灯,靠两边墙支上一根竹竿,用白布被单挂在竹竿上。再放一张八仙桌,点上香烛,放上祭品。八仙桌下面放扎紧的一捆稻草,用于家人及亲戚朋友跪下磕头。死者一般停两夜三天,家属子女至亲要披麻戴孝,昼夜守灵,第三天出丧,恸哭。亲戚朋友腰里系一根白布带(称白清带)。有钱人家请道士、佛婆念经做道场。出丧那天,给死者穿上几件新衣裤衫,穿以前,还用秤把衣服称一下,并大声说出衣服几斤几两。再安放到棺材内,钉子钉住棺盖。然后有四个青壮年男子把棺材扛出家门,由子女扶着棺材。棺材安放在自己的田头,用稻草盖好。当棺材抬出大门时,相帮的人要扔碎掉一只碗再进行大扫除,把客堂内的垃圾扫出门外,在场边端放一只较大的铁锅,把死者生前的衣服烧掉。送葬人们归来时,必须用一只脚在烧掉的衣堆上跨一下。回葬后客堂内设一只灵台,立牌位,自死者去世之日起满7天为头"七",逢"七"必祭。以过五"七"为主,再到49天为断"七",接下来是七月半、冬至、一百天、一周年也要供祭。

7. 拜师学艺

旧时,农村年轻人要学艺,大多是学木匠、泥水匠、篾竹匠、油漆工、裁缝、厨师等手艺。拜师学艺要托人介绍作保,请"拜师酒"。拜师学艺期间,师傅对徒弟要求非常严格,一丝不苟。徒弟尊师傅如父母,例如,在用餐时,师傅喝些酒,徒弟要慢慢吃着饭陪着他,有时给他斟酒。酒毕后,替师傅盛饭,用双手捧着饭碗给师傅。那时,老规矩蛮多,徒弟头脑要比较灵活,会察言观色,可以尽量少受或不受师傅的责备。逢年过节要上门拜望送礼。徒弟有学三年、帮三年的习俗。经过6年后,徒弟要办谢师宴,表示学成出师,以后可不通过师傅自己单独找活干。

四、劣俗

1. 吸毒

民国时期,市镇上有私设的鸦片烟馆供人吸毒。少数富人家里,自备烟具吸毒。毒品除鸦片外还有海洛因(俗称白粉)等。吸毒成瘾者面黄肌瘦、骨瘦如柴,被人称为鸦片鬼。因吸毒而倾家荡产者,往往落魄而死。民国政府曾设戒毒所戒烟,收效甚微。新中国成立后,吸毒现象被禁绝,但到20世纪90年代,又偶见吸毒者,治安部门采取强有力的禁毒措施,效果明显。

2. 赌博

新中国成立前,赌风盛行,有麻将、牌九、押宝、骰子、扑克等。当局采取放纵态度,有的赌者输得破产,有的还不出赌债寻死或沦为乞盗。新中国成立后,人民政府严禁赌博,基本绝迹。20世纪90年代初,从娱乐活动开始小来来,逐渐出现赌博现象,死灰复燃,尚未禁绝。但只要有人打110举报,派出所民警会及时赶到赌场,没收赌具、赌金。赌者和提供赌场的房东都到派出所进行教育,情节严重者,按有关条例进行处罚,要罚款并拘留。

3. 看风水

旧时迷信风水,不论建屋、选择墓地安葬等,都得请风水先生看风水。风水先生拿着指南针,东看看,西望望,然后择定所谓黄道吉日,方能动工行事。人们认为,任意动工,触犯神煞,会遭灾祸。此劣俗在人们心中根深蒂固。直到新中国成立后,此劣俗绝迹。

4. 问仙

问仙俗语"关盲",病家因久病不愈,便想到迷信求仙,以化凶为吉。"仙人"为了骗取钱财,装神弄鬼任意胡诌后,便对病家说准备几道菜肴,在黄昏到某地祭一祭,病会痊愈。此劣俗往往贻误诊疗,酿成恶果。新中国成立后,人民政府禁止巫婆用迷信骗财害命。20世纪90年代起,迷信抬头,巫婆再现。不过不能公开妄为,只能偷偷摸摸进行。

5. 算命

新中国成立前,算命也是一种职业,俗称算命先生。算命先生沿街周游,串村挨家挨户地走。其方式有看手相、面相、轮时辰八字、拆字及衔牌等。每逢婚丧病灾,遇事未决,请算命先生算命者较多。实际上,被算命者的命运好歹,是不可能算得出来的。算命先生一靠对被算命者的家况有个大概了解,二听被算者的口音,然后悟出些道理,让被算命者信以为真,心里感到有些解脱。说穿了,算命先生也是为了骗取钱财。新中国成立后,相信算命的人已寥寥无几,但也偶有个别信者。

6. 纳妾

旧社会,极少数富人本有妻室,又娶小老婆,叫纳妾。新中国成立后,婚姻法规定实行一夫一妻制,纳妾绝迹。

7. 缠足

缠足俗称"绕小脚"。旧时,城镇富家女子四五岁即要缠足,这种封建劣俗使妇女受尽折磨,苦难一生,吃尽苦头。未缠过足的称为天足,留天足的妇女被人轻视。辛亥革命后缠足之俗逐渐废除。新中国成立后,更无此陋习。

五、社会新风尚

1. 新节日

新中国成立后,除除夕、春节传统节日外,国家规定元旦、春节、"五一"国际劳动节、"十一"国庆节都为国定假日。原共放假7天,即元旦1天、春节3天、"五一"节1天、国庆节2天,1999年10月国务院对国定假日的放假天数有了新的规定,共10天,即元旦1天、"五一"劳动

节1天、国庆节3天、春节3天、端午节1天、中秋节1天。人们按新规定放假,以示庆祝。在节假日里,男女老少欢天喜地,走亲访友,欢叙畅谈,或进城购物,或旅游度假,其乐融融。除以上节日外,还有"三八"国际妇女节,"五四"青年节,"六一"国际儿童节,"七一"中国共产党生日,"八一"中国人民解放军建军节。1985年起国家定9月10日为教师节,表示全社会尊师重教和对人民教师的尊敬爱戴。其次,还有烈士节、护士节、父亲节、母亲节、情人节、圣诞节等新节日。

2. 文明单位

20世纪80年代以来,淀山湖镇积极开展以"五讲四美"(讲文明、讲礼貌、讲卫生、讲秩序和讲道德;心灵美、语言美、行为美、环境美)、治理脏乱差为内容的文明礼貌月活动。各单位、各村民委制定文明礼貌服务公约,组织多种形式开展为人民服务活动;创建文明单位,村内订计划,在实施过程中,均有记载,不是流于形式,而是讲究实效。半年有小结,一年有总结。中小学师生积极上街宣传,学习雷锋同志为人民服务的精神。在文明礼貌月活动中,人人争做好人好事。各村民委制定村规民约,提倡移风易俗、勤劳致富、邻里和睦、敬老爱幼的新风尚。多年来,省、市、镇开展精神文明创建活动。安上村被评为"江苏省文明村""苏州市文明村""昆山市文明村"。通过开展文明单位和文明村评比表彰活动,推动了社会主义精神文明建设,为构建和谐社会、促进社会风气的好转起了一定的推动作用。

3. 五好家庭

1985年起,由镇宣传办及镇妇联组织开展创建五好家庭活动。在争创活动中,积极倡导文明、健康、科学的生活方式。鼓励每个家庭成员振奋起积极向上、不断进取的精神,促进家风、村风、民风和社会风气的不断进步。营造社会主义精神文明的良好氛围,对人类和社会的不断进步做贡献。1995—2013年安上村被评为"文明和谐家庭"的有:叶阿二、赵正明、沈阿雪、周雪林、陈小弟、顾义昌、胡德胜、赵荣生、顾云德、费雪华、周金林、程志平、孙明荣、柳振华、邓卫兵、张一峰、王菊林、徐冬根、周培兴等。

4. 帮困助学

从1995年以来,镇团委、妇联等积极开展扶贫助学、爱心助学活动,得到了广大青年、妇女及社会各界的广泛支持。全村得到扶贫助学的同学有:费晓红、姚明、胡梦婷、顾赵莉、徐姗、顾婷怡、柴春燕、顾妙英、金亮、张璐、唐寅、陈骏、陆文军、王杰、费月诗、赵晨燕、陆晨、王英等。此项活动开展得有声有色,取得了可喜的成绩。

第三节 山 歌

安上村地处江南水乡,淞南腹地,民间歌谣丰富多彩。安上村民(原上洪村、马安村)在劳动、生产、生活中创造和积累了许多民谣并代代相传,其内容反映民间轶事、生产劳动、风土人情、爱情生活、天真童趣、历史传说等,主要为抒发情感、诉说苦乐、寄托愿望,藉以陶冶情操、消除劳累,有的直露、有的含蓄,表达了农民的心声。这里载录民间搜集的几首耘稻山歌。

一、山歌好唱口难开

山歌好唱口难开,
白米饭好吃田难种,
樱桃好吃树难种,
鲜鱼汤好吃网难扳。(哎)

二、种秧歌

(1) 种秧要唱么种秧歌,十指尖尖要种六棵,
种六棵,旧年师傅种秧要收三石六勒,
今年师傅种秧要收三石八来啦,
伲是呒望头哎。

(2) 雨打黄梅头哎,四十五天呒热头,
雨打黄梅脚啦,四十五天全赤脚。

三、新老耘稻歌

(1) 耘稻要唱耘稻歌,两腿弯弯泥里拖,
眼窥六只棵里稗,双手爬泥棒六棵。

(2) 开店容易守店难,种秧容易管理难,
黄秧落地三分稻,七分管理在后头。

四、长工苦

长工苦到正月中,呒柴呒米苦穷人,
推开大门四面风,央人作保做长工。
正月过去二月中,打打包裹去上工,
东家见了眯眯笑,好比夜鸡自上笼。
二月过去三月中,香船出湖闹哄哄,
东家烧香去游玩,长工赤脚爬泥中。
三月过去四月中,磨刀砟麦去田头,
上近砟到下近头,勿敢抬头望烟囱。
四月过去五月中,手拿黄秧趁顺风,
种脱上近种下近,瞎眼棵勿种要骂长工。
五月过去六月中,双脚弯弯跪田中,
上近头耘到下近头,棵里稗不拔要骂长工。
六月过去七月中,处处打水听山歌,
东家老相公,一手拿只朝烟筒,
一手拿把小洋伞,一直绕在田岸转,

低田里有水眯眯笑,高田里呒水要骂长工。
七月过去八月中,东家娘娘手段凶,
一碗饭盛来三十六只苍蝇钻得过,还说我长工吃口凶。
八月过去九月中,开镰砟稻到田中,
砟得我腰酸背痛两眼红,还说我长工太轻松。
九月过去十月中,牵砻掼稻真闹猛,
千百样生活、万百样生活全会做,独缺筛米不会要骂长工。
十月过去十一月中,挑水淘米排胡葱,
十个指头冻来红彤彤,还不准烘烘脚炉、烤把火。
十一月过去十二月中,锄头铁搭交代你老相公,
今年吃仔你一年安逸饭,望你子孙后代勿要做长工。

五、十只台子

第一只台子四角方,岳飞枪挑小梁王;
胡大海手托千斤石,姜太公八十遇文王。
第二只台子凑成双,辕门斩子杨六郎;
诸葛亮巧把东风借,三气周瑜芦花荡。
第三只台子桃花红,百万军中赵子龙;
文武双全关夫子,连环巧计是庞统。
第四只台子四角平,吕蒙正落难破窑里;
朱买臣落难挑柴卖,何文秀落难唱道情。
第五只台子五端阳,莺莺小姐烧夜香;
红娘牵合推梯子,张生月下跳粉墙。
第六只台子荷花放,阎婆惜搭识了张三郎;
宋公明投奔梁山泊,沙滩救驾是小秦王。
第七只台子是七巧,蔡状元起造洛阳桥;
观音龙女来作法,四海龙王早来朝。
第八只台子只只好,昆仑月下闹江啸;
判断阴阳包六度,张飞吼坍霸陵桥。
第九只台子菊花黄,王婆药杀武大郎;
潘金莲结识西门庆,武松杀嫂有风光。
第十只台子十完全,唐僧取经到西天;
孙悟空领路前头走,打杀妖魔无其数。

六、九九歌

冬至起九叫冷九歌:
头九暖,二九寒;三九二十七,冻煞百鸟乱;四九三十六,冻煞看牛囡;五九四十五,铁搭不落泥;六九五十四,杨柳青滋滋;七九六十三,棉袄二肩甩;八九七十二,猫狗歇荫

地;九九八十一,犁耙一起出。

夏至起九叫夏九歌：

一九至二九,扇子不离手;三九二十七,漾冰水吃吃;四九三十六,争在露天宿;五九四十五,树头秋叶舞;六九五十四,乘凉不入屋;七九六十三,夜睡寻被单;八九七十二,单被换夹皮;九九八十一,家家炒脚炉。

七、结识私情对滩渡

结识私情对滩渡,吃粥吃饭望对河,

娘问奈个能好看,看见水里川条鱼叠肚肚。

八、勿怕露水勿怕霜

郎搭姐姐情意长,勿怕露水勿怕霜,

私情路浪地皮光,窗盘底下踏出仔凹水塘。

第四节 方言俗语

一、方言

1. 时间、季节

上昼 上午	下昼 下午	日里 白天
今朝 今天	明朝 明天	旧年 去年
开年 明年	格年子 前年	着格年子 大前年
热天 夏天	黄梅里 夏收夏种季节	春三里 春天
秋场里 秋天	寒场里 冬天	大伏天 大暑天
后尼 后天	格日子 前天	着格热子 大前天
热中心里 中午	哈晨光 什么时候	一歇歇 一会儿
夜头、夜里 晚上	开往 刚才	煞生头里 突然

2. 气象

雷响 打雷	阵头雨 阵雨	雾露 雾
秋拉柴 秋雨连绵	阴水天 阴天	落雨(雪) 下雨(雪)
风度 大风	霍歇 闪电	日头 太阳
麻花雨 毛毛雨	起阵头 雷阵雨	发冷头 寒潮
上云天 阴天	天好 晴天	发风 起风

3. 地理

宅基 地基	溇潭 池塘	浜斗 河浜

安上村志

小江　小河	高墩头　土丘	坟墩头　坟
抄直角　走近路	哈场化　啥地方	田横头　田边
樯岸　田岸	屋脚下　屋后	下场头　场前
滩渡头　河滩	灶下　厨房、灶间	村寞　自然村

4. 农事、植物、动物、器具

番麦　玉米	内麦　元麦	菜籽　油菜
青头　蔬菜	恶壅　肥料	毛豆　大豆、黄豆
老卜　萝卜	长生果　花生	落疏　茄子
辣茄　辣椒	野菜　荠菜	柴罗　柴堆
捉稻　割稻	胶菜　大白菜	洋山芋、洋芋艿　土豆
番芋　甘薯	草头　红花草	畜牲　牲畜
猪猡　生猪	白乌龟　鹅	湖羊　绵羊
老婆鸡　老母鸡	鲢胖头　鲢鱼	雌(雄)鸡　母(公)鸡
曲蟮　蚯蚓	暂节　蟋蟀	四脚蛇　蜥蜴
亮亮火　萤火虫	知了　蝉	菊蛛　蜘蛛
偷瓜畜　刺猬	田鸡　青蛙	麻将　麻雀
癞团　癞蛤蟆	薄盖　鸽子	油果肉　花生米
鸡鱼　鳜鱼	妻鱼　青鱼	甲鱼　鳖
克佬、挽子　柳条箩	山巴　小型柳条箩、巴斗	土大　挑土用畚箕
铁搭　铁扒	叉袋　麻袋	莳头　锄头
吉子　镰刀	水关　船舵	篙子　竹篙
拖畚　拖把	樯子　桅杆	平几　船板
背牵　拉牵	扯篷船　帆船	掉抢　转向
转船　掉头	落篷　下帆	停船　停泊、靠岸

5. 生活

客堂　客厅	开间　左右墙的距离	进深　前后墙的距离
阶沿石　起步石	开堂子　门框	门扇　门栓(闩)
房里　卧室	镬子　锅子	吊子　水壶
钢宗镬子　铝锅	热水瓶　保温瓶	吉砚　镊子
瓢　汤匙	汰衣裳　洗衣服	剃头　理发
荡浴　洗澡	汰脚　洗脚	引线　缝衣针
被头　被褥	衬单　床单	蚊厨　蚊帐
被絮　棉花胎	手巾　毛巾	揩面　洗脸
困告　睡觉	打瞌弃　打瞌睡	白相　玩
吃烟　休息	做生活　干活	荡荡　散步
吃粥　早餐	吃饭　午餐	吃夜饭　晚餐
饭士　锅巴	线粉　粉丝	大草　金花菜
柴花　虾	满鲤　鳗鱼	担饭　送饭

6. 文化

做戏　演戏	勃跤　摔跤	叛野猫　捉迷藏
白相干　玩具	千跟斗　翻跟斗	放鹞子　放风筝
柱东道　打赌	开眼瞎子　文盲	讲张　讲话
拍照　摄影	猜妹妹子　猜谜	回头能　告诉你
好字相　好玩	唱社　跪拜	呒不、呒啥　没有
拖身体　怀孕	担盘　定亲	师娘　巫婆
讨娘子　娶妻	吃官司　坐牢	犯法　违法

7. 商贸

强　便宜、贱	记　贵	赚头　盈利利润
拆账　利润分配	轧账　审计	进账　收入
出账　开支	一侧倒　货全卖光	克秤头　缺斤短两
会钞　付账	拍账　算账	捞钞票　贪污
票子、铜钿　人民币	佘钿　欠账	找头　找零
三只手　小偷、扒手	利钿　利息	租钿　租金
货色　货物	房钿　房金	定头钿　定金

8. 其他

结棍　厉害	滑头　不诚实	卸肩胛　怕负责任
来是　能干	笃定　有把握	推板　差劲
下作　下流	杨树头　立场不稳	寻开心　玩弄别人
倒胃口　恶心	昏闷　纳闷	洋盘　不精明
白白里　徒劳无益	茄门相　不感兴趣	勿壳帐　没想到
写意　舒服	看人头　看对象办事	勿搭界　没关系
推头　推说	吵相骂　吵架	打相打　打架
相信　信任	亲眷　亲戚	肉麻　舍不得
懊牢　懊悔	讨着厌　讨厌	握拉不出　进退两难
柴气　不满意	门生　学生	捉板头　找岔子
瞎三话四　胡说	促壁脚　挑拨离间	唔(我)　伊(他)
伊拉　他们	我伲　我们	摊充　难为情
出纰漏　做了坏事	轧姘头,走花路　乱搞男女关系	

二、谚语

1. 农谚

一年之计在于春,一日之计在于晨　　　　寒露无青稻,霜降一齐倒
一亩园,十亩田　　　　　　　　　　　　娘好囡好,秧好稻好
庄稼一枝花,全靠肥当家　　　　　　　　人在岸上跳,稻在田里笑
尺麦怕寸水,寸麦不怕尺水　　　　　　　稻熟要养,麦熟要抢
白露白迷迷,秋分稻秀齐,　　　　　　　种田人不识天勿好种田

困得昏懂懂,六月初三浸稻种
伏里不搁稻,秋后喊懊恼
三分种,七分管
腊肥一滴,春肥一勺

小暑发棵,大暑发粗
八月田鸡叫,稻梢朝上翘
交秋不落稠,处暑不耘苗
秧好半年稻

2. 气象时令谚语

上看初二三,下看十六七
西南方黑笃笃,花费点圆团粥(指有雨)
雾里西风莳里雨
莳里西南(风)顿时
热在大伏,冷在四九
东北风,雨太公
清明断雪,谷雨断霜
清明时节雨纷纷,路上行人欲断魂
若要暖,要过二月半
三莳三送,低田白种
日出一支红,无雨便是风
东吼日头西吼雨(吼——指彩虹)
乌头风,白头雨(起阵雨云色)
干净冬至邋遢年
日枷风,夜枷雨

春霜不隔夜
二月十二,百花生日
乌云接日头,明朝没有好日头
寒水枯,春水铺(铺——指水位涨高)
冰冻三尺,非一日之寒
三朝迷雾刮西风
头九暖,二九寒
三九冻煞百鸟乱,四九冻煞看牛囡
着夜烧(夕阳好)明朝戴个大笠帽(指雨天)
六月六,晒得鸭蛋熟
夏雨隔田生
青蛙乱叫,大雨要到
雨天知了叫,晴天马上到
腊雪一条被,春雪一把刀
朝霞不出门,晚霞行千里

3. 其他谚语

有福同享,有难同当
一个篱笆三个桩,一个好汉三个帮
三个臭皮匠,合个诸葛亮
巧媳妇难为无米之炊
死马当活马骑
吹牛皮只怕上真账
明枪易躲,暗箭难防
看人挑担勿吃力,自上肩胛嘴要歪
少壮不努力,老大徒伤悲
一只碗不响,两只碗叮当
三百六十行,行行出状元
无风不起浪
锣鼓听声,说话听音
打碎水缸隔壁泅
打碎砂锅问到底
开门七件事,油盐酱醋茶米柴
外面金窝银窝,不如自家的狗窝

留得青山在,不怕没柴烧
行得春风有夏雨
上梁不正下梁歪
磨镰不误砍柴工
糠菜半年粮
人争一吃,佛受一香
强龙斗不过地头蛇
只准州官放火,不许百姓点灯
斧头吃凿子,一木吃一木
得寸进尺
有理无理,出在众人嘴里
真金不怕火来烧
不怕一万,只怕万一
不看神面看佛面
爷有娘有,不及自有
宰相肚里好撑船
呒事不登三宝殿

皇帝不急急太监
看见大佛答答拜,看见小佛踢一脚
亲兄弟,明算账
筷子上出逆子,棒头上出孝子
养子防老,积谷防荒
万宝全书缺只角
人急叫娘,狗急跳墙
好汉不吃眼前亏
篱笆扎得紧,野狗钻不进
野贼好捉,家贼难防
大意失荆州
背靠大树好阴凉

叫花子欺负难民,穷人欺穷人
砍大树有柴烧
大鱼吃小鱼,小鱼吃虾米
牛吃稻草鸭吃谷,各人头上福
吃一亏,长一智
若要好,老做小
远亲不如近邻
众人拾柴火焰高
若要身体好,一天笑三笑
日里不做亏心事,半夜敲门心勿惊
坐得正,立得稳,哪怕和尚尼姑合板凳

三、歇后语

蜻蜓吃尾巴——自吃自
癞痢头撑伞——无法(发)无天
癞痢头儿子——自家好
哑巴吃黄连——有苦说不出
缺嘴拖鼻涕——顺路
兔子尾巴——长不了
六月里做亲——不要面皮(棉被)
踏碎皮球——一包气
泥菩萨过江——自身难保
养媳妇做媒人——自身难保
老虎头上拍苍蝇——胆大包天
卫生口罩——嘴上一套
造屋请箍桶匠——不对路
顶罾石臼做戏——吃力不讨好
飞机上吊蟹——悬空八只脚
城头上出棺材——远兜远转
关老爷卖豆腐——人硬货勿硬
狗捉老鼠——多管闲事
过街老鼠——人人喊打
石头上掼乌龟——硬碰硬
六月里冻煞湖羊——说来话长
床底下放鹞子——大好不妙
老婆鸡生疮——毛里有病
陌生人吊孝——死人肚里得知

瞎子舀油——肚里有数
瞎子磨刀——快哉
牯牛身上拔根毛——小意思
驼子跌跤——两头不着实
钥匙挂在胸口上——开心
三个指头搭田螺——稳笃笃
猴子捞月亮——一场空
初一夜里月亮——有呒一样
带着笠帽亲嘴——差远了
瞎子吃馄饨——肚里有数
白墙头上刷白水——白说(刷)
脱裤子放屁——多此一举
肉骨头敲铜鼓——昏(荤)懂懂
黄鼠狼给鸡拜年——不怀好心
弄堂里拔木头——直来直去
棺材里伸出手来——死要
月亮里点灯——空好看
蒲鞋肚里点灯——未等货(火)
叫花子吃三鲜——要样呒样
慢娘拳头——早晚一顿
肉包子打狗——有去无回
麻雀跺在糠囤上——空起劲
癞痢头绕辫子——兜勿转
猫哭老鼠——假慈悲

癞蛤蟆跳在秤盘里——自称自	鼻头上挂咸鲞——休（嗅）想（鲞）
癞蛤蟆想吃天鹅肉——梦想	十五只桶吊水——七上八下
王婆卖瓜——自卖自夸	秋里拔稗——赛过枭米卖柴
雨里背稻柴——愈背愈重	

第五节 称 谓

称谓，村民传统的习惯称呼，分为亲戚、非亲戚及直系亲属、旁系亲属。

一、直系亲属

直系亲属，指彼此之间有直接血缘联系的亲属，包括己身所从出和从己身所出的两部分血亲。己身所从出的血亲，即生育己身的各代血亲，如父母、祖父母、外祖父母等；从己身所出的血亲，即己身生育的后代，如子女、孙子女、外孙子女等。值得注意的是，直系亲属除自然直系血亲外，还包括法律认可的直系亲属，如养父母与养子女、养祖父母与养孙子女，有抚养关系的继父母与继子女等都是直系亲属。直系亲属称呼，见表10-5-1、表10-5-2、表10-5-3。

表10-5-1　　　　　　　　　　直系亲属称呼表（一）

称呼对象	对方称呼	称呼关系
父亲的祖父、祖母	曾祖父　男太太 曾祖母　女太太	曾孙　曾孙女
母亲的祖父祖母	外曾祖父　外公太太 外曾祖母　外婆太太	外曾孙　外曾孙女
父亲的父亲	祖父　大大　爷爷	孙子　孙女
父亲的母亲	祖母　阿婆　奶奶	
父亲的叔父	叔祖公　小公公	侄孙　侄孙女
父亲的叔母	叔祖母　小婆婆	
母亲的父亲	外祖父　外公　外公大大	外孙　外孙女
母亲的母亲	外祖母　外婆	
母亲的伯父	外伯祖父　大公公	外侄孙　外侄孙女
母亲的伯母	外伯祖母　大婆婆	
母亲的叔父	外叔祖公　小公公	外侄孙　外侄孙女
母亲的叔母	外叔祖母　小婆婆	
祖父的姐夫、妹夫	姑祖父　大公公　小公公	侄孙　侄孙女
祖父的姐妹	姑祖母　大姑婆　小姑婆	
祖母的兄弟	外祖父　大舅公　小舅公	外甥孙　外甥孙女
祖母的哥嫂、弟媳	外祖母　大舅婆　小舅婆	

续表

称呼对象	对方称呼	称呼关系
祖母的姐妹	姨祖母　大姨婆　小姨婆	姨甥孙　姨外甥孙女
父	父亲　阿伯　爸爸　爹爹	儿子　女儿
母	母亲　姆妈　妈妈　娘	

表10-5-2　　　　　　　　　　　　　直系亲属称呼表（二）

称呼对象	对方称呼	称呼关系
父亲的哥哥	伯父　老伯伯　小伯伯	侄儿　侄女
父亲的嫂嫂	伯母　大妈妈　小妈妈	
父亲的弟弟	叔父　叔叔　爷叔	侄儿　侄女
父亲的弟媳	叔母　婶娘　婶婶	
父亲的姐夫、妹夫	大夫夫　小夫夫	内侄　内侄女
父亲的姐妹	姑母　嬷嬷　小嬷嬷　恩娘	
父亲的表兄	表伯父　伯父	表侄　表侄女
父亲的表嫂	表伯母　大妈妈　小妈妈	
丈夫的祖父	祖翁　爷爷　大大	孙媳　孙媳妇
丈夫的祖母	祖姑　奶奶　阿婆	
丈夫的外祖父	外祖父　外公　外公大大	外孙媳　外孙媳妇
丈夫的外祖母	外祖母　外婆	
丈夫的父亲	公公　公爹　阿伯	儿媳妇　媳妇
丈夫的母亲	婆婆　姆妈　妈妈	
丈夫的伯父	伯父　伯伯	侄媳妇　侄媳
丈夫的伯母	伯母　老妈妈　大妈妈　小妈妈	
父亲的表弟	表叔父　叔叔　爷叔	表侄　表侄女
父亲的表弟媳	表叔母　婶婶　婶娘	
父亲的表姐夫、表妹夫	表姑夫　夫夫	表侄　表侄女
父亲的表姐妹	表姑母　嬷嬷　恩娘	
母亲的兄弟	舅父　大小娘舅	外甥　外甥女
母亲的嫂嫂、弟媳	舅母　大小舅妈	
伯父、叔父的子女	堂兄　堂弟　堂哥　弟弟	堂兄　堂弟
	堂姐　堂妹　姐姐　妹妹	堂姐　堂妹

表10-5-3　　　　　　　　　　　直系亲属称呼表（三）

称呼对象	对方称呼	称呼关系
姐夫	姐夫　阿哥　哥哥	内弟　弟弟
姐姐	姐姐　阿姐　大姐　小姐	内妹　妹妹
妹夫	妹夫　弟弟　或名字	内兄、妹（或名字）
妹妹	妹妹或名字	
姑姆　舅姐　姨母的儿子	表哥（表兄）　表弟（弟弟）	表兄　表弟
姑姆　舅姐　姨母的媳妇	表嫂（嫂嫂）表弟媳妇（妹妹）	
丈夫的哥哥	哥哥　大伯（哥哥）	弟媳妇
丈夫的嫂嫂	嫂嫂　大嫂（阿姐）	
丈夫的弟弟	弟弟　小叔（弟弟）	媳（姐或名字）
丈夫的弟媳	弟妇　弟媳（妹妹）	
丈夫的姐夫	姐夫　阿哥	内弟媳（弟媳）
丈夫的姐姐	姐姐　妹妹	
丈夫的妹夫	妹夫　弟弟（或名字）	内嫂（嫂或名字）
丈夫的妹妹	妹妹　妹妹（或名字）	
丈夫的表兄	表兄　表阿哥	表弟媳
丈夫的表嫂	表嫂　表阿嫂	
丈夫的表姐夫	表姐夫　表姐哥哥　阿哥	表弟媳
丈夫的妹夫、表妹	表妹夫　表妹　弟弟　妹妹	
丈夫的表弟	表弟　弟弟	表嫂（或名字）
丈夫的表弟媳	表弟媳　妹妹	
子女　子孙	图西　儿子　女儿　孙子　孙女	父母亲　祖父母
儿女一代配偶	一般称名字或者弟弟　妹妹	父母亲

二、非亲属

对没有亲缘关系的交际对象相互称呼，普遍应用于邻里、同事、同学、官民、主仆、师徒、干亲、结义、朋友等各种关系的人群中，见表10-5-4。

表10-5-4　　　　　　　　　　　非亲属称呼表

称呼对象	对方称呼	称呼关系
个人	同志　先生　太太　小姐　女士	领导　同事
集体	同志们　先生们　小姐们　女士们	
老师	老师	学生
老师的妻子　丈夫	师母　师公	
父亲的同事　朋友	伯伯　叔叔　妈妈　阿姨	侄　侄女
同事　朋友的父母亲	伯伯　叔叔　伯母　叔母　嬷嬷　婶娘	

续表

称呼对象	对方称呼	称呼关系
同事　朋友	朋友　同志或称兄道弟	兄弟　姐妹
同学	同学　学友　学兄　学姐　学妹　学弟	同学或学弟　学妹
学生	同学或名字	老师　师母　师公
儿女的同事　朋友	侄　侄女或同志和名字	伯　伯母　叔　叔母
同事　朋友的儿女	侄　侄女或同志和名字	伯　伯母　叔　叔母

三、直旁亲系

直系亲属以外在血统上和自己同出一源的人及其配偶,如兄、弟、姐、妹、伯父、叔父、伯母、婶母等(以别于直系亲属的名称)。

称谓涉及直系和旁系亲两大关系,直系亲属追溯到至高祖父母,其中曾祖父母、祖父母、父母和己身五代,己身开始往下延伸到子、孙、曾孙、重孙,还有旁系亲追溯到叔伯,堂兄及再堂叔、伯伯,见表10-5-5。

表10-5-5　　　　　　　　　　　直旁亲系表

					直系亲					
				旁系亲	高祖父母	旁系亲				
			旁系亲	曾伯叔祖母	曾祖父母	曾伯叔祖父	旁系亲			
		旁系亲	堂伯叔祖母	伯叔祖母	祖父母	伯叔祖父	堂伯叔祖父	旁系亲		
	旁系亲	再堂伯叔母	堂伯叔母	伯叔母	父母	伯叔父	堂伯叔父	再堂伯叔父	旁系亲	
三堂姐妹	二堂姐妹	堂姐妹	胞姐妹		己身		胞兄弟	堂兄弟	二堂兄弟	三堂兄弟
		再堂侄女	堂侄女	胞侄女	子	胞侄男	堂侄男	再堂侄男		
				堂侄孙女	胞侄孙女	孙	胞侄孙男	堂侄孙男		
					曾侄孙女	曾孙	曾侄孙男			
						玄孙				

第六节 农村作坊

一、纺纱织布

新中国成立前,安上村域几乎每个家庭都纺纱织布(家庭作坊),人们穿着大部分靠农家作坊制作的粗布(土布)。家庭纺织作坊设施简陋,只需纺车和布机。纺车俗称摇车,用来纺纱。纺纱的工序:(1)弹花,将皮棉弹松。(2)制作棉条,将弹松的皮棉撕成长约24厘米、宽10厘米的长条子,用小竹竿或圆滑的小木棒把棉条卷上搓成条子。(3)纺纱时将棉条头搓成线状,将线头绕到锭子上,右手摇转纱车,左手将棉条慢慢拉起,把纱转到锭子上,一般一天能纺1斤纱。

织布的工序更多:(1)弧纱(又叫摇纱),将纱绕到弧车上(摇车上),将它绕成一绞一绞的纱圈。(2)浆纱,用面糊将纱浆一次,以提高纱的牢度。面糊要调得适当,过稠过稀易断线。浆纱时要将棉纱散开,放进大缸中,层层叠好,倒入面糊,然后赤脚进缸踩踏(或用手压揿),直到棉纱湿透,取出绞干晾干。如要织花色布得染纱。(3)染纱,在烧开水的铁锅中放入颜料、碱,然后将纱放入染色;颜色一般以蓝色、黑色为主,偶尔也染红、黄、绿色。染好纱后,到水中漂洗、晒干。(4)经纱(牵线),经纱前先做铜管,用纺车把纱绕在一个个铜管上,将铜管套在经纱架上,然后经纱,经好纱上在布机横轴上。(5)穿综和穿筘,综一般用竹子做(也有钢丝做的),形如梳,每根综丝(篾)中间有孔,一个布机有两面综,穿综时要把纱相隔一根穿入综眼空档,穿好一面综后,再穿第二面,穿好综还要穿筘。纬纱要做一个个小羽子,放在梭子里;织白布只要一把梳子,织格子布、条纹布要多把梳子(一种颜色一把梳子)。这些工序完成后就可以织布了。织布最重要的是左右手和脚的动作要协调,左手推拉绳腔,右手拉动梳子架,双脚轮流踩踏线线板。布织成后要整修,把布上的疙瘩刮掉,喷浆折叠、敲扁。织布很辛苦,一人一天最多只能织6~7丈"老粗布"。

新中国成立前,安上村一般人家多织布,贫穷人家妇女种点田岸稻出卖后,买点洋纱用来织布。新中国成立后组织农业合作社,妇女集中精力田间劳动,不再织布。20世纪60年代起,国家实行"粮、棉、油"计划供应,国家每人发一斤棉絮票,3.5~7尺布票,不够穿衣。妇女们又在自留地上种点棉花,做点土布。据当时安上村原马安村统计,全村有283台纺纱车、43台布机。织布能手南浜有林阿娥、王秀英、朱金秀、沈阿娥;马安有沈阿大、陈六妹、沈阿雪、费巧英;西庙泾有王林宝、周阿大、周引宝、金阿娥、计阿五;顾家库有赵小妹、赵引大;高家桥有屈二宝;浜里有周阿巧、张张氏;陶湛桥有李阿大、周金秀等。1983年改革开放后,村上妇女们不再织布。

二、汤仁法豆腐制作

中医认为豆腐味甘凉,具有益气和中、生津润燥、清热解毒功效。豆腐及豆腐制品蛋白质含量比大豆高,而且豆腐蛋白质属全蛋白,营养价值较好。

安上村17组村民汤仁法制作的豆腐具有代表性,自产自销,工艺简单,只有锅、木箱、布、缸、石磨、过滤网等,但工序复杂,花功夫大。(1)黄豆(毛豆)处理,去杂去劣,浸泡,冬天4~5小时,夏天2.5~3小时,过长会失去浆头,按每公斤黄豆配20~30克石膏,即20斤毛豆放半斤石膏的比例(要热石膏),将买来的生石膏放在火中熔烧,掌握好烧的火候,太老不好用,太嫩难做豆腐(有臭蛋味)。(2)磨豆沥浆,黄豆浸泡后捞出放入桶内,按每公斤黄豆、6公斤水的比例磨成豆浆,把过滤后的豆浆(经过扯浆后)装入袋子,用力把豆浆挤出(榨浆),豆浆挤完后,再用3公斤水搅拌再榨一次(一般10公斤黄豆出渣15公斤,豆浆60公斤左右)。(3)煮浆点浆,把榨出的生浆倒入锅内煮沸,边煮边撇去泡沫,煮到90℃~110℃时即可。把烧好的石膏研成粉,用清水(约石膏重量的2倍)调成石膏浆,冲入刚才从锅内舀出的豆浆里,用勺子轻轻搅匀,而后等豆浆凝成豆腐花。(4)制水豆腐,豆腐花凝结约15分钟,用勺子轻轻舀进铺好包布的木箱内,用包布将豆腐花包好盖上板,压10~20分钟即成水豆腐。(5)制豆腐干,将豆腐花舀进木箱,用包布包好,盖上木板,堆上石头,压尽水分,即成豆腐干。

三、米酒作坊

米酒是借助自然界微生物发酵,产生含一定浓度的酒精饮料的过程。安上村地区历朝历代都有酿酒的习惯,但大多数在家中自酿自吃,多余的送给亲朋好友共同品尝。

米酒是安上村常见的传统小吃,味香甜醇美,有提神、解乏、开胃、促进血液循环的作用,深受人们的喜爱,俗称甜酒、老白酒,常用来招待客人。

安上村地区酿酒的工具主要有:淘箩、蒸饭桶、酒缸、酒糟、榨床、酒勺、草盖(草垫),用料为糯米或粳米或糯粳混合(主要是糯米)。

将糯米去杂质,浸泡在20℃以上的水里36小时(一天一夜)左右,再将泡好的米装入淘箩或箩筐,摇晃冲洗或到清水里淘洗干净(无浑浊感),放在蒸笼桶内蒸熟(蒸籼饭),将籼饭放在水缸架子上用冷水和温水冲(保持温度适中),后将米饭倒入用开水消毒过的酒缸内,撒入定量酒曲,搅拌均匀,上面(顶部表面)压平,中间挖个坑(圆锥形),盖上草盖(草垫)。经过48小时发酵后泼浆(搅拌),过一个星期左右兑水。100斤米(做成的饭)兑水200斤,兑水当天再蒸等量的米饭酿酒。二次酿酒一星期后,把前批的酒倒入第二次的酒缸中,再发酵,直到缸内酒糟沉入缸底,酒的颜色发黄(一般30~40天),把酒缸中的酒抽出倒进大缸,将酒糟用丝袋装好,放到榨床上压榨,直到把酒糟压成饼块,然后把榨出的酒和抽出(勺出)酒,沉淀滤清,混合搭配即为成品酒。酒色泽清澈,香气浓郁,口感好,无腻味,如在此前加入香橡、桂花等,酿成的酒香味更佳。

第七节 传统文化

一、花鼓戏（草台戏、社戏）

新中国成立前，春节，元宵节，春二、三月的时候，村民最喜欢看花鼓戏。安上村5组村民陆云全，家里生活条件相对较好，他用五斗米（一斗15斤）邀请花鼓戏的班子到村里演出，村民搭个戏台。当时演花鼓戏颇有名气的是原石浦镇新勤大队杨墅浜自然村的一个班子，带班的叫陆爱娥。她的嗓音特别好，总是第一个出场，只要她一开口，台下观众的掌声非常热烈。主要演唱传统剧目《罗汉钱》《借黄糠》等。然后，戏班子人员开始演出折子戏，如《雪地产子》《美满姻缘》《叹五更》等剧目，以沪剧曲调为主。还有一个演员名叫陆云飞，他用唱叹簧形式，一口气唱出了《碧落黄泉》中的"志超读信"，演唱结束，台下又是一片掌声。演戏结束后，观众还不想离开，在回家的路上，还津津有味地谈论、回味着花鼓戏的演出场景。村民除了请外地的演员演出外，还要成群结队跑到别的地方看戏，一是到杨湘泾老集镇，在石库门处做的长锡文戏，二是跑到石浦岳庙、青浦县的金家桥小镇去看社戏。

二、丝竹班

安上村丝竹班成立于1951年，以后逐步发展。主要有西庙泾自然村河北的蒋宝华、蒋海球、周泉元，西庙泾河南的姚生荣，南庵自然村的陈志元，陶湛桥自然村的陆永弟等6人。主要乐器有二胡、笛子、竹板、铜鼓、铜锣等。曲子有《三乐》《快乐》《龙虎斗》等，还有沪剧、锡剧等传统剧目的曲调。每到夏天黄昏辰光，村民在场上乘风凉，丝竹班人员就来演奏几曲，琴声、笛子声悠扬动听。这个丝竹班专门为大队业余宣传队在春节期间演出文艺节目服务，其次为婚丧喜事服务。

三、茶文化

安上村村民历来有吃茶的习惯，但村里没有一爿茶馆，幸亏离杨湘泾小集镇较近，老街上有3～4爿茶馆，去茶馆喝茶大多是年龄较大的男性。因在20世纪50年代，年龄在50～60岁已算是老人了。他们在上午干些轻微的农活，吃过中饭后就到茶馆喝茶讲白话，说东道西的聊聊天。茶馆店的新闻较多，例如，哪个村上娶了个好媳妇，勤快贤惠孝敬公婆。哪个村上的小伙子力气特别大，可用双手擎起牛缆石（系牛的大石头，约70斤），各种小道新闻互相扯谈。到了下午3点左右，顺便买点荤菜回家。除了到茶馆店喝茶外，新中国成立前的40年代，陶湛桥自然村有个叫王阿考的村民，买了一只铝制的大茶炉子和很多碗筷、调羹、茶壶、毛巾等，专门为婚丧喜事人家服务。待东家办事全部结束，支付他一定的报酬。

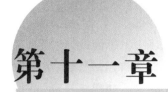

第十一章　文存辑录

第一节　乡邦文献

一、叶苗施计除恶僧

叶苗,字秀实,明代义士,家住碛硡村,生卒年不详。性格倜傥,勇于赴义,遇见不平之事,他必挺身而出,主持正义。叶苗施计除恶僧,保护碛硡寺的故事在江南水乡广为流传。

元至元年间,一个寒气袭人的下午,忽然,一阵声嘶力竭的呼救声从碛硡寺大门外传来,惊动了正在殿堂上念佛的智善方丈和众僧。僧人们立即停下佛事,跟着智善方丈向门外走去。只见一个披头散发的年轻姑娘被人疯狂追赶,姑娘被追得慌不择路,突然摔倒在寺外的路边。大家仔细一瞧,追赶姑娘的不是别人,正是从碛硡寺开小差溜出去的两个花和尚。看到此情此景,僧人们无不怒火中烧,纷纷谴责两个不规矩的和尚。智善方丈把姑娘扶起,安慰一番,并派两个僧人送其回家。然后,智善方丈请那两个花和尚到殿堂问话。在严厉追问下,花和尚供出自己的不轨行为。原来,他俩趁大家清早晨练时,偷偷溜出寺院,到野外去寻找"猎物"。片刻后,只见远处走来一个年轻的姑娘,两人顿生歹念,就上前拦截。那姑娘见势不妙,慌忙转身朝寺院方向逃命。这两个浑蛋急起直追,直追得姑娘摔倒在地。两个花和尚还坦白了先前曾糟蹋过两个民女的罪行。

由此,智善方丈不禁想到一个月前的一天,发生在寺内的更惨烈的一幕。

那天上午,天气阴沉。智善方丈和僧人们正在大殿上举行佛事。一位年轻的女子神色凝重,踏着沉重的步子来到祈嗣殿,烧香拜佛。因丈夫病重在床,祈求菩萨保佑,这时,在厨房打杂的一个中年和尚,据说是从旧朝南宋韩世忠军中半路出家来的和尚,正好到祈嗣井打水。他看到烧香求佛的女子,长得分外标致,就顿起邪念,冷不防从背后将女子死死抱住,然后一个劲地狂吻,一个劲地乱摸,并用力朝墙角里拉。那女子拼命挣扎着大喊"救命!"刺耳的呼救声震彻全寺。智善方丈和僧众都向祈嗣殿冲去。一进寺殿便惊呆了,殿内血溅遍地,一女子倒在血泊中,惨不忍睹。

这是怎么回事呢？是谁作的孽呀？从殿内丢下的一对水桶判断，智善方丈和僧人们很快锁定了嫌疑人的线索，那个在厨房打杂的花和尚失踪了。经大伙细心寻找，终于在柴堆里找到了他。经追问，那和尚供认不讳，交代了自己的恶行。

这起发生在碛磹寺的血案，震惊了周边地区，也震惊了官府。

智善方丈气愤至极，以寺规加以严惩。可这些不法之徒却恬不知耻，不思悔改，他们对惩罚心底不服，反而变本加厉予以报复。恶僧们一方面纠集大批僧人到碛磹寺示威作乱；另一方面向朝廷密报，反诬碛磹寺方丈藏匿旧朝南宋韩世忠军中士兵，蓄谋造反。朝廷获报后，就加紧谋划，四处调兵遣将，欲择日举兵清剿碛磹寺。眼见一场刀光剑影的灾难就要降临。

消息不胫而走，此事被在朝谋事的叶苗挚友得知后，立即告诉了叶苗。叶苗大吃一惊，暗忖：如若如此，这将使碛磹寺遭到灭顶之灾，且不说寺院和僧人难保，就连周边百姓也要遭殃。叶苗平时与碛磹寺智善方丈交往甚密，情真意笃。为了尽力保护碛磹寺，挽救危局，叶苗赶紧与智善方丈商议对策。

叶苗问智善方丈："眼看朝廷的清剿大军就要到来，碛磹寺危在旦夕。大师，你说这事该如何应付？"

"只凭我碛磹寺僧人区区之力，岂能对付得了！"智善方丈接着说，"叶君子是江南闻名的义士，智谋勇烈集于一身。不知您有何妙策？"

叶苗说："我要与您一起导演一场'替天行道，清剿碛磹寺'的大剧。"

智善方丈问叶苗："你凭什么名分清剿碛磹寺？"

"碛磹寺的不法僧人披着宗教的外衣，奸淫妇女，残害百姓，天理难容。我要赶在朝廷大军到来之前，组织万余乡民大军，雷厉风行，清剿那伙恶僧。"

接着，叶苗向智善方丈详述了自己的清剿方略，征求大师的意见。方丈听后，点头肯定。

叶苗感慨道："只要我们密切配合，事定成。"

两人商议已定，各自按计划行事。农历二月十五日为统一行动日，并以击掌为联络暗号。

在短短几天时间里，叶苗以显赫的名声和影响力，立即组建起一支由万名乡民组成的大军队伍，并从大军中选拔出600名壮士，同时，又精选百名勇士，分为若干小队，由叶苗统率指挥。

农历二月十五日前夜，叶苗命令万名乡民大军务必在第二天中午聚集到碛磹村，把碛磹寺围个水泄不通。

到了二月十五日中午，碛磹寺已被黑压压的乡民大军围了好几层。那伙作恶多端的不法僧人看到万众压寺之势，激起了一阵莫名的骚动，然后又显出一副凶狂狡黠的神态。不难看出，这伙恶僧根本不会死心，而是企图顽抗到底。

午时三刻，叶苗命令乡民大军紧紧包围四周院墙，一波接一波地高声呐喊，大造声势，以震慑寺内恶僧，决不让一个僧人越墙逃跑。接着，叶苗下令百名高手分别从碛磹寺前后门强行进入，与智善方丈的僧人队伍顺利会合，他们里应外合，不一会，便将锁定的不法之僧一一击倒，并擒获。

但也有个别顽固之徒死不缴械投降，躲进了神秘的殿堂。乡民大军义愤填膺，怒不可遏，一路追杀不舍，可恶的僧人眼看就要被束手就擒，狗急跳墙，放一把大火烧着了几处寺殿，妄图趁救火混乱之机，逃出后门。然而，他们的白日梦很快就破灭了。当他们逃到后门口，守候在那里的乡民一拥而上，把欲出逃的恶僧一个个逮个正着。

为了遮掩官军耳目，保护磲磈寺及那些忠善的僧众，避免官军到来的一场浩劫，叶苗吩咐全寺僧人马上撤离，可以自找出路，暂躲乡间，也可以远走高飞，投奔他寺。他又命令部下推倒并火烧了几处破落寺殿。

至下午，这场由叶苗亲自导演的一场大戏已落幕。当来清剿的官兵看到磲磈寺遍地断墙残壁，烟火升腾，一片狼藉，头领连连摇头，二话没说，就下令打道回府。

叶苗清剿磲磈寺恶僧、设计保寺的故事，在江南广大乡民中被传为佳话。叶苗也因此声名远播，义振江南。

（原载方世南：《源远流长淀山湖》第167～170页，苏州大学出版社2014年版）

二、叶氏家族

叶梦得十三世孙叶苗，于元朝延祐四年（1317年），由吴县迁至淞南沈安泾（今淀山湖镇安上村），继承祖上田业。后入赘昆山七保周家泾磲磈村金氏为婿。叶苗性倜傥，勇于赴义，在淞南有"叶义士"之称。叶氏家族持家得发，家业隆昌，人才辈出。经过几代人的发展，由农转文渐入仕途，成为书香门第。方世南《源远流长淀山湖》第三章"名刹的钟声"第二节第一目"清廉文庄公叶盛"文中，记述了叶氏家族史。

据康熙《昆山县志》记载："叶盛自少颖异，博学强记，屏居三甲田舍间。"叶盛，字与中，号"蜕庵"，自号"白泉"，又号"泾东道人""淀东老渔"。叶盛的祖先为宋代词人叶梦得。叶梦得（1077—1148年），字少蕴，苏州吴县人。叶梦得"嗜学蚤成，多识前言往行，谈论亹亹不穷"。绍圣四年（1097年）登进士第，历任翰林学士、户部尚书、江东安抚大使等官职。晚年隐居湖州弁山玲珑山石林，故号石林居士，所著诗文多以石林为名，如《石林燕语》《石林词》《石林诗话》等。绍兴十八年（1148年）卒，年七十二。死后追赠检校少保。在北宋末年到南宋前半期的词风变异过程中，叶梦得是起到先导和枢纽作用的重要词人。作为南渡词人中年辈较长的一位，叶梦得开拓了南宋前半期以"气"入词的词坛新路。叶词中的气主要表现在英雄气、狂气、逸气三方面。

叶梦得祖父为北宋名臣叶清臣。叶清臣（1000—1049年），字道卿，苏州长洲（一作乌程，今浙江湖州）人。天圣二年（1024年）榜眼，历任光禄寺丞、集贤校理，迁太常丞，进直史馆。论范仲淹、余靖以言事被黜事，为仁宗采纳，仲淹等得近徙。同修起居注，权三司使。知永兴军时，修复三白渠，溉田六千顷，实绩显著，后人称颂。著作今存《述煮茶小品》等。皇祐元年（1049年）卒，年五十（一作四十七）。《宋史》《东都事略》有传。《全宋词》录其词一首。

叶梦得十三世孙叶苗，于元朝延祐四年（1317年），由吴县迁至淞南沈安泾（今淀山湖镇安上村），继承祖上田业。后入赘昆山七保周家泾磲磈村金氏为婿。叶苗性倜傥，勇于赴义，在淞南有"叶义士"之称。叶氏家族持家得发，家业隆昌，人才辈出。经过几代人的发展，由农转文，渐入仕途，成为书香门第。

叶盛自幼聪慧，博学强记，其父叶春与磲磈福严寺老僧景燮过从甚密，经常在一起谈论，甚至晚上也打得火热。《淞南志》卷五杂记中记载："叶文庄盛，幼时其先人与福严寺老僧景燮善，尝中夜对饮时，盛年八九岁，侍几旁，僧笑曰：'夜深烧烛短'，盛应曰：'话久引杯长'。僧大喜，以盛能读杜诗，而实未知杜诗也。"僧的上句是：夜深了，照明点燃的蜡烛越烧越短；叶盛的下句意是：交谈说话的时间长了，由于蜡烛越烧越短，旁边杯子的影子越来越长。唐代大诗人杜甫写过一首《夜宴左氏庄》的诗:"风林纤月落,衣露净琴张。暗水流花径,春星带草堂。检书烧烛短,看剑引杯长。诗罢闻吴咏,扁舟意不忘。"因此,老僧景燮听了以后,非常高兴,还认为叶盛能够读唐代大诗人杜甫的诗。而事实上,此时的叶盛并未读过杜甫的诗。

叶盛在乡间,未曾外出做官时,他的父亲有一晚做梦,梦见有两条龙盘踞在他家屋脊之上,轻轻地讲话,直到天亮才停止。父亲请人解梦,解梦人说:"那屋脊之上两条龙,乃明朝的两位真龙天子。真龙天子在你家屋顶盘踞一晚,证明你家有将要辅佐君王之人。"果然,纵观叶盛的一生,他历仕正统、景泰、天顺、成化四朝,其中正统与天顺年间,为英宗皇帝,景泰年间,为代宗皇帝。叶盛也在这三朝期间最为活跃,为朝廷出谋划策,上疏谏言。

明正统十年(1445年),叶盛举进士,乙丑科二甲第二十九名。授兵科给事中,毅然言责自任。正统十四年(1449年)有"土木之难",叶盛率同僚请求先治罪失职的将臣扈从,然后为复仇计,练兵选将。九月郕王即位,赏赐廷臣,叶盛以形势艰难拒绝。瓦剌逼近北京城,叶盛针对危急的形势,屡次上奏议事,协助兵部尚书于谦调兵遣将,在城外击退瓦剌军,升都给事中。后擢山西右参政,督宣府镇(今山西大同)钱饷。景泰三年(1452年),巡边御史李秉推荐他辅佐独石、马营、龙门、卫所四城军务。他任职五年,整顿吏治,兴利除弊,修饬武备,开垦耕稼,岁丰食足。明代何孟春著《余冬序录》载:"叶文庄公盛巡抚宣府时,修复官牛、官田之法,垦地日广,积粮日多,以其余岁易

叶盛像

战马千八百余匹。其屯堡废缺者,咸修复之,不数月,完七百余所。"天顺二年(1458年)四月,擢都察院右佥都御史、两广巡抚。天顺七年(1463年)被召回京,转左佥都御史、巡抚宣府镇。成化三年(1467年),迁礼部右侍郎。成化八年(1472年),迁吏部左侍郎。成化十年(1474年)病卒,依其生前行迹,给予带有褒义的谥号"文庄"。

叶盛在朝30年,清正廉洁,是一位朝廷官员清正廉明的代表。他在边患最为深重的时候,以坚忍不拔的苍松精神,上书献计求战,努力整顿边防,加强防御,积极治理边务和保卫北疆。

叶盛升任都察院右佥都御史、巡抚两广期间,广东原先有一条规定,就是盐不能出境。时间一长,盐商的日子过不下去,贸易也受到影响,于是往往就去贿赂守关的官吏,通过梅岭将盐卖到广西梧州。叶盛了解这一情况后,便下令不要阻拦,任盐商出入境,但每次运输的盐一定要认真计量,按数量多少纳税,拿来作为军饷,这样做,既活跃了经济,又达到了公私两利的目的。在广东时,他对采珠颇有研究,在《水东日记》卷五中有"珠池采珠法"与"采珠数"的记载。"珠池居海中,蜑人没而得蚌剖珠。盖蜑丁皆居海艇中采珠,以大舶环池,以石悬大绠,别以小绳系诸蜑腰,没水取珠,气迫则撼绳,绳动,舶人觉,乃绞取,人缘大绠上。前志所载如此。闻永乐初,尚没水取,人多葬鲨鱼腹,或止绳系手足存耳。因议以铁为耙取之,所得尚少,最后得今法。木柱板口,两角坠石,用本地山麻绳绞作兜如囊状,绳系船两旁,惟乘风行舟,兜重则蚌满,取法无逾此矣。""珍珠初采一万四千五百余两,大约三石五斗。次年采九千六百余两,每百两余四五两,大约一升重四十六七两。次年大者五十余颗,计一斤重,云价近白金五千两。御史吕洪云。"有朝廷派去的所谓"采珠中使"(负责在南海合浦采珠的官员),作威作福,祸害

百姓,叶盛向朝廷密奏,朝廷立即将其召回,广东人非常感激叶盛。广东多"蛊"(即瘟疫),叶盛得到了所谓"造蛊、解蛊"之方,便把它刻在许多块碑上,放置在通衢大道上,让老百姓都能看到,普及了避免和防止瘟疫的方法,十分有效。叶盛平时生活极其俭约,离开广东时,行李十分简单,碑刻倒有三箩筐,还亲自题了字,叫作"五岭奇观"。明成化五年(1469年),京城一带遭遇特大饥荒,叶盛奉诏赈灾,做了大量细致的工作,灾民们没有一个饿死的。

其时,"两广盗蜂起,所至破城杀将。诸将怯不敢战,杀平民冒功,民相率从贼",社会动乱相当严重。叶盛在阶级矛盾、统治政权内部矛盾和民族矛盾相互激化的时代,被派去协调两广兵马镇压瑶民反抗。大多数巡抚都不愿亲赴前线,而叶盛两次带兵亲历前线,带领将领、集合兵力,加之群众的帮助,镇压了瑶民反抗。据说,在军民同住的时候,叶盛不允许官兵随意拿民众的任何物资,也不得用任何借口收取民众的东西。为此,他受到了百姓的赞扬。睦岗镇兰龙村赵氏祖屋,原有一块悬挂的木匾额,相传是叶盛为了表彰兰龙村赵氏族人的功绩,特立匾额作为对他们的嘉奖。叶盛没有为自己的功绩寻求任何奖赏,却首先记录下百姓的帮助,可见叶盛是多么爱民。

叶盛敢于针砭时事,揭露社会的黑暗面。叶盛没有因为朱元璋是明太祖,就大肆吹捧朱元璋,他依然正直地记录了朱元璋利用特务刺探臣子动静的一则故事,体现了叶盛一身刚直不阿的正气。叶盛在《水东日记·钱子予》这篇日记中记载:"临安钱宰子予,武肃王之裔,元末老儒也。高庙礼征,同诸儒修纂尚书,会选孟子节文,公退微吟曰:'四鼓冬冬起著衣,午门朝见尚嫌迟。何时得遂田园乐,睡到人间饭熟时。'察者以闻。明日,文华燕毕,进诸儒,谕之曰:'昨日好诗,然曷尝嫌汝?何不用忧字?'宰等悚愧谢罪。后未几,皆遣还,宰以国子博士致仕。家会稽,宦业至今不绝。宰尝自书门帖曰:'一门三致仕,两国五封王。'唐昭宗赐敕,宋宣和所赐'吴越家宝'铜印,一斤重,今藏其家。铁券王像在台郡长房。"叶盛揭露了明朝文人的另一种弊病——无病呻吟。老儒钱宰做的诗:"四鼓冬冬起著衣……"诗中不难读出他既思田园之乐,又以做官、封王而自我标榜,前后极其矛盾的感情,反映了当时学者在朝忧惧向往田园生活的思想。而叶盛记录明太祖朱元璋的改诗和遣还诸儒,也可以看出他对臣子监视的严密和心胸的狭隘。正是叶盛这种严谨并且不畏强权的态度,记录了那么多真实的明代社会、政治事件,为后人留下了许多真实的史料笔记。

叶盛不仅是一位高风亮节的名臣,而且还是一名知名的明代藏书家。尽管他长年累月在边镇做官,但是始终克服各种困难,坚持读书、藏书。编有《菉竹堂书目》6卷、《两广奏草》16卷、《菉竹堂稿》8卷,著有《水东日记》38卷(一说40卷)、《水东诗文稿》4卷、《文庄奏疏》40卷、《秋台诗话》《卫族考》1卷、《经史言天录》《宣镇诸序》1卷等。另外,在《全明词》中亦存有叶盛的词作五篇等。

叶盛购书万卷,日日把玩,废寝忘食。他每次"见一异书,虽残编蠹简,必依格缮写,储藏之目,为卷止二万余,然奇秘者多亚于册府。"王世贞《菉竹堂记》称叶盛"手抄雠至数万卷,将为堂以藏之,意取《卫风·淇澳》'问学自修'之义,名之曰'菉竹'",终因清贫,未能如愿。叶盛藏书共积有4600余册,22700多卷,有《四库全书存目丛书》据两淮盐政采进本影印本为证,他是明中期江苏最大的藏书家。

叶盛惟博学嗜书,清心寡欲,不好声色名利,常徒步出行。他心系边政,维护边塞安宁,却著书丰富,创作出不少脍炙人口的作品,包括歌颂英雄、思念故人、感慨生活、回首往昔和抒发

壮志等题材。

  身为武将的叶盛,南北驱驰,殚精竭虑地治理边地,做出了一番令人叹为观止的政绩。因此,他在归休后写了一些或感伤时事、感叹人生、托物言志,或表达一腔爱国热情的词。无论是居庙堂之高,还是处江湖之远,叶盛都坦然面对,严于律己,并且时刻关注国运,忧国忧民。他在《苏武慢·述怀》中写道:"五岭南来,依稀六载,统治曾兼两镇。赤脚疲氓,白头老戍,几度停车慰问。荐贤为国,除暴安民,绩效竟无分寸。细思量,只好归休,敢望致君尧舜。不关他,世路崎岖,人情翻覆,也有人生命运。逆虏犹存,民窭未解,况乃德凉才钝。得嗔如屋,任谤如山,管甚旁人憎怨。都只缘,圣主恩深,勉尽区区职分。"在这首词中,叶盛将其一生的经历用简单的笔墨陈于纸上。词的上阕,他回忆了自己在朝为官时的所作所为——"荐贤为国""除暴安民",然而,他如此呕心沥血地为人民为国家付出,却是换来"绩效竟无分寸",这伤透了叶盛的心,经过几番深思熟虑,他最终选择归隐田园。虽然叶盛离开了朝堂,但是,他的内心依然渴望辅佐和尧舜一样贤良的君主。叶盛在词的下阕中,用略带自嘲的口吻向世人述怀:做官时总会有人从语言上、行动上抨击他,其实他本身并不计较这些个人得失,他只是为了报答圣上的知遇之恩。"勉尽""区区"两个词,更能体会到叶盛的鞠躬尽瘁。在百姓眼里的伟大功绩,在叶盛眼中却只是做了自己应该做的职分。从叶盛的词中,人们会深切地感受到他的忧国忧民、渴望为国家奉献一生的高贵品质。

  同里后学俞允文称叶盛《水东日记》,其书专于记事,核古综今,关诸军国,号为通博,书凡四十卷。以其书成于淞水之东,名为《水东日记》。他在《水东日记》中,记录了碛碾村里许多名人之事,可谓丰富多彩。其中二十一卷中的"乡饮酒礼",记载了碛碾村巨姓李无逸(李庸)奉行乡饮酒礼的事,十分详细。

  乡饮酒,盛礼也,古先圣王皆致重而不轻,我太祖皇帝尤注意焉。尝观前吏部尚书昆山余炌茂本所为乡饮礼序,似始于洪武十二年,及考余干县志所载,则又云行于五年、八年,未知孰是。并录于此,以俟考征。余序曰:

  皇帝龙飞十二载,特诏天下行乡饮礼。昆山县人臣李无逸尚义读书时为万石长,奉诏惟谨,延即其乡宾礼耆英,远近毕至,则有若周寿谊,年百有十二岁,皤然在席;九十、八十、七十者坐以齿,盛升降揖让拜俯周旋之仪,献酬有容,读法胥告,观者如堵墙,莫不感化翕然。已而醉者扶,归者歌,髻白欣欣,笑言载途,乡士大夫纪其事而咏之。吾友余彦智以书走京师,求余引其端,久弗克为,其请益坚。呜呼!乡饮不行久矣,黄鲐之老,耳不闻鹿鸣之歌,目不识宾介之仪,盖百有余年矣。皇明出而四海一,举累代之旷典,一旦而复之,何其易哉!而无逸生逢圣世,获睹盛礼之行,乃能率先乡人,峨冠博带,与庞眉儿齿雍容揖让于尊俎之间,且以忠君孝亲睦闺门比乡党为劝,可谓不惑流俗,笃信古道者矣。世有藏镪数百万,即为富家翁烹羊炰羔,举觞浮白,挟吴姬,侍(持)赵女,弹筝搏拊,歌呼呜呜,以极一时之乐,乌识所谓乡饮酒礼者哉!闻无逸之风,亦可少愧矣。使乡乡如无逸,则古礼不难复,而况孝弟可兴,风俗可厚,其机一寓于是乎!吁!纷纷百卉中,见此孤蕙兰,亦君子之所与也。为我谢曰:圣天子在上,善自律以化其乡人,他日玺书惟汝嘉尚勉旃哉。洪武己未春正月既望,承敕郎同县余炌叙。

  志曰:里社乡饮酒读律仪式并图。洪武五年五月初四日,朝廷降乡饮酒读律仪式，命有司官会同儒学官率士大夫之老者行之，使民知礼知律。每岁孟春正月，孟冬十月，百家为一会，共备酒肴。有粮长者，粮长为主席；无粮长者，里长为主席。如坐，以宾之年最长者居中，众则序齿居左右，主席者居其末。坐定，选一人读律，及宣申明戒谕。既毕，行饮酒礼拜，则年长一倍之上者坐受，长十岁者立受，相若者抗，盖参酌唐、宋之制也。时本县未之行，八年，又命下知县毕福行之，每都以大户率士民于申明亭上读《律戒谕》，饮酒致礼，风俗翕然而变，可谓盛矣。

叶盛希望自己的子孙也能像他一样爱书、读书，他曾写下一段很有意思的《书橱铭》："读必谨，锁必牢，收必审，阁必高。子孙了，惟学敩，借非其人亦不孝。"后来，叶盛的子孙确能遵守他的教训，爱惜他的这份特殊的遗产。叶盛去世后，其孙叶恭焕竟其遗志，终于建成了菉竹堂。书楼落成后，叶恭焕把祖上遗书移存堂内，又把以前亲友们从祖父处借走的书收归菉竹堂。据说直至叶盛死后一百多年，菉竹堂尚能"扃钥未疏"。叶盛的后代子孙亦不乏藏书家。

（原载方世南：《源远流长淀山湖》第171～178页，苏州大学出版社2014年版）

第二节 文献辑录

一、阳光听证

2005年3月，安上村在新农村建设中，各项建设工程项目陆续启动，党总支与村委会领导成员决定，采取"听证会"的办法，实行公开招标，得到昆山市、淀山湖镇两级政府的认同，并在各乡镇推广。听证制的实施，体现了公开、透明、民主、规范，村里事村民定。3月21日，《人民日报》华东新闻版头条刊登题为《走进阳光听证》的报道，充分肯定了安上村这一创新做法。

安上村集居工程招标会（2005年8月5日）

2011年6月，中共昆山市纪律检查委员会、昆山市监察局在安上村设立"安上村农村基层组织廉政建设展示厅、昆山市鹿城清风勤廉观览点"。

昆山市村级重要事项决策听证现场观摩会

《人民日报》的报道文章

1."听证会"由来

2005年3月,安上村上洪路建设工程即将启动,好几家施工单位的老板提出承包这项工程,对这一工程发包问题,村干部举棋不定,难以定夺。

在昆山市纪委的支持下和镇纪委的指导下,村党总支、村委会决定试行"听证制",走民主决策、阳光操作之路。于是,淀山湖镇第一个村级重大事项听证会应运而生,该村40多名党员代表、人民代表、村民群众代表认真听取了专家对投标方的资质评审、各投标单位的预算价、投标价和下浮价,投标单位对施工方案的陈述后,展开了激烈的讨论、询问和论证,最后进行公开表决,每个代表在表决票上选择最满意的施工单位画上"√",公开亮票,当场公布中标单位。

这种以公开、公平、公正为原则的听证活动,不仅保证了重大事项决策的科学化、民主化和正确性,而且收到了群众满意、村干部满意、竞标方信服的良好效果,真正实现了群众清楚、干部清白。2005年6月,《人民日报》以《走进阳光听证》为题报道了这次听证会。

安上村首次听证会的成功召开,在全镇引起了强烈的反响,2005年10月,淀山湖镇决定全面推行这一制度,并正式出台了《淀山湖镇关于推行听证制度的实施意见》。

安上村实行听证制度,得到了上级领导的充分肯定。2007年8月,昆山市纪委决定在全市推行这一做法,并制定了《关于在全市农村推行村级重要事项决策听证工作的意见》。9月22日,安上村就富民合作社服务配套房二期工程再次召开听证会,昆山市纪委将此作为全市村级重大事项决策听证现场观摩会,安上村的听证活动得到了市纪委领导和与会人员的一致好评。

实践证明,实行村级重大事项决策听证制度是加强农村基层党风廉政建设、扩大农村基层民主、保障农民群众直接行使民主权利的有效途径,对维护农村改革、发展、稳定的大局,对于维护广大农民群众的切身利益,对于加快民主政治建设进程,都有着十分重要的现实意义和长远意义。

2.听证制:村里事村民定,公开、透明、民主、规范

昆山市在全市推行村级重要事项决策听证制度的消息传来,作为率先尝试这一做法的安上村广大干部群众,无不为此感到自豪。

几年来的探索与实践,使全村干部群众深深地感到:民主听证、阳光操作是一项让百姓满意、为村官减负的好制度。

村民们普遍认为:实行听证决策,不仅使村务工作的透明度更加提高,村务决策更加规范、科学,更重要的是,这一做法还权于民,把人民的当家做主落实到村务处理的实际工作中,老百姓对村里工作更了解、更满意、更支持。

安上村的干部更是深有感触。大家反映：听证制度的建立让村干部的工作轻松多了。安上村富民合作社建造打工楼，听证会一开，很多村民踊跃投资入股，打工楼很快就建起来了。如今，整治村容村貌、拆除违章搭建、拆迁村民房屋等，这些原来令村干部头疼的事，在听证制度推行之后，村干部工作起来再也不像以前那样劳心劳力，甚至被百姓误解而感到委屈。今年，安上村大批村民房屋的拆迁工作进行得相当顺利，正是得益于这一制度的建立。如今，在安上村，不仅是工程建设，包括鱼塘发包、村级实事项目等与村民切身利益有关的事项，村干部和百姓都会采用阳光听证来进行决策。

3. 听证事例

整修道路——闯出了一条新路
淀山湖镇安上村道路建设听证会侧记

2005年3月25日上午，淀山湖镇安上村村委会会议室气氛热烈，参加安上村上洪路建设听证会的村民代表早早地来到了会场，他们以激动的心情行使自己的权利，投票决定村级实事工程——总长约为2400米的上洪路建设承包权的归属。

上午8时30分，听证会正式开始，投标人之一的众诚建设有限公司昆山分公司代表陈述完投标方案后，71岁的村民代表张全珍率先提问："你公司在确保道路建设质量方面准备采取哪些具体措施？""还有，我们想了解你公司在施工期间将如何保证村民进出的便利和安全？"坐在旁边的另一位村民代表补充道。对村民的提问，众诚建设公司代表一一做了回答。

随后，另外3家建设单位代表分别陈述了投标方案，回答了村民代表、评标专家的现场提问，最后听证会进行了无记名投票表决，并现场公布了评标结果，确定了中标单位。村民代表纷纷称赞此次听证会公开、公平、公正，村民真正行使了自己的知情权和参与权。

这次听证会目的明确，一是拓宽了村务公开的渠道；二是提高了村干部决策的质量，确保了工程优质、干部优良，真正把涉及老百姓切身利益的实事做好，好事做实；三是这次活动在全镇乃至昆山市开创了依靠村民当家做主，积极推进农村民主政治建设的先河。

安上村农村基层组织廉政建设展示厅

昆山市鹿城清风勤廉观览点

中共昆山市纪律检查委员会

昆山市监察局

2011年6月

二、安上村在创建"苏州市廉洁文化建设示范点"考核会上的汇报

安上村在创建"苏州市廉洁文化建设示范点"考核会上的汇报

尊敬的领导：

  你们好！

首先，请允许我代表安上村，对各位领导在百忙之中来我村指导、检查和考核"苏州市廉洁文化建设示范点"，表示热烈的欢迎和衷心的感谢。下面我就创建"苏州市廉洁文化建设示范点"所做的工作作如下汇报：

安上村志

1. 基本情况

安上村地处淀山湖镇东侧，距镇0.5公里。自2001年，原马安村与上洪村合并为安上村。东邻双护村，南与原永勤村相连，西靠镇区，北与原石浦镇陆家桥村接壤。全村面积4.1平方公里。全村共有27个村民小组505户常住人口1 906人。现有南浜、南浜新村、马安、马安新村、西庙泾、顾家厍6个自然村。目前，全村已有351户村民拆迁安置。

经过多年不断的努力与探索，我村曾先后获得"江苏省百佳生态村""江苏省卫生村""江苏省农村环境综合整治示范村""苏州市先进村""苏州市先进基层党组织""苏州市文明村""苏州市村务公开民主管理示范村""苏州市民主法治村""昆山市农村精神文明建设先进村""昆山市先进基层党组织""昆山市鹿城清风廉政观览点"等荣誉称号。2010年，村级经济总收入250万元，人均收入15 232元。近年来，我村在上级党委、政府及有关部门的正确领导下，始终以"先行村"的标准来严格要求自己，在农村现代化建设的过程中，不断加大创建"苏州市廉洁文化建设示范点"的工作力度。我村对照考核标准，及时制订了创建计划，并根据总体规划，明确创建任务和目标，完善了各项考核和奖励制度，加快了全村的创建进程，以高起点的认识、高标准的要求，全面提高了全村的廉洁文化氛围。

经过各方面的努力和全方位的创建工作，我村较好地完成了创建工作计划，给农村的发展提供良好的廉洁文化环境。在农村廉洁文化建设中，发挥了巨大的作用。

2. 加强组织领导，强化宣传力度，组建监督队伍

回顾创建工作的全过程，我村主要做了以下几方面工作：

（1）创建"苏州市廉洁文化建设示范点"是考验村级班子整体素质、体现村级经济发展和村干部廉政高效的系统工程，也是农村廉洁文化的凸显部分，是村委会和全体村民共同的奋斗目标，建立好相应的机构，是搞好创建工作的重要保障。因此，村党总支、村委会专门成立了廉政文化建设管理领导小组，由村党总支书记任组长，村"两委会"成员任副组长，村工作人员任组员，明确了职责范围，为创建工作的全面开展打下了坚实的组织基础。

（2）大力开展创建"苏州市廉洁文化建设示范点"。

通过支委会、村委会、党小组会、党员会、村民代表会、听证会、公开栏、宣传栏，在全村村民中广泛宣传廉洁文化，对提高村委会工作的廉洁高效有着重要的意义，特别是听证会决议、村务、财务在公示栏展出，使全村形成了一种自己的事情自己定自己选、保障农民当家做主的良好氛围，为创建工作奠定了良好的群众基础。

（3）组建专业队伍。在村创建领导小组的统一领导下，组建了专业队伍。①廉洁文化建设专兼职工作小组；②廉洁文化建设监督队伍。签订村干部廉政风险自我防范承诺表，由监督小组对此进行考核，收到了良好的效果。

3. 实行阳光听证、民主决策

安上村从土地、鱼塘新的发包形式中，深刻体会到，这不仅是减轻村干部的压力，融洽干群关系，保持农村干部队伍的廉洁高效，同时提高了村民行使参与权、监督权的积极性。安上村作为昆山市村级重要事项听证制的发源地，听证制的起源，是由于原上洪村的自然村之间的道路均是碎石路，且破损严重，行人车辆难以出入。村委会研究决定，要将上洪路进行改造，全部浇上水泥路。对此，进行了公开听证、公开招标。由村民代表、党员代表、专家代表、建设代表、镇有关部门共同参与此次听证。这次听证会取得了圆满的成功。该会还得到了市纪委的高度

重视,新闻媒体的广泛关注,在《人民日报》等多家媒体上均有报道。此后,凡是对里的重大、疑难问题,如村里的重大项目投资,违章建筑的拆除,村民土地的分配,村财务的预决算,村新建小区的招工工作等,我们都召开听证会集体讨论、集体决策。

上洪路听证会后,安上村的听证制在淀山湖镇以及昆山市得到了广泛的推广,在市纪委和镇纪检办的支持和鼓励下,安上村在2006年9月22日,就安上村富民合作社服务配套二期工程,召开了全市村级重要事项决策听证现场观摩会。观摩会的顺利召开、圆满结束,既给其他村提供了借鉴,同时也给安上村的阳光听证制积累了经验。

2007年,安上村针对两户村民违章搭建拒不拆除事项进行了听证会,由于产业调整和农田征用造成的农民分田不均匀,安上村对此也召开了各小组的分田听证会。2009年,安上村为了丰富村民的业余文化生活,提出了建设古戏台方案,为村民提供活动场所。关于使这项工程让村民放心,我村对此也举行了公开招标听证会议。2010年,安上村就原上洪村5组入户吴玉祥、冯彩香,以方便小孩读书迁入为理由要求,只作挂靠,现户口迁入淀山湖居委,要求享受5组村民的土地补偿款一事召开听证会,得到了村民的支持和理解,保障了村民的利益不受损害。为了使村民对本村经济的流向有清晰的了解,2011年3月,我村召开了"2010年收支决算和2011年收支预算"听证会。2011年5月,我村马安小区原保安聘用合同到期,但村民反映原来的一些保安人员态度不认真,村委会经过和村民代表的交涉之后,决定通过公开竞聘,由村民代表监督,对报名者进行体能测试,录取成绩优异者。

听证制的大力推行,不仅仅是让村官减负,让百姓放心,还使村里的各项事务真正做到了公平、公开、公正,真正做到了老百姓当家做主。

4. 加强学习,深化内涵,加强廉政文化建设和制度建设

一是加强学习,开展党课教育。邀请镇党校校长来村为村民、党员、村干部进行党课教育。今年7月1日,为庆祝建党90周年,我村组织全体党员干部,利用远程教育系统,收看了胡锦涛总书记在七一大会上的讲话,并且深入学习《党章》。组织党员、干部观看廉政电教片,增强培训效果。

二是加强廉政文化建设。村文艺宣传队员积极配合镇文广站,编排以廉政文化为主题的小戏,参与业余宣传队进行演出,使人民群众逐步了解,党员干部肩负的职责和重任。不但起到对干部的监督管理作用,而且积极参政议政,充分反映民意。

三是加强廉政制度建设。根据多年的实践经验,制定了村级重大事项听证制度,村干部述职述廉制度,民主评议制度、财务管理制度、财务审计制度集体资产管理制度、村务公开制度、财务公开制度、村规民约等一系列的制度。

5. 形式多样营造氛围,增强廉政文化的感染力和渗透力

安上村建立了廉政文化活动中心,利用可以利用的一切资源进行廉政文化宣传。具体有:

(1) 农村基层党风廉政建设成果展览室。墙壁上展示了安上村的基本情况,分经济建设篇、社会事业篇、文化体育篇、民主管理篇。主要以听证制作为我们安上村的发源地,以阳光听证——村民当家做主、民主监督——共建和谐农村为主题的安上村党风廉政建设成果。

(2) 农家书屋和电子图书阅览室。安上村农家书屋拥有各类图书总计4 175册,在这里专门设有廉政书架,依次摆放着廉政读本。电子阅览室中陈列着五台连接因特网的电脑,可以让村民足不出户便知天下新事,以最快的速度了解时事动态。农家书屋和村电子阅书阅览室

荣获昆山市2009年度"十佳农家书屋"称号。

(3) 党员干部现代远程教育室。在这里装有江苏省农村党员干部现代远程教育系统,配有投影仪、音响等现代化电教设备,并有专职人员进行信息的接收及更新工作,定期进行党员干部的学习活动,安排放映相关廉政文化的视频,进一步增强党员干部的廉洁意识。

(4) 影视厅和广播室。影视厅和广播室设在老年活动中心,有专人管理服务,为老年人"老有所乐、老有所学"提供方便。在这里,管理人员定期播放廉政文化节目,让老年人也参与到廉政文化的监督中来。

(5) 其他。在村办公地利用走廊等通道,设置廉政方面的格言,利用宣传栏等宣传载体,将党风廉政建设、反腐倡廉建设等重要内容,以图文并茂、老百姓感兴趣的形式进行宣传,为廉政文化宣传营造了良好的氛围。

今后,安上村党总支将始终把廉洁文化建设延续下去,建立一个高效、廉洁的村干部工作队伍,努力加快村级经济发展,努力为村民办实事,办好事。为安上村进一步巩固和扩大创建成果,为村的廉洁文化做出更好的成绩。

淀山湖镇安上村党总支
淀山湖镇安上村村民委员会
2011年7月

第三节 媒体报道

一、走进"阳光听证"

走进"阳光听证"
——昆山安上村修路听证会侧记
花祝春

现场

(2005年)3月25上午,江苏省昆山市淀山湖镇安上村村委会会议室:该村实事工程——总长约2 400米,工程量约50万元的上洪路建设听证会正在进行,参加投标的四家建设单位代表、村民代表、评标专家代表以及村委会成员等近30人,将会议室挤得满满当当。"首先请众诚建设有限公司昆山分公司的高小弟陈述该公司的投标方案",此次听证会的支持人镇总会副主席汤坤荣宣布说。

接着高小弟详细介绍了众诚公司的资质、道路建设设想、工程造价预算等情况。

"我有个问题想问一下。"村民代表今年71岁的张全珍问道。

"你公司在确保道路建设的质量方面,准备采取哪些具体措施?"

"还有我们想了解你公司在施工期间,将如何保证村民进出便利和安全?"另一位村民代表84岁高龄的陈友正老人补充道。

在1个小时内,4家建设单位代表接受了村民代表、评标专家代表的现场提问,并逐一作了回答,与会的听证参与人还对四家建设单位进行了现场无记名测评并现场公布。

镇纪委会同村道路建设领导小组对四家标书进行现场综合测评,最终上海绿杨建设装饰公司以60.2分总分中标。旁听的淀山湖镇党委副书记彭建明说:"这是继去年淀山湖镇围堰取土工程公开听证后的又一次听证会,我们的目的很明确:一是拓宽村务公开渠道;二是提高村干部决策质量,真正把涉及老百姓切身利益的实事做好、好事做实。"

(录自2005年3月31日《人民日报》华东版17版)

二、听证制让决策更规范

听证制让决策更规范

3月22日下午,锦溪镇张家厍村村委会会议室内一改往日的宁静,村里公开选拔陆上保洁人员听证会正在这里举行,36名村代表以举手表决的方式,从51名报名应聘者中按得票高低产生了8名陆上保洁人员。这是村级重要事项决策听证制度在我市全面推开的一个缩影。目前,还权于民、还政于民的清新之风正在鹿城悄然刮起。

我市的村级重要事项决策听证工作始于淀山湖镇安上村,以后逐步在全市推开。说起听证带来的好处,安上村领导深有感触。采访中,这位负责同志告诉记者:"近年来,我们村干部工作起来相对轻松了不少。放权于民,反倒提高了村干部的威望。"其实,不仅是村干部轻松了,村民也感到放心不少。村民小唐说,现在村委会要办什么事,都实行听证,通过听证,村民知道了村干部在为村民办实事、办好事。

听证制度的建立让村干部的工作轻松多了。近年来,安上村富民合作社拟建打工楼,听证会召开后,很多村民踊跃投资,打工楼很快就建起来了。拆迁是最令村干部头疼的事,但在安上村,村干部在村民代表的配合下,几十户村民搬迁很顺利。目前,在安上村,不仅是工程建设,包括鱼塘转包等与村民切身利益相关的事项,都实行阳光听证制度。

安上村试行村级重要事项决策听证制度取得成效后,市纪委、市监察局及时总结了他们的成功经验,并决定在全市推广他们的做法,全面实行村级重要事项决策听证制度。今年以来,市纪委、市监察局又不断完善、充实听证事项、内容和方式方法,通过听证促进村级决策更规范。目前,全市各镇已分别对村级重要事项进行了听证,邀请村民代表参与村级重大事务决策,实现了村级事务决策的公开化、民主化和规范化。日前,周庄镇复兴村对新建的社区服务中心装修一事进行了听证,带来了意想不到的好处,不仅工程质量有了保证,建设速度也明显加快。

村级重要事项决策听证制度通过面对面的听证,加强了村干部与村民之间的交流与沟通,增强了村两委会工作的透明度,在村干部与村民之间架起了沟通、理解的桥梁,促进了村干部不断改进工作方法和村级事务决策的公开化,推进了农村基层党风廉政建设深入开展。

(原载《昆山日报》2007年6月27日)

三、"阳光"下共享和谐生活

"阳光"下共享和谐生活

（记者：张欢）每一次来到安上村，总能感觉到一股和谐愉悦的氛围，古戏台上戏曲团队的演员们正排练着新戏；草坪门球场上，球队队员挥杆击球鏖战正欢；农村基层党风廉政建设成果展览室内，三三两两的村民们正在认真参观、轻声交流……

安上村地处淀山湖镇东侧，现有南浜、南浜新村、马安等6个自然村。经过多年的发展与探索，安上村将"江苏省百佳生态村""苏州市先进基层党组织""苏州市村务公开民主管理示范村"等一系列荣誉收入囊中。

村庄越来越美、百姓越来越富裕，怪不得村民们都在议论着："生活在安上村，这幸福感每天都在提升。"

村务在"阳光"下运行

几乎每一个来过安上村村委会的人，都会被底楼《农村基层党风廉政建设成果展览室》的牌匾所吸引，不自觉地想进去参观一下，记者也不例外。随行的安上村党总支书记孙卫忠一边带着记者参观一边介绍说，阳光听证、民主监督，这是安上村自2005年以来在村级事务管理中形成的一个特色，建立这样的展览室，就是希望村干部自觉把这一特色延续下去、发扬开来。

孙卫忠说，讲到阳光听证制度得从2005年3月安上村上洪路建设工程说起。当时，好几家施工单位提出承包要求，让村干部一时难以定夺。于是，在市、镇两级纪委的支持与指导下，全镇第一个村级重大事项听证会应运而生。"当时全村40多名党员代表、人大代表、村民群众代表出席听证会。这种以公开、公平、公正为原则的听证活动，真正实现了群众清楚、干部清白，让群众满意、村干部满意，也让竞标方信服。"

在一旁参观的村民赵水林对当时的情景记忆犹新。他自豪地告诉记者，这些年来，安上村严格按照《村民自治条例》有关规定，凡重大村级改革、管理措施，诸如《富民合作社章程》、土地集约流转有关规定均提交村民代表大会讨论通过，真正做到了村里的事情村民定，村务公开率达到100%。

健康生活"动"起来

每天5点多起床，拎上球杆，6点15分左右赶到村委会前的门球场，打上两个半小时门球，然后回家收拾、吃顿午饭。下午，去公共服务中心活动室里打打太极拳、跳会儿球操……村民方玉英告诉记者，这已经成为她多年来养成的习惯。天天活动锻炼，不但身子骨硬朗了不少，心情也是天天"放晴"。

丰富村民业余文化生活，文化体育基础设施建设必不可少。近年来，安上村在市、镇两级政府的支持下，先后投入400多万元，建造了农村公共服务中心、草坪门球场、篮球场、古戏台、室外健身场等，实现了村民"娱乐有去处、学习有场所、活动有阵地"，带动了村级文化体育事业的蓬勃发展。"以前我们是在马路边搭台唱戏。2008年，村里给咱们翻建了古戏台，我们平时排戏、演戏就更方便，风雨无阻了。"安上村业余戏曲演出队成员孙明荣告诉记者。村里对村民开展的文体活动一向非常支持，特别是这几年，每年都投入近20万元经费。现在，他们演出队每个月都要组织去各村巡演，排演的锡剧折子戏《小过关》，还在镇会演中获得一等奖。

村强民富谱新曲

过去的一年对于安上村来说是不平凡的一年,村级可支配收入达到396.2万元,比上年增长了109.3%,农村人均纯收入超过2万元。"时间过半、任务过半,对于今年的目标任务,我们有信心圆满完成。"孙卫忠说。依托淀山湖强村联合发展有限公司这一载体,今年以来,安上村努力提高打工楼出租率,规范村现有房产租赁经营创收,拓展村级经济发展空间,今年力争村级可支配收入突破500万元,农民人均纯收入实现15%的增长。

赵水林是土生土长的安上村人,谈及村里的发展、老百姓生活的变化,老赵深有感触。他说,农村最低生活保障、农民养老保险、医疗保险、征地补偿、拆迁补偿及安置这5件关系农民切身利益的大事,政府都帮大伙办好了,现在农民生活有保障,养老不用愁。不仅如此,因为入股了村里的富民合作社及农地股份合作社,去年他还拿到了5 000多元的分红。今年估计还"不止这个数,想想心里就高兴"。赵水林喜滋滋地说。

(原载《昆山日报》2012年6月26日)

四、强村富民的"安上样本"

强村富民的"安上样本"

《苏州日报》驻昆山首席记者　姚喜新

今年(2012年)上半年,昆山淀山湖镇安上村的村级可支配收入达250万元,同比增长27%。在村级经济奋起直追的同时,安上村还获得了"江苏省百佳生态村"等一系列荣誉称号。

两年前,该镇11个(现已合并为10个)行政村共同注册资金3 000万元成立强村公司,以"强村富民、民富村强"为理念,创新经营思路,打拼出一条村级集体经济发展的新路子。

从"单打独斗"到抱团发展

今年4月23日,昆山淀山湖强村联合发展有限公司成立两周年。

2011年,强村公司实现产值2.6亿元,可分配利润1 682万元,拉动淀山湖镇村级集体经济收入大幅提升。全镇10个行政村实现村级经济可支配总收入3 769万元,增幅达74.4%,名列昆山全市首位。

安上村,正是从这种"多村联合,抱团发展"的强村新模式中尝到了甜头。这个地处淀山湖镇东侧、距镇中心0.5公里的小村,现有南浜、马安等4个自然村,常住人口1 906人。依托靠近镇中心的地理优势,该村最初村级经济的主要收入靠出租标准厂房、打工楼、商铺,以及利用现有土地和水资源进行土地和鱼塘发包。然而,即便如此,村级经济实力在淀山湖镇也只能算"中下游"水平。

强村公司成立之初,安上村入股360万元,短短一年,"回报"让人惊喜。2011年,安上村的村级可支配收入比2010年增长了109%,达396万元,其中201万元来自于强村公司的股份分红。"十村'抱团'发展这步棋,我们看来是走对了。"刚刚卸下安上村党总支书记、强村公司总经理担子的张明说。

强村公司成立了5大营运中心、4个子公司,一方面加强制度建设和内部管理,同时积极拓展项目经营,目前已承揽淀山湖花园、欧郡街、淀山湖市民活动中心、淀山湖小学等各类建

设、管理、服务项目70个。强村公司的承诺是"为政府做更多的事,为百姓赚更多的钱",在去年淀山湖花园一期工程中,公司共对5项设计提出了变更和取消意见,为政府减少投资近5 000万元。

据介绍,今年强村公司力争实现的目标是:生产总值超5个亿,实现可分配利润2 500万元,10个行政村中有1个村收入超1 200万元、2个村收入超600万元、2个村收入超500万元、5个村收入超300万元。而安上村,今年有望突破500万元。

村务完全在"阳光"下运行

"听证制度在安上村已成常态化,从村庄改造到景观绿化建设等,在做好规划后都要公示并召开村民代表听证会,要不要改,用多少钱,村民说了算。"安上村党总支书记孙卫忠说。事实上,昆山最早的村级重大事项听证制度就发轫于安上村。

2005年3月,听说安上村上洪路建设工程即将启动,好几家施工单位提出承包这项工程的要求。围绕工程发包问题,村干部举棋不定。在昆山市、淀山湖镇纪检部门的帮助下,该村党总支、村委会决定试行"听证制",走民主决策、阳光操作之路。于是,淀山湖镇第一个村级重大事项听证会召开了。全村40多名党员代表、人大代表、村民群众代表,认真听取了专家对投标方资质评审、各投标单位的预算价、投标价和下浮价,投标单位对施工方案的陈述后,展开了热烈的讨论、询问和论证,最后进行公开表决。每个代表在表决票上选择最满意的施工单位打钩,公开亮票,当场公布中标单位。

这种以公开、公平、公正为原则的听证活动,不仅保证了重大事项决策的科学化、民主化和正确性,而且群众满意、村干部满意、竞标方信服。

村民赵水林说,这些年来,村里凡重大村级改革、管理措施,如《富民合作社章程》、土地集约流转等有关规定,都要提交村民代表大会讨论通过,真正做到了"村里的事情村民定",村务公开率达100%。

重"眼前富"更重"长远富"

每天5点多起床,拎上球杆,赶到村委会前的门球场,打上两个半小时门球,然后回家,下午去公共服务中心活动室里打打太极拳、跳会儿球操。这是村民方阿姨一天的生活。她说,身子骨硬朗了很多,身体健康就是最大的财富。

为创造和谐的居住环境,提升村民的幸福感,安上村2008年建造了公共服务中心,设有医疗服务室、老年活动室、电视放映室、图书室、乒乓室、排练室、残疾人康复室等。特别是近两年,在市、镇两级政府的支持下,该村投入400多万元建造农村公共服务中心、草坪门球场、篮球场、古戏台、室外健身场等,带动了村级文化体育事业的蓬勃发展,为群众健身活动创造了良好的活动条件。

在安上村,活跃着一支由本村村民组成的业余戏曲队伍,他们积极参加昆山市、淀山湖镇组织的戏曲活动,还开展送戏下乡活动。戏曲演出队成员孙明荣说,村里对村民开展的文体活动一向非常支持,特别是这几年,每年都投入一定经费,村戏曲队排演的锡剧折子戏《小过关》在镇会演中获一等奖。此外,该村的老年门球队、健身球操队、拔河队、篮球队,都是常年有活动,其中老年门球队在市、镇各类比赛中也是获奖无数。"经济富仅是眼前富,精神富才会长远富。"安上村的村民都这样说。

(原载《苏州日报》2012年8月31日)

五、成长型贷款让企业茁壮成长

成长型贷款让企业茁壮成长
——记昆山佳明包装制品有限公司

张品荣

淀山湖镇的昆山佳明包装制品有限公司，是一家专业生产各种木制包装的企业。其前身森达胶合板厂创办10年，由于资金不足，长期处于小打小闹状态，企业发展不快。2010年起，政府部门连续三年给予成长型贷款的扶持，使企业茁壮成长。

昆山佳明包装制品有限公司的前身是森达胶合板厂，成立于1998年，在永新村租用一家盘活存量资产的旧厂房，专业制作胶合板和木质包装。由于资金不足，小打小闹，企业发展缓慢。但当时的厂长、后来的公司总经理姚建明，诚信经营，取得用户的信赖，并造就精湛的技术队伍，努力打造好企业的基础，2008年，通过ISO9001质量体系认证。

2009年6月，因租用的旧厂房为危险房屋，不能继续租用。姚建明在上洪路西侧临时租用厂房1 000平方米，成立昆山佳明包装制品有限公司，重点为苏州一家日资企业加工托盘，加上其他生产业务，年产值达500万元。

2010年6月，为扩大再生产，又迁址石洋路3号，租用有关部门统一建造的厂房，形成了一家颇有规模的生产型企业。此时的公司，占地面积20 000平方米，厂房面积10 000多平方米，成为一家出口产品木包装专业生产企业。公司主要生产各种木托盘、免熏蒸托盘、热处理熏蒸实木托盘、纸托盘，各种木制包装箱、免熏蒸木箱、夹板钢带箱等各类包装木箱。公司坚持以"品质+价格+服务=价值"为经营理念，不断开拓进取，诚信经营，造就了技术精湛的设计和制造团队，在用户中树立了良好的口碑。

企业规模显著扩大了，生产设备急需更新换代，才能满足现代化生产的需求。姚建明两次迁址，扩大再生产，资金压力很大。正当姚建明犯难之时，淀山湖镇政府富民强村办公室向他伸出了援助之手，为他安排了成长型企业贷款50万元，使他顺利地添置了一批木工刨床、锯床、钻钉枪和铲、装、运、卸作业一体化的铲车。有了精良的设备，大大提高了生产效率。通过姚建明的努力，2010年下半年，又与上海雅胜（物流）公司等两大企业建立了业务关系，使当年的产值达1 000万元。

2011年6月，镇政府富民强村办公室又为他安排了成长型企业贷款50万元，姚建明在继续更新生产设备的基础上，积极参与市场竞争，扩大业务。姚建明获悉上海宜家家居正在招标采购家居运输过程中使用的托盘，他立即参与三家单位之间的竞争投标。上海宜家家居是总部在全球16个采购贸易区设立的46个贸易代表处之一，宜家的招标，实施产品采购计划，监控产品质量，关注供应商的环境保护、社会保障体系和安全工作条件，招标环节十分严厉。因此，竞标显得十分激烈。最后，昆山佳明包装制品有限公司以价格优势和质量优势夺标，获得上海宜家家居70%的托盘业务。中标后，姚建明严把质量关，批量产品和送审小样始终保持一致，获得了宜家家居的好评。大客户的到来，使当年的产值从上年的1 000万元上升到1 500万元。2012年6月，镇政府富民强村办公室又为他安排了成长型企业贷款50万元，扶持、巩固好这家来之不易的成长型企业。姚建明抓住机遇，利用佳明包装制品有限公司的经济实力和优势,不断开拓进取,进一步发挥技术精湛设计制造团队的作用。他的诚信经营,成为用户信得过的供货单位,与苏州、上海四大客户始终保持密切关系,业务量持续上升。与此同时,他还推出了回收客户一次性使用托盘的业务,使被回收客户和自己的企业实现双赢。2012年,昆山佳明包装制品有限公司产值达2 000万元,实现利润150万元。

如今的佳明公司,有工人30多人;企业制造设备先进齐全,拥有锯床10台、刨床6台、钻钉枪30把、铲车2辆、小车2辆、卡车1辆,仅这些设备,足足超过100万元。姚建明激动地说,企业的发展得力于政府部门的大力扶持;有了资金,用现金进购原材料,价格便宜多了。他抓住阶段性的价格优势,及时进购原材料,备足库存。年底,他已准备好了明年使用的300立方米木材,决心在2013年大干一番,准备增租厂房3 000平方米,扩大生产规模,力争产值、利润分别递增25%。

(原载《昆山光彩》2013年第1期)

六、让食客满意是我们最大的快乐

让食客满意是我们最大的快乐
——记顾家阁酒店顾永球、李娟夫妇

张品荣

淀山湖镇淀兴路商业街富贵广场商贸区,紧挨10层楼高大目标世纪大酒店东侧,有一幢三层楼高、装饰别具一格的顾家阁酒店,生意红火,食客赞不绝口。这是店主顾永球与他夫人李娟,7年拜师学艺、15年苦心经营取得的成果。

1990年,农村完善家庭联产承包责任制,农村经济体制改革逐步深化,走出学校、步入社会的淀东镇上洪村青年顾永球,转变观念,全面、准确地掌握生产、交换、分配、消费之间的辩证关系,确立大流通、大市场的观念,毅然走出家门,去昆山里厍酒家学厨。好学、肯干、吃苦耐劳的顾永球,在里厍酒家7年的时间里,打下扎实的厨艺基础。当时,李娟正与顾永球处于恋爱阶段,她在顾永球的影响下,也去了昆山黄河楼酒店做了服务员。李娟在酒店学艺,认真好学,文明礼貌,语言规范,谈吐文雅,主动热情地为顾客服务,了解顾客的需求,耐心听取顾客的意见,耐心解答顾客的问题,耐心解决顾客的困难,努力为顾客排忧解难。她对顾客服务耐心周到,被老板看好,逐步提升为领班、账台收银员,最后负责酒店管理工作。在黄河楼酒店5年时间里,李娟熟悉了酒店的管理、经营方法。

1997年夏天,顾永球和李娟一起回到淀山湖镇,和顾永球的姨夫合开了玲珑酒家。那时玲珑酒家生意已相当好,客人一致评价菜口味好、清爽,而且价格公道,两家相处得也很融洽。"男儿志在四方",顾永球和爱人并不满足现状,他们有远大的理想、更远大的抱负——自立门户。

2002年年初,在家人的支持下,顾永球、李娟用所有积蓄,还负债25万元,在淀兴中路文化体育中心西侧,购买了大约250平方米的店铺,经过几个月的筹建、策划,5月18日,顾永球夫妇俩的"顾家阁"酒店正式开张,由顾永球亲自掌勺,李娟负责招待客人和结账工作,还请来了6位服务员。当时生意相当红火,顾永球七十几岁的老爷爷在家更是忙得不亦乐乎,在家后面的三亩地里种着各种各样的蔬菜供应酒店。老爷爷每天都骑着三轮车送蔬菜到店里,有时看到白发苍苍的爷爷,李娟忍不住说:"爷爷,不要为我们辛苦了,该享享清福了。再说,去买也花不了多少钱的!"可老爷爷却说:"嗳,自家种的好吃。我还行!"顾永球的父亲顾桂根,在机关食堂里工作近20年,是个老厨师,退休后正好来帮忙,每天在店里负责后勤工作。顾永球的母亲还经常来店帮着洗洗、涮涮。有着这么强大的后盾,顾永球、李娟夫妇俩干劲十足,一年下来,创营业额150多万元。"一炮走红"的顾家阁,持续经营五六年,生意年年看好。

2008年,淀山湖滨水生态国际社区参展上海秋季房产交易会,全力打造淀山湖滨水生态商务社区。镇政府提出,大力发展休闲度假产业,围绕"绿色、文化、健康"三大理念,积极开发适合市场需求的特色旅游产品,努力推动淀山湖省级旅游度假区朝着国际大都市的卫星度假城目标阔步前进。镇决定在曙光路、淀兴路交会带开发商业街,一些知己朋友对顾家阁的发展十分关心,凭借顾客对顾家阁多年来的好口碑的优势,建议顾永球、李娟到此开一个更大的饭店。

顾永球、李娟两人商量觉得,夫妻俩都是不到40岁的年轻人,应该有更大的作为。于是两人细算了一番,如果购买1 000平方米商铺,虽然手头有些积累,加上房屋装修,至少背债务600多万元,算到这里,又有些犹豫不决。正当他俩有些犹豫不决之时,强村公司顾老总似乎看出了他俩的心思,决定从资金上全力支持。顾老总说:"用完手头钱,缺额部分,除去银行贷款,由我借给。"

2009年,顾永球、李娟夫妻俩在顾老总的支持下,下定决心,预订欧郡街528号1 002平方米商铺。顾老总还请工程部设计师傅按照饭店经营的要求,对店铺进行规划设计。2012年7月,曙光路、淀兴路交会带商业街开发的三层楼顾家阁酒店交房。顾永球、李娟夫妻俩随即投资220万元进行装修,为方便顾客上下楼层,另投资22万元安装一部三菱直升电梯,2012年12月26日乔迁新店。新建的顾家阁酒店,底层设大厅、服务总台、冷菜间等,二楼有中厅、包箱、厨房等,三楼全设包箱,其中二、三楼各设一个豪华包箱,一桌可容纳18位客人。整个酒店,一次可同时接纳25桌250名客人。2013年1月8日,新店正式对外营业。

新开张的酒店,经受了新的考验,尤其厨房工作,更不容易。酒店厨房,除老板顾永球带班掌勺、2名烧菜、2名配菜、1名蒸箱共6名原班厨师外,还急聘6名新厨师;过去厨房间的柴油灶,如今改变为管道煤气灶。刚开始,师傅们并不得心应手,尤其是新聘的厨师,既不熟悉当地口味,又没有独特技能,工作显得被动。顾永球、李娟夫妻俩觉得很累,有些后悔,算算一天员工工资和基本开销,就达5 000多元。酒店生意仅保持不亏本状态,着实有点急了。

彩虹总在风雨后。顾永球、李娟夫妻俩认为,骑在马背上,只有往前跑,才会有胜利。3个月后,两人商量,决定调整厨师队伍,辞退6名新聘师傅,重金招聘高手掌勺。顾永球亲自到千灯、昆山、上海等周边地区知名饭店走访,品尝酒菜特色,通过朋友关系,认识本地名厨。功夫不负有心人,在昆山一家知名饭店厨师长的介绍下,终于遇到一位口碑不错、因家中有事忙不开的大菜师傅。大菜师傅很谦虚,说是先来试菜,如看好,正式应聘。一番试菜,很适合本地人口味,老板想法一出口,师傅一听就明白。顾永球立即聘师傅为厨师长,他和厨师长共同把关,陆续招聘了5名厨师。从此,在顾永球带领下,发挥厨师长的优势,创自己的品牌,走自己的道路。淀山湖野生河鳗、乡下草鸡、鳝丝、麸皮面筋等当家菜,保持原汁原味,客人慕名而来,高兴而归,生意稳定,回头客猛增。8月下旬,第23期江苏省知名演员读书班学员的5桌客饭,安排在顾家阁酒店,酒店上菜天天变花样。一些知名演员递上名片欣喜地说,下次要带家人一起

到顾家阁酒店用餐。9月7日,上海一家公司慕名而来订餐16桌。饭后,老总跷起大拇指高兴地说:"这里的菜太好了!下次我们还要来!"不久前,上海电视台美食频道以"菜美、人美、环境美"为主题,采访了顾家阁酒店。

  是啊!如今顾家阁酒店,内部分工三条线,打理得井井有条。老板顾永球负责厨房一条线,让顾客慕名而来,高兴而归;李娟负责服务一条线,15名服务员形象端庄、朝气蓬勃,在老板娘带领下,主动、热情、礼貌待客,给走进顾家阁的客人一种温馨的感觉;老板的父亲顾桂根,凭借老厨师对食品的特有鉴别能力,负责采购买菜一条线,万无一失。顾永球夫妇俩善待员工,全店上下,通力合作,以让食客满意是最大快乐为宗旨,营业额比老店翻一番,生意越做越红火!

(原载《昆山光彩》2013年第5期)

第十二章 基层组织

1950年,安上村域属双护乡、庙泾乡,属双护乡的有沈安泾村,属庙泾乡的有南浜、西庙泾、顾家库(小石浦)、上洪桥、浜里5个行政村。

1956年8月,中共新昇高级农业合作社、新民高级农业合作社、新华高级农业合作社、新农高级农业合作社支部委员会成立。

1958年10月,人民公社化,实行政社合一,改称为中共新昇大队、新民大队、新华大队、新农大队支部委员会。新昇农业高级合作社,改称为新昇大队管理委员会(简称"大队",下同);新民农业高级合作社,改称新民大队管理委员会;新华农业高级合作社,改称新华大队管理委员会;新农农业高级合作社,改称新农大队管理委员会。

人民公社化实行军事化编制,公社下设营、连、排,新民、新华、新农大队属公社五营,新昇大队属公社六营,自然村、联村改称为连,生产队为排。1966年3月"社教"运动结束,新昇大队与新民大队合并为新民大队,新农大队与新华大队合并为新华大队。

1969年2月,大队建立革命委员会。

1980年1月,撤销大队革命委员会,恢复大队管理委员会。

1982年,新民大队更名马安大队,新华大队更名上洪大队。

1983年8月,废社设乡,大队改称村,均设立村民委员会。

2001年8月,上洪村与马安村合并成立安上村,建立中共安上村支部委员会。

2005年11月,成立中共安上村总支委员会,设综合支部、老龄支部和企业支部,分4个党小组,有党员61名,其中女党员10名。

2012年,安上村党总支有党小组4个,党员80人,其中女党员19人。

第一节 基层党组织

一、组织沿革

1. 中共新昇、新民、新华、新农高级农业生产合作社支部委员会

1950年,顾明德、张全珍为庙泾乡首批发展的中国共产党党员,是庙泾乡唯一的两名共产

党员。

1954年，初级农业合作社时期原新民大队、新华大队、新农大队有共产党员8名：方木泉、陈三林、徐新观、顾明德、张全珍、王阿苟、陈友正、张祥龙。

1956年8月，中共杨湘乡总支委员会成立时，新昇、新民、新华、新农高级农业生产合作社分别开始设立中共党支部，至1957年12月，四社有党员24名：

新昇高级社党支部4名党员，书记：谢金林；党员：叶木生、陈永和、叶永法。

新民高级社党支部10名党员，书记：陈小弟；党员：方木泉、陈三林、徐新观、王阿大、计宝根、曹惠芳、叶阿道、俞以生、姚炳根。

新华高级社党支部5名党员，书记：周宝林；党员：赵永勤、杨海根、蒋云泉、顾金生。

新农高级社党支部5名党员，书记：张祥龙；党员：张全珍、王阿苟、陈友正、张龙生。

2. 中共新民大队、新昇大队、新华大队、新农大队支部委员会

1958年10月，淀东人民公社成立后，中共新民、新昇、新华、新农高级农业合作社支部委员会分别改称为中共新民、新昇、新华、新农大队支部委员会。

人民公社成立初，实行军事化编制：

张惠民任中共淀东公社五营党支部书记（1958年10月～1959年5月）。

谢金林为新昇大队党支部书记（1958年10月～1966年2月）。

陈小弟为新民大队党支部书记（1958年10月～1959年12月）。

陈永和为新民大队党支部书记（1960年1月～1966年2月）。

周宝林为新华大队党支部书记（1958年10月～1966年2月）。

张祥龙为新农大队党支部书记（1958年10月～1966年2月）。

1966年3月"社教"运动结束，新昇大队与新民大队合并为新民大队，新农大队与新华大队合并为新华大队。

叶木生任新民大队党支部书记（1966年3月～1966年5月）。

张奎林任新华大队党支部书记（1966年3月～1966年5月）。

1966年5月"文化大革命"开始，公社、大队党组织陷入瘫痪。

1969年11月，淀东公社革命委员会整党建党领导小组同意新民大队、新华大队重建党的支部委员会，恢复党的组织生活，并同意新华大队由张奎林、蒋云泉、王福泉、冯阿梅4人组成党的支部委员会，张奎林任党支部书记；新民大队由叶木生、方木泉、陈三林、曹惠芳、陈海根、费忠林、杨海东7人组成党的支部委员会，叶木生任党支部书记。

1972年2月，张奎林任新华大队党支部书记（1969年11月～1977年8月），张贵荣任党支部副书记。

1975年4月，张奎林任新华大队党支部书记，张贵荣、赵水林任党支部副书记。

1977年9月，赵水林任新华大队党支部书记（1977年9月～1982年12月）。

1972年2月，叶木生任新民大队党支部书记（1966年3月～1975年4月），方木泉任党支部副书记（1972年2月～1974年9月）。

1974年12月，陈海根（1974年12月～1975年4月），顾祥龙（1974年12月～1977年8月）任新民大队党支部副书记。

1975年4月，陈海根任新民大队党支部书记（1975年4月～1977年8月）。

1977年9月,顾祥龙任新民大队党支部书记(1977年9月~1984年5月),张国良任新民大队党支部副书记(1977年9月~1981年6月)。

3. 中共上洪村支部委员会

1983年1月,赵水林任上洪村党支部书记(1983年1月~1984年4月)。

1984年11月,林继红任上洪村党支部书记(1984年5月~1990年8月)。

1990年9月,张元昌任上洪村党支部书记(1990年9月~1991年11月)。

1991年12月,袁永兴任上洪村党支部书记(1991年12月~1994年3月)。

1994年4月,周杏根任上洪村党支部书记(1994年4月~1996年2月)。

1996年3月,王云林任上洪村党支部书记(1996年3月~1998年4月)。

1998年5月,赵水林任上洪村党支部书记(1998年5月~1999年12月)。

2000年1月,张晓东任上洪村党支部书记(2000年1月~2001年7月)。

4. 中共马安村支部委员会

1984年5月,吴海奎任马安村党支部书记(1984年5月~1994年5月)。

1994年6月,周爱兴任马安村党支部书记(1994年6月~1999年12月)。

2000年1月,徐建波任马安村党支部书记(2000年1月~2001年7月)。

5. 中共安上村支部委员会

2001年8月,组建安上村党支部,徐建波任安上村党支部书记(2001年8月~2004年3月),张晓东、柳英任党支部委员。

2004年4月,张晓东任安上村党支部书记(2004年4月~2005年1月),周剑明、孙卫忠、柳英任党支部委员。

2005年2月,周剑明任安上村党支部书记(2005年2月~2005年10月),孙卫忠、柳英任党支部委员。

6. 中共安上村党总支委员会

2005年11月,安上村组建中共总支委员会。周剑明任安上村党总支书记兼综合支部书记,张明任副书记,党总支委员:朱建华、柴祖林、柳英,朱建华兼老龄支部书记,柴祖林兼企业支部书记。

2007年3月,张明任安上村党总支书记,朱建华、孙卫忠、柳英任党总支委员。

2007年11月,朱建华任安上村党总支副书记。

2011年4月,孙卫忠任安上村党总支副书记。

2012年2月,孙卫忠任安上村党总支书记,朱建华任副书记,叶刚、柳英任党总支委员。

2015年5月,张明任安上村党总支书记。

2016年7月,朱建华任安上村党总支书记,蒋迅任安上村党总支副书记,柳英任安上村党总支委员。

附1:中共安上村[上洪村(大队)]支部委员会正副书记名录

表12-1-1　　　　　中共安上村[上洪村(大队)]支部委员会正副书记名录

组织名称	职务	姓名	任期
新农高级农业生产合作社党支部	书记	张祥龙	1956.08~1958.10
新华高级农业生产合作社党支部	书记	周宝林	1956.08~1958.10
淀东公社第五大队(营)党支部	书记	张惠民	1958.10~1959.05
新农大队党支部	书记	张祥龙	1958.02~1966.02
新华大队党支部	书记	周宝林	1958.02~1966.02
新华大队党支部	书记	张奎林	1966.03~1966.05
新华大队党支部	书记	张奎林	1969.11~1977.08
新华大队党支部	书记	赵水林	1977.09~1981.12
新华大队党支部	副书记	陈友正	1966.03~1972.01
新华大队党支部	副书记	张贵荣	1972.02~1977.08
新华大队党支部	副书记	赵水林	1975.04~1977.08
新华大队党支部	副书记	张祥龙	1977.08~1983.05
上洪大队党支部	书记	赵水林	1982.01~1982.12
上洪村党支部	书记	赵水林	1983.01~1984.04
上洪村党支部	书记	林继红	1984.05~1990.08
上洪村党支部	书记	张元昌	1990.09~1991.11
上洪村党支部	书记	袁永兴	1991.12~1994.03
上洪村党支部	书记	周杏根	1994.04~1996.02
上洪村党支部	书记	王云林	1996.03~1998.04
上洪村党支部	书记	赵水林	1998.05~1999.12
上洪村党支部	书记	张晓东	2000.01~2001.07

附2:中共安上村[马安村(大队)]支部委员会正副书记名录

表12-1-2　　　　　中共安上村[马安村(大队)]支部委员会正副书记名录

组织名称	职务	姓名	任期
新昇高级农业生产合作社党支部	书记	谢金林	1956.08~1958.10
新民高级农业生产合作社党支部	书记	陈小弟	1956.08~1958.10
淀东公社第五大队(营)党支部(新民大队)	书记	张惠民	1958.10~1959.05
淀东公社第六大队(营)党支部(新昇大队)	书记	徐永芳	1958.10~1959.05
新昇大队党支部	书记	谢金林	1958.10~1966.02
新民大队党支部	书记	陈小弟	1958.10~1960.02
新民大队党支部	书记	陈永和	1960.02~1966.02
新民大队党支部	书记	叶木生	1966.03~1966.05
新民大队党支部	书记	叶木生	1969.11~1975.04

续表

新民大队党支部	书记	陈海根	1975.04~1977.08
新民大队党支部	书记	顾祥龙	1977.09~1981.12
新民大队党支部	副书记	曹惠芳	1966.03~1966.05
新民大队党支部	副书记	方木泉	1969.11~1974.12
新民大队党支部	副书记	陈海根	1974.12~1975.04
新民大队党支部	副书记	顾祥龙	1974.12~1977.08
新民大队党支部	副书记	张国良	1977.09~1981.06
新民大队党支部	副书记	吴海奎	1981.07~1984.05
马安大队党支部	书记	顾祥龙	1982.01~1982.12
马安村党支部	书记	顾祥龙	1983.01~1984.04
马安村党支部	书记	吴海奎	1984.05~1994.06
马安村党支部	书记	周爱兴	1994.06~1999.12
马安村党支部	书记	徐建波	2000.01~2001.07

附3：中共安上村党支部（党总支）正副书记名录

表12-1-3　　　　　　中共安上村党支部（党总支）正副书记名录

安上村党支部	书记	徐建波	2001.08~2004.03
安上村党支部	书记	张晓东	2004.04~2005.01
安上村党支部	书记	周剑民	2005.02~2005.10
安上村党总支部	书记	周剑民	2005.11~2007.02
安上村党总支部	兼综合支部书记	周剑民	2005.11~2007.02
安上村党总支部	副书记	张明	2005.11~2007.03
安上村党总支部	老龄支部书记	朱建华	2005.11~2007.03
安上村党总支部	企业支部书记	柴祖林	2005.11~2007.03
安上村党总支部	书记	张明	2007.03~2012.01
安上村党总支部	副书记	朱建华	2007.11~2011.03
安上村党总支部	副书记	孙卫忠	2011.04~2012.01
安上村党总支部	书记	孙卫忠	2012.02~2015.04
安上村党总支部	副书记	朱建华	2012.02~2016.06
安上村党总支部	书记	张明	2015.05~2016.06
安上村党总支部	书记	朱建华	2016.07~
安上村党总支部	副书记	蒋迅	2016.07~

二、先进性教育

2005年11月,淀山湖镇召开第三批党员先进性教育动员会,至2006年5月底。经过动员、分析评议、整改提高三个阶段,全村61名党员参加,集中学习12次,外出参观2次,党员干部撰写学习心得5篇,党性分析材料18篇,整改措施16条,上报信息20条,群众满意率为100%。在这次运动中,党总支提出共产党员先进性的具体要求,对村两委干部(党总支和村委会)要做带头致富的领路人,年轻党员、青年干部要做带头致富、带领致富的排头兵,中老年党员要做支持子女致富和在致富路上发挥余热的推动者。通过党员先进性教育,有2名党员带头创办民营企业,有5名党员带头搞物业,有8名党员实施党员帮结对活动(扶贫),带动、安置就业20人。党总支建立完善三位一体的党员管理制度,完善党员活动设施,开展网上远程教育,利用阵地培训党员干部(上党课)。全村党员干部培训率达85%以上,党员每季度进行专题学习活动,使广大党员增强对党的路线、方针、政策的理解,永葆共产党员的先进性。党员三会(总支或支委会、党员会、民主生活会)、党课辅导参加率达95%,基本上每月一次支委会,每季一次党员会,半年一次党员民主生活会。

2008年5月12日,四川汶川大地震震惊了党中央和全国人民。根据党中央统一布置,昆山市对口援助四川绵阳县重建家园,安上村党员干部群众踊跃捐款支援灾区人民,86名党员群众共捐款20 620元,见表12-1-4、表12-1-5。

表12-1-4　　　　　2008年安上村村干部向四川汶川地震捐款一览表　　　　　单位:元

姓名	金额	姓名	金额	姓名	金额	姓名	金额
张 明	5 000	朱建华	3 000	孙卫忠	2 000	柳 英	1 500
叶 刚	1 000	方玉英	1 000			合 计	13 500

表12-1-5　　　　　2008年安上村党员群众向四川汶川地震捐款一览表　　　　　单位:元

姓名	金额	姓名	金额	姓名	金额	姓名	金额
张 明	300	胡三毛	100	周兴华	100	王福泉	100
朱建华	200	柳泉荣	50	计林弟	100	周雪弟	100
孙卫忠	200	柳振华	50	顾传德	50	陆金龙	20
柳 英	100	沈寿生	50	顾传德	100	钟荣生	50
叶 刚	100	邵炳道	50	徐惠珠	100	张 强	100
方玉英	100	叶木生	50	赵水林	100	周栋良	50
周 峰	100	俞以生	50	汤建军	300	徐小妹	100
胡 华	100	顾伟军	200	邓幸福	50	周 仁	200
方彩珍	100	杨会根	100	邓仲根	50	王玲英	50
蒋 迅	100	李惠菊	20	朱阿本	50	计沈洁	100
徐四发	100	周杏根	50	陈 斌	100	蒋卫东	100

续表

姓名	金额	姓名	金额	姓名	金额	姓名	金额
伍阿义	10	林继红	100	周金林	100	周春林	100
顾祥龙	100	赵雪英	100	张贵荣	20	金荣泰	100
沈三观	50	张元昌	50	张亚珍	50	王国庆	100
沈佰林	100	陈友正	50	李泉根	100	张国良	50
沈建龙	100	伍俊林	50	陆云庭	100	金　华	300
沈阿雪	50	周培兴	100	张全珍	50	高阿金	20
顾云德	100	周林根	100	张国云	50	张惠球	100
柴友香	10	王菊林	100	张阿大	50	本表计	7 120
姚炳根	50	张塘妹	10	王云林	100	上表计	13 500
周洪文	100	冯小妹	10	王大忠	100	总　计	20 620

在先进性教育活动中,安上村党总支组织党员开展"三看三学",即看改革成果,学"三创"精神;看城乡面貌,学发展经验;看党员风采,学身边典型。组织党员参观淀山湖环湖大道,永生、六如墩新农村建设,瞻仰南巷革命烈士墓,参观淀山湖花园市民活动中心。支委以上干部写警句格言,勉励自己。在先进性教育活动中,广大党员干部都许下了自己的诺言,亮出了自己的格言。

张明:立党为公,执政为民,牢记宗旨,心系百姓。

朱建华:心中无私天地宽,立党为公腰板硬。

叶刚:兢兢业业做事,踏踏实实做人。

柳英:朋友之交淡如清水,情系民血浓于水。

孙卫忠:官瘦为民肥,业勤促民富。

安上村党总支在党员先进性教育活动后,先后荣获"苏州市先进基层党组织""苏州市先锋村"等荣誉称号,2011年获"昆山市先进基层党组织"荣誉称号,五次获"淀山湖镇先进基层党组织"荣誉称号。

三、党代表

中共安上村支部(总支部)出席上级党代会的基层党代表:刘汉田、徐建波、张晓东、方玉英、张明、周剑民、孙卫忠、柳英等,见表12-1-6。

表12-1-6　　　　　　　2001~2011年安上村党员出席上级党代会代表名录

时间	姓名	名称
2001年12月	刘汉田、徐建波、张晓东、周剑明、方玉英	中共淀山湖镇第十三次党员代表大会
2006年1月	张明、周剑明	中共淀山湖镇第十四次党员代表大会
2011年2月	张明、孙卫忠、柳英	中共淀山湖镇第十五次党员代表大会

四、党员名录

2012年,安上村共有在籍中共党员80名,其中女党员19名,见表12-1-7。安上村在外中共党员32名,见表12-1-8。

表12-1-7　　　　　　　　　　　　2012年安上村中共党员名录

序号	姓名	性别	出生年月	入党年月	文化程度
1	孙卫忠	男	1977.04	2002.08	本科
2	朱建华	男	1965.09	2002.08	中专
3	柳 英	女	1973.07	2002.08	职高
4	叶 刚	男	1982.05	2006.07	大专
5	蒋 迅	男	1986.06	2008.07	大专
6	张嘉炯	男	1988.01	2008.12	本科
7	方玉英	女	1948.01	1976.05	初中
8	胡 华	女	1971.12	2012.07	初中
9	吴国强	男	1985.05	2013.07	大专
10	方 静	女	1987.11	2008.05	本科
11	徐汝发	男	1950.06	1969.12	高小
12	王海霞	女	1986.11	2009.06	本科
13	陈尹雯	女	1988.08	2009.04	大专
14	顾祥龙	男	1943.12	1974.07	高小
15	顾伟军	男	1968.10	2003.09	高中
16	陆蓉蓉	女	1989.12	2010.06	本科
17	沈三观	男	1928.11	1960.05	初小
18	沈佰林	男	1944.12	1976.05	初中
19	沈建龙	男	1964.11	1989.12	高中
20	沈阿雪	女	1933.09	1966.12	初小
21	顾云德	男	1958.09	1984.10	高中
22	姚炳根	男	1935.05	1955.10	高小
23	陆金龙	男	1963.10	1994.08	中专
24	计沈洁	女	1983.11	2004.11	本科
25	陈康明	男	1953.10	2008.07	初中
26	周爱兴	男	1948.04	1976.05	初中
27	周洪文	男	1944.09	1989.03	初中
28	叶海其	男	1958.06	1980.03	初中
29	胡 静	女	1991.01	2012.06	大专
30	胡三毛	男	1930.06	1956.06	初小
31	伍俊林	男	1946.07	1984.12	初中

续表

序号	姓名	性别	出生年月	入党年月	文化程度
32	朱红弟	男	1977.05	2005.05	大专
33	叶木生	男	1932.11	1957.07	高小
34	柳泉荣	男	1944.08	1966.02	初中
35	柳振华	男	1946.09	1966.02	初中
36	杨 凤	女	1987.01	2008.01	本科
37	周雪弟	男	1980.11	2001.08	中技
38	邵炳道	男	1932.12	1965.12	初小
39	沈寿生	男	1935.12	1965.12	初小
40	张国良	男	1944.01	1976.05	初中
41	周兴林	男	1949.11	1991.12	初中
42	周 仁	男	1975.12	2007.07	高中
43	王国庆	男	1974.05	1994.10	初中
44	冯小妹	女	1947.10	1966.03	小学
45	周兴华	男	1954.04	1974.03	高小
46	顾传德	男	1943.03	1976.05	初中
47	计林弟	男	1957.02	1980.10	中专
48	周 峰	女	1985.09	2007.01	大专
49	赵水林	男	1944.04	1966.01	初中
50	赵丽晴	女	1988.05	2009.05	本科
51	汤建军	男	1980.11	2005.09	中专
52	张 岑	男	1987.01	2008.01	本科
53	朱阿李	男	1941.07	1966.03	初小
54	蒋卫东	男	1953.08	1970.07	初中
55	朱寅冬	男	1987.01	2010.12	大专
56	杨惠根	男	1958.02	1981.02	初中
57	李惠娟	女	1955.12	1992.06	初中
58	唐佳伟	男	1992.09	2012	大专
59	张元昌	男	1953.11	1985.09	高中
60	周杏根	男	1953.02	1993.03	高中
61	林继红	男	1946.12	1980.12	初中
62	赵雪英	女	1948.11	1965.03	小学
63	张雅珍	女	1962.3.9	2001.08	初中
64	张贵荣	男	1941.11	1972.03	初中
65	张全珍	女	1935.03	1952.08	初小
66	张国英	男	1952.09	1972.01	初中
67	周金林	男	1953.02	1978.09	初中

续表

序号	姓名	性别	出生年月	入党年月	文化程度
68	周春林	男	1975.01	1996.10	初中
69	张阿大	男	1928.09	1959.11	小学
70	王福泉	男	1935.06	1956.11	初中
71	徐小妹	女	1948.06	1966.03	初小
72	金荣泰	男	1964.03	1995.12	高中
73	王云林	男	1952.05	1990.08	初小
74	王大中	男	1964.05	1988.10	初中
75	王 剑	男	1989.12	2009.10	中专
76	张贵福	男	1952.01	1974.04	初中
77	邓仲根	男	1928.04	1966.01	初小
78	邓幸福	男	1956.08	1979.11	初中
79	陈 斌	男	1979.11	2001.11	高中
80	张惠球	男	1956.12	1976.11	大专
合计	80人				

表12-1-8　　2012年安上村在外中共党员名录

序号	村名	姓名	序号	村名	姓名
1	原马安村	吴海奎	17	原上洪村	邓一新
2	原马安村	刘汉田	18	原上洪村	朱瑞英
3	原马安村	计俊林	19	原上洪村	顾建良
4	原马安村	周剑明	20	原上洪村	费建华
5	原马安村	周建珍	21	原上洪村	陆美康
6	原马安村	周建国	22	原上洪村	周 峰
7	原马安村	蒋湘球	23	原上洪村	林劲松
8	原马安村	蒋宇峰	24	原上洪村	朱广记
9	原马安村	朱惠英	25	原上洪村	张瑞林
10	原马安村	徐建波	26	原上洪村	张菊荣
11	原马安村	陈 青	27	原上洪村	林 娟
12	原马安村	顾阿苟	28	原上洪村	张 明
13	原马安村	陈金元	29	原上洪村	张海其
14	原永义村	柴彩根	30	原上洪村	张栋林
15	原上洪村	赵明华	31	原上洪村	徐志龙
16	原上洪村	赵金华	32	原上洪村	肖建明

第二节 村 政

一、庙泾小乡

1950年3月,淀东区杨湘乡设庙泾小乡,乡干部由上级下派干部担任。1951年2月,产生地方干部,庙泾小乡干部名录,见表12-2-1。

庙泾小乡有12个行政村:茜步泾、竹墩浜、丁家浜、徐家库、杨树浜、陆下浜、邵家浜、顾家库、南浜、西庙泾、上洪桥、浜里。其中安上村域有5个行政村即南浜、西庙泾、顾家库、上洪桥、浜里属庙泾乡。

表12-2-1　　　　　　　　　　淀东区庙泾小乡干部名录

姓名	职务	任职年限	家庭地址	备注
朱大弟	小乡乡长	1951.02—1952.07	现石浦镇竹墩浜自然村	2002年病故
顾明德	小乡乡长	1952.08—1954.07	安上村顾家库自然村	2006.3病故
蔡林生	农会主任	1951.02—1951.09	现石浦镇竹墩浜自然村	2001.5病故
殷云泉	农会主任	1951.10—1954.10	现石浦镇茜浦泾自然村	2009.8病故
计宝根	宣传委员	1952.08—1954.07	安上村西庙泾江南	2001.7病故
俞以生	农会副主任	1952.08—1954.07	安上村西庙泾江北	2011.3病故
张全珍	妇女主任	1951.02—1952.07	安上村浜里自然村	
曹惠芳	妇女主任	1952.08—1954.07	安上村西庙泾江北	2001.2病故
徐泉龙	民兵中队长	1951.02—1952.07	安上村浜里自然村	1963年病故
胡三毛	民兵中队长	1952.09—1953.10	安上村南浜自然村	

注:庙泾小乡乡政府设在顾家库自然村的一座庙里。

各自然村村长分别是:南浜王阿大,西庙泾姚啟仁、费金元,顾家库金长生,上洪桥朱根泉,浜里张国祥、张全珍,沈安泾陈永和。

二、高级社

1956年,由初级社合并为高级社,既是经济实体,又是基层行政单位,设社长、副社长、会计,以高级社为单位建党支部、团支部、民兵、妇联委等基层组织。社以下分若干生产队,生产队有队长、副队长、会计,负责日常生产和管理工作。

沈安泾行政村属双和乡。1956年,成立高级农业生产合作社。

三、人民公社五大队(营)

1958年10月,实行政社合一,撤乡建人民公社,下设生产大队、生产小队。安上村域属淀东公社五大队(营),沈安泾属淀东公社六大队(营)。一段时间,劳动组织采用营、连、排军事化编制。指导生产采用"大兵团作战",生活上采取半供给制度,办了大食堂,实行"吃饭不要钱",每人每月付5元零用钱。1959年的"郑州会议"后,昆山县在陆家公社召开算账会议,公社贯彻会议精神,纠正上述做法,五大队撤销。

四、大队管理委员会

1961年春,公社党委组织全社党员干部学习中共中央《关于农村人民公社当前政策问题的紧急指示信》(简称《农业十二条》)。根据《农业十二条》精神,公社党委提出在农村要坚持劳逸结合,反对大兵团作战,干部参加生产劳动,按劳分配、多劳多得等问题,要求干部带头参加生产,带头勤俭办社,带头学习先进技术,与群众打成一片,调动干部群众的积极性。4月,中共中央颁布了《农村人民公社工作条例(草案)》(简称《农业六十条》)。全社以大队为单位,分别召开党支部会、社员代表会和全体社员大会,宣传贯彻《农业六十条》,解决生产队之间、社员之间的平均主义,实行按劳记分,全面整顿农村食堂,并先后将农村食堂分散解体,重新划给社员自留地,纠正了平均主义,加强了经营管理和财务管理,使管理体制开始逐步完善,集体经济逐步得到巩固,大队管理委员会工作走上正轨。

安上村域新民大队大队长先后为陈三林、方木泉,副大队长王阿大、杨海东;新昇大队大队长陈永和、叶木生,副大队长叶永法;新农大队大队长王阿苟,副大队长陈友正;新华大队大队长赵永勤,副大队长赵阿林、杨海根。

1962年2月,根据中共中央《关于改变农村人民公社基本核算单位问题的指示》,确定了"三级所有,队为基础"的管理体制,基本核算单位下放到生产队。实行土地、劳动力、耕牛、农具"四固定",统一经营管理、自负盈亏,收益分配承认差别。在劳动管理上坚持定额包工、评工记分、多劳多得、按劳分配的原则。

1963年,中央开展社会主义教育运动,颁发《二十三条》。1964年开始社会主义教育运动,1965年社会主义教育工作队全面进驻大队,增设贫下中农协会。主要解决"四清与四不清"的矛盾,工作对象是大队干部及生产队干部,在政治上、经济上搞人人过关,通过运动,有一些干部受到了处分。在经济上,一些多吃多占的干部进行退赔。整顿调整了大、小队领导班子。

1966年3月,根据公社批复,新民大队大队长陈三林,副大队长王阿大、杨海东,大队会计浦文华;贫协主席方木泉,副主席陈三宝、孙寿生、胡云泉;民兵营长叶阿桃,专职教导员朱达勇,副营长刘云霞;团支部书记顾祥龙,副书记方玉英;妇女主任曹惠芳,妇女副主任赵德英、计美英;治保主任伍阿义。

新华大队大队长蒋云泉,副大队长钟荣生、赵雪英,大队会计陈宝元;贫协主席冯阿梅,副主席肖桂芳、王菊林;民兵教导员张祖根,营长张海峰,副营长蒋四荣、徐小妹;团支部书记潘美英,副书记周妙荣;妇女主任张全珍,副主任王林娣;治保主任张贵荣,副主任沈爱福。

1966年8月底,"文化大革命"开始,"破四旧、立四新"及所谓"横扫一切牛鬼神蛇"活动,一浪高一浪,造成社会混乱,经济发展缓慢,民众生活不安。

农村普遍出现砸灵台、焚灵位、毁坟墓的所谓大破"旧风俗、旧习惯"活动,农村婚丧喜庆提倡走过门,不办酒席,不搞拜堂成亲仪式等的新风俗、新习惯。1967年1月,所谓"无产阶级革命造反派"夺了公社党政机关的权,全公社许多党员干部遭到批斗、打倒,基层党政组织陷于瘫痪状态,生产、工作遭受极大破坏。

五、革命委员会

1968年3月中旬,公社实行军管制,"造反派"组织实行大联合,缓和"文化大革命"运动斗争局势,推动全社的革命生产。原公社党委、政府领导复职重返工作岗位,建立革命委员会。农业大队和市镇各单位相继建立"革命委员会",简称"革委会",生产队建立"革命生产领导小组",简称"革生组",领导指挥农、工、副三业生产,社会秩序开始恢复正常。大队革命委员会领导职数与大队管理委员会基本相同。

新华大队革命委员会,先后由张奎林(1969.4—1977.9)、赵水林(1977.9—1980.1)任主任,副主任先后有蒋云泉、邓一新、张贵荣、赵水林。

新民大队革命委员会,先后由叶木生(1969.4—1975.4)、陈海根(1975.4—1977.8)、顾祥龙(1977.8—1980.1)任主任,副主任先后有方木泉、陈海根、顾祥龙、张国良。

1974年5月,大队贫下中农协会,设正、副主任各1名。

从淀东公社经营管理办公室档案室保存的基层单位分配方案上看到,1980年12月的分配方案上盖章,仍称"革命委员会",而1982年分配方案上盖章称"大队"。由此可见,在"文革"结束后,仍是大队管理委员会建制。1982年2月20日,昆山县人民政府发文,启用标准地名。新华大队更名为上洪大队,新民大队更名为马安大队。1983年1月,上级批复,吴海奎为马安大队大队长,林继红为上洪大队大队长。延续到是年6月撤社建乡。

六、村民委员会

村民委员会是村民自我管理、自我教育、自我服务的基层群众性自治组织,实行民主选举、民主决策、民主管理、民主监督。

1983年6月,撤社建乡,淀东人民公社改建淀东乡,大队改称村。安上村域隶属关系不变。村域内有马安、上洪两个行政村,行政村建立村民委员会。是年,两个行政村共有26个村民组。上洪村林继红任村民委员会主任,李惠娟、邓幸福任委员,张元昌任社长,顾传德任副社长,朱瑞英任会计;马安村周爱兴任村民委员会主任,方玉英、陆洪元任委员,吴海奎任社长,赵根生任副社长,沈佰林任会计。

2001年8月18日,经昆山市人民政府批准,实行行政村区域调整,村域内撤销上洪村、马安村,合并新建安上村,成立安上村村民委员会,下辖27个村民组,隶属关系不变。张晓东任安上村村主任,周剑民、柳英任委员,周剑民任村会计。

2005年,第八届村民委员会选举,张明当选为安上村村主任,孙卫忠、柳英当选为委员,并设有青年委员、妇女委员、文卫委员、计生委员、生产建设委员、治保委员、社会保障委员。

2007年11月8日,第九届村民委员会换届选举,朱建华任安上村村主任,委员叶刚、柳英。

2010年12月19日,第十届村民委员会换届选举,孙卫忠任村主任,委员叶刚、柳英。

2013年12月8日,第十一届村民委员会换届选举,叶刚任村主任,委员朱建华、柳英、蒋迅。

2016年12月18日,安上村第十二届村民委员会换届选举,蒋迅任村主任,柳英、杨晨军、陈斌任委员,邵亚露任兼职委员。

村委会在开展村民自治活动中,让村民积极参与村级事务,实行自我管理,村委会做到决策透明,制度健全,活动正常,监督到位,认真落实"四民主""一公开"制度(民主选举、民主管理、民主决策、民主监督和财务公开)。

民主选举:按照"村民委员会组织法"充分发扬民主,在市、镇两级组织的指导下,进行民主选举村委会组成成员。

民主管理:村民委员会的几个工作委员会按照本村实际确定全年工作,制定岗位职责、管理条例等开展日常工作。

民主决策:年初确定村委会工作计划,提请村党(总)支部集体讨论决定,党员大会、村民大会通过实施,村委会一般半年召开一次村民代表会议。

民主监督:坚持村民代表会制度和村民小组议事制度,确保村民参政议政活动正常进行。

财务公开:建立民主理财小组,一般由3~5人组成,每季度在公开栏上向村民公布村级财务收支情况,每季度组织民主理财小组审查核实并做好记录,使村民明白,让干部清爽。

村委会在村级行政事务中的重要工作还有:

民事调解:民国时期村民之间发生纠纷,一般请长辈、亲友说合、劝解、调停。新中国成立后,民事调解由大、小队村干部负责。1978年5月开始大队成立调解小组。新民大队由张国良任调解主任;新华大队由张贵荣任调解主任。

调解工作坚持"调防结合、以防为主"的方针,负责调解村民之间有关宅基地、人身、财产、权益和日常生活中的婚姻、老人赡养、房屋纠纷等。

治安保卫:历任治保主任一般由民兵营长兼任,也有单独配备治保主任人选。

村民小组长由村组织推荐,村民代表会议确定。

七、行政领导更迭

1. 上洪大队(村)行政领导人员更迭

表12-2-2　　　　　　　　　上洪大队(村)行政领导人员更迭表

行政名称	职务	姓名	任期
新农高级农业生产合作社社务委员会 (1956.08—1958.10)	社长	王阿苟	1956.08—1958.10
	副社长	陈友正	1956.08—1958.10
新华高级农业生产合作社社务委员会 (1956.08—1958.10)	社长	赵永勤	1956.08—1958.10
	副社长	顾金生	1956.08—1958.10
淀东公社五营(1958.10—1966.02)	营长	张惠民	1958.10—1959.05
	副营长	张再庭	1958.10—1959.05

续表

行政名称	职务	姓名	任期
新农大队管理委员会(1958.10—1966.02)	大队长	王阿苟	1958.10—1966.02
	副大队长	陈友正	1958.10—1966.02
新华大队管理委员会(1958.10—1969.04)	大队长	赵永勤	1958.10—1962.12
	大队长	蒋云泉	1963.01—1969.04
	副大队长	赵阿林	1958.10—1962.12
	副大队长	杨海根	1958.10—1962.12
	副大队长	钟荣生	1963.01—1969.04
	副大队长	赵雪英	1963.01—1969.04
新华大队革命委员会(1969.04—1980.01)	主任	张奎林	1969.04—1977.09
	主任	赵水林	1977.09—1982.12
	副主任	蒋云泉	1969.04—1975.05
	副主任	邓一新	1969.04—1975.05
	副主任	赵水林	1975.05—1977.08
	副主任	张贵荣	1975.05—1977.08
上洪大队管理委员会(1980.01—1983.07)	大队长	张祥龙	1982.01—1982.12
	大队长	林继红	1983.01—1983.07
上洪村村民委员会(1983.08—2001.07)	主任	林继红	1983.08—1984.11
	主任	张元昌	1984.11—1990.09
	主任	李惠娟	1990.09—1995.03
	主任	王云林	1995.03—1996.02
	主任	陆永弟	1996.03—1998.03
	主任	张晓东	1998.04—2000.01
	主任	陆永弟	2000.01—2001.07

2. 马安大队(村)行政领导人员更迭

表12-2-3　　　　　　　　马安大队(村)行政领导人员更迭表

行政名称	职务	姓名	任期
新昇高级农业生产合作社社务委员会(1956.08—1958.10)	社长	陈永和	1956.08—1958.10
	副社长	叶永法	1956.08—1958.08
新民高级农业生产合作社社务委员会(1956.08—1958.10)	社长	徐新观	1956.08—1958.08
	副社长	曹惠芳	1956.08—1958.08
淀东公社六营(1958.10—1959.05)	营长	陈永和	1958.10—1959.05
	副营长	叶木生	1958.10—1959.05

续表

行政名称	职务	姓名	任期
新昇大队管理委员会（1958.10—1966.02）	大队长	陈永和	1958.10—1960.12
	大队长	叶木生	1961.01—1966.02
	副大队长	叶永法	1959.05—1966.02
新民大队管理委员会（1958.10—1969.02）	大队长	陈三林	1958.10—1966.02
	大队长	方木泉	1966.02—1969.02
	副大队长	王阿大	1958.10—1966.02
	副大队长	杨海东	1966.02—1969.02
新民大队革命委员会（1969.04—1980.01）	主任	叶木生	1969.02—1975.04
	主任	陈海根	1975.04—1977.08
	主任	顾祥龙	1977.09—1982.12
	副主任	方木泉	1969.02—1974.12
	副主任	陈海根	1969.02—1975.04
	副主任	顾祥龙	1974.12—1977.08
马安大队管理委员会	大队长	吴海奎	1983.01—1983.07
马安村村民委员会（1983.08—2001.07）	主任	周爱兴	1983.08—1994.06
	主任	沈佰林	1994.06—1997.09
	主任	陆金龙	1997.09—1999.12
	主任	周洪文	2000.01—2001.07

3. 安上村行政领导人员更迭

表12-2-4　　　　　　　　　安上村行政领导人员更迭表

行政名称	职务	姓名	任期
安上村村民委员会（2001.08—）	主任	张晓东	2001.08—2004.11
	主任	张　明	2004.12—2007.10
	主任	朱建华	2007.11—2010.11
	主任	孙卫忠	2010.12—2013.12
	主任	叶　刚	2013.12—2016.06
	主任	蒋　迅	2016.07—

4. 安上村域历任生产队队长

1958年，淀东人民公社下辖大队、生产队，由此产生了生产队队长。生产队队长不但要带领全体社员搞好农副业生产，而且还要以身作则，重活脏活要带头苦干，做村民的表率。随着时间的推移，工作的需要，优秀的生产队长逐步被提拔为大队干部，年纪偏大的，逐步由年富力强的青年接任。几十年中,生产队长变动很大。例如,马安4队的顾祥龙,由队长到大队团支部书记、大队书记;马安1队方木泉,后任大队长、贫协主席;吴海奎,先任队长后任马安村党支部书记;2队王阿大,由队长到副大队长;马安5队队长沈佰林,后任村会计、社长;马安7队姚炳根,先任队长后任大队党支部委员;马安8队队长周洪文,后任村会计、村主任。上洪7队林继红、张元昌两位队长,之后先后任上洪村党支部书记。

安上村27个村民小组,历届生产队长人事变动较大,平均每个生产队4~5名担任过队长。2012年止,前后有146人担任过生产队长,见表12-2-5。

表12-2-5　　　　　　　　　　　　安上村历届生产队队长名录

组别	姓名	备注	组别	姓名	备注	组别	姓名	备注
1	方木泉	已故	11	柳振华		20	钱爱福	
1	吴全根	已故	11	柳泉荣		21	屈阿金	已故
1	吴海奎		12	邵炳道		21	屈阿六	已故
1	孙炳荣		12	沈寿生		21	屈桃根	
1	方引根		12	张小龙		21	屈仁明	
2	王阿大	已故	12	周福根		21	屈小三	
2	伍阿义	已故	13	陈永林		21	屈海泉	已故
2	吴全德	已故	13	朱银根		21	周栋良	
2	王兴华		13	叶纪明		21	王丽华	
2	孙春林		13	叶阿六		22	张进禔	已故
3	陈三林	已故	14	周兴林		22	周阿大	已故
3	陈永和		14	徐惠忠		22	周四泉	已故
3	赵根生		15	柴云飞	已故	22	周爱生	已故
3	赵永祥		15	柴友香	已故	22	林继红	
3	赵正明		15	柴祖林		22	张元昌	
4	顾卫生	已故	15	郭祖贤		22	徐秋杯	
4	顾祥龙		15	周兴华		22	韩生洪	
4	茹海根	已故	15	柴永寿		22	何银娟	
4	茹海林		16	赵阿林	已故	23	张云定	已故
5	陆明文	已故	16	计云泉	已故	23	周文传	
5	顾巧生	已故	16	顾培荣		23	张志明	
5	沈阿三		16	顾传德		23	周宝宝	
5	沈佰祥		16	顾林德		23	张德林	
5	沈佰林		16	王纪宝	已故	23	周金林	

续表

组别	姓名	备注	组别	姓名	备注	组别	姓名	备注
6	徐新观	已故	17	汤仁法		24	张龙生	已故
6	沈志荣		17	赵小毛	已故	24	陈永海	已故
6	费根宝	已故	17	费金根	已故	24	张良虎	
6	沈引元		17	赵秋生	已故	24	李全根	
6	沈根福	已故	17	顾克强		25	郭祥康	已故
6	沈志强		17	周林根		25	王生荣	
7	姚炳根		18	朱阿德		25	肖德根	
7	计火根		18	钟荣生		25	尉忠永	
7	陆四泉	已故	18	朱阿本		25	金荣迁	
7	陈俊明	已故	18	钟志明		25	金德林	已故
7	陆云庭		18	蒋老夫		25	金荣泰	
8	叶阿道	已故	19	徐金夫	已故	26	王阿宝	已故
8	周阿三	已故	19	陈林生		26	王菊林	
8	周洪文		19	陈阿二		26	王云林	
9	高阿金	已故	19	唐秀勤		26	张婉弟	
9	伍俊良		19	周品中	已故	26	张阿兴	
9	伍坤元		19	蒋三球		26	张桂福	
9	胡海元		19	周培兴		26	王静忠	
9	陈桂平		20	杨海根	已故	26	王军荣	
9	伍俊兴		20	杨永根	已故	27	邓仲根	已故
10	叶永法	已故	20	蒋培林		27	蒋阿三	
10	叶阿五		20	潘法田		27	蒋阿二	
10	朱引元		20	于泰义		27	朱华生	
11	杨海东	已故	20	陈仁明		27	冯永勤	
11	柳夫根	已故	20	杨飞龙				

第三节　经济合作社

　　经济合作社,均为村内经济组织,设社长、副社长、会计等职。村经济合作社承担全村农业、多种经营、村办企业生产服务和协调工作,管理村内的土地和资产。村级财务坚持民主理财的原则,实行按期公布账目,接受群众监督。

上洪村经济合作社历任社长:张元昌、杨会根、张国云、王云林、陆永弟。历任副社长:顾传德;历任会计:朱瑞英、金荣泰、林继红、钱爱福、张晓东、计林弟。

马安村经济合作社历任社长:吴海奎、赵根生、沈佰林、陆金龙、周洪文;历任副社长:赵根生、叶基明;历任会计:沈佰林、周洪文、周剑民。

组建安上村后,安上村经济合作社社长:张明、朱建华、蒋迅;历任会计:周剑明、孙卫忠、朱建华。

2005年,村里为发展村级经济,让村民持续增收,组织村民按照"自愿入股、按股分红、利益共享、风险同担、民主管理、民主监督、依法经营"的原则,先后组建了农地股份专业合作社、社区股份专业合作社、富民合作社。2006年到2012年,总红利达556.47万元,按2012年村总人口1 810人计算,人均得益3 074.4元。

一、安上村社区股份专业合作社

安上村社区股份专业合作社于2012年成立,集体股份2 281股,股金1 242.46万元,是年村民分红利96.29万元。

二、安上村农地股份专业合作社

安上村农地股份专业合作社于2009年5月成立,入股村民334户,经营土地1 493.68亩,4年合计分红利2 324 574元。年分红利,见表12-3-1。

表12-3-1   2009~2012年安上村农地股份专业合作社红利分配一览表   单位:元

年份	2009	2010	2011	2012
红利	595 986	573 420	543 788	611 380

三、安上村富民合作社

安上村富民合作社于2007年10月成立,当时入股村民119户,股份2 315股,集体股份100股,入股现金463万元,经营涉及土地3 440平方米,建造5 860平方米的打工楼,对外出租,至2012年,7年村民累计分红227.72万元。年分红利,见表12-3-2。

表12-3-2   2006~2012年安上村富民合作社年分红利统计表   单位:元

年份	红利	年份	红利
2006	50 224	2010	430 219
2007	192 674	2011	434 390
2008	340 888	2012	447 876
2009	380 952	合计	2 277 223

四、物业及绿化养护有限公司

2013年,安上村成立物业及绿化养护有限公司,2013年至2014年两年为村创造经济效益50多万元。

第四节 民兵营

一、民兵建制

1951年下半年,南浜、西庙泾、顾家厍、上洪桥、浜里组织民兵加入杨湘庙泾小乡民兵中队,民兵中队长徐泉龙、胡三毛。

1956年,新昇、新民、新农、新华高级农业生产合作社各有民兵50多人,分基干民兵18～25周岁、普通民兵26～45周岁两种。

1958年10月,人民公社化后实行军事化编制,大办民兵师,"全民皆兵",新昇、新民、新农、新华均设民兵连,生产队编为排。时新农大队、新华大队、新昇大队、新民大队各有基干民兵、普通民兵100多人,新民大队为五营一连有9个排;新华大队为五营二连有5个排;新农大队为五营三连有7个排;新昇大队为六营一连4个排;采取因地制宜、劳武结合。

1962年新民大队有民兵128人,普通民兵71人,其中女民兵41人;基干民兵57人,其中女民兵30人。新华大队有民兵98人,普通民兵51人,其中女民兵31人;基干民兵47人,其中女民兵28人。新农大队有民兵103人,普通民兵53人,其中女民兵22人;基干民兵50人,其中女民兵39人。新昇大队有民兵51人,普通民兵29人,其中女民兵11人;基干民兵22人,其中女民兵10人。

1978年,开展民兵工作三落实(组织落实、政治落实、军事落实)活动。新民大队有民兵189人,普通民兵104人,其中女民兵53人;基干民兵85人,其中女民兵43人。新华大队有民兵166人,普通民兵81人,其中女民兵41人;基干民兵65人,其中女民兵33人。

1981年在上级统一部署下,对民兵组织年龄作了调整,普通民兵29～35周岁,基干民兵18～28周岁。

马安大队(村)历任民兵营长叶阿桃、高文义、陈海根、周爱兴、陆洪元、陆金龙、徐建波、周剑民。上洪大队(村)历任民兵营长张海峰、张贵荣、赵水林、张国云、邓幸福。

2001年8月,新组建的安上村民兵营,营长先后由张明、叶刚、蒋迅担任。

二、民兵训练

1964年,由镇武装部组织各大队民兵营长集训,到金家庄打靶,新民大队民兵营长叶阿桃、新华大队民兵营长张海峰参加。20世纪70年代后期,集训在榭麓白荡打靶,有营长、基干民兵排长等,每年由昆山市人民武装部统一组织集训。

三、民兵活动

新中国成立后,安上村原新华大队(村)、新民大队(村)民兵为维护社会治安,巩固地方政权,执行紧急任务,在几个文明建设中都起到了积极作用,尤其是在水利工程建设上广大民兵响应上级号召,战斗和工作在第一线。

1975年12月,常熟白茆塘、太仓杨林塘疏浚工程,太仓浏河二期工程都以民兵为主。

1978年8月,玉山镇市河工程;1978年11月,娄江工程;1979年5月,太浦河工程;都是以民兵为主,参加开河劳动。

1999年6月,安上村境内遭受严重洪涝灾害,民兵积极抗洪抢险,把洪涝灾害损失降到最低限度。

据不完全统计,新中国成立后上洪、马安(大队、村)有一大批民兵骨干应征入伍,加入中国人民志愿军和解放军,其中大多数在部队服役期满后退伍复员或转业,为国防建设和社会主义建设做出了贡献。

2008~2009年,安上村民兵营连续2年荣获淀山湖镇政府人武部颁发的先进集体荣誉称号。

第五节　群众团体

一、农民组织

1. 农民协会

1950年1月,庙泾乡成立农民协会,南浜、西庙泾、沈安泾和顾家库、上洪桥、浜里行政村相继成立农民协会,吸收雇农、贫农为农会会员。时任南浜农会主任方木泉,西庙泾农会主任徐新观,沈安泾农会主任陈永和,顾家库农会主任王常生,上洪桥农会主任费宝泉,浜里农会主任周小泉。1955年农业合作化后,农会活动相对减少,农会组织自行消失。

2. 贫下中农协会

贫下中农协会,为提高贫下中农的地位,1964年在社会主义教育运动中建立的群众组织。1965年12月,新民大队和新华大队贫下中农协会成立,方木泉任新民大队贫协主席,孙寿生、胡云泉、陈三宝、计美英为副主席。冯阿梅任新华大队贫协主席,肖桂芳、王菊林为副主席。"文化大革命"中贫协组织一度被"造反派"组织替代,至1978年贫协组织不再存在。

二、青年组织

1956年,新昇、新民、新农、新华高级农业生产合作社成立时各有中国新民主主义青年团团员十几人。8月份分别建立青年团新昇、新民、新农、新华高级农业生产合作社支部委员会,叶锦康、姚炳根、张海峰、沈爱福分别担任新昇、新民、新农、新华高级社团支部书记。

1957年1月,中国新民主主义青年团改名为中国共产主义青年团。1957年8月,新昇、新民、新农、新华团支部属共青团杨湘乡委员会领导。1958年10月,属淀东公社团委领导,1966年5月,"文化大革命"开始后,公社、大队团组织处于瘫痪状态。1971年后,淀东公社党委同意恢复新民大队、新华大队团组织活动。1983年8月属淀东乡团委领导,至1996年3月,马安村有团员39人,其中女团员18人,7个团小组;上洪村有团员43人,其中女团员24人,6个团小组。2012年安上村有团员26人,其中女团员13人。安上村(上洪大队、马安大队)历任团支部书记：马安大队（村）顾祥龙、叶剑刚、徐建波、柳英、孙卫忠；上洪大队（村）潘美英、朱瑞英、王小林、邓幸福、张雅珍；安上村孙卫忠、叶刚、蒋迅。

三、妇女组织

1956年，新昇、新民、新农、新华高级农业生产合作社成立，各建立了妇女代表大会（简称妇代会），高级社社务委员会配妇女委员。

1958年成立人民公社后，新昇、新民、新农、新华大队建立妇女代表委员会，陈七妹、曹惠芳、张全珍、朱金宝，分别担任新昇、新民、新农、新华大队妇女主任。生产队建立妇女小组，小组长由生产队妇女队长担任。

1966年5月"文化大革命"开始后，公社、大队妇女组织停止活动。1972年由公社批准大队重建妇女组织，（原上洪村、马安村）历任妇代会主任有：

上洪大队（村）：张全珍、李惠娟、朱佳红、张雅珍。

马安大队（村）：曹惠芳、方玉英、柳英。

安上村：柳英。

安上村计生协会2009年获江苏省"计生群众自治示范村"荣誉称号；2010年获苏州市计生协会颁发"示范计生协会"称号。

四、其他组织

1. 老年协会

20世纪80年代后期，安上村域进入人口老龄化行列。1988年，60岁以上老年人总数为272人，其中上洪村60岁以上老年人143人，占总人口的12.9%；马安村60岁以上老年人129人，占总人口的12.6%。1985年12月，淀东乡老龄委员会成立，各村先后成立老年协会（简称老协会）。1988年9月，马安村老协会成立，由陈永和为首任老协会会长，理事3人。上洪村老协会成立，蒋云泉首任老协会会长，理事3人。老协会是村老年人自治组织，在村委会领导下，做好老龄工作，起到桥梁、参谋、协调、组织作用。镇每月召开一次会长例会，村每季召开一次理事会议，做到组织健全，为老人办实事、办好事，每年高温季节、老年节、春节对老年人进行慰问，发放高龄补贴。

安上村老年协会在2005年后，每年组织老年人参加体检，办理老年人敬老优待证，宣传老年人法律法规等。原马安村历任老协会会长有陈永和、方玉英，上洪村老协会会长有蒋云泉、张贵荣，安上村老协会会长方玉英兼。

村开设老年活动场所两处，原马安村、上洪村各有一处，有棋牌室、电视室、阅览室、乒乓室、健身室、健身场地等，天天开放，便利老年人活动。

安上村老年协会2003年荣获昆山市老龄委颁发的"文明老年活动室"荣誉称号。

2009年获"昆山市老龄工作先进集体"荣誉称号。

2005年获"淀山湖镇文明老年活动室"荣誉称号。

2009年获"淀山湖镇文明老年活动室"荣誉称号。

2011年获"淀山湖镇老龄工作先进集体"荣誉称号。

2. 关心下一代工作组

1992年,镇成立关心下一代工作委员会,村建立关心下一代工作组(简称关工组),村老年协会会长兼村关工组组长,组织"五老"人员(老干部、老党员、老服退军人、老教师、老模范)对青少年开展各种讲座、报告会、座谈等培训教育,达到"四无"目标(劳教释放人员无重新犯罪、现刑人员子女无犯罪、劳教人员子女无失学、未成年人无犯罪)。

2010年、2011年,安上村连续2年获昆山市综治办、关工委颁发的"零犯罪村"荣誉称号。

2012年,获昆山市关工委颁发的"关心下一代先进单位"荣誉称号。

2012年,获淀山湖镇党委、政府颁发的"2010—2011年零犯罪村"荣誉称号。

附1:已故老干部名单

新中国成立后,安上村的历届村干部随着年龄的增长及多种原因有34名先后离开了人世。

表12-5-1　　　　　　　　　　2012年年底安上村已故老干部名单

行政村	姓名	历任职务	病故时间	行政村	姓名	历任职务	病故时间
上洪村	顾明德	庙泾小乡干部 淀东乡党委委员	2006.03	马安村	高文义	新民大队民兵营长、淀东公社武装部长	1986.02
	徐泉龙	庙泾小乡民兵中队长	1963		陈永和	新民大队党支部书记	2005.01
	张祥龙	新农大队党支部书记 乡敬老院院长	1996.04		陈小弟	新民大队党支部书记	1993.04
	周宝林	新华大队党支部书记	2002.11		方木泉	新民大队大队长	1991.04
	陈友正	新农、新华大队党支部副书记	2012.03		徐新观	新民大队大队长	1967
	赵永勤	新华大队党支部大队长	1994.11		计宝根	庙泾小乡干部	2001.07
	蒋云泉	新华大队大队长	2002.04		叶阿桃	新民大队民兵营长	2004.05
	张奎林	新华大队书记 乡党委秘书	1995.11		曹惫芳	庙泾小乡干部 新民大队妇女主任	2001.02
	王阿苟	新农大队大队长	1984		陈三林	新民大队大队长	1979
	杨海根	新华大队党支部委员 副大队长	1967		叶永法	新昇大队大队长	1990.09
	张进福	新华大队副大队长	2006.05		杨海东	新民大队党支部委员	2007.09
	张海峰	新华大队民兵营长	2008.03		浦文华	新民大队会计	1996.03
	陈宝元	新华大队会计	2006.09		费忠林	新民大队党支部委员 会计	1982
	冯阿梅	新华大队党支部委员 贫协主席	1996.09		伍阿义	新民大队治保主任	2010.09
	赵阿林	新华大队副大队长	2007.08		王阿大	新民大队副大队长	1995.06
	朱金宝	新华大队妇女主任	1973.09		俞以生	庙泾小乡干部	2011.03
永义村	柴云龙	永义大队党支部书记	2004.07	合计	34名		
	柴森林	永义大队党支部书记	2006.07				

附2：已故中共党员名单

表12-5-2　　　　　　　　2012年年底安上村已故中共党员名单

序号	姓名	性别	入党时间	病故时间
1	高文义	男	1959	1986.02
2	方木泉	男	1954	1991.04
3	吴泉根	男	1966.07	1998.03
4	王阿大	男	1956	1995.6
5	伍阿义	男	1959	2010.9
6	陈三林	男	1954	1978
7	陈永和	男	1956	2005.1
8	徐新观	男	1954	1967
9	费忠林	男	1966.07	1982
10	计宝根	男	1955	2001.07
11	曹惠芳	女	1955	2001.07
12	叶阿道	男	1955	2004.05
13	俞以生	男	1955	2011.03
14	蒋宝歧	男	1956	1969.10
15	陈小弟	男	1955	1993.05
16	叶永法	男	1955	1990.09
17	叶春荣	男	1959	1975
18	杨海东	男	1966.07	2007.09
19	周小木	男	1966	1994.02
20	柴云龙	男	1955	2004.07
21	柴生林	男	1975	2006.07
22	柴友香	男	1956	2008.12
23	张塘妹	女	1966.03	2013.02
24	盛永祖	男	1972	1995.12
25	柴志珍	女	1966	1997.12
26	顾明德	男	1952	2006.03
27	周宝林	男	1955	2002.11
28	赵永勤	男	1956	1994.11
29	蒋云泉	男	1956	2002.04

续表

序号	姓名	性别	入党时间	病故时间
30	陈建明	男	1970	2002.07
31	杨海根	男	1956	1967
32	顾金生	男	1956	1984
33	王阿苟	男	1954	1984
34	周五泉	男	1970	1981
35	张进福	男	1966.06	2006.05
36	陈友正	男	1954	2012.02
37	陈国平	男	1979	2004.07
38	张海峰	男	1966.06	2008
39	张奎林	男	1966.07	1995.11
40	张龙生	男	1956	1995.01
41	张祥龙	男	1954	1996.04
42	冯阿梅	男	1966.07	1996.09
43	邓阿六	男	1978	2006.04
合计	43人			

第十三章

人 物

第一节 历史名人叶苗

叶苗

昆山七保周家泾碛碾金氏赘婿。金氏为叶苗买宅石浦南沈安泾（今属淀山湖镇安上村，后工业开发搬迁，南沈安泾消失），叶苗就此安家，经过埋头苦干，持家得法，子孙繁衍，叶姓家业隆昌，由农转文，人才昌炽，而且代代藏书。淞南志载，元代义士叶苗，字秀实，家淞南碛碾，性倜傥，勇于赴义，有不平事，苗必直之，元季碛碾寺僧千众谋作乱，苗以计灭之，义声远振，里人勒石志其事。康熙昆山县志稿载有明代冯益写的"叶义士记"；叶苗，为保护碛噢福严寺做出了贡献，明龚诩为叶苗写有墓词。

（链接1"叶义士记"、链接2"题叶义士讨贼鹧鸪天词后"）

链接1：叶义士记

元季兵乱，盗窃名字者，不可数。苏之昆山福严寺僧有提点与其徒昌都事，聚无赖相攻，劫烧民居，掠子女槛置舟中，载入严沙沟尽焚溺之，以胁其众，州司若罔闻也。义士姓叶名秀实，即素称长者，几不免，其姻金氏厚赂出之。义士曰："里有救恤之约，虽我独免，其如乡之老少何？吾即赴之。"恐弗胜，乃图所焚劫状，率少健徐辛乙等白于官，指辛乙等曰："义士言是也。"遂号令其下与义士等掩捕之，尽得其党，按治皆伏辜。有提点竟瘐死，义士曰："提点僧也，请如浮屠法焚之。"且为《鹧鸪天》一阕，以暴其恶，人至今能传诵之。已而其党悉就诛，义士以高寿终。

（录自明代冯益《叶义士记》 康熙《昆山县志稿》）

链接2:《题叶义士讨贼鹧鸪天词后》

为元叔季纲维绝,天狗下舐生人血。
草莱随处起戈矛,人命轻如冶中雪。
姑苏城东淞水南,有巍佛庐名福严。
中潜秃魈二三辈,怒嘘毒气光炎炎。
时逢毅哉叶君子,不是世间文墨士。
智谋勇烈出万夫,竟取凶狂付殊死。
一从歌罢鹧鸪天,民方帖席得安眠。
至今闻者比昨日,毛发如竹犹森然。

这是龚诩为叶苗写的墓词。叶苗,为保护碛碚福严寺做出了贡献。叶苗,字秀实,家住碛碚村。他疾恶如仇,勇于赴义,路见不平出手相助。他生活在刀光剑影之中,过着刀口舔血的人生。当时兵荒马乱,随处都有剑矛之争,人的生命轻如雪。在姑苏城东面的淞南之水,有一座巍峨的寺庙,叫福严寺。寺中有两三个客僧为非作歹,祸害百姓,引得周围的乡民愤恨不已。当时,正好有坚毅勇敢的叶君子,他不是文人墨客,而是一个性格刚烈、武艺高强的英雄。他舍生取义,设巧计保住寺庙,并惩治了坏人,才让周边的百姓得以安居。今日再次讲起叶苗的事迹,事情犹如发生在昨天,依然能感到热血沸腾、气氛壮烈。

(摘自方世南:《源远流长淀山湖》第289页,苏州大学出版社2014年版)

第二节 当代名人周其焕

周其焕生于1926年,马安村人。3岁随父母迁居杨湘泾东头,后又改迁镇西头。5岁在杨湘泾小学读书。1937年抗日战争爆发,迁居朱家角井亭港。1948年,毕业于上海之江大学工学院,并考入上海中国航空公司工作。1949年11月,参加"两航起义"。

1950年,在天津、北京两地参加民航工作。

周其焕进入中国航空公司后,中国航空事业快速发展,从飞机设备、陆空配套、监视、旅客服务设备、机场设施等方面都发生了巨大变化。周其焕是飞机和飞机设备的专家,后期兼任规划和科研工作。40多年中,周其焕为中国航空事业做出了巨大贡献。1998年,从中国民航学院(后更名为中国民航大学)教授岗位上退休。退休后,寓居在天津或珠海生活。

周其焕兢兢业业为新中国民航事业无私奉献的精神,受到人们的尊敬。

链接1:"两航"起义

两航起义是中国共产党领导下的一次成功的爱国主义革命斗争。"两航"系原中国航空股份有限公司(简称"中国航空公司"或"中航")与中央航空运输股份有限公司(简称"中央航空公司"或"央航")的简称。两航起义归来的大批技术业务人员,成为新中国民航事业建设中的一支主要技术业务骨干力量,在1950年8月1日的"八一"开航,1956年5月试航拉萨成功,盲降设备试制,改建天津张贵庄机场、武汉南湖机场,兴建首都机场中,无不体现两航起义人员钻研技术和勤奋工作的优良品质。

2015年11月9日,"弘扬爱国主义精神纪念两航起义66周年"座谈会在北京举行。座谈会由北京两航人员联谊会主办。北京市文联原党组书记吕浩材在座谈会上表示,"两航人员是新中国民航事业的开拓者和奠基人,我们要坚持求真务实、敬业奉献,传承好他们的爱国情怀"。

(摘自搜狗百科词条"两航起义")

链接2:中航大乘务学院学生拜访"两航"起义老前辈

民航资源网2009年11月9日消息:在震惊中外的"两航"起义60周年到来之际,11月8日,中国民航大学乘务学院学生分别来到学校参加过"两航"起义的周其焕教授和邓福庆教授两位老前辈家中,聆听那场发生在60年前的爱国壮举,学习他们兢兢业业为新中国民航事业无私奉献的精神。

初冬的窗外寒风阵阵,室内温馨和谐,曾经风华正茂的热血男儿现已是白发苍苍的耄耋老人。他们精神矍铄,饶有兴致地为学生们讲述着曾经的往事,60年前起义的场景仍然历历在目。他们从香港回到新中国的怀抱之后,主动服从新中国民航工作的需要,积极投入到工作中去,在中国民航大学从事几十年的教育工作,为新中国民航事业的发展与壮大做出了自己突出的贡献。

周其焕老人(右)　摄影:庞杰、孙重凯

二老对青年学生提出了殷切的期盼:希望同学们珍惜宝贵的学习时间,多多掌握民航知识;要干一行,爱一行,要用一颗最真诚的心为旅客服务;希望同学们把自己融入社会中去,投入到为民航、为祖国做出无限的贡献的事业中去。

作为承担民航强国建设事业的接班人,同学们深深领悟了二老与祖国、与民航同呼吸、共命运的爱国精神。他们干一行、爱一行、精一行的工作态度,给同学们上了一堂生动的民航优良传统教育课。同学们听了二老的讲述后,深受教育,表示一定牢记前辈的嘱托,继承和弘扬前辈的优良传统,进一步增强时代赋予的历史使命感,努力学习科学文化知识,为建设民航强国贡献自己的青春与力量。

(摘自 2009 年 11 月 9 日民航资源网)

附1：中国民航大学退休教授、"两航"起义人员周其焕的回忆

1948 年，我进入了中国航空公司。第二年，即 1949 年 11 月 9 日，参加了"两航"起义，回到了新中国的怀抱。我起先从事飞机维修工作，1956 年以后一直从事飞机和飞机设备的教学科研工作，并参与了某些规划工作。20 世纪 90 年代起，还参与了国际民航组织新航行系统的两个专家组活动，亲身经历和体验了新中国民航事业 60 年来的发展和变迁。

上世纪(20 世纪)50 年代初，新中国民航以几架中小型飞机开辟了通用航空，当时曾以护林灭火、运送日报、农业飞播、喷药、灭蝗、工业航测、航摄等为主要任务，为后来扩展到大型飞机和直升机参与的巡逻救灾、海上搜救、公安执法、医疗救助打下了基础。1950 年"八一"开航，为新中国民航的运输航空开辟了道路。此后，新中国民航遵循着飞机、机场、空中交通三位一体、协调发展的步调，至今已在国际民航界享有安全和先进的盛誉。作为一个民航人，我无论出差或旅游，都喜欢乘坐民航班机。

60 年前，我刚到航空公司时，从一个维护 C-46、C-47 和 DC-4 飞机的外场机械员开始做起，经历了最早由活塞式发动机推动的飞机。那时，报务员用电键向地面电台发报，驾驶员手摇定向仪天线来定向。而如今，由先进的涡扇发动机推动的大中型客机早已取代了原来落后的机型，原来由驾驶员、领航员、报务员、机械员等多人完成的任务，现在只要正副驾驶员两人分担就可以了。从前，驾驶员登机前要带上一个飞行包，里面装着航图、航行计算尺或计图盘，而现在只要携带一个"电子飞行包"即手提电脑就可以了。

我国民航早期受西方封锁而向苏联学习，我曾参与赴苏引进伊尔-18 飞机，改革开放后参与了去美国引进波音 737、757，麦道 MD-80，大力神 C-130 等飞机，并兼任课堂翻译。目前，中国民航的机队已步入国际先进行列，包括波音、空客系列客机在内的各种新型号都有。

从前，机场跑道旁只有风向兜和 T 字布，塔台设备就是望远镜和信号枪，空中交通尚处在雏形阶段，真正意义上的航路和空中交通尚未形成。而现在，空中交通已形成繁忙航路的交织穿插，机场规模虽大，但仍感跑道起降容量不够。

我作为飞机和飞机设备的理论教师，后期兼任规划和科研工作，在技术上必须充分掌握并与时俱进，所以对整个民航技术上的进步，具有较为全面深入的了解，对新中国民航 60 年来的发展形成了如下认识：

从飞机设备来讲，当代飞机上各种信息感测和综合利用的自动化越来越多，一方面向驾驶员提供了足够的感知信息，大大提高了其对空中飞行态势的觉察能力；另一方面增强了机上自主和安全操纵能力。以往驾驶员全部靠手动操纵飞机，而目前只需手动设置，靠自动化和电脑按预设指令操纵飞机。越是大飞机，自动化程度就越高。

从陆空配套的支持系统来说，通信方面全面采用了自动转报系统，建设了大功率单边带台和 VHF 对空台，开辟了独立的气象定期通报和飞行情报服务以及航路数据链。飞机上已采用了卫星通信，导航方面使用了全向信标台、测距台和仪表着陆系统；采纳了区域导航方法，不再用逐台飞行的折线航路，改用城市对之间的直飞航路；国际航路上采用越洋编组航路和跨极航

路,一切已和国际接轨,继而引入卫星导航,并在所需导航性能(RNP)的基础上规划了进入基于性能的导航(PBN)。

监视方面,尽可能地布局二次雷达的无隙覆盖,使得空中交通管制从程序管制过渡到雷达管制;采纳了自动相关监视和试行广播式自动相关监视,从看不见的空中航位推测变成了雷达屏幕上看得见的飞行动态信息。总之,民航的空中交通在经历了指挥调度和实时管制两个阶段后,实现了对空中交通的全面管理。

从旅客服务设备来说,以往飞机对大气是开放的,飞高要吸氧;对信息是封闭的,一到空中,和地面不能通信。现在都是增压机舱,对大气是封闭的,对信息是开放的。国际航班上都有空中电话,旅客可以向地面通话,甚至可通过卫星连接终端用户或因特网。最早客舱内只有集中广播,而今客舱内已有座椅上各自的音频和视频,可各人随意选择视听节目甚至玩电子游戏。中国民航也是首先实现电子客票和计算机订座的国家之一。

从机场的变化来说,跑道一再加宽加长,机场不断扩建和新建,从单跑道到多跑道,实现了在雷达监视下的平行跑道起降。机场现在都被称为航空港了,从早期简单的候机室、候机厅扩建为目前大片多层的候机楼,也有两个以上候机楼组成的候机区,每个区都有自己的多门位卫星厅、自动廊桥、步行履带和各区间的穿梭交通车连接,比火车站、海港码头还要热闹。许多机场还修建了到市区专用的轻轨和高速公路。从机场容量来说,单跑道机场高峰小时可以每两分钟起降一架飞机,如此高的流量,今非昔比。

去年(2009年)4月底,我从深圳返回天津,适逢天津候机楼东迁新址,偌大的候机楼的现代化程度设施难以言喻。而西侧的老候机楼,只做货运区了。现在,天津机场已扩建成双跑道,并与空中客车装配工厂连接,且划拨出了专用试飞空域,可为航班飞行和飞机生产出厂共用。回想1950年的天津机场,只有4根木柱支撑的塔台和3个铁皮拱形屋顶的休息场所,真是令人感慨万千。

回顾我走过的历程,见证了新中国民航事业的发展和变化。中国民航正在从民航大国向民航强国迈进,我们期待着下一辈去创新建业。

以上周其焕简历、著作和相关资料是淀山湖中心小学钟爱明校长根据周其焕来信中提供及百度网页知网上以姓名周其焕(航空电子业)作索引调阅而得。

附2:周其焕给淀山湖中心小学校长钟爱明的信

2010年11月8日和12月8日,周其焕两次从广东珠海写给淀山湖中心小学校长钟爱明的信。

信件一

钟校长:

周其焕于1932年至1936年的四年时间里就读于当时杨湘泾小学的一至四年级,周其焕是该校的校友,网上版说该镇已改名为淀山湖镇,该校已成为淀山湖中心小学(已迁新址),周其焕该是贵校的校友,不知是否?

周其焕是土生土长的昆山县孩子,出生于杨湘泾镇东约3里地的马安村周家,祖上在该村有唯一的二层楼瓦房(不知现在如何?),周其焕3岁前就迁居杨湘泾镇上东头,后又改迁镇上西头。周其焕于5岁上小学,当时的杨湘泾小学已是完全小学(有五、六年级),由于周其焕父亲在上海任市立高昌庙小学校长,所以初小四年级带周其焕到上海高昌庙小学上五年级,一年后(1937年)暑假适逢八一三事变,日本军队入侵中国,在上海实施轰炸,高昌庙小学完全被炸毁,不仅不能复学,父亲失业留上海找事,周其焕全家躲船上避难,漂泊水域,游荡了一年,许多地方沦陷,任日军踩躏。周其焕家上岸后迁居朱家角镇对岸,河道北面的井亭港镇(仍属昆山县,在县界尽南端)。那时全部为沦陷区,对日军唯命是从,直至1945年日本投降,度过了一段国难和艰苦的日子。

1948年周其焕毕业于上海租界地的之江大学工学院,并考入上海的中国航空公司工作,同年随公司去香港,1949年11月参加"两航"起义,1950年后一直在天津、北京两地参加民航工作。1998年周其焕71岁时从中国民航学院(现改名为中国民航大学)教授岗位上退休,退休后寓居天津,或寓居珠海,两地候鸟生活。

回忆小学四年生活,倍感亲情,当时学校的教师、教室、操场等历历在目,校长张绍骞,同学有童景文、陆考中、童柄根、夏雅琴等人,虽已过去了近70年,此后周其焕从未去过杨湘泾,因为周其焕生活工作一直在北方,地图上已找不到杨湘泾这个镇名了。周其焕到过朱家角旧居,也打听不到杨湘泾镇,今年曾去上海参观世博会时,也找不到杨湘泾。

近从网上查询,始知已改名为淀山湖镇,并查到邻居周本仁(比周其焕小),也查到淀山湖中心小学的网页,应是杨湘泾小学的后身,为了证实起见,为此写信给你。

恕周其焕冒昧干扰,恳请在百忙中赐字简复,或在学校网页上的校友名录中添上周其焕的名字,周其焕能利用电脑浏览,但很少发送,因周其焕始终南腔北调,汉语拼音困难,只能写信求证。

敬请
　　钧安

早期小学生　周其焕敬上
2010年11月8日

信件二

钟校长:

很高兴见到你及时复信,认定了周其焕的校友关系,回溯起那段时间周其焕在小学的生活,乡情涌现,希望能共享乡情的今昔和史实,此信又说起如下几点:

1. 周其焕印象中,那时校名没有"中心"两个字,似乎"中心"两字只在解放后尤其是70、80年代才兴起的。那时在上海附近分为"公立"和"私立"两种学校,公立有"国立""省立""市立""县立"等区分,大多乡镇公立小学都直呼乡镇名称,未知有否档案可以依据?

2. 从网页上周其焕已见到"正基学堂"门口的老相片,未知是否有其他史料说明?周其焕在1932~1935年上学四年时的校址,是否在该址(正基学堂的原址),或其扩建、搬迁他址?后面附上周其焕凭印象刻画出上学时的平面图。在周其焕印象中,进门为学校的西院,有似家居宅院改造成,它与前部的院落连接,后来断阻而成。而东院完全是以学校形式建成的,只是教室和操场而已,对吗?

3. 如果能找到周本仁同学一起回忆验证,可能会更正确些。你处有他家庭具体地址、电话吗?如有请告。

4. 周其焕将视体力和健康状态,有机会在今后想回故里看一看,不论学校原址或镇上,可能已面目全非见不着了。如果周其焕到上海后,从虹桥机场或浦东机场如何去淀山湖镇?请告周其焕公交车始发车站点。如有详细地图或局部复印页请多找一份,最好点明学校原址、现址。凡此打扰,多多拜托并先致谢。

顺致

　　祺安

校友周其焕敬上
2010.12.8

第三节　革命烈士

一、施凤章(1923—1943年)

施凤章,1923年生于江苏省阜宁县施庄公社必生村。新中国成立前因生活逼迫,随父母一起逃难到安上村24组(陶湛桥自然村),后父母相继病亡,只剩下他与妻子两人。1941年9月6日儿子施志春出生。施凤章在1942年7月参加革命,加入新四军第三师,师长黄克诚。1943年8月的一个晚上,日军偷袭阜宁县车义港,施凤章所在排为了掩护新四军主力部队转移,陷入日军包围,在突围时,大批日军蜂拥而入,举枪射击,全排20多名战士全部壮烈牺牲。施凤章年仅20岁,儿子施志春只有2岁。1953年12月1日,中华人民共和国中央人民政府颁发了第2499号文,追认施凤章为烈士。

二、周五泉(1947—1981年)

周五泉,1947年8月生于安上村22组。1968年9月应征入伍。在徐州6070部队。1969年,中央军委下令,在黑龙江省珍宝岛进行自卫反击,周五泉所在部队奉命奔赴前线。时任团干事的周五泉,部队领导让他穿老百姓便衣去追踪摸底,暗中侦查苏方的军事秘密动态,如武器装备设施、兵力的强弱等情况;在苏一个多月,然后返回反击前线参加战斗。当时,他身体患有心脏病,体力虚弱,在战斗中经常出现昏迷状态,最后因公殉职。年仅34岁。

第四节　残废军人陈友正

陈友正,男,1924年6月生。原籍江苏扬中人。1944年参加革命,1945年加入中国共产党。1946年11月,参加解放战争盐城战斗,在战斗中负伤(6级伤残)。休养后,先后在山东、黑龙江、江苏扬中等地工作。

1951年2月,举家到昆山县淀东区杨湘乡庙泾小乡浜里自然村(属安上村)落户,从事小手工业。

1958年10月,任新农大队副大队长。1966年2月,任新华大队党支部副书记。70年代初,在上洪双代店工作。1978~1986年,在淀山湖香精厂担任门卫。1987年退休。

残废军人陈友正,受到党和人民政府的关怀,每年享受民政部门的定补。2008年,享受民政部门的定补11 040元、优待金3 750元,昆山市、淀山湖镇、安上村三级慰问金4 000元左右;农村老年人养老金2 640元,享受就诊看病全额报销待遇。

2012年3月,病故。享年88岁。

第五节 当代军人

新中国成立前,中国人民为了国家的独立、民族的解放、人民的新生,同国内外公开、隐蔽的敌人进行了长期艰苦卓绝的斗争,用鲜血染红了革命的战旗,以生命熔铸了中华民族不屈的灵魂。

在无数名不见经传的普通老百姓中,涌现出许许多多惊天动地、可歌可泣的英雄事迹。这其中也包括安上村村域的村民。新中国成立前,有施凤章、陈友正、陈春海、徐金元4名青年光荣入伍;新中国成立初,有计三林、叶阿桃、胡三毛、高文义、张云定、徐德龙、王福泉、蒋四荣等8名青年应征入伍。60年代,入伍的有9名,其中3名在部队任职,7组刘汉田任连长,4组顾阿苟任连长22组周五泉任团干事,属正营级。至2012年,全村应征入伍的青年共有93名,见表13-5-1、表13-5-2。

表13-5-1　　　　　　　　　　　安上村当代军人汇总表

组别	入伍人数	组别	入伍人数	组别	入伍人数	组别	入伍人数
1	—	8	5	15	5	22	9
2	2	9	4	16	1	23	6
3	1	10	3	17	5	24	3
4	5	11	3	18	4	25	3
5	2	12	3	19	3	26	4
6	4	13	1	20	3	27	5
7	7	14	—	21	2	合计	93

(1) 当代军人录中,有施凤章、周五泉两位革命烈士。
(2) 22组陈友正是6级伤残军人。

表 13-5-2　　安上村当代军人名录

序号	姓名	性别	出生年月	文化程度	政治面貌	入伍时间	退伍时间	在部队职务	专业名称	家庭住址
1	高文义	男	1935.06	初小	党员	1958.04	1962.02	班长		安上2组
2	徐汝发	男	1950.06	初小	党员	1969.04	1973.02	班长		安上2组
3	童卫明	男	1971.02	初中	团员	1989.03	1991.12	战士		安上3组
4	茹海根	男	1952.01	初小	党员	1970.12	1976.03	副班		安上4组
5	顾伟军	男	1966.01	高中	党员	1986.11	1990.12		汽车司机	安上4组
6	顾阿荀	男	1951.06	大专	党员	1969.12	1984.12	连长		安上4组
7	陈菊明	男	1956.09	初小	团员	1976.12	1980.01	战士		安上4组
8	宋永平	男	1971.10	高中	党员	1990.12	2001.12	连长		安上4组
9	陆洪元	男	1961.09	初中	团员	1980.01	1982.01	战士		安上5组
10	沈志荣	男	1951.11	初中	党员	1972.12	1976.03	战士		安上5组
11	顾云德	男	1958.09	高中	党员	1978.12	1985.10	班长	208接力员	安上6组
12	陈建平	男	1958.01	高中	团员	1978.12	1984.01	副班	油机员	安上6组
13	费志豪	男	1980.06	高中	团员	1998.12	2000.12	副班长	接力员	安上6组
14	沈建军	男	1985.08	中专	团员	2003.12	2005.12	战士	高炮炮手	安上6组
15	计向龙	男	1955.10.	高小	党员	1974.12	1983.01	班长	汽车司机	安上7组
16	张均良	男	1947.07	初小	党员	1969.03	1975.03	战士	汽车司机	安上7组
17	计建林	男	1965.10	初中	团员	1983.10	1986.10	副班		安上7组
18	计惠峰	男	1988.03	大专	团员	2007.12	2009.12	战士	短波干扰员	安上7组
19	陆雯军	男	1990.10	大专	团员	2011.12	在役			安上7组
20	计三林	男	1921.06	文盲		1949.08	1954.09	战士		安上7组
21	刘汉田	男	1950.04	高中	党员	1969.03	1986.12	转业连长		安上7组
22	叶阿桃	男	1931.03	初小	党员	1953.04	1957.04	副班		安上8组
23	浦宏清	男	1957.03	高中		1976.12	1980.01			安上8组
24	蒋罗清	男	1970.12	初中	团员	1989.03	1991.12	战士		安上8组
25	叶海其	男	1958.08	初中	党员	1978.04	1981.01	副班	油料保管员	安上8组
26	王国庆	男	1974.05	初中	党员	1992.12	1995.12	下士	汽车司机	安上8组
27	胡三毛	男	1930.06	初小	党员	1953.03	1957.04	战士	汽车司机	安上9组
28	胡洪林	男	1964.01	初中	团员	1984.10.	1988.01	战士		安上9组
29	伍俊林	男	1946.07	初小	党员	1968.03	1970.12	班长		安上9组
30	陈菊明	男	1961.09	初中	党员	1980.01	1985.01	班长	汽车司机	安上9组
31	胡俊俊	男	1991.05	高中	团员	2011.12	在役			安上10组
32	顾吉	男	1987.02	中专	党员	2006.12	2008.12	战士		安上10组
33	叶刚	男	1982.05	高中	团员	2002.12	2004.12	副班长		安上10组
34	陈超	男	1991.02	大专	团员	2012.12	在役			安上11组
35	邱林生	男	1955.09	初小	团员	1976.03	1982.01	副班	电话员	安上11组

续表

序号	姓名	性别	出生年月	文化程度	政治面貌	入伍时间	退伍时间	在部队职务	专业名称	家庭住址
36	杨金泉	男	1943.06	高中	团员	1965.03	1969.02	战士		安上11组
37	王炳其	男	1962.05	初中	团员	1981.12	1982.12			安上12组
38	陈磊	男	1990.11	大专	党员	2010.12	2012.12	上等兵		安上12组
39	周雪弟	男	1980.11	中专	党员	1999.12	2001.12	副班长		安上12组
40	叶金方	男	1960.11	初中	团员	1978.04	1982.01	副班	电话员	安上13组
41	柴文荣	男	1957.02	初中		1976.01	1980.01			安上15组
42	郭进兴	男	1962.09	初中	党员	1980.11	1986.01	战士	汽车司机	安上15组
43	柴彩根	男	1977.03	大专	党员	1995.12	1998.11			安上15组
44	柴斌	男	1988.11	大专	团员	2009.12	2011.12	战士		安上15组
45	柴生林	男	1953.05	初中		1975.01	1980.01	班长		安上15组
46	计林弟	男	1957.02	高中	党员	1976.12	1981.01	班长	火箭炮手	安上16组
47	陆伟剑	男	1983.02	中专	团员	2003.12	2005.12	战士	高炮炮手	安上17组
48	汤建军	男	1980.11	中专	团员	2001.12	2003.12	副班长	武装侦察员	安上17组
49	汤善忠	男	1973.03	初中	团员	1992.12	1995.12	战士	汽车司机	安上17组
50	周卫新	男	1970.10	初中	团员	1990.03	1992.12	战士	汽车司机	安上17组
51	陆洪根	男	1962.11	初中	党员	1980.11	1986.01	战士	报话员	安上17组
52	陈刚	男	1968.04	大专	党员	1986.9				安上18组
53	陈建明	男	1947.11	高小	党员	1969.04	1973.02	战士	卫生员	安上18组
54	蒋卫东	男	1952.08	初小	党员	1969.03	1976.03	班长		安上18组
55	朱寅冬	男	1987.01	大专	党员	2008.12	2010.12	战士	场务员	安上18组
56	徐金夫	男	1929.02	小学		1947.07	1952.01			安上19组
57	周涛	男	1987.12	大专	团员	200.812	2010.12	战士	车工	安上19组
58	周玉山	男	1958.12	初中	团员	1979.01	1985.01	战士	汽车司机	安上19组
59	陈春海	男	1923.09	文盲		1949.07	1952.01	班长		安上20组
60	杨卫根	男	1958.02	初中	党员	1978.04	1982.01	副班	气象观测员	安上20组
61	顾建良	男	1969.06	大专	党员	1990.10		团长		安上20组
62	唐佳炜	男	1992.09	大专		2011.12	在役			安上21组
63	沈阿雪	男	1956.11	初中	党员	1976.02	1990.08	班长	三级厨师	安上21组
64	陈友正	男	1924.06	小学	党员	1947.09	1950.08			安上22组
65	周五泉	男	1947.06	初中	党员	1968.09	部队病故	团部干事		安上22组
66	陈国平	男	1957.12	初中	党员	1976.02	1980.01	战士		安上22组
67	徐德龙	男	1934.01	小学		1949.12	1952.12	战士		安上22组
68	周帅林	男	1962.06	大专	党员	1980.08	在役	连长		安上22组
69	徐东林	男	1961.09	初中	团员	1980.01	1983.01	班长		安上22组
70	何志强	男	1987.11	初中	团员	2005.12	2007.12	战士	武装侦察员	安上22组

续表

序号	姓名	性别	出生年月	文化程度	政治面貌	入伍时间	退伍时间	在部队职务	专业名称	家庭住址
71	周 郁	男	1992.08	大专		2012.12	在役			安上22组
72	张瑞林	男	1952.06	初中	党员	1970.07	1988.12	副班		安上22组
73	张国云	男	1952.08	初小		1970.01	1975.03	副排长		安上23组
74	张永革	男	1968.11	职高	党员	1987.11	1990.12	班长	电工	安上23组
75	周春林	男	1975.01	初中	党员	1993.12	1996.12	班长		安上23组
76	张菊荣	男	1945.01	高小	党员	1965.03	1970.01	班长		安上23组
77	张云定	男	1928.11	初小		1949.10	1951.12			安上23组
78	顾雪元	男	1958.11	高中	党员	1978.04	1982.01		三级厨师	安上23组
79	张志德	男	1974.11	初中	党员	1994.12	1997.12	班长		安上24组
80	施凤章	男	1923							安上24组
81	王福泉	男	1935.06	初中	党员	1953.07	1957.12			安上24组
82	郭苗林	男	1961.04	高中	团员	1980.01	1982.01	战士	钳工	安上25组
83	郭祥仙	男	1951.07	初小	党员	1972.12	1976.03	战士		安上25组
84	何小江	男	1981.10	初中	团员	1999.12	2001.12	战士	炊事员	安上25组
85	王大忠	男	1965.05	初中	党员	1984.10	1989.03	班长		安上26组
86	王勇忠	男	1972.04	初中	团员	1991.12	1994.12	副班长	冲锋枪手	安上26组
87	王 剑	男	1989.12	中专	党员	2007.12	2009.12	战士	警卫员	安上26组
88	张贵福	男	1952.11	初中	党员	1972.12	1976.03	战士		安上26组
89	邓阿六	男	1956.12	初中	党员	1976.03	1980.01	班长	拖拉机手	安上27组
90	蒋四荣	男	1933.11	小学		1949.10	1951.12			安上27组
91	邓幸福	男	1956.08	初中	党员	1977.01	1981.01	班长	加农炮手	安上27组
92	蒋 迅	男	1986.05	中专	团员	2004.12	2006.12	战士	仪仗队员	安上27组
93	陈 斌	男	1979.11	高中	党员	1998.12	2000.12	战士		安上27组

第六节　村籍大学生

到2012年止,安上村有大学生439人,其中本科生232人,大专生207名;本科生中,攻读研究生8人。见表13-6-1至表13-6-28。

表 13-6-1　　2012 年安上村大学生名录汇总表

组别	人数	学历				教师	村镇干部	内外资企业	私营企业	事业单位	现役军人	临时待业	在校学生
		大专		本科									
		男	女	男	女								
1	17	2	5	4	6	1	1	6	4	1			4
2	14	2	3	5	4	3	1	6	1	2			1
3	18	7	5	2	4	1		5	2	5			4
4	12	4	4	3	1	1		5	1	3			2
5	16	3	5	3	5	1	1	3	1	8			2
6	14	4	4		6	1		7		3			3
7	15	5	1	3	6			6		6	1		2
8	14	5	3	3	3	2		3	2	6			
9	19	3	4	9	3	1		6	1	9			2
10	8	6			2	1	1	3		2			1
11	12	2	3	3	4	2	1	1	1	2	1		4
12	14	6	5	1	2			5		6		1	2
13	6	1	1	2	2			4		2			
14	12	2	3	4	3	1		2	1	7			1
15	31	9	10	4	8	2	2	11	2	10			4
16	20	6	6	2	6	3		8		4			5
17	28	8	8	7	5	4		6	3	8			7
18	14	5	2	4	3	1		7		4		1	1
19	17	2	1	10	4			10	2	4			1
20	15	3	4	3	5	1		6		5			3
21	18	1	4	8	5			9	1	3	1		4
22	22	5	4	4	9	6	1	4	2	6	1	1	1
23	18	6	2	5	5	1	3	1	5	5			3
24	19	7	3	6	3	4		7		7			1
25	11	3	1	6	1	1	1	5		3		1	
26	17	3	1	4	9	2	2	7		6			
27	18	2	3	8	5		3	8		3		1	3
合计	439	112	95	113	119	40	17	159	29	133	4	5	48

表 13-6-2　　　　　　　　　　　　2012 年安上村 1 组大学生名录

组别	家长姓名	学生姓名	性别	学校名称	入学年月	毕业年月	学历
1	孙炳荣	孙惠萍	女	洛社师范太仓分校	1990.09	1994.07	本科
1	王阿明	王惠芳	女	中国药科大学（南京）	1995.09	1999.07	本科
1	孙炳荣	孙卫忠	男	苏州职业大学	1995.09	1999.07	本科
1	孙明荣	孙 翠	女	淮安会计职业技术学院	1998.09	2010.07	大专
1	方云龙	方丽萍	女	常州计算机职业技术学校	2002.09	2007.07	大专
1	胡德华	胡 芳	女	中国石油大学北京网络教育学院	2004.03	2007.03	大专
1	吴建卫	吴国强	男	南京广播电视大学	2004.09	2007.07	大专
1	吴建东	吴秋斌	男	南京信息工程大学	2005.09	2009.07	本科
1	姚建明	姚 律	男	南京金陵科技学院	2006.09	2009.07	大专
1	童建中	童艳红	女	苏州电子信息技术职业学院	2007.09	2012.07	大专
1	方引根	方 芳	女	中国石油大学北京网络教育学院	2007.02	2010.02	大专
1	方锦明	方 静	女	美国留学	2008.09	2012.07	硕士
1	童建中	童培红	女	英国格兰摩根大学	2008.09	2010.07	硕士
1	方锦文	方 雯	女	南京航空航天大学	2009.09		本科
1	胡雪明	胡凤莉	女	淮阴师范学院	2011.09		本科
1	沈月清	胡晨杰	男	扬州大学	2011.09		本科
1	吴菊林	吴怡晓	男	徐州工程学院	2012.09		本科

表 13-6-3　　　　　　　　　　　　2012 年安上村 2 组大学生名录

组别	家长姓名	学生姓名	性别	学校名称	入学年月	毕业年月	学历
2	伍阿义	伍觉慧	男	扬州师范大学	1980.09	1984.07	本科
2	周阿大	周 理	男	南京农业大学	1999.09	2003.07	本科
2	伍菊珍	伍志强	男	无锡机械制造学院	2000.09	2003.07	大专
2	符才林	黄燕萍	女	昆山广播电视大学	2000.09	2003.07	大专
2	茹方明	周菊芳	女	中央广播电视大学	2001.09	2004.09	大专
2	黄雪弟	黄艺晖	男	盐城工学院	2004.09	2008.07	本科
2	周阿二	周 萍	女	江苏技术师范学院（常州）	2004.09	2008.07	本科
2	茹幸福	茹方明	男	中国石油大学北京网络教育学院	2004.03	2007.03	大专
2	王兴华	王海霞	女	南京财经大学	2005.09	2009.07	本科
2	高兴无	高丽箐	女	南京邮电大学	2005.09	2009.07	本科
2	伍觉慧	伍力舟	男	南京美术学院	2006.09	2010.07	本科

续表

组别	家长姓名	学生姓名	性别	学校名称	入学年月	毕业年月	学历
2	伍春菊	伍盈盈	女	盐城师范学院	2006.09	2009.07	大专
2	徐金发	徐建波	男	中共江苏省委党校昆山分校	2008.09	2011.07	研究生
2	茹建平	茹静洁	女	南京晓庄师范学院	2010.09		本科

表13-6-4　　　　　　　　　　2012年安上村3组大学生名录

组别	家长姓名	学生姓名	性别	学校名称	入学年月	毕业年月	学历
3	王福林	王新刚	男	南京农业大学	1995.09	1999.07	本科
3	陈芳	陈赋艺	女	苏州科技学院	2000.09	2014	本科
3	陈海根	陈萍	女	苏州职业大学	2000.09	2003.09	大专
3	陈海根	陈华	女	苏州职业大学	2000.09	2003.07	大专
3	赵秋生	赵元	男	南京金肯职业技术学院	2000.09	2003.07	大专
3	计白弟	陈岑	女	苏州经贸职业技术学院	2000.09	2005.07	大专
3	赵根生	赵惠清	女	苏州职业大学	2000.09	2003.09	大专
3	王福林	王新妹	女	苏州教育学院	2001.09	2003.09	本科
3	陈裕元	陈烨	女	无锡第十职业技术学院	2003.09	2007.07	大专
3	陈兴元	陆定军	男	中国地质大学北京网络教育学院	2003.03	2006.03	大专
3	赵荣生	赵伟	男	南京金肯职业技术学院	2005.09	2008.07	大专
3	计白弟	陈琦	男	昆山广播电视大学	2005.09	2010.07	大专
3	汤武明	陈伊雯	女	南京外国语学院	2006.09	2009.07	大专
3	王建忠	王情恺	男	南京人口管理干部学院	2007.09	2011.07	本科
3	汤武明	陈伊伦	男	昆山市第一高等职业技术学校	2009.09	2014.07	大专
3	高建东	高敏超	女	淮阴师范学院	2009.09		本科
3	赵雪珍	王文辉	男	苏州吴中技工学院	2010.09		大专
3	赵坚荣	赵梦娇	女	常州会计学院	2010.09		本科

表13-6-5　　　　　　　　　　2012年安上村4组大学生名录

组别	家长姓名	学生姓名	性别	学校名称	入学年月	毕业年月	学历
4	陈友生	陈景元	男	江苏财经大学	1995.09	1998.6	大专
4	陈小妹	茹峰	男	上海对外贸易大学	1996.09		本科
4	顾金苟	顾荣荣	男	苏州职工科技学院	2001.09	2004.07	大专
4	宋火根	宋永平	男	中国人民解放军天津运输工程学校	2002.09	2005	大专

续表

组别	家长姓名	学生姓名	性别	学校名称	入学年月	毕业年月	学历
4	陈引弟	陈芳	女	昆山市第一高等职业技术学校	2003.09	2006.07	大专
4	陈引明	陈娟	女	徐州师范学校	2003.09	2006.07	大专
4	茹雪龙	茹明	男	合肥工业大学	2004.09	2008.07	本科
4	许乃洪	许凤凤	女	江苏经贸职业技术学院	2004.09	2008.07	大专
4	顾卫明	顾静雯	女	南京晓庄师范学院	2007.09	2011.07	本科
4	宋革平	宋晨超	男	苏州职业大学	2009.09	2012.6	大专
4	茹建明	茹成杰	男	广西柳州大学	2010.09		本科
4	顾伟军	顾雅雯	女	苏州港大思培科技职业学院	2011.09		大专

表13-6-6　　　　　　　　　　2012年安上村5组大学生名录

组别	家长姓名	学生姓名	性别	学校名称	入学年月	毕业年月	学历
5	费桃观	费建忠	男	南京大学	1983.08	1986.03	本科
5	费桃观	费建林	男	武汉理工大学	1988.08	1991.03	研究生
5	沈佰荣	朱惠英	女	中共中央党校	1998.09	2011.09	本科
5	沈小二	沈美	女	徐州矿业大学	1999.09	2003.07	本科
5	朱彩娟	陆叶	女	昆山市第一高等职业技术学校	2001.09	2006.09	大专
5	沈福昌	沈怡檬	女	中国矿业大学北京网络教育学院	2004.03	2007.03	大专
5	沈佰令	沈雪芳	女	中国石油大学北京网络教育学院	2004.03	2007.03	本科
5	顾振娥	顾琳晨	男	昆山市第一高等职业技术学校	2005.09	2010.07	大专
5	沈元龙	沈霄朦	女	盐城师范学院	2005.09	2009.07	本科
5	沈佰令	沈建龙	男	中国农业大学	2006.09	2009.6	大专
5	赵雪华	顾赵莉	女	同济大学(上海)	2007.09	2011.07	本科
5	沈建龙	沈宇文	男	苏州工业园区职业技术学院	2007.09	2010.03	大专
5	陆建兴	陆蓉蓉	女	扬州大学	2007.09	2010.07	大专
5	焦金龙	焦敏杰	男	常州大学	2008.09	2012.07	本科
5	费勇峰	费月诗	女	连云港卫生职业技术学院	2010.09		大专
5	顾丽荣	顾梦茜	女	连云港卫生职业技术学院	2012.09		大专

表13-6-7　　　　　　　　　　　　　2012年安上村6组大学生名录

组别	家长姓名	学生姓名	性别	学校名称	入学年月	毕业年月	学历
6	费巧英	费兴无	男	苏州大学	2000.09	2003.07	大专
6	沈三高	沈轶萃	女	苏州大学	2002.09	2007.09	大专
6	沈志荣	沈彩红	女	南京大学	2004.09	2008.07	本科
6	陈建平	陈敏	女	南京农业大学	2004.09	2008.07	本科
6	顾云德	顾艳艳	女	成都财经大学	2004.09	2008.07	本科
6	沈康英	沈慧丽	女	苏州教育学院	2005.09	2010.07	大专
6	费雪刚	费晓磊	男	常州轻工职业技术学院	2005.09	2008.07	大专
6	费雪龙	费瑞国	男	昆山市第一高等职业技术学校	2007.09	2012.07	大专
6	沈三高	沈轶晖	男	淀山湖镇成人教育中心校	2008.09	2011.07	大专
6	顾红弟	顾龙妹	女	上海财经大学	2008.01	2011.01	大专
6	沈建新	沈洁	女	徐州工程学院	2009.09	2012.07	大专
6	费雪明	费晓红	女	南通大学	2009.09		本科
6	沈康英	沈雯丽	女	常熟理工学院	2012.09		本科
6	沈利琴	沈思彤	女	南京师范大学	2012.09		本科

表13-6-8　　　　　　　　　　　　　2012年安上村7组大学生名录

组别	家长姓名	学生姓名	性别	学校名称	入学年月	毕业年月	学历
7	陆阿大	陆建新	男	南京邮电大学	1996.09	2003.09	研究生
7	计元林	计寅峰	男	昆山市第一高等职业技术学校	2001.09	2006.07	大专
7	计小龙	计春夏	男	常州工业学院	2003.09	2007.07	本科
7	计向龙	计沈洁	女	南京农业大学	2003.09	2007.07	本科
7	计建林	计惠峰	男	常州机械学院	2003.09	2008.07	大专
7	姚建峰	姚婷婷	女	扬州大学	2005.09	2009.07	本科
7	汤德明	陆磊	男	昆山市第一高等职业技术学校	2005.09	2010.07	大专
7	汤德明	陆薇	女	苏州大学	2006.09	2010.07	本科
7	陆建英	陆陈丹	女	昆山市第一高等职业技术学校	2006.09	2011.07	大专
7	计金贤	计静佩	女	常州财经学院	2007.09	2011.07	本科
7	计雪峰	计仁杰	男	南京信息工程技术学院	2007.09	2010.07	大专
7	姚建峰	姚慧华	男	南京医科大学	2008.09		本科
7	陆金龙	陆文军	男	常州轻工职业技术学院	2008.09	2011.06	大专
7	陈维明	陈莉	女	福州大学	2008.09	2012.07	本科
7	计卫新	计静薇	女	南京农业大学	2013.09		本科

表 13-6-9　　2012 年安上村 8 组大学生名录

组别	家长姓名	学生姓名	性别	学校名称	入学年月	毕业年月	学历
8	周洪文	周庆芳	女	苏州大学	1988.09	1991.07	本科
8	周洪光	周伟	男	苏州职业大学	1993.09	1998.07	大专
8	浦洪弟	浦燕琴	女	常州工业技术学院	1994.09	1999.07	大专
8	浦洪弟	浦燕芳	女	黄石高等专科学院	1996.09	2001.07	大专
8	周云宝	周洪元	男	苏州大学	1996.03	1999.03	大专
8	周洪生	周建国	男	西南财经大学(成都)	1998.09	2002.07	本科
8	周洪元	周杰	男	苏州职业大学	2001.09	2006.07	大专
8	周春根	周剑民	男	中央广播电视大学	2003.07	2007.07	大专
8	周剑民	周怡	男	南京陆军指挥学院	2005.09	2009.07	本科
8	周林元	周静	女	南通职业大学	2005.09	2008.07	大专
8	周雪荣	周润润	女	淮海工学院	2007.09	2011.07	本科
8	周雪明	周文琪	男	苏州轻工技工学校	2008.09		大专
8	周雪明	周文燕	女	苏州幼儿师范高等专科学校	2008.09	2012	本科
8	周兴元	周骁	男	常州工学院	2008.09	2012.07	本科

表 13-6-10　　2012 年安上村 9 组大学生名录

组别	家长姓名	学生姓名	性别	学校名称	入学年月	毕业年月	学历
9	张考生	张林生	男	南京医科大学	1962.09	1967.07	本科
9	陈桂平	林仁清	男	江苏人民警察学院	1994.09	1997.07	大专
9	陈桂平	林仁刚	男	南京电力大学	1995.09	1999.07	本科
9	陈永明	陈燕华	女	南京大学	2001.09	2004.07	大专
9	陈三明	陈丽华	女	徐州师范大学	2001.09	2005.07	本科
9	张菊生	张丽	女	苏州广播电视大学	2003.09	2008.09	大专
9	胡三毛	胡洪兴	男	中国地质大学北京网络教育学院	2003.09	2006.07	大专
9	张进生	张华	男	苏州大学	2003.09	2007.07	本科
9	童雄道	童伟伟	女	南京审计学院昆山分校	2004.09	2007.07	大专
9	胡洪兴	胡辰	男	南京工程学院	2005.09	2009.07	本科
9	童林元	童文武	男	南京陆军指挥学院	2005.09	2009.07	本科
9	伍建明	伍杨阳	男	南京医科大学	2005.09	2009.07	本科
9	童雄道	童伟斌	男	江苏经贸职业技术学院	2005.09	2008.07	大专
9	田夏英	姚明	男	南京医科大学	2007.09	2011.07	本科

续表

组别	家长姓名	学生姓名	性别	学校名称	入学年月	毕业年月	学历
9	张进生	张路	男	南京农业大学	2007.09	2011.07	本科
9	伍美娟	伍梦君	女	上海外国语学院	2007.09	2012.07	本科
9	伍春元	伍凯凯	男	南京医科大学	2008.09	2012.07	本科
9	姚阿泉	姚囡囡	女	昆山市第一高等职业技术学校	2009.09		大专
9	胡振球	胡玉晨	女	南京信息工程大学	2010.09		本科

表13-6-11　　　　　　　　　　2012年安上村10组大学生名录

组别	家长姓名	学生姓名	性别	学校名称	入学年月	毕业年月	学历
10	叶金康	叶兴元	男	江苏农牧科技职业学院（泰州）	1979.09	1982.07	大专
10	叶根荣	叶雪弟	男	淮阴工业专科学校	1988.09	1991.6	大专
10	朱阿三	朱峰	男	昆山市第一高等职业技术学校	1999.09	2004.07	大专
10	叶金龙	叶川	男	江苏广播电视大学	2001.09	2005.07	大专
10	朱引元	朱红弟	男	苏州机械工业技术学校	2001.09	2003.09	大专
10	叶祥德	叶英	女	苏州幼儿师范高等专科学校	2006.09	2010.07	本科
10	叶阿五	叶刚	男	中国地质大学北京网络教育学院	2006.03	2009.03	大专
10	叶雪军	叶晓倩	女	淮阴师范学院	2011.09		本科

表13-6-12　　　　　　　　　　2012年安上村11组大学生名录

组别	家长姓名	学生姓名	性别	学校名称	入学年月	毕业年月	学历
11	柳根龙	柳永明	男	常州纺织职业技术学院	1987.09	1990.07	大专
11	赵春妹	柳小英	女	河北煤炭建筑工程学院	1995.09	1998.07	大专
11	柳国荣	柳君	女	苏州幼儿师范高等专科学校	1999.09	2004.07	大专
11	柳仁荣	杨凤	女	南京审计学院	2005.09	2009.07	本科
11	杨兴元	杨月琴	女	武汉理工大学	2006.09	2008	本科
11	柳雪明	柳青	女	西安交通大学	2007.09	2011.07	本科
11	陈桂林	陈超	男	昆山广播电视大学	2007.09	2012.07	大专
11	柳雪明	柳笠	男	江苏大学	2009.09		本科
11	杨德元	杨晨军	男	江苏大学	2009.09	2012.07	本科
11	陆秋弟	柳梦婷	女	连云港卫生职业技术学校	2011.09		大专
11	邱建新	邱思宇	男	南京师范大学	2012.09		本科
11	屈林林	柳文燕	女	徐州师范大学	2012.09		本科

表13-6-13　　　　　　　　　　　2012年安上村12组大学生名录

组别	家长姓名	学生姓名	性别	学校名称	入学年月	毕业年月	学历
12	张阿大	张彩珍	女	苏州卫生职业技术学校	1987.09	1991.07	本科
12	周福根	周雪弟	男	昆山市第一高等职业技术学校	1996.09	2001.06	大专
12	沈金生	高建明	男	江苏广播电视大学	2000.09	2003.06	大专
12	王炳其	陈洁	女	昆山广播电视大学	2001.09	2006.09	大专
12	李善意	周雪芬	女	中央广播电视大学	2003.03	2005.03	大专
12	邵宝弟	邵静	女	机械工业苏州技工学校	2003.09	2008.06	大专
12	顾雪娟	徐珊	女	常州轻工业学院	2004.09	2009.06	大专
12	王炳其	陈磊	男	昆山市第一高等职业技术学校	2006.09	2011.09	大专
12	高建明	沈一喆	男	昆山市第一高等职业技术学校	2006.09	2011.06	大专
12	顾雪娟	徐健	男	昆山市第一高等职业技术学校	2007.09	2012.06	大专
12	朱雪龙	沈耶军	男	苏州工艺美术技术学院	2008.09	2011.06	大专
12	钱湘敏	钱志华	男	苏州幼儿师范高等专科学校	2012.09		本科
12	张小龙	张小英	女	江苏大学	2003.09	2005.06	大专
12	周雪芬	周祎蓓	女	徐州师范大学	2012.09		本科

表13-6-14　　　　　　　　　　　2012年安上村13组大学生名录

组别	家长姓名	学生姓名	性别	学校名称	入学年月	毕业年月	学历
13	叶纪明	叶雪球	男	苏州职业大学	2002.09	2005.06	大专
13	叶金方	叶晔	女	加拿大留学	2003.1	2008.5	本科
13	陈海龙	陈勤芳	女	南京审计学院	2003.09	2007.06	本科
13	陈海明	陈迪	女	中国地质大学北京远程教育学院	2004.03	2007.03	大专
13	朱建芳	朱文俊	男	淀山湖镇成人教育中心校	2006.03	2010.03	本科
13	陈雪英	李鑫	男	南京理工大学紫京学院	2008.09	2012.06	本科

表13-6-15　　　　　　　　　　　2012年安上村14组大学生名录

组别	家长姓名	学生姓名	性别	学校名称	入学年月	毕业年月	学历
14	张仁	张瑞明	男	南京邮电学院	1978.09	1982.07	本科
14	徐为忠	徐星	男	南京金陵管理学院	2005.09	2008.07	大专
14	叶阿桃	叶建荣	男	洛社师范学院（无锡）	1990.07	1994.09	本科
14	徐为明	徐玉芳	女	昆山广播电视大学	1994.09	1999.07	大专
14	蒋湘球	蒋宇峰	男	苏州大学	1999.09	2003.07	本科

续表

组别	家长姓名	学生姓名	性别	学校名称	入学年月	毕业年月	学历
14	浦宏清	蒲月萍	女	扬州大学	2002.09	2005.09	本科
14	叶建刚	叶萃	女	苏州大学	2004.09	2008.07	本科
14	金乃生	金吉	女	淮海工学院（连云港）	2005.09	2009.07	本科
14	俞振海	俞蕾	女	上海英美精文外语学院	2005.09	2008.03	大专
14	浦宏平	浦迎新	女	江南影视学校（无锡）	2006.09	2011.4	大专
14	蒋国球	蒋辰峰	男	江南大学（无锡）	2007.09	2011.07	本科
14	蒋罗平	蒋晨伟	男	连云港机电学院	2011.09		大专

表13-6-16　2012年安上村15组大学生名录

组别	家长姓名	学生姓名	性别	学校名称	入学年月	毕业年月	学历
15	柴守玉	柴斌	男	昆山广播电视大学	1995.09	2010	大专
15	柴建林	柴国强	男	黄冈职业技术学院	1997.09	2002.07	大专
15	柴取根	柴月红	女	苏州技工学校	1997.09	2001.07	大专
15	柴荣观	柴秋芳	女	苏州会计职业技术学校	1998.09	2003.07	大专
15	柴都林	柴翠兰	女	天津理工大学	1998.09	2002.07	本科
15	柴祖林	柴敏敏	女	上海外国语学院	1998.09	2001.07	大专
15	郭惠林	郭芸梅	女	苏州丝绸学校	1998.09	2003.07	大专
15	柴建林	柴国荣	男	常州信息职业技术学院	2002.09	2007.07	大专
15	柴旭林	柴春燕	女	苏州机械工业技术学校	2003.09	2008	大专
15	顾卫新	顾镭	男	昆山广播电视大学	2004.07	2009.07	大专
15	柴桂荣	柴婷婷	男	昆山广播电视大学	2004.09	2009.07	本科
15	郭建明	郭凤凤	男	昆山广播电视大学	2004.09	2009.07	大专
15	郭建根	郭晓雯	女	苏州卫生职业技术学校	2004.09	2009.07	大专
15	蔡雪生	冯雪娟	女	洛社师范太仓分校	2005.09	2009.07	本科
15	冯月新	冯超翔	男	太原理工大学	2005.09	2009.07	本科
15	柴卫兴	柴春燕	女	吉林医科大学	2005.09	2009.07	本科
15	柴菊生	柴春梅	女	南京理工大学	2005.09	2009.07	本科
15	柴文兵	柴恒华	女	盐城卫生职业技术学校	2005.09	2010.07	大专
15	柴四头	柴范华	男	南京理工大学	2006.09	2010.07	本科
15	柴祖华	柴敏洁	女	南通广播电视大学	2006.09	2011.07	大专
15	郭其林	郭磊平	男	江苏大学	2007.09	2011.07	大专

续表

组别	家长姓名	学生姓名	性别	学校名称	入学年月	毕业年月	学历
15	顾建昌	顾妙英	女	常熟理工学院	2007.09	2011.07	本科
15	柴春荣	柴芳荣	女	无锡职业技术学院	2007.09	2012.07	大专
15	柴兵兴	柴行友	男	上海交通大学东海学院	2007.09	2010.07	大专
15	冯小弟	冯晨超	男	南京大学	2008.09		研究生
15	柴旭林	柴春英	女	南京三江学院	2009.09		本科
15	顾金林	冯 兰	男	淀山湖镇成人教育中心校	2009.03		大专
15	郭进兴	郭晨军	男	昆山广播电视大学	2009.4	2005.07	大专
15	郭其生	陈 洁	女	苏州幼儿师范高等专科学校	2009.09		大专
15	黄佩贞	柴妙仙	女	华南师范大学	2010.09		本科
15	柴永寿	柴彩根	男	淀山湖镇成人教育中心校	2012.03		本科

表13-6-17　　　　　2012年安上村16组大学生名录

组别	家长姓名	学生姓名	性别	学校名称	入学年月	毕业年月	学历
16	王建华	王静芳	女	南师大附属幼师学院	1993.09	1996.07	大专
16	沈德荣	沈永明	男	扬州大学	1996.09	1999.09	大专
16	计林弟	计永亮	男	苏州高等技术专科学校	1998.09	2003.07	大专
16	计云泉	计林弟	男	苏州职校淀山湖班	1999.03	2001.07	大专
16	陆美康	顾婷婷	女	苏州经贸职业技术学院	2001.09	2004.07	本科
16	赵永勤	赵雪峰	男	武汉理工大学网络教育学院	2002.09	2005.07	大专
16	王洪英	沈 虹	女	中国石油大学北京网络教育学院	2004.09	2004.07	大专
16	周正荣	周 峰	女	江阴职业技术学院	2004.09	2007.06	大专
16	陆美康	顾定华	男	淮阴工学院	2006.09	2009.07	本科
16	周金华	周 玲	女	南京师范大学泰州学院	2007.09	2010.09	大专
16	赵 兵	赵 瑜	女	昆山市第一高等职业技术学校	2007.09	2012.07	大专
16	赵雪峰	赵雯雯	女	南京师范大学	2008.09	2011.07	本科
16	顾彩根	顾 伟	男	南京铁路运输学校	2008.08	2011.07	大专
16	沈三囡	沈翠翠	女	昆山市第一高等职业技术学校	2009.09	2012.07	大专
16	顾雪球	顾婷艳	女	盐城师范学院	2009.09	2012.07	本科
16	顾文化	顾婷怡	女	哈尔滨工业大学	2010.09		本科
16	顾洪球	顾志强	男	南京体校	2010.09		本科
16	顾永球	顾雨玲	女	苏州大学	2012.09		本科
16	周雪元	周颖峰	男	郑州航空学校	2012.09		本科
16	赵 初	赵 晴	女	昆山硅湖职业技术学院	2011.09		本科

表 13-6-18　　　　　　　　　2012年安上村17组大学生名录

组别	家长姓名	学生姓名	性别	学校名称	入学年月	毕业年月	学历
17	赵小毛	赵木根	男	洛社师范太仓分校	1979.09	1982.07	大专
17	费金根	费建明	男	无锡轻工业学院	1983.09	1988.07	本科
17	赵水林	赵金华	男	苏州人民警察学校	1984.09	1987.07	大专
17	赵阿金	赵明华	男	苏州人民警察学校	1984.09	1987.07	大专
17	赵根福	赵刚	男	太原重型机械学院	1989.09	1992.07	本科
17	赵根福	赵雪琴	女	常熟高等专科学校	1991.09	1995.07	本科
17	陆阿弟	陆伟中	男	南京农业大学	1995.08	2000.07	本科
17	陆阿弟	陆伟英	女	苏州职业大学	1995.09	2000.07	大专
17	费建忠	费秋英	女	徐州师范大学	1998.08	2002.07	本科
17	陆洪元	陆雅英	女	苏州农业职业技术学院	1999.09	2003.07	大专
17	赵洪珍	赵丹凤	男	无锡轻工业大学	2000.08	2004.07	本科
17	陆永元	陆伟刚	男	苏州广播电视大学	2001.10	2004.07	大专
17	费金根	费建华	男	武汉理工大学网络教育学院	2002.09	2005.07	本科
17	赵金根	赵琴芳	女	南京化工职业技术学校	2002.08	2007.08	大专
17	赵木根	赵寅辰	女	江苏教育学院	2004.09	2008.07	本科
17	费建华	费晓燕	女	南京审计学院	2004.09	2008.07	本科
17	赵金明	赵翠翠	女	南通农业职业技术学院	2005.09	2008.07	大专
17	张佰元	张岑	男	盐城工学院	2005.09	2009.07	本科
17	邓建青	赵丽晴	女	淮海工学院(连云港)	2007.09	2011.07	本科
17	赵志明	赵静	女	连云港师范学院	2008.09	2012.07	本科
17	顾克强	顾顺超	男	苏州职业大学	2008.09		大专
17	赵平	赵金荣	男	苏州交通职业技术学校	2009.07	2012.07	大专
17	赵林华	赵健	男	苏州轻工技校	2009.09		大专
17	赵平	赵玉荣	男	苏州大学应用技术学院	2010.07		本科
17	周卫新	周倩红	女	镇江卫生职业技术学校	2010.09		大专
17	赵雪琪	赵天豪	男	常熟理工学院	2012.09		本科
17	赵庆华	赵秋晨	女	南京师范大学泰州学院	2012.09		本科
17	赵军	赵晨燕	女	南京师范大学	2012.09		本科

表 13-6-19　　2012 年安上村 18 组大学生名录

组别	家长姓名	学生姓名	性别	学校名称	入学年月	毕业年月	学历
18	陈宝元	陈刚	男	保定空军第三飞行基础学校	1986.09	1990.07	本科
18	朱彩兴	朱峰	男	昆山市第一高等职业技术学校	1992.09	1996.07	大专
18	朱彩兴	朱英	女	昆山市第一高等职业技术学校	1994.09	1998.07	大专
18	蒋卫东	朱强	男	南京建筑工程学院	1997.08	2001.07	本科
18	朱菊林	朱芳	女	昆山城北职校	1998.08	2001.07	大专
18	朱彩根	朱健	男	江苏工业学院（常州）	2000.09	2004.07	本科
18	蒋卫忠	蒋娟	女	南京人口管理干部学院	2000.09	2004.07	本科
18	钟培兴	钟晶	男	苏州职业教育中心	2001.08	2007.10	大专
18	朱献根	朱江	男	南京建筑工程学院	2002.08	2006.07	本科
18	朱大奎	朱寅冬	男	昆山广播电视大学	2003.09	2008.07	大专
18	钟阿兴	钟玲	男	苏州职业大学	2005.09	2009.07	本科
18	陈建新	陈佳凤	女	昆山市第一高等职业技术学校	2008.09	2011.07	大专
18	朱兴林	朱婉莲	女	华南农业大学（广州）	2008.08	2012.07	本科
18	蒋正华	蒋占峰	男	苏州大学	2009.09		大专

表 13-6-20　　2012 年安上村 19 组大学生名录

组别	家长姓名	学生姓名	性别	学校名称	入学年月	毕业年月	学历
19	王林娣	王惠芳	女	苏州卫校昆山班	1985.09	1988.07	大专
19	周培根	周伟	男	苏州农业职业技术学校	1999.09	2006.04	大专
19	周玉明	周晨	男	昆山技工学校	1999.10	2002.07	大专
19	王林元	王丽娟	女	苏州丝绸学校	1999.08	2004.06	大专
19	徐勇斌	徐俊	男	苏州铁路机械学校	2002.09	2007.07	大专
19	王雪龙	王蕾	女	中国地质大学北京网络教育学院	2002.09	2005.07	大专
19	王荣元	王洁	女	江苏工业学院（常州）	2004.09	2008.07	本科
19	周玉山	周洁	女	苏州职业大学	2004.09	2006.07	大专
19	周培兴	周扬	男	郑州大学现代远程教育学院	2005.09	2008.07	大专
19	蒋三球	王宇	男	苏州轻工技术学校	2005.09	2010.07	大专
19	周玉平	周涛	男	常州职业大学	2005.09	2009.07	大专
19	殷建新	周庆	男	南通大学	2005.09	2009.07	本科
19	王三元	王英	男	苏州技工学校	2006.09	2010.07	大专
19	王惠荣	王力	男	苏州轻工技校	2007.09	2011.07	大专

续表

组别	家长姓名	学生姓名	性别	学校名称	入学年月	毕业年月	学历
19	周强	周平	男	中国地质大学北京网络教育学院	2007.09	2011.07	大专
19	唐四元	唐晓周	男	苏州技工学校	2008.09	2011.07	大专
19	陶伟明	陶情	女	南京邮电大学	2010.09		本科

表13-6-21　　　　　　　　　　2012年安上村20组大学生名录

组别	家长姓名	学生姓名	性别	学校名称	入学年月	毕业年月	学历
20	顾雪龙	顾建良	男	南京消防学校	1990.09	1993.07	本科
20	杨飞龙	杨文勇	男	中央广播电视大学	2002.09	2005.07	大专
20	顾建元	顾菊	女	南京工业大学	2006.09	2010.07	本科
20	杨伟根	杨杰	男	中国石油大学北京网络教育学院	2007.01	2009.01	本科
20	顾建峰	顾峰	女	昆山广播电视大学	2008.09	2011.07	大专
20	潘建明	潘冬菊	女	常州轻工技术学院	2008.09	2011.07	大专
20	沈建忠	沈晶	女	南通技工学校	2008.09	2011.07	本科
20	沈建林	沈莉	女	常州财经学院	2008.09	2011.07	本科
20	赵球	钱小凤	女	扬州师范学院	2009.09	2012.07	本科
20	蒋卫东	蒋星星	女	苏州技工学校	2009.09	2012.07	大专
20	杨建新	杨嵘	男	昆山广播电视大学	2009.09	2010.07	大专
20	杨勤勇	杨颖英	女	南通紫琅职业技术学院	2009.09	2012.07	大专
20	杨卫岗	杨晔思	男	昆山市第一高等职业技术学校	2010.09		大专
20	杨文勇	杨宗豪	男	上海电力学院	2011.09		本科
20	陈峰	陈妹	女	昆山巴城职校	2012.09		大专

表13-6-22　　　　　　　　　　2012年安上村21组大学生名录

组别	家长姓名	学生姓名	性别	学校名称	入学年月	毕业年月	学历
21	李惠菊	李艳	女	苏州大学	1999.09	2003.07	本科
21	张俭元	屈卫冬	男	昆山技术专科学校	2000.12	2006.08	大专
21	屈林元	屈亚芳	女	江阴职业大学	2004.09	2007.07	大专
21	屈建荣	屈静芳	女	昆山广播电视大学	2005.09	2010.07	大专
21	王国友	王杰	男	苏州广播电视大学	2006.09	2011.07	大专
21	胡苏林	胡勇	男	苏州技工学校	2007.09	2011.07	大专
21	陈见芳	屈小庆	女	昆山市第一高等职业技术学校	2007.09	2010.07	大专
21	周亚明	周文	男	镇江高等专科学校	2007.09	2009.07	大专

续表

组别	家长姓名	学生姓名	性别	学校名称	入学年月	毕业年月	学历
21	唐文忠	唐佳伟	男	苏州广播电视大学	2008.09	2011.07	大专
21	华德荣	华郁磊	男	苏州技工学校	2008.09	2011.07	大专
21	屈荣元	屈丽花	女	苏州经贸职业技术学院	2008.09	2012.07	本科
21	谢红生	谢 军	男	苏州城市轨道交通学校	2008.09	2012.07	大专
21	屈荣林	屈丽萍	女	昆山市第一高等职业技术学校	2009.09	2011.07	大专
21	屈林荣	屈亚冬	男	哈尔滨工业大学	2009.09	2011.07	本科
21	胡雪忠	胡 强	男	昆山市第一高等职业技术学校	2010.09	在校生	大专
21	王丽华	王凌辉	女	昆山广播电视大学	2011.09		大专
21	屈奔元	屈伊萍	女	南京师范大学泰州学院	2011.09		本科
21	王瑞林	王 英	女	徐州师范大学	2012.09		本科

表13-6-23　　　　2012年安上村22组大学生名录

组别	家长姓名	学生姓名	性别	学校名称	入学年月	毕业年月	学历
22	朱小芳	朱光纪	男	苏州地区师范学校（常熟）	1978.09	1982.07	本科
22	陈友正	陈安平	男	苏州地区师范学校（常熟）	1979.09	1983.07	本科
22	周爱生	周帅林	男	中国人民解放军北京防化学校	1980.09	1983.07	本科
22	周祥妹	周品元	男	无锡商业学校	1982.09	1986.07	大专
22	王宝其	张福珍	女	苏州地区师范学校（常熟）	1982.09	1986.07	本科
22	张进福	张伟根	男	苏州大学师范专科班	1985.09	1988.07	大专
22	王宝其	张福平	男	广州外国语学院	1985.09	1988.07	本科
22	朱广林	朱忠静	女	黄石国际金融学校	1989.09	1993.07	大专
22	林继红	林劲松	男	上海金融专科学校	1989.09	1992.07	本科
22	张元昌	张志燕	女	常熟高等专科学校	1995.09	1999.07	大专
22	周美林	周雪莲	女	苏州广播电视大学	1996.10	1999.07	大专
22	张一峰	张晓华	女	苏州大学	1997.09	2000.07	大专
22	张伟林	张雅萍	女	苏州丝绸学校	1998.09	2003.06	大专
22	张伟荣	张 强	男	苏州技工学校	1998.09	2006.01	大专
22	张一峰	张晓东	男	中共江苏省委党校昆山分校	2000.09	2004.07	研究生
22	徐秋林	徐丹凤	女	南通医学院	2000.08	2004.09	本科
22	张凤珍	张 娟	女	昆山市第一高等职业技术学校	2004.09	2009.07	大专
22	周 勇	周翠华	女	扬州师范学院（宿迁）	2006.09	2011.07	本科

续表

组别	家长姓名	学生姓名	性别	学校名称	入学年月	毕业年月	学历
22	沈阿六	张丽洁	女	苏州技工学校	2006.09	2010.07	大专
22	周忠元	周郁	男	昆山市第一高等职业技术学校	2007.09	2010.07	大专
22	周文明	周怡	女	昆山市第一高等职业技术学校	2008.09	2011.07	大专
22	张月明	张诗颖	女	连云港卫生职业技术学院	2012.09		大专

表13-6-24　　　　　2012年安上村23组大学生名录

组别	家长姓名	学生姓名	性别	学校名称	入学年月	毕业年月	学历
23	张国昌	张其祥	男	南京水利学院	1949.09	1952.07	本科
23	林继红	林娟	女	苏州职大昆山干部进修班	1991.09	1994.07	本科
23	张海元	张明	男	淮阴农业大学	1994.09	1997.07	本科
23	张雪祥	张海其	男	苏州大学干部函授班	1994.09	1998.07	本科
23	张其祥	张霖	女	苏州电大干部进修班	1994.09	1998.07	本科
23	周金林	周建芬	女	昆山教师进修学校	1997.09	2001.07	大专
23	张德林	张慧	女	昆山市第一高等职业技术学校	1998.09	2001.07	大专
23	张杏元	张健	男	昆山市第一高等职业技术学校	1999.09	2003.07	大专
23	周阿三	张勇	男	武汉理工大学函授班	2000.09	2004.07	本科
23	沈阿五	张洁	男	常州技工学校	2002.08	2006.03	大专
23	张勇	张叶	女	昆山硅湖职业技术学院	2005.09	2010.07	大专
23	徐角林	周松巍	女	昆山广播电视大学	2006.09	2010.07	大专
23	周泉元	周利卫	男	昆山市第一高等职业技术学校	2007.09	2010.07	大专
23	张德青	张兰	女	昆山市第一高等职业技术学校	2008.09	2011.07	大专
23	高弟弟	张仁	男	昆山市第一高等职业技术学校	2009.09	2012.07	大专
23	张永革	张逸凡	男	黄石国际金融学校	2011.09		本科
23	周春林	周志成	男	淮阴卫生职业技术学院	2013.09		大专
23	蔡林龙	张伟晨	男	西南交通大学(成都)	2013.09		本科

表13-6-25　　　　　2012年安上村24组大学生名录

组别	家长姓名	学生姓名	性别	学校名称	入学年月	毕业年月	学历
24	张文庆	张栋林	男	江苏师范学院	1980.09	1984.07	本科
24	张文庆	张华林	男	上海海关学院	1986.09	1989.07	本科
24	翁海英	张惠新	女	南通纺织职业技术学院	1986.09	1990.07	本科

续表

组别	家长姓名	学生姓名	性别	学校名称	入学年月	毕业年月	学历
24	翁海英	张惠民	男	南京机械专科学校	1987.09	1991.07	本科
24	张文庆	张冬英	女	江苏师范学院	1989.09	1993.07	本科
24	张奎林	张建华	男	苏州大学	1989.09	1993.07	本科
24	张良虎	张志元	男	南京大学	1993.09	1993.06	本科
24	张进荣	张志华	男	太仓工业学院	1996.09	1999.07	大专
24	张奎根	张丽	女	昆山市第一高等职业技术学校	1998.09	2002.07	大专
24	韦阳春	韦国成	男	苏州职业大学	2002.09	2006.07	大专
24	韦卫生	韦国柱	男	盐城职业大学	2002.09	2006.07	大专
24	张保家	张志根	男	盐城师范学院	2002.09	2007.08	本科
24	张平贤	张鸽	男	苏州技工学校	2003.09	2008.07	大专
24	李平	李琳	女	昆山市第一高等职业技术学校	2005.09	2009.07	大专
24	施永青	施佳俊	男	苏州职业大学	2006.09	2011.07	大专
24	张玉珍	张卉	女	苏州职业大学	2008.09	2011.07	大专
24	王建平	王晶	男	南京艺术学院	2008.09	2012.07	本科
24	李全根	李兴元	男	江苏教育学院	2009.09	2012.07	大专
24	张瑞芳	张丹	女	苏州大学	2009.09		本科

表13-6-26　　　　2012年安上村25组大学生名录

组别	家长姓名	学生姓名	性别	学校名称	入学年月	毕业年月	学历
25	尉忠水	徐志龙	男	苏州人民警察学校	1985.09	1987.07	本科
25	金德兴	金荣华	男	江苏技术师范学院（常州）	1985.09	1988.07	本科
25	金德兴	金彩华	女	南京农业大学	1989.09	1993.07	本科
25	王生荣	王明庆	男	江苏化工学院	1990.08	1993.07	大专
25	肖德根	肖建明	男	大同煤炭学校	1992.09	1996.07	本科
25	郭官苗	郭伟伟	女	苏州卫校昆山班	1996.08	1999.07	大专
25	郭苗林	金雪冬	男	苏州技工学校	2001.11	2004.07	大专
25	金永迁	金亮	男	安徽财经大学	2005.09	2010.07	大专
25	何宝根	何珊	男	苏州轻工业技术学院	2005.09	2010.07	大专
25	郭苗忠	郭雯	男	苏州轻工业技术学院	2005.09	2010.07	大专
25	金荣泰	金斐	男	苏州高博电子软件学院	2006.09	2010.07	大专

表 13-6-27　　　　　　　　　　2012 年安上村 26 组大学生名录

组别	家长姓名	学生姓名	性别	学校名称	入学年月	毕业年月	学历
26	周秀金	沈福元	男	中国人民解放军南京外国语学院	1981.09	1985.07	博士
26	张桂福	张华林	男	新苏州师范学校（苏州）	1994.08	1999.10	本科
26	沈荣元	沈 科	男	江苏公安学校	1998.08	2002.07	本科
26	王云林	王素娟	女	昆山市第一高等职业技术学校	1999.09	2002.07	大专
26	王军荣	王 洁	女	南京铁路运输学校	2000.08	2003.07	大专
26	张桂明	张娟娟	女	苏州广播电视大学	2001.09	2004.07	大专
26	王永林	王 燕	女	苏州卫生职业技术学校	2002.07	2006.12	大专
26	王建忠	王 静	女	江苏经贸职业技术学院	2002.09	2007.08	大专
26	韦宝生	韦国珍	女	上海外国语学院	2002.09	2006.08	本科
26	朱建青	朱 凤	女	昆山广播电视大学	2004.09	2009.07	大专
26	王大忠	王 剑	男	苏州广播电视大学	2004.09	2007.07	大专
26	唐永生	唐寅华	男	苏州大学	2007.09	2011.07	大专
26	王祖元	王敏超	男	昆山广播电视大学	2007.07	2012.09	大专
26	韦宝生	韦 杨	女	苏州工业职业技术学院	2007.09	2011.07	大专
26	张会生	张 雯	女	昆山广播电视大学	2008.09	2011.07	大专
26	沈昌元	沈寒梅	女	苏州广播电视大学	2008.09	2011.07	大专
26	王勇忠	陆 仁	男	宿迁卫生职业技术学院	2009.09	2012.07	大专

表 13-6-28　　　　　　　　　　2012 年安上村 27 组大学生名录

组别	家长姓名	学生姓名	性别	学校名称	入学年月	毕业年月	学历
27	朱华生	朱建华	男	中央广播电视大学	1981.07	1985.12	大专
27	蒋阿三	蒋 华	男	太仓工业学院	1996.08	1999.06	大专
27	邓幸福	邓志超	男	南通紫琅职业技术学院	1997.08	2000.07	本科
27	朱元德	朱 良	男	昆山市第一高等职业技术学校	1997.07	2000.11	大专
27	蒋阿明	蒋 丽	女	沙洲工学院（张家港）	1998.09	2002.07	本科
27	徐正娥	邓 芳	女	昆山广播电视大学	2000.09	2005.06	大专
27	邓阿五	邓 英	女	昆山广播电视大学	2000.09	2005.06	大专
27	蒋根福	蒋 辉	男	苏州经贸职业技术学院	2002.10	2007.11	大专
27	邓云平	邓志慧	女	南通大学	2004.09	2009.07	本科
27	冯永勤	冯 涛	男	中国石油大学北京网络教育学院	2004.09	2007.07	大专
27	冯 旗	冯丽慧	女	昆山广播电视大学	2005.09	2009.07	大专

续表

组别	家长姓名	学生姓名	性别	学校名称	入学年月	毕业年月	学历
27	朱建华	朱茜	女	苏州大学文正学院	2007.09	2011.07	大专
27	蒋志明	蒋越辰	女	南京三江学院	2007.08	2011.07	本科
27	蒋建林	蒋泽熹	男	盐城师范学院	2009.09		本科
27	邓卫兵	邓妙华	女	连云港卫生职业技术学校	2009.09	2012.07	大专
27	蒋小兵	蒋迅	男	中国地质大学北京网络教育学院	2009.09	2011.07	大专
27	冯小夯	冯学恒	男	南京医科大学	2010.09		大专
27	冯旗	冯旅帆	男	南京医科大学	2011.09		大专

第七节 在外工作人员

在外工作人员共51人,见表13-7-1。

表13-7-1　　　　　　　　　安上村在外工作人员名录

姓名	性别	历届担任职务状况	备注
陈海根	男	新民大队民兵营长、治保主任、大队党支部书记,淀山湖镇党委副书记、书记	已退休
叶木生	男	淀东公社营造厂厂长,新民大队党支部书记	已退休
吴海奎	男	马安大队党支部书记,镇土管所、建管所主任	已退休
高文义	男	淀东公社人武部部长	1986.02病故
刘汉田	男	黑龙江齐齐哈尔部队连级干部,转业后任淀山湖镇党委组织委员	已退休
叶金方	男	淀山湖镇土地管理所所长	
叶兴元	男	淀山湖镇兽医站站长	
计俊林	男	新民小学完小校长,双桥小学完小校长,淀山湖镇党委秘书	已退休
周爱兴	男	马安大队党支部书记,淀山商城主任	已退休
周建民	男	马安大队党支部书记,淀山湖镇党校副校长	
周建珍	女	淀山湖镇妇联主任、镇人大秘书	
周建国	男	昆山市财政局科长	
蒋湘球	男	淀山湖镇兽医站站长	已退休
蒋宇峰	男	中国建设银行昆山市开发区支行主任	
蒋辰峰	男	中国建设银行淀山湖支行工作	
朱惠英	女	淀山湖幼儿园副院长,淀山湖镇妇联主任,淀山湖文体站长	已退休
徐建波	男	马安大队党支部书记,淀山湖镇政府常务副镇长	

续表

姓名	性别	历届担任职务状况	备注
张晓东	男	安上村党支部书记,淀山湖镇副镇长、党委组织委员	
张 明	男	安上村党总支书记,淀山湖镇强村办主任、镇建管所所长	
张菊荣	男	淀山湖镇民政办主任	退休
顾明德	男	淀山湖镇党委委员、政协主席	2006.03病故
张祥龙	男	新农大队党支部书记,淀山湖敬老院首任院长	1996年病故
张奎林	男	新华大队党支部书记,党委秘书	1995.01病故
张瑞林	男	淀山湖镇税务所所长,千灯镇税务所所长	退休
张伯荣	男	淀东乡供销社党支部书记	2003年病故
邓一新	男	淀东公社特派员	退休
林劲松	男	中国人民保险公司昆山分公司副总经理	
林 娟	女	淀山湖镇商城主任,淀辉社区党支书、文体站站长	
沈福元	男	留美博士生,定居美国,宾夕法尼亚州立大学终身教授	
顾建良	男	南京任消防大队大队长	
柴彩根	男	淀山湖镇综合市场主任	
陈友正	男	参加过盐城解放战争,六级伤残	2012年病故
张栋林	男	淀山湖中学校长,陆家中学校长,昆山电大副校长	
朱广纪	男	淀山湖中学党支部书记	已退休
陈秀基	男	淀山湖镇加工厂厂长、粮管所副所长	已退休
费建华	男	花桥镇派出所指导员	
陈 青	男	昆山市城中派出所所长	
赵金华	男	苏州市城中派出所所长	
赵明华	男	苏州市城东派出所所长	
徐志龙	男	昆山市检察院批捕科科长	
柴文荣	男	参加中越自卫反击战战斗英雄	
顾阿苟	男	福建某部队副团级干部,参加过中越自卫反击战获三等功。转业后在昆山市客运公司任检测中心主任	已退休
陈金元	男	昆山市国税局税务科长	
朱瑞英	女	淀山湖镇妇联主任,镇计划生育服务站站长	现退休
肖建明	男	锦溪镇镇长,昆山市援疆干部	
赵水林	男	上洪党支部书记,镇工业公司生产科长	
张海其	男	淀山湖镇副镇长,千灯镇镇长,昆山市环保局副局长	退休
张其祥	男	昆山市水利局高级工程师	
顾雪元	男	淀山湖镇机关助理	病故
柳根龙	男	淀山湖镇双桥完小校长	
陈 刚	男	上海东方航空公司飞行员、机长	

第八节 "五匠"名录

安上村共有五匠129人,其中木匠62人、泥水匠53人、竹匠4人、漆匠7人、裁缝3人,见表13-8-1、表13-8-2。

表13-8-1　　　　　　　　安上村各村民小组"五匠"名录汇总表

组别	"五匠"总人数	其中				
		木匠	泥水匠	竹匠	漆匠	裁缝
1	3	3	—	—	—	—
2	1	—	1	—	—	—
3	6	2	3	—	—	1
4	4	—	4	—	—	—
5	4	1	3	—	—	—
6	4	—	4	—	—	—
7	7	5	1	—	1	—
8	3	3	—	—	—	—
9	5	2	3	—	—	—
10	4	2	2	—	—	—
11	3	—	2	—	1	—
12	4	4	—	—	—	—
13	3	2	1	—	—	—
14	8	—	7	1	—	—
15	13	6	6	—	1	—
16	6	2	2	—	—	2
17	9	7	2	—	—	—
18	—					
19	4	1	3	—	—	—
20	10	6	4	—	—	—
21	9	4	3	—	2	—
22	8	—	3	3	2	—
23	4	1	3	—	—	—

续表

组别	"五匠"总人数	其中				
		木匠	泥水匠	竹匠	漆匠	裁缝
24	3	1	2	—	—	—
25	—	—	—	—	—	—
26	1	1	—	—	—	—
27	3	2	1	—	—	—
合计	129	55	60	4	7	3

表 13-8-2　　　　　　　　　　　　　　安上村"五匠"名录

姓名	性别	出生年月	工种	家庭住址	从事时间	转行时间
姚生荣	男	1940.12	木匠	安上1组	1962.04	1980
姚建明	男	1964.11	木匠	安上1组	1980.07	1985.01
方锦明	男	1965.01	木匠	安上1组	1978.07	1983.02
黄雪弟	男	1962.01	木匠	安上2组	1980.06	1992.12
计白弟	男	1962.07	泥水匠	安上3组	1980.07	2010.12
陈兴元	男	1953.04	泥水匠	安上3组	1969.08	2013
汤武明	男	1964.08	泥水匠	安上3组	1980.07	1994.06
高阿金	男	1925.01	木匠	安上3组	1941.01	1991.08
王建中	男	1965.08	木匠	安上3组	1983.07	2001.12
高阿大	男	1950.01	裁缝	安上3组	1968.08	2013
顾祥元	男	1963.04	泥水匠	安上4组	1978.07	1989.04
宋革平	男	1969.06	泥水匠	安上4组	1985.07	2001.12
顾卫明	男	1964.11	泥水匠	安上4组	1981.07	2013
顾金苟	男	1956.01	泥水匠	安上4组	1974.01	2006
顾丽荣	男	1971.11	木匠	安上5组	1987.07	2013
顾雪荣	男	1973.01	泥水匠	安上5组	1989.07	2009
焦金龙	男	1964.12	泥水匠	安上5组	1981.07	2000
陆建兴	男	1966.01	泥水匠	安上5组	1983.07	2001
张希贤	男	1964.01	泥水匠	安上6组	1982.06	2013
赵根兴	男	1962.09	泥水匠	安上6组	1980.07	2008
费雪华	男	1966.11	泥水匠	安上6组	1983.07	2013
费贞兴	男	1967.08	泥水匠	安上6组	1984.07	2009

续表

姓名	性别	出生年月	工种	家庭住址	从事时间	转行时间
姚启仁	男	1921.04	木匠	安上7组	1937.02	1978
姚炳根	男	1935.05	木匠	安上7组	1951.03	1981
计金贤	男	1952.12	木匠	安上7组	1970	2012
计建林	男	1964.11	木匠	安上7组	1980.07	1983.09
计雪峰	男	1967.01	漆匠	安上7组	1985.07	2013
汤德明	男	1962.09	泥水匠	安上7组	1979.07	2003.12
吴海龙	男	1973.07	木匠	安上7组	1989.07	2013
徐冬观	男	1923.03	木匠	安上8组	1938.02	1970
徐为民	男	1957.11	木匠	安上8组	1974.07	2013
浦洪弟	男	1949.11	木匠	安上8组	1967.07	2001
浦洪平	男	1968.07	泥水匠	安上14组	1981.06	1990
金乃生	男	1963.04	泥水匠	安上14组	1979.07	2001
蒋罗平	男	1968.07	泥水匠	安上14组	1986.07	1998.01
蒋罗青	男	1971.01	泥水匠	安上14组	1988.07	1999.02
周建平	男	1966.11	泥水匠	安上14组	1983.07	2013
周雪明	男	1964.08	泥水匠	安上14组	1985.07	2004.05
周小林	男	1965.09	泥水匠	安上14组	1984.07	2002.12
张福连	男	1913.04	竹匠	安上14组	1931.01	1962
张菊生	男	1964.08	木匠	安上9组	1980.07	2006
杨正德	男	1937.07	木匠	安上9组	1957.02	1990
童土元	男	1953.04	泥水匠	安上9组	1973	2009
童林元	男	1963.07	泥水匠	安上9组	1982	1998
伍建明	男	1963.03	泥水匠	安上9组	1982	2001
朱士祥	男	1920.08	泥水匠	安上10组	1939	1965
顾阿丘	男	1965.08	泥水匠	安上10组	1982.07	1998
顾建兴	男	1954.09	木匠	安上10组	1972	2013
顾建明	男	1964.04	木匠	安上10组	1983	2010
陆秋弟	男	1969.08	漆匠	安上11组	1988	2013
屈林林	男	1970.08	泥水匠	安上11组	1989	2013
周保国	男	1969.08	泥水匠	安上11组	1988	2013

续表

姓名	性别	出生年月	工种	家庭住址	从事时间	转行时间
沈寿生	男	1935.12	木匠	安上12组	1955	1991
朱雪龙	男	1965.01	木匠	安上12组	1982.07	2013
徐四根	男	1919.11	木匠	安上12组	1939	1978
徐文明	男	1963.02	木匠	安上12组	1978.07	1999.03
陈永祥	男	1921.01	木匠	安上13组	1941.02	1989.12
陈小弟	男	1948.02	木匠	安上13组	1968	2010
叶木生	男	1932.11	泥水匠	安上13组	1953	1972
柴春荣	男	1967.06	泥水匠	安上15组	1985	2013
郭林生	男	1941.03	泥水匠	安上15组	1963	2001
郭其根	男	1964.10	泥水匠	安上15组	1983	2013
郭进泉	男	1953.10	木匠	安上15组	1973	2013
顾卫新	男	1964.09	漆匠	安上15组	1983	2013
郭建明	男	1961.12	泥水匠	安上15组	1982	2013
郭惠兴	男	1967.03	木匠	安上15组	1987	2013
郭建根	男	1965.06	木匠	安上15组	1985	2013
蔡雪生	男	1954.09	泥水匠	安上15组	1973	2013
柴龙岐	男	1922.02	木匠	安上15组	1944	2003
柴卫星	男	1956.03	木匠	安上15组	1973	2013
柴卫兴	男	1960.02	木匠	安上15组	1977	2013
柴守玉	男	1965.04	泥水匠	安上15组	1982	2013
王纪宝	男	1937.01	裁缝	安上16组	1957	1987
王建华	男	1958.09	裁缝	安上16组	1978	2013
顾岐昌	男	1929.01	泥水匠	安上16组	1949.03	1987
顾洪球	男	1968.01	木匠	安上16组	1988	2013
顾雪球	男	1966.01	泥水匠	安上16组	1986	2004
周小弟	男	1957.08	木匠	安上16组	1978	2013
王金林	男	1948.03	木匠	安上17组	1968	1989
赵阿金	男	1943.01	木匠	安上17组	1962	2002
赵金明	男	1963.11	木匠	安上17组	1981	2013
赵志明	男	1967.09	木匠	安上17组	1985	1996

续表

姓名	性别	出生年月	工种	家庭住址	从事时间	转行时间
赵雪根	男	1952.11	泥水匠	安上17组	1971	2003
赵 军	男	1972.09	木匠	安上17组	1989.7	2005
赵根福	男	1947.11	泥水匠	安上17组	1965	1998
赵金根	男	1963.11	木匠	安上17组	1982	2013
费建中	男	1954.11	木匠	安上17组	1974.11	1985
周 强	男	1966.06	泥水匠	安上19组	1986	2013
陶伟明	男	1965.08	泥水匠	安上19组	1988	2013
王荣元	男	1961.12	泥水匠	安上19组	1981	2013
王雪龙	男	1964.01	木匠	安上19组	1983	2013
杨卫华	男	1970.12	木匠	安上20组	1987.07	2002
顾建元	男	1963.10	木匠	安上20组	1980.07	2013
顾建峰	男	1966.12	泥水匠	安上20组	1986	2013
潘建明	男	1963.10	泥水匠	安上20组	1982	2013
于忠林	男	1963.07	木匠	安上20组	1982	2001
蒋万春	男	1968.12	泥水匠	安上20组	1988	2013
蒋卫东	男	1968.10	木匠	安上20组	1989	2013
杨建华	男	1962.01	木匠	安上20组	1979	2013
杨建新	男	1964.09	木匠	安上20组	1983	2013
赵 球	男	1966.09	泥水匠	安上20组	1989	1995
谢红明	男	1967.06	木匠	安上21组	1980.02	2009
屈荣元	男	1966.08	泥水匠	安上21组	1985.02	2010
屈荣林	男	1969.01	泥水匠	安上21组	1988.07	2010
方建明	男	1971.01	泥水匠	安上21组	1991.07	2013
屈建林	男	1969.09	木匠	安上21组	1988	2001
屈建兵	男	1971.09	木匠	安上21组	1991	2003
张俭元	男	1952.02	漆匠	安上21组	1972.02	2013
屈仁林	男	1956.02	漆匠	安上21组	1976	2013
屈泉荣	男	1964.01	木匠	安上21组	1985	2009
周 勇	男	1965.01	泥水匠	安上22组	1986	2005
周美林	男	1952.08	泥水匠	安上22组	1971	2013

续表

姓名	性别	出生年月	工种	家庭住址	从事时间	转行时间
周海林	男	1956.09	泥水匠	安上22组	1975	2013
朱小芳	男	1926.03	竹匠	安上22组	1944.03	1970
朱光林	男	1954.12	竹匠	安上22组	1972.07	1990
张伟荣	男	1957.04	漆匠	安上22组	1986	2013
翁进宝	男	1959.01	漆匠	安上22组	1986	2013
陈秀基	男	1951.09	竹匠	安上22组	1970.07	1981
张镕镕	男	1970.08	木匠	安上23组	1987	2003
沈阿五	男	1963.04	泥水匠	安上23组	1982	2013
张德青	男	1966.10	泥水匠	安上23组	1985	2013
张 勇	男	1966.09	泥水匠	安上23组	1983	1994
王建平	男	1963.06	泥水匠	安上24组	1980	2013
李 平	男	1964.10	木匠	安上24组	1982	2013
张平贤	男	1960.06	泥水匠	安上24组	1980	2013
张桂林	男	1955.01	木匠	安上26组	1972	1980
蒋根福	男	1957.01	木匠	安上27组	1977	2001
邓卫兵	男	1967.01	木匠	安上27组	1988	2005
蒋阿明	男	1955.02	泥水匠	安上27组	1976	1998

第九节　插队知识青年

安上村域共有插队知识青年110人，其中新民大队70人、新华大队40人，见表13-9-1、表13-9-2。

表13-9-1　　　　　　　　安上村域新民大队插队知识青年名录

序号	姓名	性别	家庭所在城镇	插队生产队	现所属组	插队年月	返城年月
1	张介颖	男	苏州	新民1队	安上1组	1964.08	1980.03
2	朱达勇	男	苏州	新民1队	安上1组	1964.08	1980.03
3	裘荣康	男	苏州	新民1队	安上1组	1964.10	1980.03
4	徐尧生	男	苏州	新民1队	安上1组	1968.12	1980.03
5	周 伦	男	苏州	新民1队	安上1组	1968.12	1980.03

续表

序号	姓名	性别	家庭所在城镇	插队生产队	现所属组	插队年月	返城年月
6	朱荣萍	女	苏州	新民1队	安上1组	1964.10	1980.03
7	杨顺英	女	苏州	新民2队	安上2组	1964.08	1980.03
8	刘云霞	女	苏州	新民2队	安上2组	1964.08	1980.03
9	朱惠秋	女	苏州	新民2队	安上2组	1968.12	1980.03
10	沈月秋	女	苏州	新民2队	安上2组	1968.12	1980.03
11	周建刚	男	淀东	新民2队	安上2组	1966.06	1980.03
12	陆拯邦	男	苏州	新民3队	安上3组	1964.08	1980.03
13	姚舜	男	苏州	新民3队	安上3组	1964.08	1980.03
14	吴国成	男	苏州	新民3队	安上3组	1964.08	1980.03
15	马美英	女	苏州	新民3队	安上3组	1969.04	1980.03
16	张腊妹	女	苏州	新民3队	安上3组	1969.04	1980.03
17	吴凌麟	男	苏州	新民3队	安上3组	1963.10	1980.03
18	朱美华	女	淀西	新民3队	安上3组	1966.10	1980.03
19	吴红	女	苏州	新民3队	安上3组	1966.10	1980.03
20	吴敏	女	苏州	新民3队	安上3组	1966.10	1980.03
21	唐国亭	男	苏州	新民3队	安上3组	1968.12	1980.03
22	黄祥强	男	苏州	新民3队	安上3组	1968.12	1980.02
23	孙善强	男	苏州	新民3队	安上3组	1968.12	1980.02
24	唐庚寅	男	苏州	新民3队	安上3组	1968.12	1980.02
25	奚文蓉	女	苏州	新民4队	安上4组	1964.08	1980.03
26	蔡锦玉	女	苏州	新民4队	安上4组	1964.08	1980.03
27	曹友福	男	苏州	新民4队	安上4组	1968.12	1980.03
28	华云珠	女	苏州	新民4队	安上4组	1968.12	1980.03
29	邵龙妹	女	苏州	新民5队	安上5组	1964.08	1980.03
30	顾金媛	女	苏州	新民5队	安上5组	1964.08	1980.03
31	赵尔民	男	苏州	新民5队	安上5组	1968.12	1980.03
32	樊双顶	男	苏州	新民5队	安上5组	1968.12	1980.03
33	李金伟	男	苏州	新民5队	安上5组	1968.12	1980.03
34	童候明	男	昆山	新民5队	安上5组	1970.03	1980.03
35	邵雪尧	男	昆山	新民5队	安上5组	1970.03	1980.03

续表

序号	姓名	性别	家庭所在城镇	插队生产队	现所属组	插队年月	返城年月
36	徐罗平	女	昆山	新民6队	安上6组	1970.06	1980.03
37	徐燕平	女	昆山	新民6队	安上6组	1970.06	1980.03
38	詹明善	男	苏州	新民6队	安上6组	1968.12	1980.03
39	干家端	男	苏州	新民6队	安上6组	1970.01	1980.03
40	陆定邦	男	昆山	新民6队	安上6组	1970.06	1980.03
41	李秀英	女	昆山	新民6队	安上6组	1970.06	1980.03
42	梅春发	男	苏州	新民6队	安上6组	1968.12	1980.03
43	汤建英	女	苏州	新民6队	安上6组	1968.12	1980.03
44	关志苏	男	苏州	新民7队	安上7组	1972.08	1980.03
45	陈国华	男	苏州	新民7队	安上7组	1972.08	1980.03
46	顾兴德	男	淀东	新民7队	安上7组	1970.03	1980.03
47	季宝芬	女	淀东	新民7队	安上7组	1970.03	1980.03
48	顾克诚	男	淀东	新民7队	安上7组	1970.03	1980.03
49	顾克嘉	男	淀东	新民7队	安上7组	1970.03	1980.03
50	宋希民	男	苏州	新民8队	安上8组	1972.08	1980.03
51	钱伟康	男	淀东	新民8队	安上8组	1968.11	1980.03
52	高永良	男	昆山	新民8队	安上8组	1969.08	1980.03
53	译肖峰	男	昆山	新民8队	安上8组	1969.10	1980.03
54	邵清泉	男	昆山	新民8队	安上8组	1970.01	1980.03
55	吴伟强	男	淀东	新民8队	安上8组	1964.10	1980.03
56	陆志欣	男	淀东	新民8队	安上8组	1964.10	1980.03
57	朱根娣	女	苏州	新民9队	安上9组	1964.10	1980.03
58	李国芬	女	苏州	新民9队	安上9组	1964.10	1980.03
59	王瑜	男	昆山	新民10队	安上10组	1970.03	1980.03
60	陈杏英	女	昆山	新民10队	安上10组	1970.03	1980.03
61	高培夏	女	淀东	新民10队	安上10组	1968.12	1980.03
62	赵金根	男	苏州	新民10队	安上10组	1968.12	1980.03
63	陈琴英	女	苏州	新民11队	安上11组	1968.12	1977
64	郁企华	女	苏州	新民11队	安上11组	1968.12	1977
65	岑文文	女	苏州	新民11队	安上11组	1968.12	1977

续表

序号	姓名	性别	家庭所在城镇	插队生产队	现所属组	插队年月	返城年月
66	韩素珍	女	苏州	新民11队	安上11组	1963.10	1980.03
67	丁惠敏	男	苏州	新民12队	安上12组	1963.10	1980.03
68	杨海忠	男	苏州	新民12队	安上12组	1969.04	1980.03
69	尤国泽	男	苏州	新民12队	安上12组	1969.04	1980.03
70	童平生	男	昆山	新民12队	安上12组	1970.03	1980.03

表13-9-2　　安上村域新华大队插队知识青年名录

序号	姓名	性别	家庭所在城镇	插队生产队	现所属组	插队年月	返城年月
1	杨玉林	男	苏州	新华1队	安上16组	1964.08	1980.03
2	邹昌城	男	苏州	新华1队	安上16组	1964.08	1980.03
3	徐宝球	男	苏州	新华1队	安上16组	1964.08	1980.03
4	石宝荣	男	苏州	新华1队	安上16组	1964.08	1980.03
5	管龙龙	男	苏州	新华2队	安上17组	1964.08	1980.03
6	蔡兴	男	苏州	新华2队	安上17组	1964.08	1980.03
7	顾梁	女	苏州	新华3队	安上18组	1964.08	1980.03
8	高鹤琴	女	苏州	新华3队	安上18组	1964.08	1980.03
9	冯明娟	女	苏州	新华3队	安上18组	1964.08	1980.03
10	霍琴	女	苏州	新华3队	安上18组	1964.08	1980.03
11	沈克勤	男	苏州	新华4队	安上19组	1964.08	1980.03
12	宋希平	男	苏州	新华4队	安上19组	1964.08	落户安上
13	宋琦	女	苏州	新华4队	安上19组	1964.08	1980.03
14	张雪萍	女	苏州	新华4队	安上19组	1964.08	1980.03
15	张贵生	男	昆山	新华4队	安上19组	1964.08	1980.03
16	孙国强	男	苏州	新华5队	安上20组	1964.08	1980.03
17	张荣林	男	苏州	新华5队	安上20组	1964.08	1980.03
18	严丽红	女	苏州	新华5队	安上20组	1964.08	1980.03
19	李志昇	女	苏州	新华5队	安上20组	1964.08	1980.03
20	夏惠芳	女	苏州	新华6队	安上21组	1964.08	1980.03
21	吴品洁	女	苏州	新华6队	安上21组	1964.08	1980.03
22	顾思俭	男	苏州	新华7队	安上22组	1964.08	1980.03
23	周伟馨	男	苏州	新华7队	安上22组	1964.08	1980.03

续表

序号	姓名	性别	家庭所在城镇	插队生产队	现所属组	插队年月	返城年月
24	吴顺发	男	昆山	新华7队	安上22组	1964.08	1980.03
25	庞 龙	男	昆山	新华8队	安上23组	1964.08	1980.03
26	邵国栋	男	昆山	新华8队	安上23组	1964.08	1980.03
27	杨建昆	男	昆山	新华8队	安上23组	1964.08	1980.03
28	杨建秋	女	昆山	新华8队	安上23组	1964.08	1980.03
29	李思燕	女	昆山	新华8队	安上23组	1964.08	1980.03
30	章文娟	女	昆山	新华8队	安上23组	1964.08	1980.03
31	魏福妹	女	昆山	新华8队	安上23组	1964.08	1980.03
32	施善苏	男	苏州	新华9队	安上24组	1964.08	1980.03
33	陈宗苏	男	苏州	新华9队	安上24组	1964.08	1980.03
34	蒋钰生	男	苏州	新华10队	安上25组	1964.08	1980.03
35	常福生	男	苏州	新华10队	安上25组	1964.08	1980.03
36	周祖德	男	苏州	新华10队	安上25组	1964.08	1980.03
37	黄寅培	男	苏州	新华10队	安上25组	1964.08	1980.03
38	严静华	女	苏州	新华10队	安上25组	1964.08	1980.03
39	朱冬妹	女	苏州	新华10队	安上25组	1964.08	1980.03
40	马秀珍	女	苏州	新华10队	安上25组	1964.08	1980.03

第十节 全家落户

安上村全家落户共11户49人,见表13-10-1。

表13-10-1　　　　　　　　　　安上村全家落户名录

户主姓名	人口	老家所在地	落户地	所属组	落户年月
徐宝元	5	江阴小南庄	新民2队	安上2组	1965.02
曹克勤	7	苏州	新民6队	安上6组	1964.03
刘尧庆	6	江阴	新民7队	安上7组	1965.02
张志文	5	江阴	新民7队	安上7组	1965.02
陈 克	5	上海港务局	新民7队	安上7组	1961.10

续表

户主姓名	人口	老家所在地	落户地	所属组	落户年月
王阿三	2	苏州	新民8队	安上8组	1963.02
李学才	5	苏州	新民10队	安上13组	1964.03
张志铭	3	昆山	新民11队	安上11组	1963.04
周玉如	1	上海	新华1队	安上16组	1962.03
张斌仁	4	上海	新华4队	安上19组	1962.03
张祖根	6	江阴	新华4队	安上19组	1962.03

第十一节 高龄老人名录

随着生活水平的不断提高和医疗卫生事业的迅速发展,村民的寿命越来越长。2012年,全村80周岁以上高龄老人99人,其中男性30人,女性66人,占总人口的5.5%,见表13-11-1、表13-11-2。90周岁以上6人,其中男性1人,女性5人,占总人口的3.3%,见表13-11-3。

表13-11-1　　　　　　　　2012年安上村80~89周岁高龄老人统计汇总表

组别	人数	男性	女性	组别	人数	男性	女性
1	4		4	15	10	3	7
2	5	1	4	16	8	3	5
3	2	1	1	17	4	1	3
4	3	1	2	18	2	1	1
5	2	1	1	19	6	2	4
6	5	1	4	21	4	1	3
7	1		1	22	3		3
8	3	1	2	23	4	2	2
9	6	2	4	24	2		2
10	3	1	2	25	2		2
11	2		2	26	6	2	4
12	3	2	1	27	4	2	2
13	2	1	1				
14	3	1	2	合计	99	30	69

表13-11-2　　　　　　　2012年安上村80~89周岁高龄老人名录

组别	姓名	性别	出生年月	年龄	组别	姓名	性别	出生年月	年龄
1	孙阿娥	女	1929.05	83	10	叶根宝	女	1925.02	87
	朱金秀	女	1932.03	80		宋根宝	女	1932.01	80
2	孙红金	女	1926.01	86		顾大囡	男	1932.07	80
	叶大和	男	1926.04	86	11	杨阿宝	女	1929.09	83
	周阿宝	男	1929.05	83		陆小妹	女	1932.02	80
	王引宝	女	1931.05	81	12	邵阿道	男	1932.09	80
	黄阿六	女	1932.07	80		邵炳道	男	1932.12	80
3	高引宝	女	1929.05	83	13	金小妹	女	1927.12	85
	赵夫根	男	1932.10	80		叶木生	男	1932.11	80
4	陈友生	男	1932.04	80	14	张为珍	女	1926.08	86
	顾阿雪	女	1932.07	80		金四大	男	1929.01	83
	陈巧英	女	1932.11	80		金阿娥	女	1931.12	81
5	沈三观	男	1928.11	84	15	蔡菊英	女	1927.10	85
	沈阿娥	女	1930.01	82		柴美英	女	1929.06	83
6	朱卫菊	女	1927.09	85		柴爱妹	女	1929.08	83
	顾四观	男	1930.07	82		何大妹	女	1929.09	83
	童阿大	女	1931.09	81		冯仁飞	男	1930.06	82
	沈洪娥	女	1932.03	80		朱林英	女	1931.07	81
	陈菊英	女	1932.09	80		郭才昌	男	1931.12	81
7	陆金娥	女	1932.06	80		柴白妹	女	1932.08	80
8	周云宝	女	1925.03	87		徐密宝	女	1932.11	80
	周根宝	女	1925.07	87	16	赵引大	女	1926.01	86
	周永元	男	1930.01	82		周进泉	男	1928.07	84
9	童金娥	女	1925.11	87		顾其昌	男	1929.01	83
	童福明	男	1926.02	86		周密宝	女	1929.08	83
	胡早弟	女	1928.06	84	16	陆林宝	女	1930.02	82
	胡三毛	男	1930.06	82		顾阿四	女	1931.05	81
	陈阿娥	女	1932.02	80		赵凤娣	女	1932.01	80
	童阿英	女	1932.12	80		顾义昌	男	1932.02	80

续表

组别	姓名	性别	出生年月	年龄	组别	姓名	性别	出生年月	年龄
17	赵阿宁	女	1928.02	84	23	张雪祥	男	1930.11	82
	汤仁法	男	1929.08	83		张雪龙	男	1932.01	80
	汤阿宝	女	1931.01	81		张杏宝	女	1932.07	80
	赵菊宝	女	1932.09	80		吴阿大	女	1932.11	80
18	徐红英	女	1928.06	84	24	李阿大	女	1925.01	87
	朱阿德	男	1931.12	81		张阿大	女	1928.09	84
19	周阿大	女	1928.03	84	25	郭查妹	女	1927.01	85
	王小妹	女	1928.07	84		吕梅宝	女	1932.11	80
	周宝详	男	1928.08	84	26	沈阿妹	女	1926.01	86
	周阿大	女	1929.04	83		张祥生	男	1932.04	80
	唐雪宝	女	1930.11	82		王雪林	男	1932.04	80
	唐木生	男	1932.07	80		朱阿二	女	1932.08	80
21	方阿涛	女	1924.09	88		计玉英	女	1932.11	80
	吴子莲	女	1926.05	86	27	邓仲根	男	1928.04	84
	胡小根	男	1928.11	84		陆阿娥	女	1931.02	81
22	朱兰英	女	1926.05	86		朱小苟	男	1931.12	81
	唐瑞英	女	1930.08	82		沈根宝	女	1932.12	80
	周宝英	女	1930.09	82		合计		93人	

表13-11-3　　2012年安上村90周岁以上高龄老人名录

组别	姓名	性别	出生年月	年龄	组别	姓名	性别	出生年月	年龄
1	吴金宝	女	1917.2	95	15	柴龙岐	男	1922.2	90
1	吴全英	女	1920.11	92	21	杨阿大	女	1922.11	90
12	徐六宝	女	1922.4	90	26	张　宝	女	1921.6	91

第十四章 荣誉

第一节 集体荣誉

1978~2016年,安上村域8次荣获江苏省级先进集体荣誉称号(见表14-1-1);16次荣获苏州市先进集体荣誉称号(见表14-1-2);35次获昆山市级先进集体荣誉称号(见表14-1-3);39次获淀山湖镇级先进集体荣誉称号(见表14-1-4)。

表14-1-1　　　　　2001~2016年安上村获江苏省级集体荣誉一览表

序号	时间	荣誉称号	授予单位
1	2001.12	2000年江苏省百佳生态村(马安村)	江苏省环保厅、农林厅
2	2002	江苏省卫生村	江苏省爱国卫生运动委员会
3	2009	省档案工作管理二星级工作室	江苏省档案局
4	2009.09	江苏省生态村	江苏省环境保护委员会
5	2011.12	江苏省和谐社区建设示范村	江苏省民政厅
6	2012.12	省人口计划生育基层群众自治示范村	江苏省人口和计划生育委员会
7	2013	2010—2012年度江苏省文明村	江苏省精神文明建设指导委员会
8	2016.9	江苏省文明村	江苏省精神文明建设指导委员会

表14-1-2　　　　　1978~2016年安上村域获苏州市级集体荣誉一览表

序号	时间	荣誉称号	授予单位
1	1978	苏州市油菜籽总产量第一名(新华大队)	苏州农业局
2	2003.01	"全国九亿农民健康教育运动"苏州市先进村	苏州市"行动"领导小组
3	2003.07	苏州市先进基层党组织	中共苏州市委
4	2006	2004—2005年度苏州市文明村	苏州市人民政府、苏州市文明办
5	2006.12	农村集体财务规范化管理示范单位	苏州市委农村工作办公室
6	2008.11	苏州民主法治村	苏州市司法局

续表

序号	时间	荣誉称号	授予单位
7	2009	2006—2008年苏州市文明村	苏州市精神文明建设指导委员会
8	2010	苏州市计划生育协会示范协会	苏州市计生协会
9	2010	苏州市建设社会主义新农村示范村	中共苏州市委、市政府
10	2011	苏州市村务公开民主管理示范村	苏州市人民政府
11	2011	2009—2012年度苏州市文明村	苏州市精神文明建设指导委员会
12	2012	2010—2011年度苏州市公共文化服务优秀村	苏州市文化广电新闻出版局
13	2012	苏州市建设健康城市先进村	苏州市人民政府
14	2014	2012—2014年度苏州市文明村	苏州市精神文明建设指导委员会
15	2015.06	苏州市先锋村	中共苏州市委
16	2016.11	苏州市关心下一代工作先进集体	苏州市精神文明建设指导委员会 苏州市关心下一代工作委员会

表14-1-3　　　　1992～2016年安上村域获昆山市级集体荣誉一览表

序号	时间	荣誉称号	授予单位
1	1992	1992年度双文明建设先进村（马安村）	市委、市政府
2	1992	昆山市先进基层党组织（马安村）	市委
3	1992.11	市计划生育先进集体（马安村）	市政府、计生会
4	1994.02	市农业规模服务一级合格村（马安村）	市政府、农工部
5	1996.02	1995年度发展集体经济先进村（马安村）	市委、市政府
6	1997.02	1996年度市双文明建设先进村（马安村）	市委、市政府、市文明办
7	1998.03	1996—1997年度市"四好"妇代会（马安村）	市人事局、市妇联
8	1998.04	1997年度市双文明建设先进村（马安村）	市委、市政府、市文明办
9	1998.05	市计划生育工作先进集体（马安村）	市委、市政府、计生会
10	1999.02	1998年度市双文明建设先进村（马安村）	市委、市政府
11	2000.06	1998—1999年度档案系统先进集体（马安村）	市人事局、档案局
12	2000.12	昆山市村民自治模范村（马安村）	市民政局
13	2003.02	2000—2002年度市计划生育工作先进集体	市委、市政府
14	2003.01	2002年度创建绿化造林"千佳村"	市绿化委
15	2003.09	2002—2003年度市文明老年活动室	市老龄委
16	2004.02	农村精神文明建设先进村	市精神文明建设委员会
17	2004.03	市村民自治模范村	市委、市政府
18	2005.12	市关心下一代工作"五有五好"先进单位	市关工委
19	2006.04	2003—2005年度安置帮教工作先进集体	市司法局
20	2007.02	市精神文明建设特色村	市精神文明建设委员会
21	2007.03	市"民主法治示范村"	市依法治市领导小组
22	2009.10	2008年度市征兵工作先进单位	市政府、人武部

续表

序号	时间	荣誉称号	授予单位
23	2008.11	全国第二次人口普查先进集体	市统计局、农普办
24	2009.02	市二星级档案管理工作室	市人事局、档案局
25	2009.05	昆山市金乡邻	市精神文明建设委员会
26	2009.12	市环保工作先进集体	市政府、环保局
27	2009.12	市基层残疾人工作先进集体	市残联
28	2009.10	2008—2009年度市老龄工作先进集体	市老龄委
29	2009.11	市创建"十佳农家书屋"先进单位	市文联、文广电局
30	2011.06	市先进基层党组织	中共昆山市委
31	2011.11	2008—2010年度昆山市零犯罪社区（村）	市综治办、关工委等
32	2011.03	市关心下一代工作"五有五好"示范单位	市关工委
33	2012.01	昆山市文明村	市委、市政府
34	2012.03	市关心下一代工作先进单位	市关工委、文明办
35	2016.02	2004—2005年度昆山市文明村	市委、市政府

表14-1-4　　1991～2012年安上村域获淀山湖镇级集体荣誉一览表

序号	时间	荣誉称号	授予单位
1	1991.05	镇先进团支部（马安村）	镇团委
2	1992.02	1991年度镇先进党支部（马安村）	镇党委
3	1993.02	1992年度农电管理先进集体（马安村）	镇政府
4	1993.07	1992年度镇先进党支部（马安村）	镇党委
5	1993.07	妇女工作先进集体（马安村）	镇党委、镇妇联
6	1994.02	1993年度先进民兵营（马安村）	镇党委、人武部
7	1994.03	1993年度综合治理先进单位（马安村）	镇党委、综治办
8	1995.02	1994年度计划生育工作先进集体（马安村）	镇政府、计生办
9	1995.02	1994年先进党支部（马安村）	镇党委
10	1996.03	社会综合治理先进单位（马安村）	镇政府、综治办
11	1996.07	1995年度先进党支部（马安村）	镇党委
12	1997.02	1996年度妇女工作先进集体（马安村）	镇党委、妇联
13	1997.04	1996年度社会综合治理先进单位（马安村）	镇政府、综治办
14	1997.05	1996年度先进团支部（马安村）	镇团委
15	1997.06	1996年度先进党支部（马安村）	镇党委
16	1999.03	1998年度先进党支部（马安村）	镇党委
17	1999.03	1998年度计划生育工作先进单位（马安村）	市政府、计生办
18	1999.10	敬老服务爱心奖（马安村）	市政府、老龄委
19	2002.06	2001年度先进党支部	镇党委
20	2003.09	2002—2003年度敬老工作先进集体	镇政府

续表

序号	时间	荣誉称号	授予单位
21	2004.03	2003年度社会治安综合治理先进集体	镇党委、政府
22	2005.09	2004—2005年度老龄工作先进集体	镇党委、政府
23	2005.09	2004—2005年度文明老年活动室	镇政府
24	2006.07	2005年度党总支先进集体	镇党委
25	2006.12	2006年度社会治安综合治理先进单位	镇党委、政府
26	2007.03	社会综合治理先进村	镇党委、政府
27	2007.07	先进党组织	镇党委
28	2007.11	2006—2007年度敬老工作先进集体	镇政府
29	2008.03	2007年度安上民兵营先进集体	镇党委、人武部
30	2008.07	先进党组织	镇党委
31	2009.01	2008—2009年度老年文明活动室	镇政府
32	2009.04	2008年度安上民兵营先进集体	镇党委、人武部
33	2010.02	2009年度廉政文化展示厅廉政先进单位	镇党委、政府
34	2010.02	2009年度综治(创安)信访工作先进单位	镇党委、政府
35	2010.02	2009年度效能建设创新奖	镇党委、政府
36	2010.07	2009年度先进基层党组织	镇党委
37	2011.09	2010—2011年度老龄工作先进集体	镇政府
38	2012.02	2011年度社会综合治理平安建设先进集体	镇党委、政府
39	2012.02	2010—2011年度零犯罪社区(村)	镇司法所

第二节 先进个人

1954~2015年,安上村域荣获江苏省级先进个人4人次,苏州市级先进个人8人次(见表14-2-1),荣获昆山市级先进个人20人次(见表14-2-2),荣获淀山湖镇级优秀共产党员36人次(见表14-2-3)、先进个人20人次(见表14-2-4)。

表14-2-1　　　　　　　安上村域先进人物名录(江苏省级、苏州市级)

序号	获奖年度	姓名	荣誉称号	授予单位
1	1954.03	曹慰芳	江苏省军属代表先进个人	江苏省军区
2	1964.05	陈三林	江苏省农业生产先进个人	江苏省农业厅
3	1979	邓幸福	军训中被批准一级技术能手	解放军某部司令部
4	1979.12	邓幸福	三等功	陆军某部队政治部
5	1981.04	周爱兴	民兵工作成绩显著,记三等功	江苏省苏州军分区
6	1991	方玉英	苏州市地方病防治工作先进个人	苏州市卫生局

续表

序号	获奖年度	姓名	荣誉称号	授予单位
7	1991.07	周洪文	苏州市优秀共产党员	中共苏州市委
8	1992.05	方玉英	双学双比丰产方竞赛油菜项目获江苏省一等奖	江苏省农业厅
9	1999	周洪文	苏州市农业普查先进个人	苏州市农业普查办公室
10	2004	周剑明	苏州市先进人民调解员	苏州市司法局
11	2007.04	孙卫忠	全国第二次农业普查先进个人	苏州市农业普查办公室
12	2011.09	孙卫忠	第六次全国人口普查省先进个人	江苏省人普办统计厅

表14-2-2　　　　　　　　　　安上村域先进人物名录（昆山市级）

序号	获奖年度	姓名	荣誉称号	授予单位
1	1977	方玉英	昆山县"农业学大寨"先进个人	昆山县革委会
2	1986	方玉英	昆山县计划生育工作先进个人	昆山县人民政府
3	1988	方玉英	昆山县计划生育工作先进个人	昆山县人民政府
4	1989.09	计俊林	昆山市优秀教育工作者	昆山市人民政府、教育局
5	1990	方玉英	昆山市优秀共产党员	中共昆山市委
6	1993	吴海奎	昆山市劳动模范	昆山市人民政府
7	1994.05	方彩珍	昆山市医学考试第一名优秀班干部	昆山市卫生局
8	1995	方玉英	昆山市血防工作先进个人	昆山市人民政府
9	1997	方玉英	昆山市计划生育工作先进个人	昆山市人民政府
10	1997.07	周爱兴	昆山市优秀村党支部书记	中共昆山市委
11	1998	王金林	昆山市农民致富带头人	昆山市委、市政府
12	1998	屈林元	昆山市农民致富带头人	昆山市委、市政府
13	2000	徐建波	昆山市预备役工作"四有民兵"	昆山市人民武装部
14	2001	徐建波	昆山县优秀共产党员	中共昆山市委
15	2005.12	孙卫忠	第一次全国经济普查中为昆山市先进个人	昆山市经济办统计局
16	2007	周爱兴	2005—2006年度优秀工会工作者	昆山市人事局、总工会
17	2009.05	顾瑞珍	昆山市金乡邻奖状	昆山市精神文明办
18	2011.09	叶刚	昆山市全民国防教育先进个人	昆山市全民国防教育委员会
19	2013.01	叶刚	昆山市优秀民兵干部	昆山市人民武装部
20	2013.05	叶刚	昆山市民兵军事训练先进个人	昆山市人民武装部

表14-2-3　　　　　　　　　　安上村优秀共产党员名录（淀山湖镇级）

序号	获奖年度	姓名	荣誉称号	授予单位
1	2003.07	张晓东	2002年度优秀共产党员	中共淀山湖镇党委
2	2003.07	周剑民	2002年度优秀共产党员	中共淀山湖镇党委
3	2004.07	周兴林	2003年度优秀共产党员	中共淀山湖镇党委
4	2004.07	徐小妹	2003年度优秀共产党员	中共淀山湖镇党委

续表

序号	获奖年度	姓名	荣誉称号	授予单位
5	2004.07	柴祖林	2003年度优秀共产党员	中共淀山湖镇党委
6	2004.07	朱建华	2003年度优秀共产党员	中共淀山湖镇党委
7	2004.07	周爱兴	2003年度优秀共产党员	中共淀山湖镇党委
8	2005.07	周金林	2004年度优秀共产党员	中共淀山湖镇党委
9	2005.07	孙卫忠	2004年度优秀共产党员	中共淀山湖镇党委
10	2005.07	柴祖林	2004年度优秀共产党员	中共淀山湖镇党委
11	2005.07	朱建华	2004年度优秀共产党员	中共淀山湖镇党委
12	2005.07	周兴林	2004年度优秀共产党员	中共淀山湖镇党委
13	2006.07	张明	2005年度优秀共产党员	中共淀山湖镇党委
14	2006.07	周兴林	2005年度优秀共产党员	中共淀山湖镇党委
15	2006.07	张晓东	2005年度优秀共产党员	中共淀山湖镇党委
16	2007.07	张晓东	2006年度优秀共产党员	中共淀山湖镇党委
17	2007.07	朱建华	2006年度优秀共产党员	中共淀山湖镇党委
18	2007.07	张彩明	2006年度优秀共产党员	中共淀山湖镇党委
19	2007.07	方玉英	2006年度优秀共产党员	中共淀山湖镇党委
20	2008.07	周洪文	2007年度优秀共产党员	中共淀山湖镇党委
21	2008.07	赵水林	2007年度优秀共产党员	中共淀山湖镇党委
22	2009.07	方玉英	2008年度优秀共产党员	中共淀山湖镇党委
23	2009.07	周金林	2008年度优秀共产党员	中共淀山湖镇党委
24	2010.07	孙卫忠	2009年度优秀共产党员	中共淀山湖镇党委
25	2010.07	计建林	2009年度优秀共产党员	中共淀山湖镇党委
26	2010.07	陈康明	2009年度优秀共产党员	中共淀山湖镇党委
27	2011.07	叶刚	2010年度优秀共产党员	中共淀山湖镇党委
28	2011.07	赵水林	2010年度优秀共产党员	中共淀山湖镇党委
29	2011.07	周爱兴	2010年度优秀共产党员	中共淀山湖镇党委
30	2012.07	朱建华	2011年度优秀共产党员	中共淀山湖镇党委
31	2012.07	方玉英	2011年度优秀共产党员	中共淀山湖镇党委
32	2014.07	柳英	2013年度优秀共产党员	中共淀山湖镇党委
33	2014.07	朱建华	2013年度优秀共产党员	中共淀山湖镇党委
34	2015.07	柳英	2014年度优秀共产党员	中共淀山湖镇党委
35	2015.07	林继红	2014年度优秀共产党员	中共淀山湖镇党委
36	2015.07	陈康明	2014年度优秀共产党员	中共淀山湖镇党委

表14-2-4　　　　　　　　　　安上村先进人物名录（淀山湖镇级）

序号	获奖年度	姓名	荣誉称号	授予单位
1	2000.01	方彩珍	1999年先进乡村医生	淀山湖镇人民政府
2	2002	柳 英	2002年镇优秀妇女工作者	淀山湖镇妇联
3	2002.04	孙卫忠	镇优秀团干部	淀山湖镇团委
4	2003.09	方玉英	镇老年工作先进个人	淀山湖镇人民政府
5	2003.09	陈秀英	淀山湖镇敬老好儿女	淀山湖镇人民政府
6	2006	柳 英	镇人口与计划生育工作先进个人	淀山湖镇计生办
7	2007.03	周爱兴	镇社会治安综合治理先进个人	中共淀山湖镇党委
8	2008.03	赵 兵	镇社会治安综合治理先进个人	中共淀山湖镇党委
9	2008.03	周爱兴	镇社会治安综合治理先进个人	中共淀山湖镇党委
10	2008.03	叶 刚	镇民兵工作先进个人	淀山湖镇人民武装部
11	2009.04	叶 刚	镇民兵工作先进个人	淀山湖镇人民武装部
12	2009.03	柴彩根	镇信访工作先进个人	中共淀山湖镇党委
13	2009	顾永球 李 娟	好伉俪	淀山湖镇妇联
14	2010	顾云德 徐春娟	好伉俪	淀山湖镇妇联
15	2010.04	叶 刚	镇民兵工作先进个人	淀山湖镇人民武装部
16	2010.02	张 明	镇社会治安综合治理先进个人	中共淀山湖镇党委
17	2012	张嘉炯	优秀进村大学生十佳学习型党员	中共淀山湖镇党委
18	2012	赵水林	淀山湖镇十佳农村宣讲员	中共淀山湖镇党委
19	2012	柳振华	镇十佳八学八敬示范家庭	中共淀山湖镇党委
20	2013	孙卫忠	镇社会治安综合治理先进个人	中共淀山湖镇党委

索　引

A

安上村百姓戏台 …………………（ 86 ）
安上村办公楼 ……………………（ 86 ）
安上村富民合作社 ………………（271）
安上村富民合作社（打工楼）……（ 85 ）
安上村公共服务中心房屋 ………（ 86 ）
安上村农地股份专业合作社 ……（271）
安上村社区股份专业合作社 ……（271）
安上村在创建"苏州市廉洁文化建
　　设示范点"考核会上的汇报 …（241）
《安上村志》修编人员名录 ………（333）

B

浜里 ………………………………（ 52 ）
北沈安泾 …………………………（ 38 ）
病虫防治 …………………………（119）

C

残废军人陈友正 …………………（284）
插队知识青年 ……………………（313）
查病治病 …………………………（195）
查螺灭螺 …………………………（195）
茶文化 ……………………………（232）
产量 ………………………………（114）
长工苦 ……………………………（219）
称谓 ………………………………（226）
成长型贷款让企业茁壮成长 ……（249）
传统节日 …………………………（212）
传统文化 …………………………（232）

初中 ………………………………（187）
创建卫生村 ………………………（ 94 ）
祠堂 ………………………………（198）
措施 ………………………………（ 80 ）
村（大队）…………………………（ 22 ）
村籍大学生 ………………………（288）
村民公共记忆大事 ………………（204）
村民委员会 ………………………（265）
村民忆事 …………………………（204）
村民租地企业 ……………………（128）
村政 ………………………………（263）
村庄建设 …………………………（ 84 ）

D

大病风险基金 ……………………（154）
大病医疗救助制度 ………………（152）
大队管理委员会 …………………（264）
大事记 ……………………………（ 4 ）
当代军人 …………………………（285）
当代名人周其焕 …………………（279）
党代表 ……………………………（259）
党员名录 …………………………（260）
道路 ………………………………（ 88 ）
地貌 ………………………………（ 58 ）
地名由来 …………………………（ 20 ）
地毯厂 ……………………………（ 88 ）
电灌站 ……………………………（121）
电话网络 …………………………（ 93 ）
淀山湖镇上洪砂粉厂 ……………（ 87 ）
动迁安置 …………………………（166）

动物	(65)
队办企业	(126)
渡口	(93)
多种经营	(122)

F

方言	(221)
方言俗语	(221)
房地产入驻企业	(136)
纺纱织布	(230)
非亲属	(228)
肥料	(113)
分级排水	(121)
分配管理	(107)
坟堂屋	(198)
风灾	(66)
富贵广场商业区	(136)
妇女组织	(274)

G

概况	(79)
概述	(1)
高级社	(263)
高家桥	(50)
高举"总路线、大跃进、人民公社""三面红旗"	(209)
高龄老人名录	(318)
革命烈士	(284)
革命委员会	(265)
个体商店、服务业	(136)
耕地面积	(99)
耕作制度	(102)
公厕	(91)
公共服务设施	(91)
公共自行车	(92)
公交车站点	(92)
供电	(90)
供水	(91)
工商	(126)
古坟墓	(200)
古迹	(197)
古桥	(201)
古桥名木	(201)
顾家库	(44)
关闭商店、服务业	(138)

H

旱灾	(66)
河流	(59)
后记	(334)
花鼓戏(草台戏、社戏)	(232)
环境保护	(93)
婚姻习俗	(214)

J

基层组织	(253)
基层党组织	(253)
基础设施建设	(88)
机构	(80)
集体标准厂房	(86)
集体荣誉	(321)
集体用房	(85)
籍贯	(73)
计划生育实施情况	(81)
家庭联产承包责任制	(97)
建置区域	(17)
奖惩	(80)
结识私情对滩渡	(221)
经济合作社	(270)
九九歌	(220)

K

开挖河道	(121)
抗美援朝	(206)
昆山解放	(205)
昆山市淀山湖镇新华五金厂	(87)

L

垃圾中转站及垃圾桶…………（92）
历史名人叶苗……………（278）
粮食统购统销……………（207）
劣俗………………………（216）
劳动管理…………………（105）
罗家枉……………………（46）
罗家枉夜防队……………（204）

M

马安………………………（27）
马安村办公室……………（88）
马安村域自然村…………（21）
马安新村北区……………（36）
马安新村南区……………（33）
媒体报道…………………（244）
米酒作坊…………………（231）
庙泾小乡…………………（263）
庙宇………………………（199）
民兵活动…………………（272）
民兵建制…………………（272）
民兵训练…………………（272）
民兵营……………………（272）
民俗风情…………………（212）
民营企业…………………（127）
民族………………………（72）
名木………………………（203）

N

南庵………………………（40）
南浜………………………（22）
南浜新村…………………（25）
南沈安泾…………………（42）
年龄………………………（75）
农保………………………（146）
农村合作医疗保险制度…（151）
农村社会主义教育运动…（211）

农村医保转城镇医保……（153）
农村作坊…………………（230）
农房建设…………………（84）
农具和农业机械…………（117）
农民收入…………………（140）
农民消费…………………（142）
农民组织…………………（273）
农田水利…………………（121）
农业………………………（96）
农业合作化运动…………（96）
农业合作化运动…………（207）
农业科技…………………（118）
"农业学大寨"运动………（209）

P

棚户………………………（56）

Q

其他民营企业……………（128）
其他灾害…………………（66）
其他组织…………………（274）
气候………………………（61）
气象水文…………………（62）
强村富民的"安上样本"…（247）
桥梁………………………（89）
禽畜………………………（122）
青年组织…………………（273）
区划………………………（18）
全家落户…………………（317）
群众团体…………………（273）

R

让食客满意是我们最大的快乐…（250）
人口………………………（67）
人口变化…………………（71）
人口构成…………………（72）
人口控制（计划生育）……（79）
人口总量…………………（67）

人民公社化	(97)	陶湛桥	(54)
人民公社五大队(营)	(264)	陶湛桥古村落	(197)
人民生活	(140)	体育健身	(190)
人物	(278)	体育设施	(93)
日常生活	(141)	听证制让决策更规范	(245)
日军罪行	(204)	停办企业备忘录	(129)
荣誉	(321)	停车场	(92)
弱势群体人民的生活保障	(150)	土改运动	(206)
		土地补偿	(154)
		土地改革	(96)
		土地流转补偿	(164)
		土壤	(58)

S

山歌	(218)		
山歌好唱口难开	(219)		
商业	(136)		
上洪村长虹化工厂	(87)		
上洪村村民委员会办公楼	(87)		
上洪村双代店	(87)		
上洪村小学	(87)		
上洪村域自然村	(20)		
上洪桥	(48)		
社保	(147)		
社会保障	(146)		
社会新风尚	(217)		
社区房屋	(86)		
生产关系变革	(96)		
生产经营管理	(99)		
生活变化	(144)		
生活习俗	(215)		
施凤章(1923—1943年)	(284)		
石牌楼	(200)		
石桥面脱落出人命	(212)		
十只台子	(220)		
水产	(123)		
水灾	(65)		
丝竹班	(232)		
"四固定"	(103)		
四季特征	(61)		

W

文存辑录	(233)
文化程度	(77)
"文化大革命"运动	(211)
文化体育	(189)
文化娱乐	(189)
文体卫生	(185)
文献辑录	(239)
"五匠"名录	(308)
物候	(64)
物业及绿化养护有限公司	(271)
勿怕露水勿怕霜	(221)

X

西庙泾	(31)
西库	(29)
先进个人	(324)
先进性教育	(258)
乡邦文献	(233)
消灭血吸虫病	(194)
小学	(186)
歇后语	(225)
新老耘稻歌	(219)
新民小学	(87)
行政领导更迭	(266)

T

汤仁法豆腐制作	(230)

性别 …………………………（74）	征地补偿 …………………………（154）
姓氏 …………………………（78）	知识青年上山下乡运动 ………（210）
学习毛主席著作群众运动 ……（210）	知识青年住宿房 …………………（88）
学校 …………………………（185）	直旁亲系 …………………………（229）
	直系亲属 …………………………（226）

Y

沿革 …………………………（17）	植物 …………………………（64）
谚语 …………………………（223）	职业 …………………………（78）
阳光听证 ……………………（239）	种秧歌 ………………………（219）
"阳光"下共享和谐生活 ………（246）	种植 …………………………（123）
叶苗施计除恶僧 ……………（233）	周五泉（1947—1981年）………（284）
叶氏家族 ……………………（235）	竹木 …………………………（122）
医疗 …………………………（193）	走进"阳光听证" ………………（244）
医疗保险 ……………………（151）	自然村落 ……………………（22）
印刷厂房 ……………………（88）	自然环境 ……………………（58）
幼儿园 ………………………（185）	自然灾害 ……………………（65）
运输 …………………………（125）	租地入驻企业 ………………（130）
	组织沿革 ……………………（253）

Z

在外工作人员 ………………（306）	作物栽培 ……………………（110）

《安上村志》修编人员名录

《安上村志》编纂委员会

(2013年3月)

主　　任　孙卫忠
副 主 任　叶　刚　朱建华
委　　员　张嘉炯　蒋　迅　柳　英　方玉英　顾祥龙　姚炳根
　　　　　周爱兴　张贵荣　计俊林　林继红

(2015年3月调整)

主　　任　张　明
副 主 任　叶　刚
委　　员　柳　英　杨晨军　方玉英　顾祥龙　周爱兴　周洪文
　　　　　钱爱福　周金林　柴永寿　计俊林　林继红

(2016年8月调整)

主　　任　朱建华
副 主 任　蒋　迅
委　　员　柳　英　杨晨军　邵亚露　方玉英　顾祥龙　周洪文
　　　　　周爱兴　柴永寿　钱爱福　周金林　金荣泰　计俊林
　　　　　林继红

《安上村志》编纂委员会征编办公室

主　　任　朱建华
副 主 任　蒋　迅
主　　编　计俊林
副 主 编　朱建华　蒋　迅　林继红　杨晨军
图　　照：杨晨军　张品荣
采编成员　张　明　朱建华　孙卫忠　柳　英　邵亚露　陈　斌
　　　　　顾祥龙　周爱兴　方玉英　柴永寿　姚炳根　胡三毛
　　　　　计俊林　张全珍　钱爱福　周洪文　周金林　金荣泰
　　　　　林继红　柳泉荣　张祥生　叶木生　王菊林　金德明

《安上村志》审稿人员

徐敏中　李　晖　罗　敏　顾　剑　徐建波　张晓东　王　强
许顺娟　张　明　张　俭　吕善新　徐秋明　沈　明　张品荣
夏小棣　陈海萍　周建明　孙卫忠　朱建华　蒋　迅　柳　英
计俊林　林继红　周洪文　钱爱福　周爱兴　顾祥龙　杨晨军
方玉英　周金林　金荣泰　柴永寿　柳泉荣

后 记

《安上村志》历经三载寒暑,在镇党委、政府和村党总支、村民委员会的正确领导下,在昆山市地方志办公室、镇志办的悉心指导下,经修志编纂人员的努力,数易其稿,终于问世。

《安上村志》编写工作于2013年3月19日正式启动。镇政府成立"淀山湖镇村志编纂委员会",印发了"淀山湖镇行政村志"纲目(参考),提供大量编志需要的原始资料和辅导材料,大大减轻了搜集资料的工作量,指明了编志方向。安上村领导十分重视,建立"安上村志编纂领导小组",由村党总支书记挂帅,村主任、村会计全面负责协调,村老干部、老党员等积极搜集、调查编志资料,使安上村志编纂工作顺利进展。2016年10月上旬,《安上村志》初稿形成后,请安上村干部分工阅稿,查漏补缺。尔后,村党总支、村民委员会召集老干部、老党员、村民代表等,对《安上村志》稿进行评审,编纂成员听取意见,再一次进行修改和充实,后期由镇志办张品荣等,再次帮助结构调整,充实内容。修改稿经镇、村两级有关领导同意,付印出版。

《安上村志》编修过程中,受到昆山市地方志办公室、镇志办、村组两级领导、村老干部、老党员、信息员、村民代表及社会各界人士的热情支持,得到镇档案馆、武装部、党校、组织办、绿化办、建管所、劳动保障所、文体站、统计站、工商组、旅游公司、经济服务中心、便民服务中心、国土所及淀山湖派出所、淀山湖中学、小学、淀山湖供电所、疾病预防中心等单位提供的翔实资料。在此,对大力支持和帮助的所有单位和各界人士,一并表示衷心感谢。

《安上村志》时间跨度大、涉及面广,由于改革开放、区域调整、经济发展、人员变动等因素,部分史料匮乏,致使部分章节记述不丰。又限于修志人员撰写编辑水平,疏漏和谬误在所难免。敬请读者批评指正。

《安上村志》征编小组
2017年3月

图书在版编目(CIP)数据

安上村志/计俊林主编;《安上村志》编委会编
. —苏州:苏州大学出版社,2017.7
（淀山湖镇村志）
ISBN 978-7-5672-2144-4

Ⅰ.①安… Ⅱ.①计… ②安… Ⅲ.①村史－昆山
Ⅳ.①K295.35

中国版本图书馆 CIP 数据核字(2017)第 139285 号

书　　名	安上村志
主　　编	计俊林
责任编辑	许周鹣
装帧设计	吴　钰
出版发行	苏州大学出版社（Soochow University Press）
社　　址	苏州市十梓街1号　邮编：215006
印　　装	南通印刷总厂有限公司
网　　址	www.sudapress.com
邮购热线	0512-67480030
销售热线	0512-65225020
开　　本	889mm×1194mm　1/16　印张：22　插页：12　字数：520千
版　　次	2017年7月第1版
印　　次	2017年7月第1次印刷
书　　号	ISBN 978-7-5672-2144-4
定　　价	150.00元

凡购本社图书发现印装错误,请与本社联系调换。服务热线:0512-65225020